近代台湾における貿易と産業

―― 連続と断絶 ――

陳慈玉著

「バナナの収穫」、1933年、中央研究院台灣史研究所「台灣史檔案資源系統」より提供

御茶の水書房

近代台湾における貿易と産業

目　　次

目　　次

図・表目次 …………………………………………………………… viii

序　論 ………………………………………………………………… 3
第1節　台湾の産業変遷　3
第2節　台湾の対外貿易の変貌　6

第1部　貿　易　篇 …………………………………………………… 19

第1章　日本統治期における台湾輸出産業の発展と変遷 ……… 21
第1節　はじめに　21
第2節　輸出商品構造の変化　23
第3節　輸出指向農業の発展――バナナ産業と茶業を例として――　31
　　1　バナナ産業　31
　　2　茶業　39
第4節　食品加工業の発展
　　　　――製塩業とパイナップル缶詰業を例として――　44
　　1　製塩業　44
　　2　パイナップル缶詰業　53
第5節　軽工業の発展――パルプ業とアルミニウム業を例として――　59
　　1　パルプ業　59
　　2　アルミニウム業　61
第6節　化学工業の発展――アルコール業を例として――　66
第7節　炭鉱業――金鉱業と石炭業を例として――　70
　　1　金鉱業　70
　　2　石炭業　74
第8節　結論　79

目次

第2章　台湾バナナ産業と対日貿易 1912〜1972年 …………… 89

- 第1節　はじめに　89
- 第2節　発展過程　90
  - 1　生産状況　90
  - 2　対日バナナ貿易　93
- 第3節　日本統治時代の生産販売構造　98
  - 1　自由競争期（1908-1914年）　99
  - 2　同業組合期（1914-1924年）　99
  - 3　独占輸出期（1925-1945年）　102
- 第4節　第二次世界大戦後における生産販売構造　106
  - 1　自由放任期（1946-1950年）　108
  - 2　輸出商による独占期（1951-1963年）　109
  - 3　共同輸出期（1963-1972年）　110
- 第5節　結論　113

第2部　産　業　篇 ……………………………………… 117

第3章　近代台湾の塩業とソーダ業
　　　　――技術革新と産業転換の一例として―― ……………… 119

- 第1節　はじめに　119
- 第2節　食用塩を主要とする時期　121
  - 1　塩田の整備　122
  - 2　台湾塩の品質改良　127
- 第3節　工業用塩の主要期　133
- 第4節　ソーダ塩素工業の出現と初期の発展　136
  - 1　ソーダ塩素工業の出現　136
  - 2　高度晒粉工場の設立　140
  - 3　台湾プラスチック工業の萌芽　146
- 第5節　結論　149

第4章 「計画経済」体制下の台湾アルミニウム産業 ……… 159

　第1節　はじめに　159
　第2節　戦争の産物：日本植民地期のアルミニウム産業の出現　162
　第3節　被害から再生へ：戦後初期の台湾アルミニウム産業の再建　164
　第4節　海外からの援助：国際協力構想　168
　　　1　資源委員会とアメリカ・レイノルズ金属会社のはじめての接触　168
　　　2　米中の再度の接触　171
　　　3　米中3度目の接触　174
　第5節　他山の石：日本とカナダのアルミニウム産業の提携　175
　第6節　結論　181

第5章　戦時経済統制下の台湾炭鉱業 1937〜1945年 ………… 189

　第1節　はじめに　189
　第2節　石炭業統制体制の形成　190
　　　1　日本統制経済政策の出現　190
　　　2　台湾石炭業統制政策の実施　194
　第3節　戦時台湾炭生産販売構造の分析　198
　　　1　生産構造　198
　　　2　需給構造　201
　第4節　台湾軍需工業化と石炭業の相関性　203
　　　1　工業塩　203
　　　2　無水エタノール　207
　　　3　アルミニウム　210
　　　4　紙パルプ　211
　　　5　金　213
　第5節　結論　214

第6章　戦後の台湾における石炭業 1945〜1980年
　　　　――斜陽産業の一例として―― …………………………… 221

　第1節　はじめに　221

第2節　石炭業政策の推移　222
　　　　1　統制政策の継続　222
　　　　2　半管制政策の実行　229
　　第3節　台湾における石炭需給市場の構造　232
　　　　1　生産販売の趨勢　232
　　　　2　台湾炭需給市場構造の変化　234
　　　　3　輸入炭　241
　　第4節　台湾における石炭採掘の生産構造　245
　　　　1　経営性質　245
　　　　2　経営規模　246
　　第5節　結論　251

第7章　日本植民地時代の基隆炭鉱株式会社
　　　　──台湾土着資本家と日本財閥の事例研究──……………257
　　第1節　はじめに　257
　　第2節　基隆炭鉱株式会社の設立経緯　258
　　　　1　基隆炭鉱株式会社の設立　258
　　　　2　台湾総督府専制下の家族企業　261
　　第3節　台湾炭の生産販売構造と日本の財閥　263
　　　　1　石炭会社の経営形態　263
　　　　2　台湾炭の需要市場　265
　　第4節　顔家の事業網の拡大　268
　　第5節　結論　273

結　論　……………………………………………………………279

あとがき　285

参考文献一覧　289
索　引　301

図・表目次

図序-1　台湾の対外貿易輸出額 …………………………………………… 9
図序-2　台湾の対外貿易輸入額 …………………………………………… 13
図 1-1（A）　商品別輸出額指数-1（1896-1943）………………………… 25
図 1-1（B）　商品別輸出額指数-2（1896-1943）………………………… 26
図 1-2（A）　1897-1945 年台湾対日輸出商品統計：主要輸出品目 ……… 34
図 1-2（B）　1897-1945 年台湾対日輸出商品統計：主要輸出品目 ……… 35
図 1-3　台湾パイン缶詰生産額（1910-1941）…………………………… 56
図 1-4　台湾アルミ地金・主要加工品生産量（1936-1968）…………… 65
図 1-5　アルコール製造量・輸出量（1909-1944）……………………… 68
図 2-1（A）　バナナ生産・輸出量（1907-1984）………………………… 91
図 2-1（B）　バナナ栽培面積・単位生産量（1907-1984）……………… 92
図 2-1（C）　バナナ総生産量と栽培面積（1907-1984）………………… 92
図 2-2　1897-1945 年台湾対日輸出品統計：主要輸出品 ………………… 98
図 5-1　統制期台湾炭流通図（1941-1944）……………………………… 197
図 5-2　統制期台湾炭流通図（1944-1945）……………………………… 198
図 5-3　台湾炭生産販売量（1912-1945）………………………………… 202
図 6-1　台湾炭の産出販売量 ……………………………………………… 233
図 6-2　台湾炭内需市場（1945-1993）…………………………………… 241

表序-1　台湾の地域別輸出貿易額（1896-1944）………………………… 8
表序-2　台湾の地域別輸入貿易額（1896-1944）………………………… 12
表序-3　台湾の国際貿易収支（1897-1944）……………………………… 15
表 1-1　商品別輸出額指数、1896-1943 年 ……………………………… 24
表 1-2（A）　1897-1945 年台湾対日輸出商品統計：主要輸出品目 ……… 28
表 1-2（B）　1897-1945 年台湾対日輸出商品統計（続）：その他の重要輸出品目
　　　　　……………………………………………………………………… 30

表1-2（C）	1897-1945年台湾対日輸出商品統計	32
表1-3	バナナ生産量と輸出量（1907-1984）	37
表1-4	日本統治期の台湾の塩田面積・生産量・輸出額	48
表1-5	台湾パイン缶詰生産量・生産額（1910-1941）	55
表1-6	台湾製紙業・パルプ生産量（1941-1945）	60
表1-7	台湾アルミ地金・加工品生産量（1936-1968）	64
表1-8	アルコール製造量・輸出量（1909-1944）	67
表1-9	台湾無水アルコール増産計画（1938-1947）	70
表1-10	台湾含水アルコール・無水アルコール生産量（1941-1950）	71
表1-11	九份・金瓜石の金生産量（1898-1960）	72
表2-1	1897-1945年台湾対日主要輸出品統計	96
表3-1	台湾総督府の塩田への各種補助金	124
表3-2	日本塩供需表	128
表3-3	日本輸出用台湾塩収買基準	129
表3-4	日本輸出用台湾塩検査成績表（1928-1937）	130
表3-5	台湾・日本・遼東・青島塩品質比較表	131
表3-6	台湾製塩会社工業塩田面積、生産量表	134
表3-7	日本工業用塩供給状況表	136
表3-8	終戦前台湾ソーダ塩素工業生産量表（1941-1944）	139
表3-9	台湾碱業公司主要生産品の生産・販売量統計表（1946-1965）	141
表4-1	アルミニウム地金生産量と原料・電力・作業員等の消費量表	167
表5-1	台湾炭産出量（1912-1945）	199
表5-2	産出量別炭坑数	200
表5-3	日本工業用塩供給状況表	206
表5-4	台湾の含水アルコールおよび無水エタノールの生産量と必要石炭量（1941-1950）	209
表6-1	台湾炭生産販売量（1912-2000）	226
表6-2	台湾炭国内市場需要（1945-1993）	235
表6-3	主要公営事業の石炭需要（1948-1993）	239
表6-4	台湾炭・輸入炭販売量（1972-1998）	243
表6-5	燃料炭価格参考	244
表6-6	台湾地区炭鉱規模別量統計表	248
表7-1	日本植民地期の石炭会社（資本金100万円以上）	264

表 7-2　会社組織炭鉱と個人経営炭鉱の生産量比較（1928-1939）………… 266
表 7-3　瑞芳金鉱産出量（1898-1939）………………………………… 271

近代台湾における貿易と産業
―― 連続と断絶 ――

序　論

第1節　台湾の産業変遷

　戦後の台湾の経済発展は注目を浴び、歴史の連続性から言えば、その経済発展の軌跡は19世紀あるいはそれより先に遡ることができよう。台湾の伝統的な経済に変化が生じたのは、西側諸国の東進によって引き起こされたと言える。開港後の台湾は、西洋の先進国を中心とした世界経済体系の中に組み込まれ、輸出指向の産業は、これによって比較的発展を遂げることができたのである。日本統治期にはインフラ建設に従事する他、農業や漁業の技術改良も重視し、また多くの新たな産業が興った。特に日中戦争期には、台湾は日本の南進基地および一部の戦略物資の補給地となり、軍需工業が生まれたのである。これらの軍需産業は、本国の主導下で主に日本の民間財閥が投資をして工場を設立し、生産された半製品の多くは、軍需産業の基礎材として本国へ移出されたのであった。この意味では、台湾は「日本帝国」内における軍需産業の垂直分業で、欠かすことのできない一環を担っていたのである。特に、当時は欧米から移転された日本の技術に依頼しており、台湾人のエンジニアや技能工も決して多くなく、これらの産業技術が短期間のうちに台湾で根を下ろすことができたかどうかは疑問が残る。しかも、炭鉱業は内地の資本家と日本の財閥が協力して発展し、その産品は華南、東南アジアへと輸出され、「日本炭業帝国」の不足分を補っていたのである。

　戦争末期には、これらの生産事業は重大な損害を受けた。戦後に台湾に渡って接収を行った資源委員会の委員と台湾省行政長官公署は、利害を図り、意見を取りまとめて、日本の「遺産」を接収して公営事業へと転換するモデ

ルを生み出した。公営事業は当時の政府が推進した「計画式自由経済」の重点の一つであった。中央と地方の当局は再三の折衝を経て、国省合営、そして国営と省営というモデルを採用したのである。その中でも、国省合営でソーダ業を経営し、アルミニウム業も国営となっていたが、炭鉱会社は省営となっていた。われわれはこのような結果を生み出した各要素を的確に説明することはできないが、おそらく主たる要因としては、ソーダ業の基礎は塩業にあり、また台湾の塩田面積は広く、塩工も非常に多かった。その上、日本統治期には食塩と工業用塩は全て専売であり、市場は固定されており、砂糖と同じく台湾省行政長官公署の求める資源であった。それに比べて、アルミニウム業は新興産業であり、資源委員会はアルミニウム精錬とアルミ金属加工事業を発展させるために接収して台湾アルミニウム工場を設立した[1]。石炭は当時の最も重要なエネルギー資源であったが、中国は石炭生産が豊富であったので、台湾省が自ら経営すればよかったのである。

　戦後初期の各生産機構における従業員の大部分は本省人であり、待遇はあまり良くなかった。上級の技術員あるいは業務員は外省人が大多数を占め、その待遇は比較的良く、前者の反感を引き起こしたのであった[2]。台湾アルミニウムと台湾ソーダの産品は1949年以前までは全て中国（特に上海）を主要な販売市場としており、ある意味この二つの台湾の産業は、資源委員会が描いた中国の一大工業発展という青写真と市場需給システムの一部分であった。また、外国からの輸入に頼らないという前提下で、当時の台湾の技術水準と水力、電力、石炭、蔗糖などの副産品資源については、ソーダ業とアルミニウム業は確かに中国全土でも無視できない工業であった。主事者はこれを基礎として、大陸の原料や自然環境、市場と組み合わせて、有機合成化学工業と航空業をさらに発展させようとしていた。このため、植民地モデルの分業構造について言うと、戦前から戦後の台湾鉱工業には連続性が顕著に表れているのである。一方で企業組織形態は、民営から公営へと転換したという断裂性が明らかになったのである。産業そのものの技術面から言うと、戦前から戦後にかけてはある程度の断裂があったと明言できる。しかし、戦後に工場内において熟練工ではない台湾人は、依然として戦前の境遇に置か

れていたままであった。

　近代台湾の産業発展の過程において、政府の政策は当然ながら重要な役割を果たしたのであるが、外資(日本統治期の日本資本と戦後初期の米援を含む)は不可欠であり、また技術革新と産業構造改革も非常に関係が深い。

　もう一方で、民間の経済活力とその成果もまた台湾の産業発展を後押しした要因の一つであった。一般的に知られるように、清代末から台湾経済は開港によって質と量で変化が生じ、第二次世界大戦後に公営企業が生まれるまで、基本的には民間の経済活動は一貫して台湾経済の主要部分であり、例えば清代末の茶業や樟脳業、日本統治期の糖業ないしは、戦後のプラスチック業、紡織業、IT半導体産業等である。これらの民営産業は政府当局の奨励を受けて成長し、あるいは期せずして誕生した創業者の胆力と見識、そして努力によって芽生えたのである。民営企業と公営企業は肩を並べて、同じく近代台湾産業発展の主要部門であり、相応の社会変遷をもたらし、それはまた当時の政治や社会条件によって形成されたのである。この政治社会の変遷も産業発展の断裂性を顕著に示している。

　つまり、日本政府は1895～1945年の間に台湾で強権強力の科学的な植民地政策を実施し、台湾の政治や社会、経済、文化などの各方面において空前の瞭然たる変化を引き起こした。この変化は第二次世界大戦以降の台湾社会経済の発展にまでも影響を及ぼしたのであった。歴史的に見ると、戦後台湾の「経済の奇跡」の基礎は清代末、そして日本統治期であり、当然ながら時代の潮流に順応するために、各時代の政府が採用した関連する政策は全て一致しておらず、また主導部門とされた産業も異なっているが、否定できないのは、それらは全て国際情勢の影響を受けていたということである。グローバル化という趨勢の中で、市場メカニズムは見えざる手のように、常に各種商品の命運に影響を及ぼし、またそれによって関連する産業の盛衰をも操ったのである。言い換えると、20世紀台湾の産業の盛衰と世界市場との関連性はきわめて大きかったのである。

　日本から接収した公民営企業は、戦後初期に台湾経済がテイクオフを実現する際に重要な後押しとなったため、それらの盛衰過程を研究することは、

台湾経済発展を理解するにあたって好適なアプローチ法となったのである。百年の間に、台湾は三つの政権を経て、移民（開墾者）、植民（統治者）および現政府当局の努力によって、世界に誇る経済の成功を実現し、戦後に開発途上国が工業化に成功した代表例である。このため、産業部門について言うと、政権の交代は絶対に歴史の断裂性を意味するものではない。言い換えると、植民地統治期の経済「遺産」が、戦後に如何に整理され変化していったかという過程は、世界における台湾ないしは東アジアの地位を評価するカギとなるので、台湾研究は決して狭小な島の歴史研究に止まらないのである。

第2節　台湾の対外貿易の変貌

19世紀中葉に台湾が対外貿易を開放してからは、大陸との両岸貿易は続いていたが、他国との貿易もまた急速に成長し、オランダ・スペイン、そして明鄭時代の盛況振りが再現された。日本統治期になると、貿易は生産力の向上によってさらに拡張した。第二次世界大戦後初期には、外国貿易は一旦衰退したが、1950年代以降には経済が急速に発展し、貿易も大幅に拡大し、世界における主要貿易国となった。

一般的に知られるように、清代は台湾海峡両岸の貿易往来は非常に頻繁であり、台湾が日本の植民地になった当初も、台湾の最大の貿易相手は依然として中国大陸であった。しかし20世紀に入ってからは、日本の比重が急速に高まり、1905年にはついに貿易総額の50％以上を占めるまでになった。その後ずっと優位な地位を維持し続け、90％前後にまで達する時があったほどであった。日本へ移出される主要産品は、米や砂糖、バナナ等のモノカルチャー的な農産品と農産加工品であり、日本から台湾へは各種工業産品が移入され[3]、食糧供給地と工業製品販売市場としての台湾という植民地経済の特徴を顕著に示したのであった。茶と樟脳に関しては、依然としてアメリカやイギリス、そして東南アジアへと輸出されていた[4]。1917年以降、石炭もまた中国南部や香港、東南アジアへと輸出販売される主要商品となり、これらの地域における日本炭の地位に代替するものであった[5]。この三種の商品

（茶、樟脳、石炭）は、日本産品では輸出販売できない部分（日本の緑茶はアメリカへ輸出されていたので、台湾の包種茶は東南アジア向けに販売されていた）を補っており、植民地商品としての使命を果たしていたと言える[6]。

まず、台湾輸出貿易における日本のシェアを分析してみる。表序-1と図序-1からわかることは以下の通りである。

1. 1897年から1944年までの約50年間で、台湾の輸出総額は約20倍にもなり、その中で日本へ移出された貿易額が特に大きく増加し、1944年は1897年の102倍前後にも上った。しかも輸出総額が最も多かったのが太平洋戦争前の1939年であり、1897年の40倍であった。この時、対日移出額も最も多く、それは1897年の242倍であり、1944年の2倍以上となっていた[7]。

2. 台湾の輸出貿易は世界情勢の影響を強く受けており、3つの非常に大きな転換点があった。1つ目は、1916〜17年であり、これは第一次世界大戦によってもたらされた影響であった。

3. 第一次世界大戦は日本の経済成長を後押しした要因であり[8]、空前の好景気の中で、台湾産品に対する需要も増加し、また台湾産品（例えば石炭）の東南アジア輸出を強化させた。2つ目の転換点は、1930〜31年であり、1929年に世界経済大恐慌と日本の昭和恐慌が発生した関係で、その年から日本の物価は下落し、産業界は大きな打撃を受け、民生も疲弊した。1931年9月の「満洲事変」後に転機が訪れ、景気も回復し始めたのであった[9]。したがって、台湾の対外輸出額も1930〜31年に衰退した後に再度増加し、1939年にはピークに達したが、これは当然ながら日本の戦略と密接な関係があった。1940年以降、日本の侵略戦争が東南アジアにまで進展し、太平洋戦争へと拡大するにつれて、台湾の貿易も下り坂となっていった[10]。

4. 台湾輸出貿易における日本のシェアは上昇し続け、1930〜38年では90％以上を占め、日本統治期では1897〜1904年の初期の間だけ50％に及ばなかった[11]。

表序-1　台湾の地域別輸出貿易額（1896-1944）

(単位：千円)

年次	総計		中国向け			日本向け			その他地域向け		
	総額	指数	総額	指数	比率	総額	指数	比率	総額	指数	比率
1896	11,396	—	8,676	—	76.13	—	—	—	2,720	—	23.87
97	14,857	100	9,878	100	66.49	2,105	100	14.17	2,874	100	19.34
98	16,963	124	10,873	110	64.10	4,143	197	24.42	1,947	68	11.48
99	14,743	99	8,692	88	58.96	3,651	173	24.76	2,400	84	16.28
1900	14,934	101	7,792	79	52.18	4,402	209	29.48	2,740	95	18.34
01	15,580	105	6,484	66	41.61	7,346	349	47.15	1,750	61	11.24
02	21,131	142	8,760	89	41.45	7,408	352	35.05	4,964	173	23.50
03	20,716	139	6,275	64	30.29	9,729	462	46.96	4,712	164	22.75
04	22,718	153	7,175	73	31.58	10,431	496	45.92	5,112	178	22.50
05	24,291	163	5,033	51	20.72	13,661	649	56.24	5,597	195	23.04
06	28,039	189	4,960	50	17.69	18,260	868	65.12	4,819	168	17.19
07	27,376	184	2,982	30	10.89	17,635	838	64.42	6,759	235	24.69
08	33,721	227	3,199	32	9.49	24,423	1,160	72.43	6,099	212	18.08
09	47,997	323	2,734	28	5.70	36,310	1,725	75.65	8,953	312	18.65
10	59,962	404	3,673	37	6.13	47,976	2,280	80.01	8,313	289	13.86
11	64,819	436	3,919	40	6.05	51,643	2,454	79.67	9,257	322	14.28
12	62,792	423	4,277	43	6.81	47,832	2,273	76.17	10,683	372	17.02
13	53,389	358	2,920	30	5.47	40,447	1,922	75.76	10,022	349	18.77
14	58,720	395	3,484	35	5.93	45,738	2,173	77.89	9,498	331	16.18
15	75,623	509	5,015	51	6.63	60,193	2,860	79.60	10,415	362	13.77
16	112,348	756	10,555	107	9.40	80,696	3,834	71.83	21,097	734	18.77
17	145,804	981	15,886	161	10.90	105,588	5,017	72.42	24,330	847	16.68
18	139,356	938	15,664	159	11.24	105,962	5,035	76.04	17,730	617	12.72
19	177,831	1,197	12,829	129	7.21	142,208	6,757	79.97	22,794	793	12.82
20	216,265	1,456	11,927	120	5.52	181,092	8,604	83.74	23,246	809	10.74
21	152,439	1,026	9,437	96	6.19	128,897	6,124	84.56	14,105	491	9.25
22	157,865	1,063	10,921	111	6.92	127,301	6,049	80.64	19,643	684	12.44
23	198,595	1,337	11,238	114	5.66	169,442	8,051	85.32	17,915	623	9.02
24	253,674	1,707	23,015	233	9.07	221,098	10,030	83.22	19,561	681	7.71
25	263,215	1,772	27,535	279	10.46	215,249	10,227	81.78	20,431	711	7.76
26	251,425	1,692	31,022	314	12.34	202,110	9,603	80.39	18,293	637	7.27
27	246,676	1,660	25,699	260	10.42	202,078	9,602	81.92	18,898	658	7.66
28	248,417	1,672	16,095	163	6.48	214,522	10,193	86.36	17,800	619	7.16
29	271,893	1,830	18,806	190	6.92	238,705	11,342	87.79	14,382	500	5.29

30	241,441	1,625	10,713	108	4.44	218,633	10,388	90.55	12,095	421	5.01
31	220,873	1,487	8,531	86	3.86	201,424	9,570	91.19	10,918	380	4.95
32	240,728	1,620	8,533	86	3.55	222,683	10,581	92.50	9,512	331	3.95
33	248,413	1,672	6,725	68	2.71	230,747	10,964	92.89	10,941	381	4.40
34	305,928	2,059	11,709	119	3.83	279,410	13,276	91.33	14,809	515	4.48
35	350,745	2,361	17,539	178	5.00	314,200	14,929	89.58	19,006	661	5.42
36	387,949	2,611	12,738	129	3.28	358,895	17,052	92.51	16,316	568	4.41
37	440,175	2,963	11,834	120	2.69	410,259	19,493	93.20	18,082	664	4.11
38	456,454	3,072	27,295	276	5.98	420,104	19,961	92.04	9,055	315	1.98
39	592,938	3,991	69,961	708	11.80	509,744	24,220	85.97	13,233	460	2.23
40	566,054	3,810	94,153	953	16.63	459,288	21,823	81.14	12,613	439	2.23
41	493,903	3,324	109,937	1,113	22.26	379,795	18,046	76.90	4,171	145	0.84
42	523,139	3,521	97,283	985	18.60	419,628	19,938	80.21	6,228	217	1.19
43	400,903	2,698	92,589	937	23.10	292,713	13,908	73.01	15,601	543	3.89
44	311,204	2,095	83,824	849	26.94	215,691	10,248	69.31	11,689	407	3.75

出典：周憲文「日拠時代台湾之対外貿易」、『台湾銀行季刊』9：1（台北：台湾銀行経済研究室、1957年）、39–40頁。原典は『台湾貿易五十三年表』。

註：1906年からの中国輸出は旅順と大連を含む。

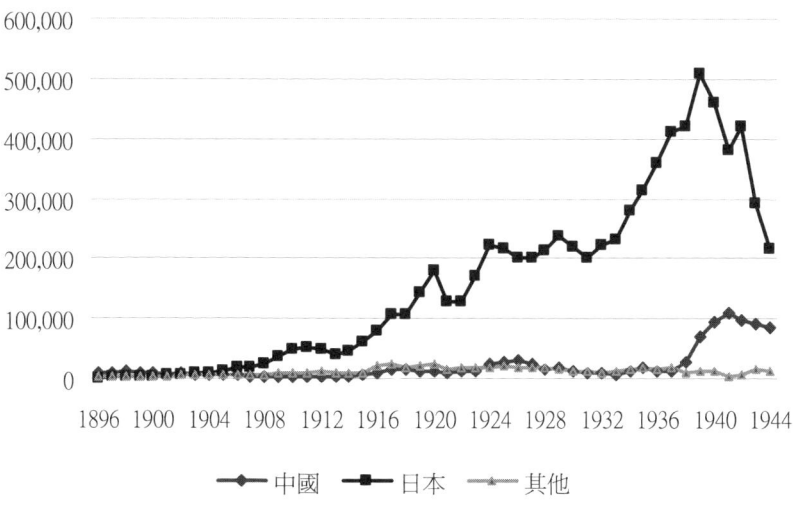

図序-1 台湾の対外貿易輸出額

出典：表序-1。

5. 同時期に、台湾の中国大陸向けの輸出額もまた増加していたが、その増加率は総輸出額のそれには遥かに及ばず、総輸出額におけるシェアも1896年の76％から1930年代前半には3～4％前後にまで落ち込んでいた。しかし1938年からは、また明らかに上昇していき、これは主に日本の大陸における占領地（東北、蒙古、華北と華中）での需要が急激に増加していったからである[12]。
6. その他の地域（日本と中国大陸以外）に対する輸出額の変動は大きく、1916～17年の二度の大戦期間における金額が比較的大きく、1938年以降は急速に下落していった。特に1941～42年には1910年以前の情況を回復し、1943～44年には逆に倍増したのであるが、これは日本の「大東亜共栄圏」政策下での東南アジアに対する「軍需」輸出の影響であると思われるが、1916年以前の水準を維持していたにすぎなかった[13]。
7. 大陸地域とその他地域に対する輸出額について言えば、1907年以前は、前者が後者を遥かに上回っていたが、1907年以降は情況が逆転した。しかし、1938年以降の大陸向け輸出の増加と、その他地域向けの減少という両者の対比は顕著になっていた[14]。

以上の分析からわかるのは、当時の台湾の対外輸出貿易は日本の政経政策とリンクして変化をしていったということである。植民地として、台湾はその本国に食物（米、砂糖、バナナ等）を提供したのみでなく、日本が「大東亜共栄圏」を遂行する際に、その本国の産品では達成し得なかった「経済交流」の空白を補填したのであった。一般的な植民地の「原料、資源供給地」としての性格については、台湾は本来から資源の限界もあり、けっしてこのような役割を果たしたわけではなかった。しかしながら、否定できないのは、台湾は日本のために「人力資源」を提供し、それは労働力や頭脳を含めて、台湾の優秀な人材はしばしば日本資本が中国大陸へ進出する際の先鋒あるいは仲介となったのであった[15]。

次に、輸入貿易についてもまた日本を主な対象としていた。当時台湾は日本から紡織品や海産物、紙類、石鹸、マッチ、缶詰食品、木材、木板、そして肥料などの工業製品を輸入しており、大豆のみ中国の東北から輸入してい

た。阿片もまた大陸から輸入しており、一部の化学肥料はドイツやイギリス、アメリカなどの先進国からそれぞれ輸入していた[16]。輸出品がモノカルチャー的で、ある産品に特化していたのに対し、輸入品はその種類が非常に複雑であったが、それは当時の台湾が依然として農業社会である中で、次第に近代化に向かっていく過程を象徴していたのかもしれない[17]。

そして、表序-2と図序-2から台湾輸入貿易における日本のシェアを観察してみる。

1. この約50年間、台湾の輸入総額は約10倍となり、最も多かったのが太平洋戦争前の1940年であり、1897年の29倍以上であった。しかも、日本からの全移入額は約32倍となり、移入額が最も多かったのが1940年で、1897年の約114倍となっていた。言い換えると、輸出貿易と同じく、日本からの移入貿易額の増加率は輸入貿易総額のそれを遥かに上回っていた。しかし、輸入貿易総額の増加率は輸出貿易総額のそれに及ばず、したがって巨額の貿易黒字を生み出したのであった[18]。

2. 輸入貿易もまた世界情勢と関係があり、一つ目の転換点も同様に第一次世界大戦であり、二つ目の転換点は1930～31年の恐慌期で、1932年以降は成長し続けた。しかも1940年にはピークに達し、その後は戦争が長引いたことで不景気となったが、1944年の輸入総額は1925年以前のそれよりも依然として高かった。ちなみにその年の輸出貿易額は1934年以前のそれを遥かに上回っていた[19]。

3. 台湾が日本から移入する移入額の増加は特に大きく、日本の台湾輸入貿易におけるシェアは絶えず増加し、1932～43年には80％以上にもなったが、輸出貿易におけるシェア（90％）には及ばなかった。しかしながら、日本統治期初期（1897～1904年）だけは50％を超えていなかった[20]。

4. 同時期、中国からの輸入貿易額は増加していたものの、増加率は大きくなく、総輸入額におけるシェアは1897年の45％前後から、1937～41年の8％前後にまで落ち込んでいた。台湾が大量に輸入していた阿片と大豆は全て中国地域からであったので、中国の台湾輸入貿易におけるシェアは輸出貿易のそれよりも遥かに高かった[21]。

表序-2　台湾の地域別輸入貿易額（1896-1944）

(単位：千円)

年次	総計		中国からの輸入			日本からの輸入			その他地域からの輸入		
	総額	指数	総額	指数	比率	総額	指数	比率	総額	指数	比率
1896	8,631	—	4,094	—	47.43	—	—	—	4,537	—	52.57
97	16,383	100	7,363	100	44.95	3,724	100	22.73	5,296	100	32.32
98	21,142	129	10,099	137	47.77	4,267	115	20.18	6,776	128	32.05
99	22,285	136	6,300	86	28.27	8,012	215	35.95	7,973	151	35.78
1900	22,010	134	5,996	81	27.24	8,439	227	38.34	7,575	143	34.42
01	21,592	132	5,656	77	26.20	8,782	236	40.67	7,154	135	33.13
02	19,336	118	5,157	70	26.67	9,235	248	47.76	4,944	93	25.57
03	22,204	136	5,748	78	25.89	11,195	301	50.42	5,261	99	23.69
04	22,746	139	5,842	79	25.68	10,156	273	44.65	6,748	127	29.67
05	24,448	149	5,373	73	21.98	13,484	362	55.15	5,591	106	22.87
06	28,372	173	6,164	84	21.73	15,634	420	55.11	6,574	124	23.16
07	30,971	189	4,335	59	14.00	19,750	530	63.77	6,886	130	22.23
08	38,007	232	4,521	61	11.90	20,927	562	55.07	12,554	237	33.03
09	36,598	223	4,997	68	13.65	24,007	645	65.60	7,594	143	20.75
10	48,923	299	5,757	78	11.77	29,071	781	59.42	14,095	266	28.81
11	53,295	325	6,240	85	11.71	33,740	906	63.31	13,315	261	24.98
12	62,632	382	8,025	109	12.81	43,325	1,163	69.17	11,282	213	18.02
13	60,859	371	7,623	104	12.53	42,836	1,150	70.38	10,400	196	17.09
14	52,913	323	7,470	101	14.12	39,899	1,071	75.40	5,544	105	10.48
15	53,409	326	7,959	108	14.90	40,628	1,091	76.07	4,822	91	9.03
16	65,022	397	8,191	111	12.60	49,592	1,332	76.27	7,239	127	11.13
17	88,887	543	10,270	139	11.55	67,788	1,820	76.26	10,829	204	12.19
18	104,219	636	18,139	246	17.41	70,665	1,898	67.80	15,415	291	14.79
19	154,705	944	32,445	441	20.97	90,572	2,432	58.55	31,688	598	20.48
20	172,437	1,053	33,215	451	19.26	112,070	3,010	64.99	27,152	513	15.75
21	133,954	818	21,231	288	15.85	93,521	2,511	69.82	19,202	363	14.33
22	119,095	727	21,302	289	17.89	82,173	2,207	69.00	15,620	295	13.11
23	110,129	672	21,206	288	19.26	71,018	1,907	64.49	17,905	338	16.25
24	133,026	802	27,391	372	20.59	86,602	2,326	65.10	19,033	359	14.31
25	186,395	1,138	32,677	444	17.53	129,906	3,489	69.69	23,812	450	12.78
26	183,412	1,120	29,250	397	15.95	121,405	3,250	66.19	32,757	618	17.86
27	186,948	1,141	27,459	373	14.69	121,108	3,252	64.78	38,381	725	20.53
28	190,654	1,164	29,222	397	15.33	132,318	3,553	69.40	29,114	550	15.27
29	204,911	1,251	31,814	432	15.53	140,370	3,770	68.50	32,727	618	15.97

30	168,258	1,027	23,481	319	13.96	123,127	3,307	73.18	21,650	409	12.86
31	145,622	889	17,078	232	11.73	114,763	3,082	78.81	13,781	271	9.46
32	164,498	1,004	20,544	279	12.49	133,457	3,584	81.13	10,497	198	6.38
33	185,389	1,132	24,231	329	13.07	149,912	4,026	80.86	11,246	212	6.07
34	215,022	1,312	24,724	336	11.50	176,991	4,753	82.31	13,307	251	6.19
35	263,120	1,601	30,518	414	11.60	218,141	5,858	82.91	14,461	273	5.49
36	292,686	1,787	35,119	477	12.00	243,831	6,548	83.31	13,736	259	4.69
37	322,124	1,966	30,474	414	9.46	277,895	7,463	86.27	13,755	260	4.27
38	366,659	2,238	27,662	276	7.54	327,950	8,807	89.44	11,047	209	3.02
39	408,650	2,494	36,633	497	8.96	357,608	9,604	87.51	14,409	272	3.53
40	481,813	2,941	39,922	542	8.29	425,753	11,434	88.36	16,138	305	3.35
41	424,507	2,591	36,509	496	8.60	371,842	9,986	87.59	16,156	305	3.81
42	384,519	2,336	42,897	582	11.16	337,619	9,067	87.80	4,003	76	1.04
43	338,727	2,068	40,882	554	12.07	291,927	7,840	86.18	5,918	112	1.75
44	164,722	1,005	40,280	546	24.45	121,285	3,257	73.63	3,157	60	1.92

出典：表序-1 と同じ、49-50 頁。

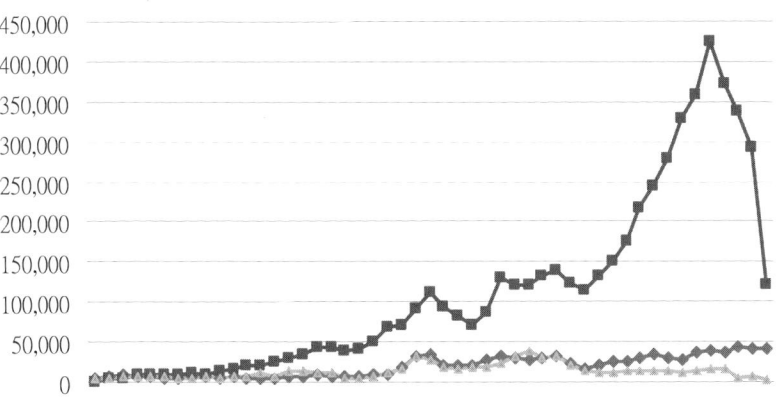

図序-2 台湾の対外貿易輸入額

出典：表序-2。

5. その他地域の輸入額については、1912年以前は一貫して20％以上であったが、1901年以前は30％以上にもなっており、1896年の貿易額も中国より多かった。そして、1912～30年の間のシェアは15％前後で、中国と同じくらいであったが、1930年代初期以降は大幅に下降し、貿易額も減少した。日本が中国東北を占領してからは、台湾での工業化がある程度成功し、日本本国製品の輸入代替が功を奏していたことを顕著に示している。1941年末の真珠湾攻撃以降、欧米地域との交通は断絶し、東南アジアとの交易もまた損害を被った[22]。
6. 中国とその他地域からの輸入額について言うと、おおまかにまとめれば、1930年以前は中国からの商品価格はその他地域から輸入されるそれよりも若干低かった。1932年以降は、前者の増加率は後者の減少率を大幅に上回っていた。しかし、日本からの移入額はさらに急速に増加していたので、両者のシェアは多かれ少なかれ減少した。1939年以降、中国からの輸入は顕著に増加し、日本が中国大陸の大部分を占領した影響であったのであろう。厳密には、日本から輸入されたものと言うべきであろう[23]。

つまり、輸出商品が米、砂糖、バナナ、そして石炭等の農産品や鉱物に特化していたのに対し、輸入品は非常に多様化していたが、その多くは既成の工業製品であり、阿片のみが台湾海峡の対岸から輸入されていた特殊な輸入品であった。日本が阿片を禁止し、中国大陸でも禁止されていた時期に、日本の植民地で、かつては中国領の一部であった台湾に、かえって続々と阿片が流入したが、まさかこれが「歴史の連続性」ではあるまい[24]。

国際貿易収支については、表序-3が示すように、この50年間で1897～1908年が貿易赤字であったものの、台湾は巨額の貿易黒字を維持していたのである。輸出貿易成長率が輸入貿易のそれよりも大きかったため、黒字額の増加率は急速に上昇していった。しかも、輸出貿易総額の80％、輸入貿易総額の70％以上は対日貿易（輸出総額の90％、輸入総額の80％以上にもなる時期もあった）であり、このため日本に対しては一貫して移出超過であったと言えよう。これは、当時の台湾は日本当局の政策下で、毎年大量の砂糖（その数値は輸出総額の40％以上を占めていた）、米（同じく10％以上）、

序　論

表序-3　台湾の国際貿易収支（1897-1944）

(単位：円)

年次	輸　出 総　額	指数	輸　入 総　額	指数	出（＋）入（—）超	
1897	14,856,848	100	16,382,020	100	（—）	1,526,172
98	16,962,538	114	21,142,173	129	（—）	4,179,635
99	14,743,098	99	22,284,918	136	（—）	7,541,820
1900	14,934,275	101	22,009,697	134	（—）	7,075,422
01	15,580,053	105	21,592,053	132	（—）	6,012,000
02	21,131,769	142	19,335,822	118	（＋）	1,795,947
03	20,716,425	139	22,204,252	136	（—）	1,487,827
04	22,718,673	153	22,746,321	139	（—）	27,648
05	24,291,107	163	24,447,710	149	（—）	156,603
06	28,038,612	189	28,371,801	173	（—）	333,189
07	27,376,102	184	30,971,130	189	（—）	3,595,028
08	33,721,285	227	38,001,625	232	（—）	4,280,340
09	47,997,076	323	36,598,273	223	（＋）	11,398,803
10	59,962,255	404	48,923,289	299	（＋）	11,038,966
11	64,819,176	436	53,294,603	325	（＋）	11,524,573
12	62,791,679	423	62,632,416	382	（＋）	159,263
13	53,389,062	358	60,859,317	371	（—）	7,470,255
14	58,720,430	395	52,912,506	323	（＋）	5,807,924
15	75,623,174	509	53,409,638	326	（＋）	22,213,536
16	112,347,948	756	65,021,600	397	（＋）	47,326,348
17	145,803,733	981	88,887,361	543	（＋）	56,916,372
18	139,356,261	938	104,219,330	636	（＋）	35,136,931
19	177,830,577	1,197	154,705,194	944	（＋）	23,125,383
20	216,264,580	1,456	172,437,095	1,053	（＋）	43,827,485
21	152,438,500	1,026	133,954,458	818	（＋）	18,484,042
22	157,864,975	1,063	119,095,309	727	（＋）	38,769,666
23	198,594,802	1,337	110,129,492	672	（＋）	88,465,310
24	253,674,176	1,707	133,026,096	802	（＋）	120,648,080
25	263,214,651	1,772	186,395,340	1,138	（＋）	76,819,311
26	251,425,070	1,692	183,412,450	1,120	（＋）	68,012,620
27	246,676,284	1,660	186,948,387	1,141	（＋）	59,727,897
28	248,417,285	1,672	190,653,933	1,164	（＋）	57,763,352

29	271,893,266	1,830	204,910,684	1,251	(＋)	66,982,582
30	241,441,304	1,625	168,258,310	1,027	(＋)	73,182,994
31	220,872,866	1,487	145,622,123	889	(＋)	75,250,743
32	240,727,988	1,620	164,497,770	1,004	(＋)	76,230,218
33	248,413,329	1,672	185,388,938	1,132	(＋)	63,024,391
34	305,928,680	2,059	215,021,701	1,312	(＋)	90,906,979
35	350,744,673	2,361	263,119,746	1,601	(＋)	87,624,927
36	387,948,978	2,611	292,685,948	1,787	(＋)	95,263,030
37	440,174,995	2,963	322,123,742	1,966	(＋)	118,051,253
38	456,453,837	3,072	366,659,192	2,238	(＋)	89,794,645
39	592,938,199	3,991	408,649,840	2,494	(＋)	184,288,359
40	566,054,448	3,810	481,812,883	2,941	(＋)	84,241,565
41	493,903,536	3,324	424,507,211	2,591	(＋)	69,396,325
42	523,138,931	3,521	384,519,252	2,336	(＋)	138,619,679
43	400,902,833	2,698	338,726,528	2,068	(＋)	52,176,305
44	311,204,092	2,095	164,721,870	1,005	(＋)	146,482,222

出典：表序-1と同じ、34-35頁。

バナナ（5％前後）の農産品を日本本国へ移出し、それと引き換えに日本の工業製品を移入し、その他地域からも大量の大豆や肥料、阿片を輸入していた関係であろう。輸入貿易の多地域化は、当時の植民地当局が台湾の豊富な農業資源をできるだけ搾取し、本国の政策に協力して、他の植民地の商品を台湾へ販売することで日本帝国全体の利益を増大させることだけを図っていたことを意味しているのかもしれない[25]。

このような日本に依頼した貿易形態は第二次世界大戦の終結に伴ってピリオドを打ったのであった。

●註
1）資源委員会台湾鋁廠、「為検奉本廠組織規程系統表各一份」、1950年4月6日発、中央研究院近代史研究所所蔵の資源委員会台湾鋁業股份有限公司檔案（以下、資委会檔『台湾鋁廠』と簡略）、コード24-14-34-1-1。その技術員は初めは日本人を留用していたが、1948年以降は大部分が中国の各大学を卒業した、もしくは欧米と日本に留学した中国人であり、少数の台南工学院（あるいは工業専門学校）や台北工

業学校（あるいは台湾省立工学院）、そして台湾商工学校の卒業生が技術助手に就いていたのみであった。資源委員会台湾鋁廠、「資源委員会台湾鋁廠職員名冊」、1950年10月、資委会檔『台湾鋁廠』、コード 24-14-34-3-1 を参照。
2）陳華洲『光復一年半来台湾省公営生産事業之総検討』（台北：法務部調査局共党研究中心典蔵資料、1947年4月）、20-21頁。
3）周憲文「日拠時代台湾之対外貿易」『台湾銀行季刊』9：1（台北：台湾銀行経済研究室、1957年）、38頁；黄富三、陳慈玉、「第六章 商業的発展」『台湾近代史 経済篇』（南投：台湾省文献委員会、1995年）、343頁。
4）林満紅「光復以前台湾対外貿易之演変」『台湾文献』36：3-4（1985年12月）、57頁；黄富三・陳慈玉「第六章 商業的発展」『台湾近代史 経済篇』、343頁。
5）陳慈玉「日拠時期台湾煤礦業的発展」『日拠時期台湾史国際学術研討会論文集』（台北：台湾大学歴史系、1993年）、391頁。黄富三・陳慈玉「第六章 商業的発展」『台湾近代史 経済篇』、343頁。
6）黄富三・陳慈玉「第六章 商業的発展」『台湾近代史 経済篇』、343頁。
7）黄富三・陳慈玉「第六章 商業的発展」『台湾近代史 経済篇』、343頁。
8）中村隆英、尾高煌之助『二重構造』（東京：岩波書店、1989年）、83-95頁。黄富三・陳慈玉「第六章 商業的発展」『台湾近代史 経済篇』、343頁。
9）林明徳・陳慈玉・許慶雄共著『日本歴史與文化』（台北：国立空中大学、1992年）、374-378頁。黄富三・陳慈玉「第六章 商業的発展」『台湾近代史 経済篇』、343頁。
10）黄富三・陳慈玉「第六章 商業的発展」『台湾近代史 経済篇』、343頁。
11）黄富三・陳慈玉「第六章 商業的発展」『台湾近代史 経済篇』、343-345頁。
12）黄富三・陳慈玉「第六章 商業的発展」『台湾近代史 経済篇』、345頁。
13）黄富三・陳慈玉「第六章 商業的発展」『台湾近代史 経済篇』、345頁。
14）黄富三・陳慈玉「第六章 商業的発展」『台湾近代史 経済篇』、345頁。
15）陳慈玉「顔国年與中日台煤礦合作的構想、1924-1930」『近代中国歴史人物論集』（台北：中央研究院近代史研究所、1993年）、833-871頁。
16）前掲周憲文「日拠時代台湾之対外貿易」、59-60頁。前掲林満紅「光復以前台湾対外貿易之演変」、57頁。
17）黄富三・陳慈玉「第六章 商業的発展」『台湾近代史 経済篇』、345頁。
18）黄富三・陳慈玉「第六章 商業的発展」『台湾近代史 経済篇』、347頁。
19）黄富三・陳慈玉「第六章 商業的発展」『台湾近代史 経済篇』、347頁。
20）黄富三・陳慈玉「第六章 商業的発展」『台湾近代史 経済篇』、347頁。
21）黄富三・陳慈玉「第六章 商業的発展」『台湾近代史 経済篇』、347頁。
22）黄富三・陳慈玉「第六章 商業的発展」『台湾近代史 経済篇』、347頁。
23）黄富三・陳慈玉「第六章 商業的発展」『台湾近代史 経済篇』、347-348頁。
24）黄富三・陳慈玉「第六章 商業的発展」『台湾近代史 経済篇』、348頁。
25）黄富三・陳慈玉「第六章 商業的発展」『台湾近代史 経済篇』、348頁。

第1部 貿 易 篇

第1章

日本統治期における台湾輸出産業の発展と変遷

第1節 はじめに

　19世紀半ばに台湾は対外開放され、他国との通商が開始された。中国大陸との貿易は引き続いて行われ、その他の国々との貿易も迅速に成長し、オランダ・スペイン統治時代や明の鄭氏政権時代の盛況ぶりが再現されたかのようであった。日本統治期には輸出指向の産業がさらに発展した。周知の通り、当時の輸出の最重要商品は米と砂糖であり、その主な消費市場の日本は、台湾バナナにとっても、最も重要な輸出市場であった。台湾の茶葉もかつて大量の外貨を稼ぎ出し、欧米や日本・東南アジア地域へと販売された。バナナの国外販売については政府（台湾総督府）が積極的に主導したが、茶葉の市場開拓は茶商自身の努力の成果であったようだ。その他、台湾の主要輸出品にはパイナップル缶詰などの食品加工業、樟脳・アルコールなどの化学工業、石炭などの鉱業の製品があった。

　日本統治期の台湾の輸出貿易の市場においては20世紀初頭から日本がかなり重要な地位を占めており、またその重要性は年々いや増していった。1897～1914年の輸出総額に占める割合は平均55.10％だったが、1915～1929年は81.41％と増加し、1930～1942年には91.38％という高さに達した[1]。つまり、台湾の輸出産業は、日本を主な相手先とし、かつほとんど唯一の市場として発展したと言えよう。

　戦後における日本統治期の台湾の対外貿易の研究として、まず周憲文「日拠時代台湾之対外貿易」（『台湾銀行季刊』9：1）が挙げられる。周は、主に歴年の『台湾総督府統計提要』を利用して台湾の対外貿易の概況を述べてい

る。後進のためにこの分野を拓いた先達の研究として、現在においても参考に値する。

その後、台湾—中国貿易（以下、台中貿易[2]）・港湾と地域的発展[3]・台湾商人[4]・交通運輸（海運も含む[5]）・商品[6]・地理的な変遷[7]・物価指数[8]等の角度から詳細な比較研究が行われた。

これらの先行研究から、焦点が依然として米や砂糖の生産とその影響や、茶葉の中国東北部への輸出が形成した台中貿易に集中しており、日本への輸出貿易が台湾の産業にもたらしたインパクトとその意義を特化して論じたものは少ないことがわかる。

游棋竹「台湾対外貿易与産業之研究（1897-1942）」は台湾・日本・中国の三角貿易の枠組の中で、台湾の対外貿易商品の構造を分析し、肥料工業・漁業・帽子製造業を各期の代表として、日本統治期の台湾の産業構造の変化の状況について述べている。非常に斬新であるが、選択した産業が各期の特徴を適切に表しているかについては疑念を抱かざるを得ない。

黄登興・徐茂炫「植民関係与貿易形態在台湾日治時期的験証[9]」は、経済学の理論を用いて、日本統治期の植民地貿易の形態が変化するプロセスで外部から受けた影響について分析している。台湾から中国大陸への輸出は大幅に減少したが、大陸からの輸入の数量と輸入額の減少幅は相対的に小さいものであった。台湾の日本からの輸入が増加した分は、中国大陸以外の地域から台湾への輸入が減少した分であり、これは日本が貿易主導権を獲得するプロセスの中で、日本の工業製品が西洋の工業製品に取って代わり輸入された現象を反映している。さらに輸出入品の異質性の程度において台湾と日本の間に存在する輸出入品の異質性の程度は他の地域と比べて大きく、植民地としての時間の経過とその厳格化の傾向とともに、台湾と日本の輸出入貿易は非対称性を含むようになったと指摘している。

本章では歴年の『台湾貿易年表』のデータを基礎とし、台湾における日本への輸出産業の変遷を探る。まず、輸出製品の構造の変化を分析し、農業・工業・鉱業それぞれの代表的な商品の生産について述べて、植民地である台湾が当時の日本帝国全体の中で演じた役割と影響について明らかにしたい。

なお、米・砂糖の生産に関する研究はすでに汗牛充棟であり、また樟脳の海外市場は主に欧米と東南アジア等であるため、本稿では触れないこととする。

第2節　輸出商品構造の変化

　表1-1と図1-1の通り、統治期の主要な輸出品は米・茶・砂糖・塩・バナナ・パイナップル缶詰・樟脳・アルコール類・石炭等の、農産品・食品加工品・化学工業製品・鉱業品であった。そのうち砂糖の輸出額は全体の40％以上を占め続け（1920年には65.75％にまで達した）、米の輸出額は10％以上（そのうちの4年間は30％以上）、茶の輸出額は年々減少し、統治期の初期には10％以上を保持していたが、1916年以降には5％前後を維持するのみとなった。樟脳の割合は21.48％（1846年）から2％以下にまで下がり、バナナは0.16％（1907年）から5.01％（1940年）にまで上昇しているが、ピークである1937年を含め、おおむね3％前後を維持している[10]。バナナ輸出量の増加の速さは、1896-1945年のインフレ率の資料が欠落しているため、輸出総額における順位およびその他の商品の輸出額の変動との比較の中で、その相対的な割合をうかがい知るのみである。バナナの輸出額の輸出総額における割合は安定して成長し、清末以降の最重要輸出品と見なされてきた米・砂糖・茶の割合は、すべて下がっている。

　この表と図から、1940年の輸出総額は1896年の49.67倍に増加し、個別の商品については米が95.94倍、茶が3.59倍、砂糖が145.56倍、バナナが1907年の644.5倍、アルコール類が192.2倍、石炭が544.9倍と大幅に増加し、パイナップル缶詰の成長はさらに速かったことがわかる（1907年の785.21倍）。この数字は当時の植民地台湾が宗主国日本に米・砂糖等の生活必需品を提供する義務を負っていたことを意味するだけでなく、さらに時間の推移とともに日本による台湾への農業政策が変化したことを意味する。日本の茶業が成長したことから[11]、日本の植民地当局は海外市場で日本茶のライバルになり得る台湾茶の栽培は奨励せず、本国の民衆の需要に応じ、海外市場を開拓するために農産品の多元化生産政策を実施していった。この市場

表 1-1 商品別輸出額指数、1896-1943 年

年	総数	米	茶	砂糖	バナナ	パイン缶	樟脳	アルコール	石炭	其他
1896	100	100	100	100	—	—	100	—	100	100
1897	130	205	118	176	—	—	62	—	135	294
1898	149	363	106	235	—	—	53	—	296	393
1899	129	146	101	218	—	—	83	—	422	323
1900	131	259	82	144	—	—	95	—	587	489
1901	137	236	72	217	—	—	96	—	804	532
1902	185	386	115	277	—	—	152	—	809	432
1903	182	631	107	156	—	—	126	—	635	488
1904	199	667	102	263	—	—	125	—	696	545
1905	213	646	108	385	—	—	110	—	491	534
1906	246	812	88	566	—	—	115	—	600	615
1907	240	674	92	489	100	100	146	—	483	733
1908	296	1,155	98	618	241	353	90	100	422	860
1909	421	979	105	1,505	355	316	179	149	400	814
1910	526	766	110	2,306	784	200	162	248	278	1,063
1911	569	868	124	2,481	859	395	142	569	491	1,155
1912	551	1,124	117	1,952	768	637	221	2,137	513	1,311
1913	468	1,719	112	1,012	850	837	198	2,027	422	1,374
1914	515	758	116	1,810	1,334	684	219	2,595	896	1,447
1915	664	910	140	2,372	1,557	737	205	7,179	809	1,815
1916	986	891	134	4,121	2,400	1,032	256	10,900	2,026	2,736
1917	1,279	1,419	142	5,502	3,661	1,453	230	12,431	8,970	3,413
1918	1,223	2,720	168	3,982	4,714	2,047	192	15,559	13,313	3,483
1919	1,560	3,778	145	5,670	4,659	2,958	230	17,075	39,078	2,876
1920	1,898	1,881	114	9,300	4,107	4,463	311	13,325	46,087	3,077
1921	1,338	2,118	142	5,680	9,445	4,553	73	8,496	31,153	2,798
1922	1,385	1,537	166	5,705	15,641	4,532	279	3,252	32,648	3,559
1923	1,743	2,597	175	7,459	18,855	4,874	237	5,740	32,765	3,774
1924	2,226	5,314	186	8,236	27,252	7,121	267	6,215	40,739	5,472
1925	2,310	7,899	200	7,296	20,952	10,153	185	7,789	40,648	5,878
1926	2,206	6,911	213	6,642	25,789	9,274	148	8,109	43,087	6,608
1927	2,165	7,449	201	6,474	19,975	16,674	121	7,295	33,296	6,338
1928	2,180	5,831	171	8,023	19,777	13,737	196	7,483	21,191	5,708

第1章　日本統治期における台湾輸出産業の発展と変遷

1929	2,386	5,403	163	9,356	19,291	23,474	174	8,028	16,070	6,846
1930	2,119	4,238	152	9,283	19,480	18,653	96	5,440	14,057	4,797
1931	1,938	4,501	130	8,034	19,384	22,111	96	4,516	12,013	4,470
1932	2,112	6,915	92	8,168	16,234	28,374	103	4,663	7,722	4,292
1933	2,180	7,084	109	7,794	18,764	27,100	169	7,688	11,852	5,109
1934	2,685	11,164	172	8,008	20,025	26,684	186	9,307	9,757	6,971
1935	3,078	11,564	160	9,911	23,280	42,516	180	9,648	5,800	8,422
1936	3,404	13,616	175	10,864	25,377	38,126	218	7,788	9,800	8,809
1937	3,863	13,822	220	12,528	28,034	48,526	183	10,169	17,096	11,445
1938	4,005	14,106	218	12,378	30,186	54,800	166	13,031	34,722	12,743
1939	5,203	14,075	366	16,993	38,650	70,216	246	22,067	39,857	19,255
1940	4,967	9,594	359	14,556	64,450	78,521	193	19,219	54,487	25,432
1941	4,334	7,877	479	12,698	51,852	57,642	172	17,624	36,530	22,291
1942	4,591	8,482	478	15,291	30,207	45,363	35	19,707	32,717	22,075
1943	3,518	7,358	541	9,120	13,027	26,695	99	21,437	23,909	20,318

出典：周憲文「日拠時代台湾之対外貿易」、『台湾銀行季刊』9：1（台北：台湾銀行経済研究室、1957年6月）、44-45頁。

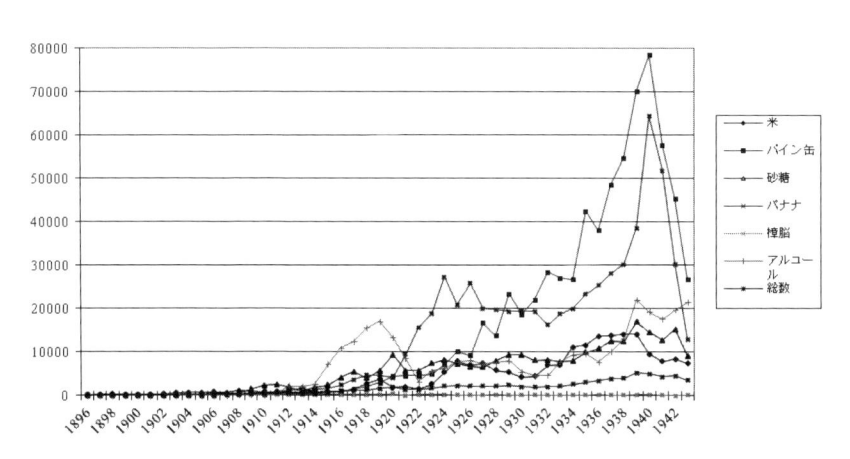

図1-1（A）　商品別輸出額指数-1（1896-1943）

出典：周憲文「日拠時代台湾之対外貿易」、『台湾銀行季刊』9：1（台北：台湾銀行経済研究室、1957年6月）、44-45頁。

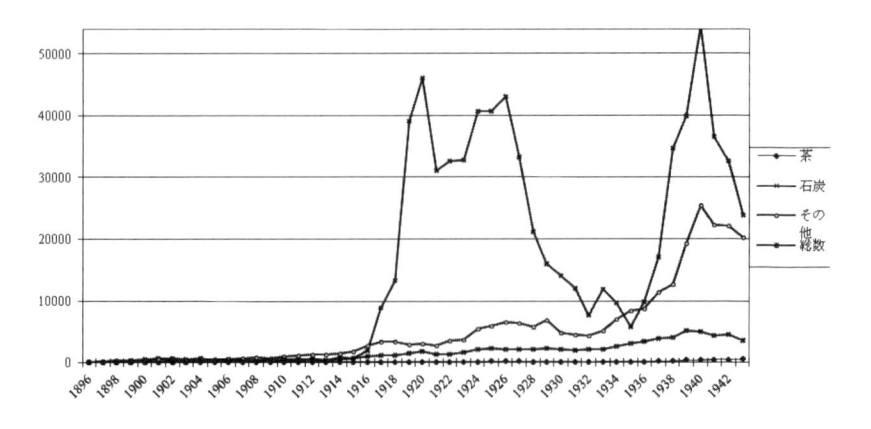

図1-1（B） 商品別輸出額指数-2（1896-1943）
出典：周憲文「日拠時代台湾之対外貿易」、『台湾銀行季刊』9：1（台北：台湾銀行経済研究室、1957年6月）、44-45頁。

は日本本国では商品を供給できないものであった。この意味で、バナナ・石炭・パイナップル缶詰等の産業の成長は植民地としての台湾の輸出産業（その生産品は主に日本本国に流れ、日本から再輸出できない）の一大特徴をさらに鮮明に表している。

　日本への輸出についてさらに見てゆくと、米類（うるち米と糯米の玄米と精米・籾殻・砕米等を含む）・砂糖類（赤砂糖・白砂糖・含蜜糖・分蜜糖・角砂糖等を含む）は一貫して輸出の大口商品であるが（表1-2・図1-2参照）、その他の商品の成長も著しいということがわかる。そのうち輸出額については、前述のバナナの増加が最も速いが、価格指数については、石炭とパイン缶は基準となる時期のデータ自体が小さいため、成長幅は最も大きい。例えば、1914年のパイン缶詰の輸出額は、輸出開始時期（1905年）の114.03倍、1930年は1905年の3042.95倍、1942年には5398.51倍と大幅に増加している。石炭も42.5倍（1914年）、798.33倍（1930年）と5318.01倍（1942年）になっている。アルコール類の輸出総額に占める割合も軽視できず、1912～21年に平均して6.67％（1917年は9.98％）を占め、米類と砂糖類に次ぐ。その後、輸出額は減少し、占める割合も下がるが、1933年以降、

しだいに増加し、1939年をピークに1940年代前半の割合は平均して4.1％（1943年は5.47％）である。

これと比べ、欧米を主な市場とする樟脳類（粗製および精製樟脳・各種樟脳油）の輸出額はあまり増加せず、1914年の輸出額は1901年の1.09倍であり、1930年には1.27倍とやや増えるが、1942年には戦争の影響で0.63倍に減少している。このため、輸出総額に占める割合は下がり続け、1899年には29.59％だったが、1907年以降はバナナ・石炭・パイン缶の輸出増加に伴い、樟脳類の占める位置はますます見劣りするものとなった。

同じような状況が茶類にも見られる。日本は台湾茶の主な消費市場ではないために、茶の輸出額は減少し続け、1930年に至っては1901年の0.25倍でしかなく、全体の0.08％を占めるにすぎない。1932年以降には満洲国市場の包種茶の統計と合わせたために輸出額が急増し、1942年は1901年の7.73倍になるが、輸出総額に占める割合は1.30％にすぎない。

ほかに注目すべき商品として、塩が挙げられる。後述するが、台湾塩はもともと粗製塩であったが、台湾在住日本人の需要にあわせて精製するようになり、しだいに輸出されるようになっていった（6節参照）。輸出総額の割合は一貫して1％という低いものであるが、輸出額は終始上昇傾向を示し、1914年は1901年の6.90倍であり、1930年は16.76倍、1942年には40.98倍に達している。特に1930年以降には軍需工業の振興により、台湾の工業用塩への日本からの需要が急増し、塩の輸出総額の増加幅は大きかった。

米類と砂糖類については、前者の増加のスピードが終始後者を超え、両者のグラフの曲線は反比例を示している。1914年には、米類の輸出額は1901年の6.74倍、1930年の増加は1901年の37.78倍、1914年の5.6倍であり、1942年には1901年の74.35倍、1914年の11.03倍である。これに反して、砂糖類の1914年の輸出額は1901年の12.07倍であり、1930年の増加は1901年の61.88倍、1914年の5.13倍、1942年は1901年の80.49倍、1914年の6.69倍である。

この他、1907～1924年の間、金（銀と銅を含む）は輸出の重要な商品であり、5％前後の割合を占めていた（1912～1924年）が、1925年以後の記録

表1-2（A） 1897-1945年台湾対

商品 年代	米合計 金額	%	砂糖合計 金額	%	バナナ 金額	%	茶類合計 金額	%	煤炭 金額
1897	74,616	3.56%	1,194,000	56.90%	—		18,020	0.86%	—
1898	1,146,489	27.70%	1,602,265	38.71%	—		53,218	1.29%	—
1899	62,623	1.72%	1,748,879	48.16%	—		275,438	7.59%	—
1900	93,119	2.19%	1,537,838	36.20%	—		490,912	11.55%	—
1901	1,024,332	14.30%	2,292,648	32.01%	—		704,595	9.84%	—
1902	1,608,186	22.35%	3,172,407	44.08%	—		240,841	3.35%	—
1903	4,889,859	51.59%	2,170,918	22.90%	—		303,010	3.20%	—
1904	3,544,520	34.99%	3,791,347	37.43%	—		192,371	1.90%	—
1905	5,365,177	39.93%	5,863,330	43.64%	—		120,513	0.90%	455
1906	7,133,375	39.59%	8,506,117	47.21%	—		109,272	0.61%	216
1907	5,996,405	34.54%	7,455,918	42.94%	43,146	0.25%	215,275	1.24%	58
1908	10,128,265	41.91%	9,440,560	39.07%	104,515	0.43%	185,802	0.77%	400
1909	8,805,818	24.36%	23,001,769	63.62%	155,879	0.43%	292,560	0.81%	—
1910	6,875,036	14.37%	34,771,495	72.69%	345,030	0.72%	587,848	1.23%	3,120
1911	7,901,381	15.42%	36,872,558	71.95%	378,005	0.74%	121,705	0.24%	582
1912	10,260,694	21.63%	28,134,144	59.30%	336,617	0.71%	153,578	0.32%	1,147
1913	15,693,641	39.15%	15,479,098	38.61%	374,234	0.93%	134,189	0.33%	1,980
1914	6,905,311	15.24%	27,673,067	61.09%	587,017	1.30%	441,670	0.98%	19,348
1915	8,057,643	13.51%	35,921,720	60.25%	684,564	1.15%	1,099,318	1.84%	1,060
1916	6,960,089	8.81%	51,685,046	65.42%	1,054,056	1.33%	1,498,272	1.90%	68,152
1917	12,618,394	12.05%	68,344,719	65.25%	1,600,618	1.53%	3,794,266	3.62%	251,347
1918	24,830,529	23.73%	54,642,102	52.22%	2,014,807	1.93%	1,195,951	1.14%	113,711
1919	34,491,734	24.50%	79,112,371	56.19%	2,030,343	1.44%	301,544	0.21%	893,185
1920	17,118,664	9.55%	135,224,159	75.47%	1,805,518	1.01%	292,801	0.16%	1,439,633
1921	19,294,129	15.14%	84,709,280	66.47%	4,156,042	3.26%	358,342	0.28%	579,321
1922	13,581,618	10.77%	84,4680,656	67.01%	6,875,823	5.45%	139,860	0.11%	1,791,022
1923	23,636,921	14.04%	111,807,763	66.41%	8,280,418	4.92%	215,914	0.13%	1,841,293
1924	48,486,256	23.07%	119,911,187	57.05%	11,816,303	5.62%	408,867	0.19%	2,068,924
1925	72,110,218	33.71%	105,651,158	49.38%	9,096,358	4.25%	235,345	0.11%	1,903,409
1926	63,092,470	31.38%	98,375,836	48.93%	10,900,377	5.42%	130,434	0.06%	1,475,054
1927	67,885,750	33.82%	96,430,734	48.04%	8,616,464	4.29%	111,993	0.06%	1,484,379
1928	53,229,101	25.02%	121,413,629	57.06%	8,614,837	4.05%	108,450	0.05%	910,323
1929	49,320,566	20.81%	142,601,812	60.16%	8,419,100	3.55%	147,162	0.06%	389,028
1930	38,695,385	17.83%	141,865,177	65.38%	8,369,850	3.86%	177,321	0.08%	363,238
1931	41,097,219	20.40%	120,475,130	59.80%	8,329,152	4.14%	232,738	0.12%	470,760
1932	63,074,989	28.30%	121,718,906	54.62%	6,982,753	3.13%	519,375	0.23%	460,046
1933	64,627,800	28.01%	118,614,462	51.40%	7,899,188	3.42%	942,961	0.41%	1,195,362
1934	101,816,421	36.44%	122,321,543	43.78%	8,137,941	2.91%	1,129,150	0.40%	857,405
1935	105,545,183	33.59%	145,977,479	46.44%	9,465,551	3.01%	1,049,086	0.33%	747,342
1936	124,568,803	34.71%	163,495,301	45.56%	10,586,507	2.95%	1,088,704	0.30%	1,036,772
1937	127,223,441	31.01%	188,985,935	46.07%	11,736,412	2.86%	1,443,835	0.35%	2,563,035
1938	126,907,426	30.21%	177,596,157	42.27%	12,855,634	3.06%	1,931,991	0.46%	5,756,529
1939	127,300,248	24.97%	229,254,158	44.97%	16,519,291	3.24%	2,748,014	0.54%	4,488,734
1940	84,243,221	18.34%	185,592,613	40.41%	25,645,105	5.58%	3,946,816	0.86%	4,519,524
1941	70,734,943	18.62%	156,510,235	41.21%	17,766,370	4.68%	4,669,464	1.23%	1,525,103
1942	76,155,232	18.15%	184,524,209	43.97%	11,028,542	2.63%	5,447,911	1.30%	2,419,696
1943	66,027,500	22.96%	97,450,854	33.29%	5,401,897	1.85%	3,837,334	1.31%	580,773
1944	30,199,842	14.00%	51,347,707	23.81%	199,855	0.09%	2,107,677	0.98%	—
1945	751,967	5.25%	6,024,482	42.06%	—		18,640	0.13%	—

出典：台湾総督府財務局税務課『台湾外国貿易二十年対照表：自明治二十九年至大正四年』、台北：同編者、處『台湾貿易五十三年表』、台北：同編者、1954年。

備註：1、1940年は輸出のデータが部分的に欠落している。
2、米はうるち米・糯米・玄米・精米・籾殻・砕米等を含む。砂糖は赤砂糖・白砂糖・含蜜糖・分蜜と変性アルコールを含む。樟脳は粗製樟脳と精製樟脳を含む。樟脳油は赤油・白油・芳白油・白油・

第1章　日本統治期における台湾輸出産業の発展と変遷

日輸出商品統計：主要輸出品目

（金額：円、比例：％）

合計 %	塩 金額	塩 %	パイン缶 金額	パイン缶 %	酒精類合計 金額	酒精類合計 %	樟脳（合計）金額	樟脳（合計）%	樟脳油合計 金額	樟脳油合計 %
	—		—				18,109	0.86%	437,626	20.85%
	747	0.02%	—				334,830	8.09%	540,949	13.07%
	24,739	0.68%	—				292,261	8.05%	1,074,530	29.59%
		0.00%					945,834	22.26%	962,643	22.66%
	49,958	0.70%	—				1,571,497	21.94%	1,325,836	18.51%
	87,448	1.22%	760	0.01%			869,418	12.08%	921,536	12.81%
	122,178	1.29%		0.00%			570,654	6.02%	1,113,376	11.75%
	63,686	0.63%					858,603	8.48%	1,235,684	12.20%
0.003%	133,533	0.99%	1,144	0.01%			630,590	4.69%	1,156,454	8.61%
0.001%	100,714	0.56%	14	0.00%			600,152	3.33%	1,190,540	6.61%
0.000%	125,713	0.72%	18,639	0.11%			948,306	5.46%	1,859,884	10.71%
0.002%	160,335	0.66%	66,512	0.28%	74,670	0.31%	502,213	2.08%	2,031,952	8.41%
	145,924	0.40%	59,906	0.17%	111,603	0.31%	—		1,610,979	4.46%
0.007%	220,683	0.46%	37,779	0.08%	186,305	0.39%	25,897	0.05%	2,622,353	5.48%
0.001%	235,175	0.46%	74,907	0.15%	421,971	0.82%	5,865	0.01%	2,307,775	4.50%
0.002%	226,781	0.48%	121,151	0.26%	1,502,780	3.17%	1,008,404	2.13%	1,561,476	3.29%
0.005%	184,149	0.46%	158,396	0.40%	1,507,366	3.76%	362,200	0.90%	1,690,964	4.22%
0.043%	344,878	0.76%	130,450	0.29%	1,945,554	4.29%	1,509,225	3.33%	1,646,899	3.64%
0.002%	322,317	0.54%	139,476	0.23%	5,321,355	8.92%	1,793,393	3.01%	1,888,645	3.17%
0.086%	405,596	0.51%	195,232	0.25%	7,686,284	9.73%	1,602,998	2.03%	2,313,455	2.93%
0.240%	457,002	0.44%	264,227	0.25%	8,482,576	8.10%	1,013,280	0.97%	1,846,847	1.76%
0.109%	494,745	0.47%	382,609	0.37%	10,439,229	9.98%	1,757,120	1.68%	1,332,869	1.27%
0.634%	182,321	0.13%	514,887	0.37%	12,239,841	8.69%	2,557,445	1.82%	1,182,668	0.84%
0.803%	123,321	0.07%	830,138	0.46%	9,878,422	5.43%	3,271,867	1.83%	1,577,609	0.88%
0.455%	366,112	0.29%	865,446	0.68%	5,801,310	4.55%	1,517,400	1.19%	1,976,551	1.55%
1.421%	950,362	0.75%	860,410	0.68%	1,787,024	1.42%	2,412,744	1.91%	1,666,975	1.32%
1.094%	1,006,976	0.60%	925,369	0.55%	3,005,444	1.79%	2,498,185	1.48%	2,715,501	1.61%
0.984%	1,669,034	0.79%	1,350,968	0.64%	3,039,628	1.45%	3,890,832	1.85%	2,105,530	1.00%
0.890%	1,239,871	0.58%	1,917,564	0.90%	3,854,578	1.80%	915,092	0.43%	2,468,013	1.15%
0.734%	903,618	0.45%	1,752,057	0.87%	4,081,135	2.03%	1,681,519	0.84%	2,976,094	1.48%
0.739%	601,782	0.30%	3,145,630	1.57%	3,616,195	1.80%	1,078,360	0.54%	1,887,136	0.94%
0.428%	646,129	0.30%	2,604,326	1.22%	3,602,253	1.69%	1,572,185	0.74%	1,757,281	0.83%
0.164%	708,716	0.30%	4,407,878	1.86%	3,505,152	1.48%	2,612,775	1.10%	3,040,273	1.28%
0.167%	837,529	0.39%	3,481,135	1.60%	2,592,076	1.19%	1,255,781	0.58%	2,422,303	1.12%
0.234%	1,118,046	0.56%	4,157,836	2.06%	3,054,427	1.52%	766,221	0.38%	1,824,697	0.91%
0.206%	958,697	0.43%	5,151,173	2.31%	2,975,544	1.34%	963,624	0.43%	2,072,234	0.93%
0.518%	1,062,972	0.46%	4,791,127	2.08%	5,455,367	2.36%	1,174,428	0.51%	1,554,731	0.67%
0.307%	998,094	0.36%	4,537,125	1.62%	6,950,923	2.49%	2,175,749	0.78%	1,902,033	0.68%
0.238%	978,910	0.31%	7,306,809	2.33%	6,767,165	2.15%	2,360,464	0.75%	2,176,418	0.69%
0.289%	1,102,603	0.31%	5,856,855	1.63%	5,637,922	1.57%	2,818,940	0.79%	2,214,311	0.62%
0.625%	1,096,152	0.27%	7,599,849	1.85%	7,429,567	1.81%	2,615,729	0.64%	2,607,793	0.64%
1.370%	1,744,883	0.42%	8,457,899	2.01%	9,442,062	2.25%	3,152,343	0.75%	2,773,337	0.66%
0.881%	1,080,298	0.21%	11,211,443	2.20%	16,525,970	3.24%	4,030,126	0.79%	2,699,983	0.53%
0.984%	510,967	0.11%	10,411,271	2.27%	14,396,831	3.13%	3,115,223	0.68%	2,605,979	0.57%
0.402%	683,463	0.18%	3,711,082	0.98%	13,212,568	3.48%	3,376,589	0.89%	2,682,077	0.71%
0.577%	2,047,028	0.49%	6,175,897	1.47%	14,732,229	3.51%	614,688	0.15%	1,203,860	0.29%
0.198%	3,733,785	1.28%	2,248,808	0.77%	16,015,650	5.47%	1,473,748	0.50%	447,446	0.15%
	2,009,508	0.93%	414,562	0.19%	10,873,145	5.04%	149,040	0.07%	—	
	330,837	2.31%	—		27,567	0.19%	—		—	

1916。台湾総督府財務局税務課『台湾貿易年表』大正四年至昭和十七年、台北：同編者、1916-1943 年。台湾省政府主計

糖・角砂糖等を含む。茶類は烏龍茶・包種茶・紅茶・番茶・粉茶・茎茶緑茶等を含む。アルコール類は一般アルコール藍色油・その他の樟脳油等を含む。

表 1-2（B） 1897-1945 年台湾対日輸出商品統計（続）：その他の重要輸出品目

（金額：円、比例：％）

商品 年代	黄金(銅と銀を含む)		アルミニウム		パルプ		柑橘		パイナップル		糖蜜	
	金額	%	金額	%	金額	%	金額	%	金額	%	金額	%
1897	—		—		—		—		—		—	
1898	—		—		—		—		—		—	
1899	—		—		—		—		—		—	
1900	—		—		—		—		—		—	
1901	—		—		—		—		—		—	
1902	—		—		—		1,552	0.02%	—		1,242	0.02%
1903	—		—		—		574	0.01%	—		427	0.00%
1904	—		—		—		29	0.00%	—		—	
1905	—		—		—		—		—		6,897	0.05%
1906	—		—		—		56	0.00%	—		846	0.00%
1907	172,782	1.00%	—		—		2,341	0.01%	362	0.002%	13,848	0.08%
1908	669,028	2.77%	—		—		1,165	0.00%	2,472	0.010%	7,777	0.03%
1909	912,977	2.53%	—		—		940	0.00%	1,056	0.003%	75,716	0.21%
1910	888,727	1.86%	—		—		1,554	0.00%	1,799	0.004%	110,427	0.23%
1911	1,465,702	2.86%	—		—		3,363	0.01%	16,648	0.032%	121,268	0.24%
1912	2,092,004	4.41%	—		—		2,978	0.01%	13,283	0.028%	58,924	0.12%
1913	2,125,552	5.30%	—		154,289	0.38%	3,853	0.01%	3,846	0.010%	30,224	0.08%
1914	2,053,295	4.53%	—		9,225	0.02%	3,875	0.01%	1,453	0.003%	11,895	0.03%
1915	1,895,252	3.18%	—		495	0.00%	5,133	0.01%	17,372	0.029%	635	0.00%
1916	1,566,162	1.98%	—		28	0.00%	14,515	0.02%	36,518	0.046%	17	0.00%
1917	1,560,365	1.49%	—		—		28,008	0.03%	18,312	0.017%	3,654	0.00%
1918	745,962	0.71%	—		—		36,215	0.03%	15,273	0.015%	52	0.00%
1919	925,144	0.66%	—		—		45,909	0.03%	37,182	0.026%	930	0.00%
1920	994,288	0.55%	—		65	0.00%	14,157	0.01%	165	0.000%	—	
1921	1,657,793	1.30%	—		—		75,038	0.06%	28,158	0.022%	828	0.00%
1922	2,066,567	1.64%	—		—		261,420	0.21%	28,227	0.022%	6,368	0.01%
1923	713,718	0.42%	—		—		217,889	0.13%	62,255	0.037%	55	0.00%
1924	32,389	0.02%	—		—		173,203	0.08%	21,360	0.010%	4,193	0.00%
1925	—		—		—		216,754	0.10%	6,306	0.003%	18,377	0.01%
1926	—		—		—		145,843	0.07%	14,421	0.007%	33,097	0.02%
1927	—		—		—		218,692	0.11%	21,223	0.011%	141,711	0.07%
1928	—		—		—		174,817	0.08%	21,226	0.010%	200,177	0.09%
1929	—		—		—		215,916	0.09%	18,383	0.008%	482,617	0.20%
1930	—		—		—		248,900	0.11%	49,463	0.023%	541,411	0.25%
1931	—		—		—		278,059	0.14%	105,915	0.053%	337,738	0.17%
1932	—		—		—		299,511	0.13%	72,785	0.033%	452,895	0.20%
1933	—		—		—		267,841	0.12%	116,239	0.050%	857,552	0.37%
1934	—		—		—		301,584	0.11%	104,554	0.037%	210,754	0.08%
1935	—		—		—		270,575	0.09%	142,129	0.045%	1,270,348	0.40%
1936	—		—		—		372,438	0.10%	132,235	0.037%	1,432,716	0.40%
1937	—		—		—		387,968	0.09%	167,056	0.041%	1,559,743	0.38%
1938	—		—		—		421,373	0.10%	185,312	0.044%	1,269,993	0.30%
1939	—		—		520,615	0.10%	490,238	0.10%	323,749	0.064%	1,212,447	0.24%

第1章　日本統治期における台湾輸出産業の発展と変遷

1940	—		—		508,624	0.11%	—	0.000%	119,667	0.03%
1941	—	22,064,510	5.81%	5,834,061	1.54%	406,612	0.11%	512,864	0.135%	53	0.00%
1942	—	25,872,824	6.17%	4,053,941	0.97%	658,360	0.16%	6,405	0.002%	216,969	0.05%
1943	—		—		190,474	0.07%			274,204	0.09%
1944	—		—		—				—	
1945	—		—		—				—	

出典：台湾総督府財務局税務課『台湾外国貿易二十年対照表：自明治二十九年至大正四年』、台北：同編者、1916年。台湾総督府財務局税務課『台湾貿易年表』大正四年至昭和十七年、台北：同編者、1916-1943年。台湾省政府主計處『台湾貿易五十三年表』、台北：同編者、1954年。

備註：1. 1940年は輸出のデータが部分的に欠落している。
　　　2. 糖蜜は、『台湾貿易五十三年表』ではシロップとなっている。

がない。またアルミニウムとパルプについては、1930年代末期と1940年代初期に、重要な軍事物資として日本に輸送された。

　これらの商品を種類ごとにさらに詳しく見ていくために、当時の分類に従い、米・バナナ・茶類を農業、砂糖・塩・パイン缶を食品加工業、パルプ・アルミニウム・木材類を軽工業、石炭・セメント・金（銀・銅を含む）を鉱業、樟脳油・樟脳・アルコール類・肥料を化学工業と分類する。日本への輸出の影響により成長した産業は各部門に及び、先行研究が指摘した米・糖業のみに限られていたわけではなかったことが明らかである。さらに、日本当局の政策変更の推移が、台湾の主要な輸出産業に幾許かの影響を与えていた。

第3節　輸出指向農業の発展——バナナ産業と茶業を例として——

　バナナ産業の発展は日本を主とする国際貿易の影響を深く受けており、茶業は清末の開港以降の輸出指向産業である。これらの輸出市場はかなり多元化され、日本からの拘束をあまり受けていなかったが、統治期における台湾紅茶の出現は、植民地政府が「日本帝国」茶業全体の発展を考慮した結果の産物である。

1　バナナ産業

　台湾でのバナナ栽培の歴史は古く、明清時代に福建・広東から移植され、

表 1-2（C） 1897-1945

商品	さつまいも		セメント		テングサ		鮮魚類	
年	金額	%	金額	%	金額	%	金額	%
1897	—		—		13,698	0.65%	—	
1898	—		—		27,247	0.66%	—	
1899	—		—		28,998	0.80%	—	
1900	—		—		32,275	0.76%	—	
1901	—		—		36,609	0.51%	—	
1902	—		—		36,021	0.50%	—	
1903	—		—		20,256	0.21%	—	
1904	—		—		12,125	0.12%	—	
1905	—		—		22,696	0.17%	—	
1906	—		—		22,092	0.12%	—	
1907	—		—		35,795	0.21%	—	
1908	—		—		30,632	0.13%	—	
1909	—		—		26,812	0.07%	—	
1910	—		—		28,993	0.06%	—	
1911	5,282	0.01%	—		45,307	0.09%	—	
1912	35,945	0.08%	—		48,208	0.10%	—	
1913	285,876	0.71%	—		40,337	0.10%	—	
1914	109,033	0.24%	—		32,212	0.07%	—	
1915	56,047	0.09%	—		31,149	0.05%	—	
1916	15,373	0.02%	—		43,191	0.05%	—	
1917	—		—		41,570	0.04%	—	
1918	25,406	0.02%	—		58,065	0.06%	—	
1919	1,243,729	0.88%	79	0.000%	17,978	0.01%	—	
1920	663,650	0.37%	180,436	0.101%	16,498	0.01%	—	
1921	—		81,123	0.064%	14,479	0.01%	207,280	0.16%
1922	358,085	0.28%	736,111	0.584%	34,601	0.03%	282,450	0.22%
1923	342,171	0.20%	1,027,143	0.610%	67,170	0.04%	471,410	0.28%
1924	1,367,583	0.65%	1,983,911	0.944%	47,499	0.02%	420,814	0.20%
1925	1,920,928	0.90%	204,370	0.096%	108,996	0.05%	541,324	0.25%
1926	660,286	0.33%	273,178	0.136%	122,394	0.06%	791,051	0.39%
1927	1,970,731	0.98%	4,718	0.002%	36,235	0.02%	1,333,586	0.66%
1928	1,596,246	0.75%	132,267	0.062%	45,754	0.02%	1,638,967	0.77%
1929	424,783	0.18%	2,812	0.001%	94,050	0.04%	2,116,079	0.89%
1930	441,184	0.20%	2,373	0.001%	54,565	0.03%	2,117,307	0.98%
1931	748,961	0.37%	10,818	0.005%	63,812	0.03%	1,499,864	0.74%
1932	77,802	0.03%	26,611	0.012%	45,516	0.02%	1,493,377	0.67%
1933	1,046,897	0.45%	16,900	0.007%	40,255	0.02%	2,005,693	0.87%
1934	1,875,941	0.67%	16,390	0.006%	49,070	0.02%	2,421,402	0.87%
1935	1,290,529	0.41%	73,062	0.023%	44,093	0.01%	2,221,756	0.71%
1936	2,113,474	0.59%	36,283	0.010%	62,728	0.02%	3,032,443	0.84%
1937	2,940,634	0.72%	18,715	0.005%	76,111	0.02%	3,050,244	0.74%
1938	4,076,210	0.97%	20,320	0.005%	67,670	0.02%	1,981,709	0.47%
1939	823,915	0.16%	20,979	0.004%	155,249	0.03%	3,084,654	0.61%
1940	160,108	0.03%	1,330	0.000%	—		4,266,510	0.93%
1941	398,706	0.10%	477	0.000%	78,623	0.02%	3,332,730	0.88%
1942	—		222	0.000%	70,330	0.02%	—	
1943	—		241	0.000%	—		—	
1944	—		—		—		—	
1945	—		—		—		—	

出典：台湾総督府財務局税務課『台湾外国貿易二十年対照表：自明治二十九年大正四年至昭和十七年、台北：同編者、1916-1943 年。台湾省政府主計
備註：1. 1940 年の輸出データは部分的に欠落している。
   2. 鰹節は『台湾貿易五十三年表』では「鰹魚乾」となっている。
   3. 獣皮は『台湾貿易五十三年表』では「未硝皮〈粗皮〉」となっている。
   4. 木材には台湾イヌグス・台湾スギ・台湾ヒノキの木材および板材を
   5. 肥料には硫安肥料とその他の肥料を含む。

第1章　日本統治期における台湾輸出産業の発展と変遷

年台湾対日輸出商品統計

(金額：円)

鰹節（棒鱈）		獣皮		木材類総計		肥料（総計）		総計
金額	%	金額	%	金額	%	金額	%	金額
—		4,037	0.19%	4,328	0.21%	—		2,098,560
—		15,608	0.38%	—		—		4,138,879
—		22,334	0.62%	166	0.00%	—		3,631,125
—		57,058	1.34%	1,448	0.03%	—		4,248,595
530	0.01%	60,870	0.85%	800	0.01%	—		7,163,178
—		52,541	0.73%	1,343	0.02%	—		7,196,307
—		40,101	0.42%	1,755	0.02%	—		9,478,986
—		25,119	0.25%	—		—		10,130,257
720	0.01%	29,664	0.22%	—		—		13,435,140
1,558	0.01%	29,075	0.16%	234	0.00%	—		18,016,058
9,335	0.05%	48,946	0.28%	23,099	0.13%	—		17,361,744
18,127	0.08%	38,857	0.16%	14,215	0.06%	—		24,166,155
22,384	0.06%	28,536	0.08%	34,532	0.10%	—		36,153,997
57,051	0.12%	52,788	0.11%	78,086	0.16%	—		47,832,449
41,196	0.08%	83,936	0.16%	105,915	0.21%	—		51,249,236
119,274	0.25%	208,501	0.44%	56,627	0.12%	—		47,428,118
106,010	0.26%	251,629	0.63%	102,222	0.25%	—		40,090,643
78,341	0.17%	205,807	0.45%	188,239	0.42%	—		45,298,723
174,055	0.29%	344,013	0.58%	202,513	0.34%	—		59,624,818
245,060	0.31%	840,109	1.06%	627,722	0.79%	—		79,006,492
286,520	0.27%	490,775	0.47%	814,389	0.78%	—		104,742,362
720,224	0.69%	475,886	0.45%	651,515	0.62%	—		104,631,453
773,757	0.55%	392,575	0.28%	570,862	0.41%	—		140,792,795
854,462	0.48%	367,113	0.20%	1,467,663	0.82%	—		179,186,960
1,207,706	0.95%	202,594	0.16%	585,717	0.46%	—		127,437,183
1,844,589	1.46%	147,929	0.12%	1,752,950	1.39%	—		126,051,664
1,842,266	1.09%	188,976	0.11%	3,326,867	1.98%	—		168,352,321
1,890,119	0.90%	204,278	0.10%	2,068,828	0.98%	—		210,183,117
1,322,320	0.62%	222,937	0.10%	2,801,767	1.31%	—		213,942,581
1,817,537	0.90%	231,329	0.12%	3,055,798	1.52%	25,841	0.01%	201,037,901
1,572,385	0.78%	179,462	0.09%	2,761,483	1.38%	98,939	0.05%	200,744,582
1,721,023	0.81%	209,827	0.10%	1,861,941	0.88%	39,526	0.02%	212,787,866
1,570,600	0.66%	239,951	0.10%	2,151,575	0.91%	53,557	0.02%	237,037,755
804,511	0.37%	160,682	0.07%	1,314,813	0.61%	30,989	0.01%	216,981,753
536,661	0.27%	90,635	0.04%	1,145,985	0.57%	17,102	0.01%	201,424,107
309,530	0.14%	137,184	0.06%	1,771,402	0.79%	133,774	0.06%	222,862,738
469,969	0.20%	247,791	0.11%	2,210,810	0.96%	12,276	0.01%	230,746,911
444,437	0.16%	267,670	0.10%	1,859,427	0.67%	10,902	0.00%	279,410,271
262,980	0.08%	200,054	0.06%	1,290,004	0.41%	26,404	0.01%	314,200,483
249,843	0.07%	208,161	0.06%	1,994,334	0.56%	41,027	0.01%	358,894,998
204,029	0.05%	345,002	0.08%	2,057,975	0.50%	57,038	0.01%	410,258,886
79,790	0.02%	807,176	0.19%	3,095,737	0.74%	129,411	0.03%	420,103,914
133,294	0.03%	—		4,718,859	0.93%	213,484	0.04%	509,744,571
70,953	0.02%	145,984	0.03%	4,520,207	0.98%	—		459,287,582
184,063	0.05%	27,674	0.01%	3,993,836	1.05%	—		379,794,861
—		261,042	0.06%	2,142,213	0.51%	—		419,628,216
—		9,570	0.00%	—		—		292,712,955
—		—		—		—		215,690,666
—		—		—		—		14,324,395

至大正四年』、台北：同編者、1916年。台湾総督府財務局税務課『台湾貿易年表』処『台湾貿易五十三年表』、台北：同編者、1954年。

含む。

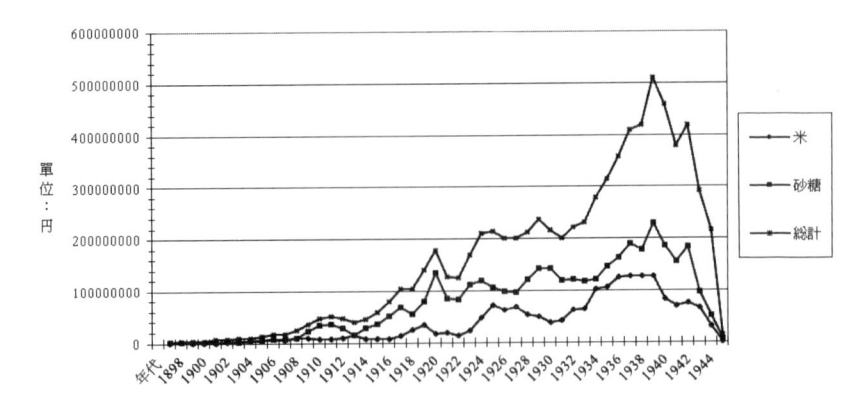

図1-2（A） 1897-1945年台湾対日輸出商品統計：主要輸出品目

出典：台湾総督府財務局税務課『台湾外国貿易二十年対照表：自明治二十九年至大正四年』、台北：同編者、1916年。台湾総督府財務局税務課『台湾貿易年表』大正四年至昭和十七年、台北：同編者、1916-1943年。台湾省政府主計處『台湾貿易五十三年表』、台北：同編者、1954年。

備註：1. 1940年は輸出のデータが部分的に欠務している。
2. 比率は輸出総額に占める割合である。
3. 米はうるち米と糯米の玄米と精米—籾殻・砕米等を含む。砂糖は赤砂糖・白砂糖・含蜜糖・分蜜糖・角砂糖等を含む。

はじめは北部地方に植えられた。その後、しだいに中部の平原地帯へと移り、日本統治期にはさらに中部の山間地帯と南部の平地および乾燥地へと拡大していった。バナナが海外へと輸出されることになったのは、日本統治期のはじめであり、第二次世界大戦の前夜に盛んになった。戦時、果樹園の多くは食料となる作物の生産へ転換した。特に太平洋戦争の勃発後（1940年代のはじめ）の日本の米穀増産計画の実施により、バナナ産業はさらなる衰退の途をたどることになった。

台湾バナナの島外への輸出は20世紀初頭に始まった。それ以前には島内で消費されているだけだったため、その栽培方法も適当な空き地や畑の隅に植えて自然に成長させるという単純なものであった[12]。海外への販売市場が開拓されてから生産量はしだいに増加し、表1-3に見られるように、栽培面積が1910年にはわずか679haだったのが、1920年には3,926haに増えて、1910年の5.8倍となり、1930年にはさらに11,851haにまで広がり、1910年の17.5倍になった。1936年にはピークを迎え、21,850haと1910年の32.2

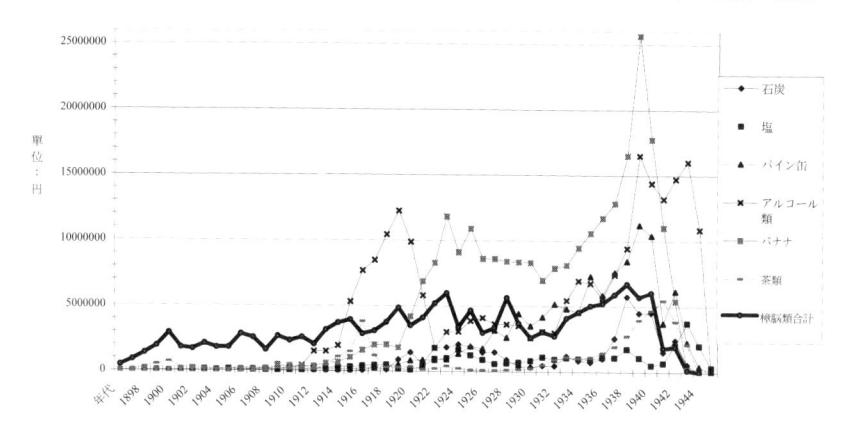

第 1 章　日本統治期における台湾輸出産業の発展と変遷

図 1-2（B）　1897-1945 年台湾対日輸出商品統計：主要輸出品目
出典：台湾総督府財務局税務課『台湾外国貿易二十年対照表：自明治二十九年至大正四年』、台北：同編者、1916 年。台湾総督府財務局税務課『台湾貿易年表』大正四年至昭和十七年、台北：同編者、1916-1943 年。台湾省政府主計處『台湾貿易五十三年表』、台北：同編者、1954 年。
備註：肥料は硫安肥料とその他の肥料を含む。アルコール類は一般アルコールと変性アルコールを含む。茶類は烏龍茶・包種茶・紅茶・番茶・粉茶・茎茶・緑茶等を含む。樟脳類は粗製樟脳・精製樟脳・赤油・白油・芳白油・芳油・藍色油とその他の樟脳油を含む。

倍に増えた。この後はしだいに下り坂となり、1945 年には最低の 5,687ha となったが、これはピーク時のわずか 26％にすぎない。

　次に生産量について見ていくと、その動向は栽培面積とだいたい一致しているが、ピークは 1937 年であって、1936 年ではない。さらに 1937 年の生産量は 1910 年の 35.8 倍である。栽培面積の増加率を越えているのは、単位面積あたりの生産量の増加を意味している。バナナ産業が成長できるか否かの鍵を握るのは、輸出貿易の盛衰である。輸出量について言えば、そのピーク時期と生産量のピークは同じであるが、落ち込みの時期もまた同様であり、その関連性の強さを明確に示している。バナナの海外市場は一貫して日本が主であり、台湾バナナの日本における競争力は台湾バナナの盛衰と台湾バナナ農家の生計と関連している。1941〜45 年を除き、日本への輸出量は総生産量のほぼ 60％以上を占めている。1960 年代以降、統治期の最も主要な輸出品であった砂糖と米は日本市場ではしだいにその痕跡が消えていきつつあった。しかしバナナは日本の消費者の変わらぬ愛顧を受け、台湾は「バナナ

王国」の名で広く知られていた[13]。

　表1-3の通り、台湾バナナの60％以上は国外市場に供給され、そのうち日本市場は90％以上という高い割合を占めていた。台湾バナナ産業の盛衰は海外販売に起因し、台湾バナナの輸出は対日貿易と大いに関連していた。

　20世紀初頭、台湾バナナは日本市場に登場し始めた。まず、1902年に台湾―日本間を航行していた西京丸と台中丸の船員が、少量のバナナ（6～10kg）を神戸港の浜藤商店にたびたび持ち込み、同店が販売したのが台湾バナナが日本の店頭に現れた始まりである。1903年、基隆商人の頼成発は、日本郵船会社の都島金次郎と共同で、少量の台北県産バナナを竹かごに詰めて恒春丸に載せ、基隆から神戸へ運んだ。同じころ、日本陸軍の貿易仲介人である梅谷直吉は員林の空き地で育てたバナナを、軍用船福井丸で輸送していたが、その量も少なかった。1908年になってから取引は徐々に盛んになり、1912年にはバナナ産業に従事する商人は販売商と輸出商を含めてすでに400人ほどいた。主な産地は、台北から南へ移り、台中・霧峰・東勢・員林・二水一帯へと広がっていった[14]。

　台湾バナナには、もともと決まった取引方法はなく、生産者が自分でバナナを商店まで運んだり、また青果販売商がバナナ畑に買付に行って卸売商人のところへ運ぶ場合もあった。商人は買い入れたバナナを分類して包装し、それぞれ商標を貼り付け、港へ運んで船に積んだり、島内の各地に販売したりした[15]。つまり、この段階では、台湾域内に供給されたバナナも海外に輸出されたバナナも販売までの流通経路は同じで、特別な輸出業団体はなかった。このため、台湾総督府は日本の農商務省と交渉し、日本の輸入商・台湾の輸出商・生産者・青果同業組合が共同出資して、1924年12月に台湾青果株式会社を設立した。

　青果会社の株主には日本の輸入商も含まれていたので、彼らが日本市場を独占した。日本に「荷受組合」を設け、日本各地の卸売商を組織して台湾バナナの日本における販売ネットワークを拡大した。1925年に「荷受組合」を始めた当初は、消費市場は東京・横浜・名古屋・大阪・京都・神戸の六大都市にしかなかったが、徐々に販路を北海道・九州・四国などの大都市にも

第 1 章　日本統治期における台湾輸出産業の発展と変遷

表 1-3　バナナ生産量と輸出量（1907-1984）

指数：
1. 栽培面積、産量、対日輸出量：1912＝100
2. 輸出量：1916＝100

項目　年次	栽培面積 実数(ha)	栽培面積 指数	産量（A） 実数(100kg)	産量（A） 指数	輸出量（B） 実数(100kg)	輸出量（B） 指数	対日輸出量（C） 実数(100kg)	対日輸出量（C） 指数	B/A%	C/B%	C/A%
1907	—	—	—	—	—	—	4,897	8			
1908	—	—	—	—	—	—	14,869	23			
1909	543	37	63,216	88	—	—	26,689	42			42.22%
1910	679	46	65,173	90	—	—	51,331	81			78.76%
1911	759	51	104,691	145	—	—	74,212	117			70.89%
1912	1,476	100	72,162	100	—	—	63,603	100			88.14%
1913	1,587	108	134,624	187	—	—	52,912	83			39.30%
1914	1,446	98	122,511	170	—	—	87,966	138			71.80%
1915	2,472	167	237,791	330	—	—	112,160	176			47.17%
1916	2,928	198	330,303	458	219,842	100	196,143	308	66.56%	89.22%	59.38%
1917	2,895	196	311,127	431	303,798	138	299,821	471	97.64%	98.69%	96.37%
1918	3,410	231	377,164	523	288,016	131	280,942	442	76.36%	97.54%	74.49%
1919	2,609	177	240,212	333	227,858	104	276,022	434	94.86%	121.14%	114.91%
1920	3,926	266	386,330	535	135,587	62	83,090	131	35.10%	61.28%	21.51%
1921	5,963	404	551,544	764	263,073	120	261,330	441	47.70%	99.34%	47.38%
1922	8,678	588	840,958	1,165	506,890	231	586,951	923	60.28%	115.79%	69.80%
1923	12,445	843	1,205,623	1,671	771,524	351	750,484	1,180	63.99%	97.27%	62.25%
1924	18,165	1,231	1,868,493	2,589	1,097,444	499	1,096,902	1,725	58.73%	99.95%	58.71%
1925	17,040	1,154	1,712,909	2,374	916,758	417	890,017	1,399	53.52%	97.08%	51.96%
1926	16,761	1,136	1,779,012	2,465	1,269,413	577	1,119,461	1,760	71.35%	88.19%	62.93%
1927	14,485	981	1,432,976	1,986	1,045,438	476	907,515	1,427	72.96%	86.81%	63.33%
1928	15,219	1,031	1,508,971	2,091	1,092,905	497	937,024	1,473	72.43%	85.74%	62.10%
1929	14,561	987	1,265,047	1,753	822,690	374	769,199	1,209	65.03%	93.50%	60.80%
1930	11,851	803	1,387,389	1,923	1,055,671	480	952,135	1,497	76.09%	90.19%	68.63%
1931	13,789	934	1,708,753	2,368	1,232,226	561	1,138,092	1,789	72.11%	92.36%	66.60%
1932	16,430	1,113	1,773,272	2,457	956,212	435	928,488	1,460	53.92%	97.10%	52.36%
1933	18,650	1,264	1,872,356	2,595	1,171,464	533	1,164,920	1,832	62.57%	99.44%	62.22%
1934	18,489	1,253	1,935,477	2,682	1,073,216	488	1,050,524	1,652	55.45%	97.89%	54.28%
1935	19,957	1,352	2,063,800	2,860	1,485,881	676	1,173,060	1,844	72.00%	78.95%	56.84%
1936	21,850	1,480	2,172,852	3,011	1,457,742	663	1,222,385	1,922	67.09%	83.85%	56.26%
1937	21,272	1,441	2,331,617	3,231	1,684,063	766	1,419,536	2,232	72.23%	84.29%	60.88%

1938	20,840	1,412	2,150,948	2,981	1,423,054	647	1,232,075	1,937	66.16%	86.58%	57.28%
1939	19,509	1,322	1,940,992	2,690	1,458,193	663	1,268,725	1,995	75.13%	87.01%	65.36%
1940	18,639	1,263	1,805,495	2,502	1,298,193	591	1,064,169	1,673	71.90%	81.97%	58.94%
1941	20,713	1,403	2,035,953	2,821	907,648	413	725,649	1,141	44.58%	79.95%	35.64%
1942	20,323	1,377	2,095,359	2,904	542,756	247	428,571	674	25.90%	78.96%	20.45%
1943	16,190	1,097	1,513,620	2,098	253,265	115	210,753	331	16.73%	83.21%	13.92%
1944	14,149	959	690,964	958	9,242	4	8,347	13	1.34%	90.32%	1.21%
1945	5,687	385	342,967	475	1,266	1	—	0	0.37%	0.00%	0.00%
1946	10,202	691	569,723	790	20,921	10	—	0	3.67%	0.00%	0.00%
1947	15,445	1,046	1,326,475	1,838	100,449	46	—	0	7.57%	0.00%	0.00%
1948	17,900	1,213	1,178,098	1,633	269,764	123	—	0	22.90%	0.00%	0.00%
1949	16,238	1,100	1,049,885	1,455	134,671	61	—	0	12.83%	0.00%	0.00%
1950	14,679	995	1,250,964	1,734	124,126	56	49,243	77	9.92%	39.67%	3.94%
1951	14,738	999	1,066,753	1,478	281,948	128	164,166	258	26.43%	58.23%	15.39%
1952	15,689	1,063	1,139,794	1,579	435,411	198	307,438	483	38.20%	70.61%	26.97%
1953	11,450	776	1,025,075	1,421	227,547	104	165,046	259	22.20%	72.53%	16.10%
1954	11,804	800	1,045,420	1,449	317,643	144	223,576	352	30.38%	70.39%	21.39%
1955	12,734	863	903,219	1,252	273,261	124	182,647	287	30.25%	66.84%	20.22%
1956	12,274	832	626,090	868	202,024	92	194,102	305	32.27%	96.08%	31.00%
1957	13,385	907	986,308	1,367	280,319	128	265,896	418	28.42%	94.85%	26.96%
1958	15,132	1,025	1,186,833	1,645	420,123	191	395,445	622	35.40%	94.13%	33.32%
1959	16,310	1,105	1,114,388	1,544	471,694	215	415,777	654	42.33%	88.15%	37.31%
1960	17,574	1,191	1,218,307	1,688	486,446	221	454,217	714	39.93%	93.37%	37.28%
1961	18,640	1,263	1,383,133	1,917	765,064	348	724,122	1,139	55.31%	94.65%	52.35%
1962	20,012	1,356	1,502,667	2,082	575,445	262	561,492	883	38.29%	97.58%	37.37%
1963	19,431	1,316	666,480	924	606,501	276	590,381	928	91.00%	97.34%	88.58%
1964	20,180	1,367	2,355,799	3,265	2,009,778	914	2,006,124	3,154	85.31%	99.82%	85.16%
1965	30,773	2,085	3,705,288	5,135	3,374,758	1,535	3,372,770	5,303	91.08%	99.94%	91.03%
1966	43,675	2,959	5,030,787	6,972	3,702,120	1,684	3,688,738	5,800	73.59%	99.64%	73.32%
1967	52,463	3,554	5,375,533	7,449	4,267,714	1,941	4,236,133	6,660	79.39%	99.26%	78.80%
1968	49,093	3,326	4,920,768	6,819	3,854,857	1,753	3,811,352	5,992	78.34%	98.87%	77.45%
1969	46,659	3,161	5,851,213	8,108	4,176,930	1,900	4,117,505	6,474	71.39%	98.58%	70.37%
1970	38,479	2,607	4,486,259	6,217	2,421,431	1,101	2,386,557	3,752	53.97%	98.56%	53.20%
1971	32,487	2,201	5,738,367	7,952	3,322,099	1,511	3,234,718	5,086	57.89%	97.37%	56.37%
1972	23,761	1,610	4,925,378	6,825	2,427,744	1,104	2,393,837	3,764	49.29%	98.60%	48.60%
1973	22,561	1,529	4,225,460	5,856	2,524,379	1,148	2,330,562	3,664	59.74%	92.32%	55.15%
1974	18,407	1,247	3,336,280	4,623	1,424,717	648	1,409,245	2,216	42.70%	98.91%	42.24%
1975	14,097	955	1,965,850	2,742	1,072,827	488	1,005,504	1,581	54.57%	93.72%	51.15%

1976	13,443	911	2,134,460	2,958	845,732	385	816,897	1,284	39.62%	96.59%	38.27%
1977	9,380	636	2,750,250	3,811	1,267,330	576	1,202,372	1,890	46.08%	94.87%	43.72%
1978	9,788	663	1,711,110	2,371	802,975	365	754,225	1,186	46.93%	93.93%	44.08%
1979	8,135	551	1,665,377	2,308	1,085,612	494	1,021,747	1,606	65.19%	94.12%	61.35%
1980	10,322	699	1,723,365	2,388	930,272	423	843,877	1,327	53.98%	90.71%	48.97%
1981	10,037	680	1,853,090	2,568	634,362	289	616,500	969	34.23%	97.18%	33.27%
1982	8,934	605	2,047,467	2,837	837,524	381	822,078	1,293	40.91%	98.16%	40.15%
1983	8,523	577	1,913,314	2,651	1,072,467	488	982,942	1,545	56.05%	91.65%	51.37%
1984	8,166	553	1,843,320	2,554	1,003,330	456	1,000,888	1,574	54.43%	99.76%	54.30%

註：1919年の対日輸出量は総輸出量と生産量を超えており、1922年の対日輸出量は総輸出量を超えているが、統計の誤りと思われる。

出典：栽培面積・産量（1）1907-1915年、台湾銀行経済研究室編『台湾之香蕉』（台北：台湾銀行経済研究室、1949年）、52-62頁；（2）1916-1984年、黄松源、黄朝陽編『台湾省青果運銷合作社十週年誌』（台北：台湾省青果運銷合作社、1985年）、101-108頁。
輸出量：1916-1984年、黄松源、黄朝陽編『台湾省青果運銷合作社十週年誌』。対日輸出量：（1）1907-1945年、周憲文「日拠時代台湾之農業経済」、『台湾銀行季刊』8：4（台北：台湾銀行経済研究室、1956年12月）、114頁。原出處為省政府主計處編『台湾貿易53年表』；（2）1950-1984年、『台湾省青果運銷合作社十週年誌』、31-33、109頁。

拡大していった。さらに1930年代になると日本本土以外にも、当時の植民地であった朝鮮の主要都市や中国東北部各地、天津・青島・上海・福州・アモイ・香港等にも台湾バナナの取引の足跡をのこし、台湾バナナの黄金時代を築き上げた。

2 茶業

　台湾茶葉の輸出はバナナより早い。1865年、英国人のドッド（John Dodd）が台湾にやって来て、台湾北部の茶葉の品質の優良さと、茶葉栽培に適した土地が多いことを発見し、茶葉生産の普及と発展の見込みも十分にあると考えた。彼は翌年にDodd&Co.（宝順洋行）を設立して試験的に茶葉を買い入れた。これが外国人による台湾茶業経営の先駆けとなった[16]。ただ、当時の台湾で作られていた茶葉は粗製茶（荒茶）だけであり、福州やアモイに運んで仕上げをしなければならなかった。この後、1868年にドッドが台北の艋舺〈万華〉に製茶場を作ってからは福州やアモイでの仕上げの工

賃は必要なくなった。これが、台湾での製茶の嚆矢であり、外国資本が台湾で工場を作り長期的に茶業経営に従事する始まりともなった。当時、作られていたのは烏龍茶であった。

　烏龍茶の主要市場は米国であった。宝順洋行は1869年に帆船二隻に284,133ポンドの茶を積んで、米国ニューヨークに直送したところ、大人気となった。これが台湾茶が直接、国際市場に輸出された始まりであった。こうして台湾茶の評価が大いに上がったため、外国商人は次々に台湾に工場を設立して茶業経営に従事することとなった。米国市場において、アモイから輸出された台湾茶の品質の優秀さは、福州から輸出された福建茶とは比べものにならなかった。例えば、1876年にアモイから輸出された台湾烏龍茶は46,000半箱であるが、福州から輸出された烏龍茶はわずかに4,500半箱でしかない。

　烏龍茶のほかにも、中国人茶商は工場を設立して包種茶も製造していた。1881年に台湾の包種茶がはじめて40,666ポンドほど輸出されたが[17]、これ以降の輸出量はあまり伸びなかった。包種茶の主要市場は中国大陸と南洋であり、南洋では福建茶と市場を争ったが、福建茶の西欧市場における脅威とはならなかった。また、外国人商人〈洋行〉も包種茶は扱わなかった。

　台湾は1895年に日本の植民地となり、日本は台湾で強力かつ実効性のある植民政策を実施した。その施政方針は日本本土の利益に合致するということであった。統治期初期における茶葉は外貨を獲得できる商品だったため、「当局」も非常に重視し、その生産地も台北州から新竹州へと徐々に拡大していった[18]。

(1) 紅茶の登場

　20世紀初めには、烏龍茶と包種茶のほかに紅茶が市場に出始めた。インド・セイロン産の紅茶が東南アジア地域を早くから席巻していたため、台湾で製造された紅茶は日本本土への供給が主であり、台湾での緑茶生産は完全に島内の需要のためのみとなった[19]。

　日本は緑茶の輸出国であった。米国市場で日本茶は中国緑茶の地位を凌ぎ、

日本に莫大な外貨をもたらしたために、植民地である台湾の緑茶が世界市場で日本茶と争うようなことは許されなかったのである。

以下に述べるように、歴史の舞台における台湾紅茶の出現から、日本の植民政策の一端を理解することができる。

1901年に台湾総督府は、文山郡の深坑庄と桃園・亀山の楓樹坑で茶樹栽培試験所の建設に着手した。2年後には桃園庁の竹北二堡草浦坡庄（現在の中壢平鎮）に機械製茶試験所を作って、大規模な試験を始めた。1909年にはこれを廃止して、改めて同地に茶樹栽培試験所を設立して茶樹の改良・育種、烏龍の製造方法の改良と紅茶の試作について研究を行った。1922年には同試験所は中央研究所の平鎮茶業試験支所と改称された。これらは政府側の動きである。

民間においては、三井財閥が1899年に台北県海山地区と桃園大渓地区で大規模な茶園を開拓し、その後に最新式の製茶工場を建設して紅茶を製造した。これが後に有名になる「日東紅茶」であった。1918年、台湾拓殖製茶株式会社（資本金300万円）が設立され、当局の政策に沿って、紅茶製造を拡大した。しかし製造技術が拙劣で、製造された紅茶は品質が悪かったために人気もなく、輸出量も一貫して少なかった。1928年には、三井財閥がさらに投資し、最新式の製茶工場を設立して製造技術の進歩をはかり、品質向上に積極的に取り組んだため、しだいに市場が広がり、英国・香港・米国に輸出するようになった。1934年には烏龍茶・包種茶と並ぶ三大茶の一つとなり、これ以降の輸出量は紅茶がその他の二種を超えて、日本で製造されない分を補うようになった。日本での茶業生産はほとんどが緑茶であり、国内への供給以外にも米国に輸出していた。台湾烏龍茶が米国で日本茶の優位をおびやかす可能性が出てきたために、植民地当局は台湾を紅茶の製造地域とした。製造した紅茶は日本以外にも、三井財閥の販売促進の努力によって、欧州・米国にも市場を広げ、セイロン・インド・中国の紅茶のライバルとなった[20]。包種茶については、東南アジアと中国大陸が主な市場であったために中国茶と争った。換言すれば、植民地である台湾の茶葉生産は、日本本国の利益に沿うようにしなければならなかったためにマーケットが分けられた。

しかし、結果的には台湾茶の多様化をもたらし、世界各地へのさらなる販売がなされ、好評を博すことになったのである。

(2) 世界情勢と茶業輸出

茶の輸出拡大は日本の三井財閥の販売促進の成果であるが、当時の世界情勢とも関連していた。1930年、インド・セイロン・ジャワ・スマトラ島等の紅茶生産国は、生産量過剰のために紅茶価格が下落していると考え紅茶の輸出制限を約した。1933年に「国際茶葉生産制限協定[21]」を締結して、供給量を減らすことで茶葉価格（もし需要量が変わらなければ、供給量を減らせば価格上昇を招く。需要量が増加した場合は言うまでもない）を上げようとした。このため、この協定に参加していない三井は機に乗じて、海外への販売拡大に努力し、生産制限協定の翌年（1934年）には前年の約4倍の3,300トン前後が輸出された。これ以降、紅茶は台湾茶葉製造者の金の卵となり、1937年には5,810トンを輸出し、日本統治期の紅茶輸出量の最高記録を作り出した。1944年の戦争が最も激しい時期になっても、なお3,300トンの輸出があり、海外販売の盛況ぶりがうかがえる。これは、主要紅茶生産国の生産制限協定と三井財閥の完備された販売網により成立したものである。また、1941年以降に日本の東南アジア侵略による激しい海戦のために、インド・セイロン・ジャワ等の茶葉を、もう一方の戦場である欧州に運ぶすべがなく、このために、台湾紅茶は発展の余地を得たという点も軽視できない。

烏龍茶は、昔からの顧客である米国市場で、日本の緑茶とジャワの紅茶との競争に巻き込まれた。当時、米国が輸入していた茶は、紅茶が63.2％、緑茶が26.9％、台湾烏龍茶が8.9％（その他の茶が1.0％前後）で、そのうちインドとセイロンの茶はもともと安定した市場があり（約33％）、日本茶も相当量（19％）を占めていた。このため、台湾烏龍茶はその地位を維持するために、新興のジャワ茶の挑戦に立ち向かわねばならなかった。だいたいにおいて、烏龍茶の輸出量は統治期前夜である1893年に9,840トンの最高記録を達成してから、1918年までは毎年7,000～9,000トンという相当数を占めていた。しかし、1919年から、烏龍茶の輸出量はしだいに下がっていき、

当年は 6,880 トンであったが、1920 年には 2,890 トンしかなく、1940 年には 1,490 トンにまで減った。これは 1919 年の 21.7％、ピーク時の 15％にしか当たらない。その原因として以下の点が挙げられるだろう[22]。

A. 1920 年の世界恐慌時にジャワ茶が大量に米国に販売され、烏龍茶の販路が途絶された。
B. この後、インド・セイロン・ジャワ等の茶業従事者が品質改良に大変な努力を払い、消費者のニーズに応えられるようになった。このため、台湾烏龍茶と日本茶・中国茶は非常に大きなプレッシャーを受けた。
C. 台湾内部において、包種茶の発達が烏龍茶の領域を圧迫して、烏龍茶を製造していた業者も包種茶を製造するようになった。烏龍茶になるのは、もともと包種茶に向いていない品種（例えば黄柑種）だけとなり、このために烏龍茶の品質が落ちて顧客が離れていった。

以上のように、内外の条件が烏龍茶に不利な状況で、その運命は自ずと厳しいものとなった。このために、1925 年からは包種茶の生産量が烏龍茶を上回り始めた。

前述の通り、包種茶の主要な海外市場は東南アジア・香港・中国本土であり、そのうち東南アジア地域はもともと中国茶の領域であった。20 世紀初めから、中国では内乱が頻発して、中国の製茶業者は粗製濫造した。これが販路に影響したために、台湾の包種茶がこの機に乗じて流入するようになり、当地の華僑や原住民の飲用に供給された。しかし、1930 年代にシンガポールとタイで日貨排斥が起こり、1931 年にはジャワで茶葉の輸入関税が上がり、1920 年代後半には中国本土でも激しい日貨不買運動が展開されたため、日本の植民地である台湾で生産された包種茶もそのあおりを受け、輸出の勢いがやや停滞した。後に、日本が華北地域を占領し東北を制圧すると、台湾包種茶はこれらの地方に販売されたために輸出量が再び増加した。さらに東南アジア地域が「大東亜共栄圏」に組み込まれると、台湾包種茶は新たにその地域にも入り、このために 1938 年と 1944 年の輸出量は 7,350 トンという最高記録を築くまでになった。

このように、日本統治期には茶葉の主要な市場は海外であり、その輸出額

は一貫して当時の台湾の輸出総額の29％前後を占めていて、最も主要な国際貿易商品（砂糖は日本に供給されるので国際貿易ではない）であった。このために当局は、茶葉の生産と輸送販売を非常に重要視し、指導政策が日本の利益に沿うようにし、植民地の民衆である茶農と仲買商は日本の販売方針に従うよりほかなく、多くの消費者に直接、接触することはできなかった。

第4節　食品加工業の発展——製塩業とパイナップル缶詰業を例として——

塩は生活の必需品であり、地球上に非常に多くあるが、どの地域でも簡単に塩を手に入れられるわけではない。長い年月を経て、塩の採取可能地は海洋と特定の地域へとしだいに集中していった。台湾は太平洋上に位置しており、さらに西部の広い海岸を製塩場として切り拓くことができ、亜熱帯気候に属するため強い陽光が塩をさらすのに適しているなど、自然条件にも恵まれている。このため台湾では早い時期から製塩が行われていた。また、台湾ではパイナップル生産も盛んであったが、缶詰の販売や輸出は日本統治期から開始されることとなった。

1 製塩業

清代には塩の専売制度が実施されていたが、日本統治期の初め（1895年5月～1899年4月）に専売制度は廃止され、民間で自由に製造販売された[23]。しかし、この政策は「人心を収攬する」という期待された効果を挙げ得なかったため[24]、4年で終わりを告げた。塩の専売制度は清代から百年以上続き、塩の業者はほとんど世襲され、製塩の時に政府が支払う購入金を手にするために、自前で巨額の資金を準備する必要がなかった。しかし、既存の専売体系がなくなってしまうと、自分たちで資金を調達し、市場を開拓しなければならない状況に適応するのが難しかった。また買付人も現場で買い付ける資金が不足し、さらに遠路はるばる辺鄙な地域まで塩を売りにいくリスクを引き受けられず、そのような地域では塩は量的な不足によって高値であった。西部の海浜地域では競うように簡易な方法で塩をさらしたり、大陸塩を輸入

したりして、けっきょく塩の価格は供給過剰によって下落し[25]、従来からの製塩業者は利益が出ないので、続けることができずに次々と故郷を離れ、塩田の荒廃と製塩業の衰退を招いた。

また一方では、植民地当局が行った実地調査に基づき、以下のようなことが認められた。台湾西部沿海地域の土質が製塩業に適し、製塩方法が簡便で、生産にかかる費用が日本本土より廉価であり、もし開拓すれば利益が見込める。品質は日本塩や外国塩と比較して劣っていたが、改良は容易であり、大規模生産すれば台湾本島内の需要だけでなく輸出もでき、政府の財政収入を増やすことができる[26]。このために、政府は「国家」の力で塩の生産量を拡大するという目的を達成しようと考えた。

まず、専売制を制定した。しかし、将来日本本土に販売する時に日本塩とは競わないことが原則である。さらに台湾での消費分以外の余剰が出た際には、朝鮮・インド等に輸送し、さらに余った際には日本に運ぶ。このように専売制の本質は、台湾を植民地として、宗主国の需要を補うもので、宗主国に損失を与えないようにするためのものである。また、台湾塩の自給自足を期待しているが、台湾の民衆のためを思ってのことではなく、台湾が財政収入を増やして日本の経済援助に頼らないことを望んだものである。

専売制実行の目的は、時期により異なり、塩業の発展に影響を与えた。以下の三期に分けられる。

(1) 財政収入増加期（1899〜1918年）
財政収入を上げるために台湾の人々に自由な塩田開発を奨励し、政府が生産された塩の買取と分配に責任を持つ。その方法は以下の通りである。
A. 生産　1899年に台湾塩田規則が公布され、官有地を塩田の用地として規定の期限（百甲以下は3年以内、五十甲以下は2年以内、二十甲以下は1年以内）で、無償で貸し出す（1人百甲まで）。開発に成功すれば無償で開拓者かその継承者に業主権を与え、塩田は地租と地方税を免除される。生産された塩は政府が優遇価格で買取し（この買取価格は経済状況により数回、変更された[27]）、業者に利益をもたらした。

B. 流通　1899年に台湾食塩専売規則が公布され、幾多の改訂を経て、販売体系も整った。だいたいにおいて、食塩の販売はみな政府の指定した機関を経なければならず、またこの機関は商人によって組織され、1899年4月から1905年3月までは販売四段階制、1905年4月から1926年7月までは三段階制、1926年8月以降は二段階制であった[28]。販売権は少数の特権商人の手中に握られ、「商専売」制と称することができよう。この三種の流通網は以下に図示する通りである。

A.　四段階制（1899年4月～1905年3月）
　商人によって台北に受託販売組合が設立され、全島で中心となる地域に総館・支館が設置された。その流通経路は以下の通りである。

植民地政府―官塩受託販売組合―塩務総館―塩務支館―小売商―消費者

　さらに塩務総館のうち台北総館を受託販売組合直営とし、その他は一手販売に委託していた。塩務支館には総館の直営のものもあったが、ほとんどは一手販売に委託されていた。組合長は辜顕栄であった[29]。総館は組合に保証金を支払い、支館は総館に納入した。

B.　三段階制（1905年4月～1926年7月）
　1905年4月、組織を簡素化し販売益を回収するために植民地政府は組合を解散し、官塩受託販売総館だけを残した。各地の総館と支館はすべて支館となり、辜顕栄は総館責任者を担当して支館の責任者を選任し、台湾島内の塩の販売を独占した。1916年以降、べつに再製塩総受託販売人というポストが設けられた。地位は総館と同じで、日本人の豊田清一郎・木村謙吉・中込喜策が掌握し、1920年に台湾製塩株式会社がこれに代わった。三段階制の流通経路は以下の通りである[30]。

第1章　日本統治期における台湾輸出産業の発展と変遷

植民地政府━━┳官塩受託販売総館（天日塩）　┓
　　　　　　┗再製塩総受託販売人（再製塩）┛━━塩務支館━━小売商━━消費者

C．二段階制（1926年8月～1945年8月）

　1926年8月以降、塩の生産量が豊富になり運輸交通も便利になったため、官塩受託販売総館と再製塩総受託販売人を廃して食塩販売の二段階制を実施した。当時、官塩受託販売総館の辜顕栄と再製塩総受託販売人の台湾製塩株式会社は食塩の運送責任者に指定され、もともと塩務支館を経営していた者は受託販売商と改称され、精製塩（特殊塩と称す）の流通系統も別に分けられた。二段階制の流通経路は以下の通りである[31]。

植民地政府━━┳官塩受託販売商━━食塩小売商　　┓
　　　　　　┗特殊塩受託販売商━━特殊塩小売商┛━━消費者

　四段階制と三段階制が施行されていた期間（1899年4月～1926年7月）には、食塩は総館が製塩場に自ら赴いて運び、さらに自分で販売したり、支館に分けて販売したりしていた。二段階制を実施してからは受託販売商は辜顕栄と台湾製塩株式会社に運送を委託していた。つまり、この二者の地位は三段階制の時と同じであった。

　塩の価格（各流通過程の取引価格と消費者価格）は全て植民地政府により定められた。

　塩田の面積は修復と開発を経た後には、表1-4の通り、1899年の344haから1909年の1,214ha、1919年の1,740haへと増えている。この後も安定的に成長し、1945年には4,001ha、45年前の11.63倍となっている。製塩量は1899年の11,040トンから1945年の131,770トンに増えている。台湾島内に供給するほかに、1900年からは朝鮮・樺太・ロシア沿海州・香港・南洋等の地や日本にも販売している。これらのほとんどは三井物産株式会社が独占的に輸出を取り扱い、日本向けのものは台湾塩業株式会社によって扱われ

表 1-4　日本統治期の台湾の塩田面積・生産量・輸出額

年	塩田面積（ha）	塩工戸数	塩生産量			輸出額（台湾銀行券千円）
			曬塩（kg）	再製塩（kg）	洗浄塩（kg）	
1899	343.78	708	11,037,905	—	—	
1900	475.64	1,022	35,829,325	—	—	
1901	660.26	1,327	47,562,652	—	—	87
1902	923.00	1,180	60,109,311	—	—	122
1903	1,012.19	1,235	35,490,796	—	—	64
1904	1,006.20	1,646	61,022,547	—	—	134
1905	1,024.86	1,480	50,655,442	—	—	101
1906	915.18	1,356	66,156,808	—	—	126
1907	1,016.25	1,483	55,164,956	—	—	199
1908	1,060.53	1,566	61,278,893	—	—	201
1909	1,214.37	1,738	60,790,401	—	—	196
1910	1,313.74	1,808	96,432,304	—	—	352
1911	1,377.27	1,794	61,244,350	—	—	327
1912	1,478.93	1,786	63,204,466	—	—	274
1913	1,467.20	1,775	87,538,990	—	—	184
1914	1,554.24	1,780	105,807,999	—	—	346
1915	1,588.58	1,746	89,701,516	—	—	323
1916	1,607.57	1,818	170,693,486	—	—	412
1917	1,622.44	1,893	100,144,439	—	—	484
1918	1,634.55	1,899	101,799,522	1,291,015	—	495
1919	1,740.14	1,871	62,598,757	1,520,000	—	182
1920	1,937.41	1,850	51,974,460	3,491,394	542,299	123
1921	2,121.65	2,453	97,360,730	9,593,710	3,007,216	366
1922	2,316.83	2,465	119,655,836	11,420,094	3,357,856	950
1923	2,277.62	2,371	225,991,899	13,612,250	2,864,606	1,007
1924	2,278.34	2,225	114,927,472	18,041,668	3,180,280	2,033
1925	2,277.37	2,241	169,794,898	36,939,430	—	1,476
1926	2,277.37	2,059	122,043,689	24,132,316	—	1,088
1927	2,254.09	2,059	101,536,496	19,361,390	—	784

年							
1928	2,250.21	1,991	122,521,332	11,999,627	—	656
1929	2,076.60	1,934	164,357,586	16,814,792	—	924
1930	2,076.60	1,893	144,691,319	16,780,936	—	927
1931	2,076.60	1,891	85,548,732	15,905,745	—	1,228
1932	2,073.69	1,963	105,250,672	17,078,835	—	1,061
1933	2,055.26	1,819	169,618,786	22,316,046	—	2,181
1934	2,048.50	1,887	161,295,669	30,341,768	—	1,094
1935	2,039.74	1,889	119,387,531	28,932,916	—	1,325
1936	2,039.74	1,808	201,119,043	23,934,420	12,305,813	1,431
1937	2,039.74	1,686	190,630,594	25,748,248	47,258,699	1,416
1938	2,401.78	1,695	145,855,036	27,259,286	49,414,000	2,259
1939	2,397.64	1,523	125,022,698	20,565,418	44,414,398	1,257
1940	2,392.79	1,470	147,897,775	19,817,053	43,526,717	1,025
1941	2,387.94	1,386	154,314,831	13,702,873	48,329,769	1,654
1942	2,386.97	1,415	395,983,670	16,796,000	51,870,000	2,200
1943	6,346.19	—	465,210,264	14,632,000	57,764,000	4,008
1944	6,346.19	—	208,174,291	8,438,000	21,417,000	—
1945	3,999.95	—	67,751,850	15,668,000	48,329,769	—

出典：台湾総督府専売局編『台湾塩専売志』（台北：台湾総督府専売局、1925 年）、62-63 頁。『台湾省通志』巻三政事志財政篇第五章塩政。『専売事業年報』34、35、36、37 期。『専売事業第三十七年報』別冊食塩、『専売事業第三十八年報』別冊食塩。張繍文『台湾塩業史』（台北：台湾銀行経済研究室、1955 年）、17-18 頁。曾汪洋『台湾之塩』（台北：台湾銀行経済研究室、1953 年）、52-56 頁。

た[32]。

（2）宗主国日本の工業塩の補充期（1919～1934 年）

　台湾塩業は日本帝国の塩業政策の一部であり、宗主国の需要を補充する使命を負っていた。第一次世界大戦末期に日本経済は急速に成長し、化学工業と沿海漁業が発展したため、工業用塩と魚類の塩漬保存用の食塩の需要が激増した。当時、日本の物価と賃金が上昇していたことは、塩業（労働）には不利な条件であったため、塩の生産量は激減した（1918 年度の需要は 81 万トンであったが、日本で生産した塩は 42 万トンのみ）。

その他の植民地（朝鮮・関東州・青島）もあまり増産できなかったため、日本政府は台湾塩の供給増加、特に本土の食用の煎熬塩に代わる台湾上等塩と工業用塩の供給増加を期待し、このために1919年末に第3期塩田開発計画を開始し、1923年に完成させた（第1期は1905年、第2期は1906～1918年）。さらに、改変以前には個人経営方式を奨励していたが、日本人・台湾人を一括して、台湾製塩株式会社（台南、資本金250万円）を設立し、統制〈管理〉経営方式をとって競争を避け、塩田を買収し、新たな塩田を開墾し、塩の品質改良に従事した。もともとあった天日塩以外に再製塩と煎熬塩も生産し、塩業を日本人と台湾人の利害のぶつからない共同の産業に変え、植民地政策を徹底して実施する上で有益なものにしようとした[33]。

　1923年以降、日本人は品質向上・コスト減という台湾での塩の生産方法の改良に全力で取り組んだ。表1-4に示す通り、生産量と品質の向上が見られ、輸出量も増加し、最も古くて粗末な乙種塩田も1928年にはなくなり[34]、台湾製塩株式会社と植民地政府は緊密に協力して、台湾の塩業を近代化の道へと推し進めていった。

(3) 台湾化学工業の発展期（1935～1945年）

　台湾塩業の発展は、日本の軍事侵略と密接に関連している。1930年代後半以降、台湾はしだいに日本の南進基地となり、日月潭水力発電プロジェクトが完成し（1934年竣工）、台湾の工業化の条件はすでに整っていた。こうした状況に合わせ、植民地政府は大規模な、総合的かつ独占的な塩の生産企業を奨励し、大規模に生産された工業用塩が台湾本島に勃興した化学工業の原料として供給された。こうして、台湾製塩会社はもとからあった民間の5社の製塩会社と、個人所有の塩田合計1,109haを合併し、集中式工業塩田約400haを台湾の七股に建設し、その所有塩田は1940年代初めには1,916.41haに達した[35]。

　日本の工業塩への需要は急速に増加し、1926年に必要とされた工業塩は10万トンであったが、1933年には64万トン余、1938年には118万トンにまで激増し、帝国内植民地の工業塩の補充が急務となった[36]。

第1章　日本統治期における台湾輸出産業の発展と変遷

　このほかに1937年の侵略戦争の勃発に伴い、大蔵省は同年12月に化学工業用原料塩の増産計画を制定し、自給自足体制の実施を試みた。占領していた中国の東北地方と華北での塩田開拓のほかに、台湾に1941年度は25万トン（1945年度は40万トン）の生産量を指示し、この生産拡大計画を実現するために大日本塩業株式会社・台湾拓殖株式会社・日本曹達株式会社が共同で出資して、製塩と副産品のにがり利用とソーダ業の発展という三者の一貫した作業を目的として、1938年6月に資本金1千万円の南日本塩業株式会社が設立された。

　まずはじめに布袋・北門・烏樹林などに塩田3,443haを開拓し、355,000トンの塩を生産する計画を立てた（実際には、専門的人材の不足と資材・労力の補充困難によって、1941年に完成したのはわずか2,144ha、生産量は215,200トンのみであった）。次に南日本塩業会社の事業の基礎を固めるために、1939年に系列会社の南日本化学工業株式会社を設立し、副産品利用と苛性ソーダ工業の経営を分担し、製塩業で出た赤字を補填し、南日本化学工業株式会社が、にがりからマグネシウムを抽出する時に生産する副産品である工業塩をさらに精錬し、苛性ソーダを生産することにした。にがりは天日塩を作る時に生じるもので（1939年度は約20万トン、1940年度は約30万トン）、以前は全て廃棄されていた[37]。この計画が実施されてからは、食塩・工業塩・マグネシウム・苛性ソーダの生産作業が一連の工程で完成でき、台湾塩業は台湾製塩会社と南日本塩業会社が独占し、南日本化学工業株式会社もいっしょになって近代工業へと根本的な変化を遂げた。

　同じ頃、鐘淵曹達工業株式会社が1942年に設立され（資本金1千万円）、新豊郡安順庄に工場を建設し、塩田646.5889haを作った（そのうち官有地はわずか約48.5ha、その他は民間の所有地[38]）。台湾塩田面積の1944年までの総計は表1-4の通り、6,346.19haに達し、15年前の3倍、45年前の18.5倍に増えている。台湾製塩会社は30％、南日本塩業会社が54％を占めていた。

　食用塩については、専売局が品質向上のために、鹿港・布袋・北門・烏樹林などに塩の粉砕洗浄工場を建設し、年に45,000トンの洗浄塩を生産し、

1943年の塩の総生産量（460,000トン[39]）の9.8％となった。これは日本統治期のピークで、この後には戦争の激化により、さらなる発展は阻まれた。表1-4からわかるように、塩田面積と製塩量は1923年以降にしだいに増加し、1941〜43年に激増しているが、製塩戸数は逆に減少していて、これは科学化された生産システムにより従来のシステムが変化し、単位戸数あたりの生産量が増え、労力が軽減されたことを意味している。

実際、台湾塩の日本への販売は日本のソーダ業の発展と関連があった。日本ではそれまで自分の国で作った塩を使用し、台湾塩と中国塩はほとんどが炭酸ソーダナトリウム工業（ソーダ業）や醤油醸造の原料として使われていた。日本政府は植民地の塩業を殖産興業政策の一環と見なしており、すでに述べたように、台湾製塩株式会社は台湾の塩田に投資し、日本が必要とする工業用塩生産を促進した。工業用の原料塩として、台湾塩は日本塩より良質で、専売税が課税されなかったので、ほぼ輸入時の原価で販売された。例えば1905年の日本で、専売制が実施されたばかりのころは、台湾の普通塩は100斤（60kg）の販売価格が2.2円（一般用塩は2.36円）であったが、工業塩の価格は0.9円で、普通塩の40.9％という特別価格であった[40]。

1895年5月から1899年4月までの4年という短い間のほかは、日本統治期の台湾塩業の発展は植民地政府の主導によるものだったと言えよう。食塩はもともと生活の必需品であり、前近代国家においては、政府は需要と供給を調整して人心を掌握するため、公権力を利用して価格と生産販売システムを決定した。中国政府はずっとこうした政策をとり続け、幕藩体制下の日本の各藩も多くがそうしていた。日本統治下の台湾――本来は中国領土であるが――も自然に専売政策をとることとなった。台湾の専売商品は食塩以外にもアヘン・樟脳・たばこ・酒類などがあり、そのうち食塩の収入は財政への貢献度は一番低かった。しかし日本の工業発展と政治的な侵略に沿って、知らず知らず台湾本土の化学工業の基礎となった。さらに塩業の近代化のために日本の財閥は台湾に投資し、植民地政府の主導のもとで独占資本主義の形成を促進した。台湾の商人（辜顕栄・陳中和ら）も専売制の恩恵を受け、日本の植民地の中で資本を蓄積し続けることができ、政府と密接に協力し、政

財界において重要な役割を果たした。換言すれば、台湾の商工業者は中国商人の伝統的精神を受け継ぎ、現実社会の条件と折り合いをつけさえすれば、既存の環境の中で財を築くことに努力し、チャンスがあれば政界にも入りこみ（辜氏は日本統治期の貴族院議員）、名実をともに手にすることを願い、既存の政治体制を批判したり反抗したりしない。この利潤追求という表に現れる行動は国家（当時の植民地政府）の利益と一致する。あるいは彼らは、植民地政府の政策に合わせたからこそ、籠絡する手段として、政府の専売品の総受託販売商・塩務支館の責任者として任命されて、独占的な市場の暴利を獲得できたのかもしれない。こうした意味で、日本の財閥の介入した役割と同様に、台湾塩業に「資本主義」が出現したとはいえ、それは「国家資本主義」の濃厚な色彩を帯びていて、純粋な民間社会の色彩は依然として希薄だった。

2 パイナップル缶詰業

台湾のパイナップル缶詰業（以下、パイン缶業）は、1902年に日本人の岡村庄太郎が鳳山に工場を建設し、生産したものを日本に輸出したのが始まりである。主にシンガポールの経験に学んだものだったが[41]、日本ではシンガポールのパイン缶詰業に投資し、三井物産がシンガポール製缶詰の日本での販売を強力に推し進めていたために[42]、台湾のパイン缶詰業の創業初期の発展は順調ではなかった。前述の岡村庄太郎（鳳山に工場建設）以外に早期にパイン缶詰業に投資した者としては、桜井芳之助（浜口商店から資金援助を受け、彰化に工場建設）・台湾人の陳鎮印（大稲埕に工場建設）・黄呈聡（二水に工場建設）等がいた[43]。創業初期の難題は、缶詰業の鍵が日本頼みで、原料のパイナップルこそ生産できるが、白砂糖・鉄缶・木箱等の原料は日本から運ぶしかなく、生産コストを下げられないことであった。さらにパイナップルは毎年3月から8月の間にしかできないので、操業できない期間が長いこともコストを押し上げた[44]。第一次世界大戦の勃発以後、日本の国内経済が急速に発達したため、パイン缶に対する需要も高まり、表1-5と図1-3に示す通り、台湾のパイン缶の生産量も年ごとに増加していった[45]。

1924年末、台湾総督府は特産課を設置し、砂糖・茶・バナナ・柑橘類等の農産業を特産課が管理し、積極的な育成政策をとった[46]。この時にはハワイがシンガポールを抜き、世界の最も主要な缶詰の生産基地となっていた。ハワイが大規模生産方式をとっていたため、台湾でもこれが模倣された[47]。植民地政府のパイン缶詰業を積極的にサポートするための政策は以下の3点である。(1) 機械化の推進：1926年から1935年まで、総督府は旧型機械しか持っていない業者に、2万4千円の予算で最新式の機械への転換を補助し、最新の生産設備を設置させた。1929年以降は、業者がハワイ式の最新式設備を持つ工場を設立する補助を始めた[48]。(2) 最適な品種についての実験：1925年、特産課は高雄の鳳山に「鳳梨〈パイナップル〉種苗養成所」を設立し、ハワイから6万株の種苗を持ち込んで栽培を進めた。1927年にはさらに10万株を持ち込み、業者に分けて栽培させた。1929年にはさらに屏東の万丹に「苗種養成所」を設立し、1935年までに業者に237万株の種苗を分けた[49]。外国の種苗を持ち込み、缶詰に最適な品種を作る以外に、民間が輸入した、品質が一定でない種苗からの代替もねらいであった。(3) 輸出の補助：1926年以降、総督府は台湾フルーツの海外市場への拡大の経費を、毎年予算編成していた。1930年からパイン缶詰の海外輸出に正式に補助が始まり、まず三菱のイギリス輸出を補助したが、あまり効果がなかったため、改めて1931年に三井のアメリカ輸出を補助した[50]。しかし依然として、主な消費市場は日本であった。

　さらに、総督府は法律を作って制度的にパイン缶詰の品質を改良しようとした。まず1927年に「台湾重要物産同業組合」の規定に基づき、パイン缶詰業の同業公会「台湾鳳梨缶詰同業組合」を設置した。原料の競争防止と低価格でのダンピングの禁止等、政府の監督下で運営された[51]。次いで、1928年に「台湾鳳梨缶詰検査規則」が実施され、商標の表示や外観・内容量・甘さなどが検査されてレベル分けされた[52]。実施一年目には不合格率は8.7%という高さであったが、翌年からは3%前後に下がり[53]、検査制度が輸出商品の品質向上と統一に役立ったことがうかがえる。

　政府の積極的な奨励政策のもと、1925～1930年には多くの業者、例えば

第 1 章　日本統治期における台湾輸出産業の発展と変遷

表 1-5　台湾パイン缶詰生産量・生産額（1910-1941）

年	生産量（箱）	生産額 円	生産額 指数
1910	5,502	32,083	100
1911	9,956	56,169	175
1912	18,816	110,550	345
1913	32,487	206,745	644
1914	24,780	124,828	389
1915	19,636	101,768	317
1916	26,471	137,634	429
1917	23,371	191,568	597
1918	26,992	258,118	805
1919	32,855	346,882	1,081
1920	31,851	331,355	1,033
1921	46,431	537,314	1,675
1922	57,166	486,075	1,515
1923	84,776	774,585	2,414
1924	132,126	1,181,229	3,682
1925	197,097	1,672,129	5,212
1926	221,594	1,668,963	5,202
1927	269,021	2,215,510	6,906
1928	368,188	2,809,174	8,756
1929	580,018	4,425,236	13,793
1930	517,317	3,291,401	10,259
1931	849,975	4,462,235	13,908
1932	946,990	4,666,797	14,546
1933	1,151,778	6,172,247	19,238
1934	1,066,419	6,250,454	19,482
1935	1,191,260	7,828,282	24,400
1936	1,110,489	6,976,005	21,744
1937	1,220,574	11,574,808	36,078
1938	1,674,284	18,842,570	58,731

1939	1,390,489	19,523,892	60,854
1940	1,614,375	23,787,613	74,144
1941	1,308,098	19,621,470	61,158

出典：台湾総督府殖産局特産課『主要青果物統計（昭和13年）』（台北：台湾総督府殖産局特産課、1939年）、34頁。台湾総督府殖産局農務課『主要青果物統計（昭和16年）』（台北：台湾総督府殖産局農務課、1943年）、34頁。高淑媛『経済政策與産業発展―以日治時期台湾鳳梨罐頭業為例』（台北：稲香出版社、2007年）、271-272頁より引用。

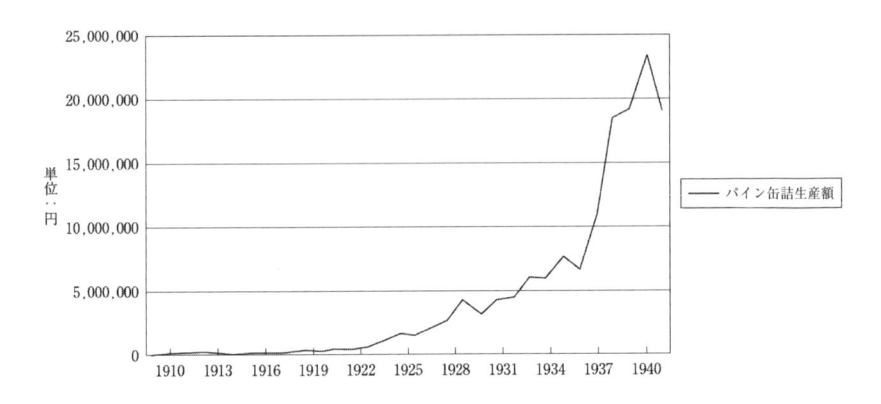

図1-3　台湾パイン缶詰生産額（1910-1941）

出典：台湾総督府殖産局特産課『主要青果物統計（昭和13年）』（台北：台湾総督府殖産局特産課、1939年）、34頁。台湾総督府殖産局農務課『主要青果物統計（昭和16年）』（台北：台湾総督府殖産局農務課、1943年）、34頁。高淑媛『経済政策與産業発展―以日治時期台湾鳳梨罐頭業為例』（台北：稲香出版社、2007年）、271-272頁より引用。

東洋製罐・内外食品株式会社・台湾鳳梨栽培株式会社等が政府の政策に従って外来種を導入し、機械化生産を採用することとなった。台湾鳳梨缶詰株式会社も政府の政策によって転換を試みたが、順調にはいかなかった。辜顕栄もパイン缶詰の製造に参入して、1929年に大和鳳梨缶詰会社を設立したが、主な原料は在来種のパイナップルだった。当時日本国内は景気が好調で、台湾産のパイン缶詰はほとんど日本市場で消費されていたため、資本家の投資を呼び込んだ。総督府の調査によれば、パイン缶工場は1925年の35から1930年には75にまで増加した[54]。当時のパイン缶工場は、台湾人の参入が多かったために、規模は小さく、雇用者数も少なく、在来種のパイナップルを使っていた。推進政策に伴い、機械生産が採用され、外来種が導入されて

第 1 章　日本統治期における台湾輸出産業の発展と変遷

いたのは、主に日本人経営の工場だった。1929 年のパイン缶の総生産額は 1910 年の 138 倍ほどであり、対日輸出額は総輸出の 1.89% を占めた（表 1-2 (A)、表 1-5 を参照）。

　小規模工場が主流だった台湾のパイン缶詰業は 1930 年代初頭の世界大恐慌下の環境で厳しい試練に直面し、産業体質を新しい競争条件に適応させるため、改めて調整せざるを得なかった。台湾総督府は 1930 年に「台湾鳳梨缶詰製造業取締規則」を公布し、パイン缶詰製造業の経営には総督府の許可を得なければならないと定めた[55]。政策の監督という名目で、政府は工場設立時に、場所・原料・資本・技術等の各方面にさらに多くの裁量権を持つこととなった。1931 年に日本の国内経済がきわめて逼迫し、また同年の台湾のパイン缶の生産量がそれまでの最高となったために（表 1-5 参照）、大量の売れ残り品〈滞貨品〉が生じ、価格の急落を招いて大小の缶詰工場は脅威にさらされた[56]。そこで東洋製罐株式会社の働きかけにより「台湾鳳梨缶詰同業組合」は、政府に販売統制の建議を出した。

　販売統制作業は主要業者が共同で設立した「共販会社」が進め、日本の資本家が出資した台湾鳳梨缶詰株式会社・浜口鳳梨缶詰株式会社・日本鳳梨株式会社・浜部缶詰所・日之出食品合資会社・図南産業合資会社等の 6 社の工場は直接製品を日本に運んで販売でき、形ばかりの手続費を共販会社に納めるという特権を持っていたため、「特例組」と呼ばれていた[57]。特例組の特権保護のもとで製品は順調に販売され、販売不振の小規模工場は吸収合併されたり、特例組の委託工場になったりして、1933 年には特例組の販売量が総販売量の 72% に達した[58]。こうした発展もまた台湾のパイン缶詰業の大合併の基礎を固めることとなった。

　1930 年代初め以降、総督府のパイン缶詰業への介入はどんどん深まり、前述のように経済統制体制も出現したため、1934 年には、整理・統合により産業の体質を改良するために、パイン缶詰同業公会で大合併案が議論された[59]。その主導者は台湾総督府殖産局特産課と高雄州知事であり、正式に議案提出される前に、特産課はすでに職員を派遣して工場の見積もり作業を進めていた[60]。こうして 1935 年に台湾合同鳳梨株式会社が設立され、大甲鳳

梨缶詰商会は加入を固辞したが、その他の大小の工場は台湾合同鳳梨会社の管理下におかれた[61]。大合併後に台湾合同鳳梨株式会社は東洋製罐から経営権を取得した[62]。もともと小規模工場の多かった台湾人業者は、ほとんどがすでに自分の工場を同社に売り払っていた[63]。1935年には台湾合同鳳梨株式会社に残っていた台湾人株主は17名のみで、持ち株数は15％ほどに減っていた。1938年にはわずかに15人[64]となり、台湾人業者がパイン缶詰業から撤退したことが明らかである。

パイン缶詰業大合併の目的の一つは、機械化と集中生産を進めることであったため、合併後には小規模工場の多くが閉鎖され、工場の平均雇用者数は1940年にピークに達し、1工場あたり900名であった[65]。雇用者の総数は約18,000名余りで、砂糖業の二倍であり、1940年代には台湾全体の工業生産額の2％を占め、産業としての重要性がうかがえる[66]。輸出額も高く、対日輸出総額の2％である（表1-2（A）参照）。

日中戦争の期間には原料の供給制限・戦時市場の需要の減少等のファクターがあったが、表1-5と図1-3に示す通り、パイン缶詰生産量は依然として増加し続けている。このため、1939年以前に台湾合同鳳梨会社はパイナップルの栽培面積拡大を計画し、原料供給の安定を図ろうとした。しかし、1939年からは戦略物資と食糧需要が日増しに高まったため、この状況の下でのパイナップル栽培の重要性は相対的に低落した[67]。また重要物資の管理が実施され始め、缶の配給制度が生産に影響したため、総生産量のピークは1938年であった[68]。

戦局の変化により、1941年7月に「青果物配給規則」が公布され、パイナップルは配給品となり、缶詰の輸出はますます困難になった[69]。1942年以降、缶の入手が日増しに難しくなり、乾燥パインがしだいに缶詰に代わり主要製品となっていった[70]。さらに台湾合同鳳梨会社は軍部の要求により、軍需品の缶詰の生産・輸送に協力した[71]。この後、各工場は政府や軍部からの計画で他の用途に転換され、パイン缶詰の生産量の大幅な減少をもたらした。加えて、連合国軍の爆撃による破壊のため、斯業の発展は中断を余儀なくされた。

第5節　軽工業の発展――パルプ業とアルミニウム業を例として――

　満州事変以降、日本はしだいに総動員期へと入っていった。1937年に盧溝橋事件が起こると、日本は軍需工業生産を強化し、1939年のはじめに「生産力拡充計画要綱（1938～1941）」が内閣を通過して、日本と植民地の経済統制の骨格が形成された。当時の台湾の重要軍需工業である軽工業と化学工業はこうしてめばえ、発展した。

　企画院は生産力拡充計画の作成時に、朝鮮・台湾・樺太等の植民地の生産力も算出した。1939年度の計画における、台湾関連の生産品の日本帝国内に占める割合は以下の通りである。工業塩（100％）、無水アルコール（32.9％）、アルミニウム（24.3％）、パルプ（4.7％）、金（3.4％)[72]。

　アルミニウム製品以外については、当時の台湾ではすでに工場を設立して生産を開始しており（例えば工業用塩）、その業績が非常によかったために、生産力拡充計画にはこれらをスムーズに組み込むことができた。以下、パルプ業とアルミニウム業について見ていく。

1　パルプ業

　パルプは紙とレーヨンを作る際の原料である。日本帝国の「生産力拡充計画要綱」において、1941年までに製紙用のパルプ生産量は1938年の20％増、同時に1938年の3.5倍のパルプをレーヨンの原料としたいと計画されていた[73]。

　1938年版の『化学工業年鑑』（日本）によれば、パルプの主要生産国はアメリカ・カナダ・スウェーデン・ドイツ・フィンランド・ノルウェー・日本となっており、これらの国の生産量は1,500万トンを超え、総生産量の80％以上を占めていた。主なパルプ供給国は、スウェーデン・フィンランド・ノルウェー・ドイツ・カナダ等、北半球北部の針葉樹林帯の国である。当時、日本の生産量は世界第7位であったが、消費量はアメリカ・カナダ・ドイツ・イギリスについで5位であり、繊維工業の著しい発展を象徴していた[74]。

表1-6　台湾製紙業・パルプ生産量（1941-1945）

年	パルプ	紙・厚紙				バガス板（枚）
		洋紙	薄葉紙	厚紙	合計	
1941	31,600	—	—	—	23,550	—
1942	29,470	16,700	430	4,820	21,950	74,386
1943	25,548	14,040	2,028	4,610	20,678	638,134
1944	5,341	7,160	2,956	4,118	14,234	516,910
1945	827	836	485	824	7,947	88,478

出典：台湾銀行金融研究室編『台湾之造紙工業』（台北：同編者、1951年）。陳大川『台湾紙業発展史』（台北：台湾區造紙工業同業公会、2004年）、93頁より引用。

　製紙業については、日本の生産量は世界第5位であり、消費量は4位であった。さらに、日本のレーヨン生産量は、1936年にアメリカを凌いで世界第1位となった。つまり、当時の日本は国外からパルプを輸入し、それをレーヨンに加工して世界各地に再輸出し、付加価値を高めて、国際貿易の収支の補填としていた[75]。外貨を切に必要としていた日本にとって、レーヨン工業のさらなる発展は不可欠なものであった。

　さらに製紙業とレーヨン業の成長が、日本の木材パルプに対する需要の増加を刺激した。そのうち、1913年から1936年の製紙業のパルプ消費量は73％増加し、1936年は90万トン前後という高さであった。レーヨン用パルプの需要量も1918年の59トンから、1936年には3,151倍にあたる185,972トンへと激増した。さらに1936年の1,128,586トンのパルプ消費量のうち、日本国内で製造できたのは71％の802,565トンのみであり[76]、その他の3割弱は輸入に頼らざるを得なかった。

　企画院の提出したパルプ増産計画では、1942年度のパルプの需要量を170万トンと算出し、日本での生産量は約135万トン、満州国から30万トンを輸入し、その他の不足分の5万トンを海外から調達するとしている。170万トンのパルプのために必要な木材は、2,000万トン前後にもなるが、たとえ乱伐したとしても手に入るのはわずか1,386万トンであった[77]。ここから日

本の深刻な木材パルプ資源の窮乏状況を見てとることができよう。

こうした状況の下で、日本の当局は蔗糖製造時にできるサトウキビかす〈バガス〉を利用し、バガスを濾してパルプを採取する研究を行い、木材パルプの代替品として、台湾で30万トンのパルプを生産しようと考えた[78]。

バガスは、もともと製糖工場の燃料として使われていた。鈴木梅四郎が1917年という早い時期に台南製糖会社宜蘭工場の近くで、日本の製紙技術を取り入れ、安い石炭を燃料にしてバガスを原料とする製紙事業を始めた。この後に、台湾の日本糖業資本は製紙業を副業としたが、しばらくは試行錯誤が続き、顕著な成果をあげられなかった。1933年に荻原鉄蔵が新たな技術開発を成功させ、それに起業家である大川平三郎が投資したことで台湾の製紙業はやっと軌道に乗り、製糖会社も続々とパルプ業へ参入した。そのうち最も成功したのは、大川平三郎擁する台湾興業株式会社（1936年設立、資本金800万円、工場所在地は羅東）、台湾紙漿工業株式会社（1938年設立、資本金1,000万円、大日本製糖・昭和製糖・鐘淵紡績株式会社が投資。工場所在地は台中州）、新日本砂糖工業株式会社（1938年設立、資本金2,500万円、塩水港製糖株式会社が投資、1939年に塩水港紙漿工業株式会社と改称。工場所在地は台南州新営・花蓮・渓州）であった[79]。

日本当局の増産計画の下で、台湾のパルプ生産量は1939年の2,005トンから翌年には早くも14,818トンへと急増し[80]、表1-6が示す通り1941年には31,600トンへとさらに倍増しているが、1942年以降は減産に転じ、1940年代前半には合計で92,786トンが製造されたのみであり、当初期待した計画にはとても達しなかった。第二次世界大戦の末期になると、主要パルプ工場が連合軍機の猛烈な爆撃を受けて破壊され、生産はほぼ完全に停止した[81]。

2 アルミニウム業

アルミニウム業の歴史は1825年までさかのぼれるが、精錬コストがきわめて高かったため、当時のアルミニウムの主要市場は宝飾界であり、一般的用途への使用はできなかった。

1886年にフランスのポール・エルーとアメリカのホールが同時期に電解精錬方式（アルミナを氷晶石を熔解させた中で電気分解して、アルミニウムを抽出）を発見したことで、アルミニウムの生産コストは大幅に下がった。アルミニウム電解工場は新興の金属工業となり、主なアルミニウム関連企業は国際的なカルテルを結んで価格を独占的に決め、生産技術の進歩により新たな用途を開発した。

　航空機の機体に使用できるアルミニウムは、重要な国防戦略物資の一つであり、第一次世界大戦の勃発後、政府の積極的な介入の下で、航空工業は振興し、アルミニウムは大いに存在感を増した。ののち、軍備拡大競争のために各国はアルミニウム業を非常に重視した。例えば、アメリカのアルミニウム地金の生産量は、1913年にはわずか47,279ポンドであったが、1920年には138,042ポンドにまで増加した[82]。

　アルミニウムの精錬は電力を多く消費する工業であるので、日本はそれまで輸入に頼っていた。1930年代初期、戦争に備えて日本政府は「総動員計画」を実施し、日本本国とその植民地の軍需部門の資源開発を計画し、重要物資の自給を期した。台湾は日月潭水力発電所の建設以降、電力が豊富であったため、ボーキサイトなどの原料を輸入できれば、アルミニウム精錬業が発展する基盤があった。このため、日本の三菱財閥の三菱鉱業・三菱商事と、古河電気工業・台湾電力・三井・東京海上火災保険・東海電極などの企業が共同で、1935年に資本金6,000万円で日本アルミニウム株式会社を設立した。本部は東京で、九州の黒崎に工場を設け、アルミナ（酸化アルミニウム）のみを生産した。台湾ではドイツのエンジニアの設計により、まず高雄に工場を設置した。豊富で廉価な電力を利用して、バイヤー法でアルミナを抽出し、ホール電解炉で純アルミニウムを精錬した。翌年から作業が始まり、アルミニウム地金210トンを生産した。1941年までに、一年でアルミナ32,000トン、アルミニウム地金12,000トンの生産が可能な設備が完成した。さらに日本アルミニウム株式会社は投資を続けて増やして1939年には花蓮に工場を建てた。1941年に作業を開始し、年産アルミニウム地金は290トン余、必要なアルミナは黒崎と高雄の2つの工場から供給された。日本アルミニウ

第 1 章　日本統治期における台湾輸出産業の発展と変遷

ム株式会社高雄工場はオランダ東インド会社によってインドネシアのビンタン島と華北からボーキサイトと攀土頁岩を輸入し[83]、精錬したアルミニウム地金をすべて日本に運んで製品に加工し、完成品をふたたび台湾に運んで販売した[84]。これは、台湾が原料を宗主国に提供し、宗主国の工業製品を消費するという植民地としての役割を演じていたことを明確に表している。

　当時、高雄に 226,389m^2 のアルミニウム工場（この他に倶楽部と病院を含む 51,185m^2 の空間があった）を設立したのは、高雄港に 10,000 トンの遠洋船と 300 トンのはしけが入ることができ、はしけがアルミニウム工場所有の埠頭に接岸できるからであった。さらに高雄と台湾北部にある台湾最大の港である基隆港の間は鉄道で結ばれており[85]、南北両方の港を利用して輸入原料とアルミニウム地金の迅速な海上輸送が可能であった。

　一方、日本はこれまでアルミニウム地金を輸入に頼っていたが、日中戦争の勃発以来、軍事用の需要が高まったため、1939 年に国策会社である日本軽金属株式会社が設立され、アルミニウム生産に積極的に取り組んだ。しかし、翌年にはカナダ等の国々がアルミニウム輸出を禁止したため、日本への供給量が激減し、航空機機体の製造の停滞を招いた[86]。このため日本の当局は民間の需要（鍋・弁当箱・やかん・魔法瓶など）への配給統制をとることにした。台湾も宗主国の方針に従い、1941 年に台湾家庭必需品株式会社（資本金 65 万円）を設立して、「台湾アルミニウム製家庭器物配給統制要綱」を実施し、アルミニウム製品の輸入と販売を一元化した[87]。

　日本アルミニウム株式会社高雄工場はアルミナ 42,000 トン、アルミニウム地金 15,000 トンを生産できるように設備の拡張を計画していたが、実際には表 1-7 と図 1-4 の示す通り、操業開始から 10 年前後の時点で、アルミニウム地金の総生産量は 75,892 トンであった。花蓮工場はアルミニウム地金の年産 12,000 トンを目標にしていたが、最高生産量はわずかに 3,800 トンであった。台湾の 2 工場のアルミニウム地金生産量は、最多の 1943 年で 14,964 トン、同年の「日本帝国」の総生産量の 10.3% 程度であった。その後、高雄工場は 1945 年 3 月に連合軍機の爆撃に遭って操業を停止し、花蓮工場は 1944 年 6 月には水力発電所が洪水で被害を受けたために操業を停止して

表 1-7　台湾アルミ地金・加工品生産量（1936-1968）

(単位：トン)

年	アルミ地金	アルミ板	アルミ箔	アルミ型	アルミ製品	アルミパネル	アルミ円板
1936	210	—	—	—	—	—	—
1937	2,718	—	—	—	—	—	—
1938	4,619	—	—	—	—	—	—
1939	7,669	—	—	—	—	—	—
1940	8,781	—	—	—	—	—	—
1941	12,494	—	—	—	—	—	—
1942	13,758	—	—	—	—	—	—
1943	14,964	—	—	—	—	—	—
1944	10,063	—	—	—	—	—	—
1945	616	—	—	—	—	—	—
1946	—	—	—	—	—	—	—
1947	—	—	—	—	—	—	—
1948	2,509	—	—	—	—	—	—
1949	1,312	107	—	—	—	—	—
1950	1,761	1,295	—	—	60	—	—
1951	2,984	1,026	—	—	600	—	—
1952	3,856	1,628	—	—	690	—	—
1953	4,906	2,321	—	—	1,062	—	—
1954	7,132	3,568	—	473	555	2,101	—
1955	7,001	2,992	—	415	703	794	—
1956	8,759	3,160	34	551	354	358	—
1957	8,259	5,460	414	782	428	273	—
1958	8,577	4,516	590	1,029	840	344	—
1959	7,455	3,519	544	927	616	420	—
1960	8,260	6,188	847	1,101	1,048	145	—
1961	9,017	4,748	725	1,457	754	192	—
1962	11,008	6,234	727	1,623	1,073	130	1,015
1963	11,929	5,688	845	1,638	903	100	1,257
1964	19,372	7,844	756	1,535	841	110	2,092
1965	18,911	9,237	1,195	1,881	625	166	2,105
1966	17,217	9,423	1,055	2,336	1,086	—	1,353
1967	14,100	10,443	1,221	2,152	981	—	1,472
1968	16,569	8,007	1,090	1,902	1,299	—	645

出典：1. 1936-1945 年：台湾省工業研究所編『台湾省経済調査初稿』（台湾：台湾省工業研究所、1946 年）、356-357 頁。
　　　2. 1948-1952 年：林鐘雄「台湾之鋁工業」、台湾銀行経済研究室編『台湾之工業論集 巻四』（台北：台湾銀行、1968 年）、77 頁。
　　　3. 1953-1968 年：中央研究院近代史研究所収蔵之国営事業司台鋁檔案、編號 35-25-15-74、35-25-15-30、35-25-15-24、35-25-15-25、35-25-15-26、35-25-15-45、35-25-15-75、35-25-15-44、35-25-15-27、35-25-15-28、35-25-15-29。

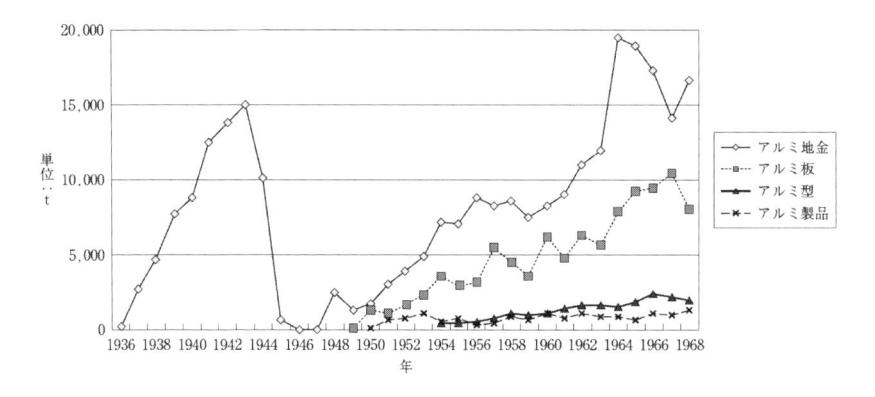

第1章　日本統治期における台湾輸出産業の発展と変遷

図1-4　台湾アルミ地金・主要加工品生産量（1936-1968）

出典：表1-7。

いた[88]。

　日本アルミニウム株式会社高雄工場は、戦時のアルミニウム地金の最高年産量が12,000トンであり、日本帝国の総生産量の8.5％ほどを占めていた。戦後、国民政府資源委員会が同社を接収し、台湾鋁業公司と改名した。1947年11月に運転を再開したが、同年、資源委員会のアメリカ人顧問のS. Trone（史龍）が高雄で実地調査し、製品の品質不良が明らかになった。また、S. Troneは1948年の生産目標4,000トンを基準にし、原料として必要なボーキサイト20,000トン、苛性ソーダ1,000トン、コークス2,600トン、コールタール650トン、氷晶石480トン、石炭15,000トン、電力12,000kWを入れた、1トンあたりの生産コストが421.8ドルであると試算した[89]。アルミニウム製錬時に電力は最も重要なエネルギーであるが、大量の石炭とコークスも必要であり、苛性ソーダも必須である。このために、アルミニウム業の新興は、石炭の内需市場に多かれ少なかれ影響を及ぼし、台湾塩業のモデルチェンジとも関連して、燃料資源への依存度が高まることを意味していた。

65

第6節　化学工業の発展——アルコール業を例として——

　日本は台湾で早くから酒の専売法を施行し、アルコール製造の際の主要な原料である糖蜜は、台湾の最新式の製糖工業の重要な副産品であった。1908年に台湾製糖株式会社が橋仔頭にアルコール工場を設立したのが、台湾における製糖業の嚆矢であった[90]。その後、製糖会社が次々にアルコール工場を設立し、1943年には45カ所となり、表1-8と図1-5に示す通り、生産量は758,208公石（1公石＝100ℓ）にも達しており、多くは宗主国に輸送され、日本帝国の総生産量の90％を占めた[91]。

　1935年以前には台湾のアルコール工業製品は主に含水アルコールであり、平均して85％以上が国外に販売されていた。特に日本は最も重要な市場であった。その後、日本当局は液体燃料の自給を期待し、無水アルコールはガソリンと混ぜて使用できるため、台湾のアルコール工業関連各社は無水アルコールの製造に努めた。1935年に日本帝国は、無水アルコールの年ごとの増産目標を320万公石とし、台湾には100万公石の増産を期待した。当時、糖蜜原料がしだいに不足していて、糖業試験所の研究を経た後には、サトウキビ絞汁を、原料として直接使用した[92]。

　無水アルコールは濃度が99％以上にもなるアルコールの一種で、動力源としては石油と同等の重要性を持ち、世界各国でアルコールをガソリンと混ぜて使用して石油の生産不足を補っていた[93]。日中戦争開始からまもない1938年当時、日本帝国のアルコール生産量は36万公石ほどであり、ほとんどすべてが台湾の糖蜜から製造されていた。そのうち日本本国の需要はわずかに18万公石であり、それ以外は中国に輸出されていた。また、当時、主に化学工業用として、1年に3,608〜5,411公石ほどの無水アルコールが供給されていた[94]。

　さらに表1-8と図1-5から以下のようなことがわかる。

(1) アルコール生産量の増加の速度は驚くべきもので、1919年の製造量は1909年の38.27倍であり、1929年の生産量は1919年の2.36倍、1909年の90倍ほどである。1939年にはさらに68万公石のアルコール

第 1 章　日本統治期における台湾輸出産業の発展と変遷

表 1-8　アルコール製造量・輸出量（1909-1944）

(単位：100ℓ)

年	製造量（A）	総輸出量（B）	対日輸出量（C）	B/A（%）	C/B（%）
1909	3,957.60	1,362.115	1,362.036	34.42%	99.99%
1910	5,452.18	2,236.760	2,236.255	41.03%	99.98%
1911	13,109.38	5,844.519	5,705.738	44.58%	97.63%
1912	27,411.24	27,377.903	26,099.822	99.88%	95.33%
1913	18,957.63	21,664.181	21,497.148	114.28%	99.23%
1914	32,679.72	24,706.569	24,706.569	75.60%	100.00%
1915	94,090.83	75,328.021	72,106.116	80.06%	95.72%
1916	146,145.45	128,557.044	100,495.980	87.97%	78.17%
1917	168,892.47	167,159.162	111,940.913	98.97%	66.97%
1918	148,295.21	160,310.403	121,139.469	108.10%	75.57%
1919	151,451.33	139,159.944	130,790.761	91.88%	93.99%
1920	97,816.64	82,634.816	81,973.852	84.48%	99.20%
1921	130,723.13	132,341.429	100,195.634	101.24%	75.71%
1922	194,560.46	158,637.656	116,029.656	81.54%	73.14%
1923	231,543.29	183,461.220	123,780.060	79.23%	67.47%
1924	268,707.18	236,536.920	135,710.820	88.03%	57.37%
1925	291,738.17	244,414.260	129,692.880	83.78%	53.06%
1926	283,385.20	244,796.580	136,551.460	86.38%	55.78%
1927	260,447.57	230,953.878	124,658.820	88.68%	53.98%
1928	335,065.24	276,226.218	140,061.780	82.44%	50.71%
1929	356,168.65	333,624.060	154,039.680	93.67%	46.17%
1930	261,902.13	249,755.796	140,844.240	95.36%	56.39%
1931	251,327.31	205,259.706	180,214.506	81.67%	87.80%
1932	283,362.45	242,072.136	204,293.916	85.43%	84.39%
1933	274,425.12	255,912.768	233,250.948	93.25%	91.14%
1934	293,224.05	236,509.596	235,282.536	80.66%	99.48%
1935	366,489.67	327,200.418	301,996.980	89.28%	92.30%
1936	350,287.20	314,838.378	302,468.598	89.88%	96.07%
1937	403,660.89	352,117.314	340,865.514	87.23%	96.80%
1938	537,619.81	388,739.376	387,317.448	72.31%	99.63%
1939	682,444.80	608,203.512	607,496.346	89.12%	99.88%
1940	634,727.65	530,752.620	503,309.070	83.62%	94.83%
1941	621,659.25	443,868.970	443,722.940	71.40%	99.97%
1942	675,563.85	441,521.840	440,954.840	65.36%	99.87%
1943	758,207.97	468,244.980	467,508.550	61.76%	99.84%
1944	577,786.36	22,561.000	22,561.000	3.90%	100.00%

出典：魏喦壽・茅秀生『台湾之発酵工業』台湾研究叢刊第15種（台北：台湾銀行経済研究室、1952年）、264-266頁。輸出量は台湾省行政長官公署農林處農務科が編纂した『台湾糖業統計』第一号（台北：同編者、1947年）、222頁および台湾省政府主計處が編纂した『台湾貿易五十三年表』（台北：同編者、1954年）、220-221頁より作成。

67

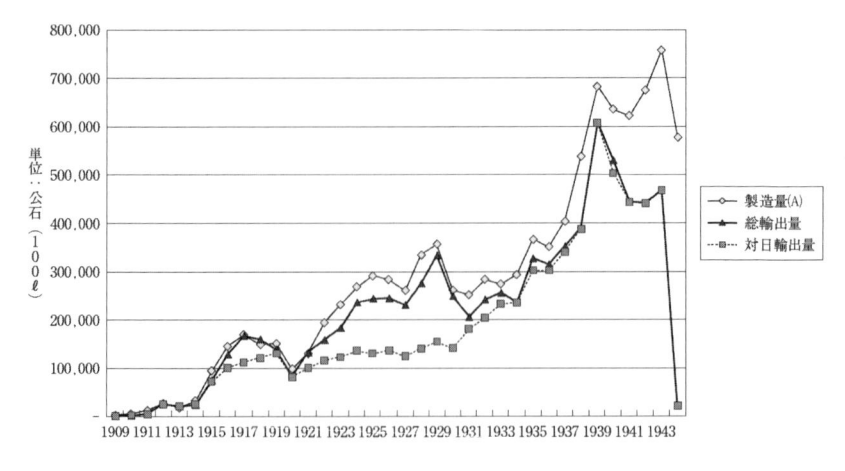

図 1-5 アルコール製造量・輸出量 (1909-1944)

出典：魏喦壽・茅秀生『台湾之発酵工業』台湾研究叢刊第 15 種（台北：台湾銀行経済研究室、1952年）、264-266 頁。輸出量は台湾省行政長官公署農林處農務科が編纂した『台湾糖業統計』第一号（台北：同編者、1947 年）、222 頁および台湾省政府主計處が編纂した『台湾貿易五十三年表』（台北：同編者、1954 年）、220-221 頁より作成。

が製造されており、10 年前の 1.9 倍、1909 年の 172.44 倍である。
(2) 輸出量については、はじめの年以降、輸出量は迅速に成長しており、1919 年は 1909 年の 102 倍であり、1929 年は 1919 年の 2.4 倍ほど、1909 年の 245 倍である。1939 年の数量は 1909 年の 446.5 倍強となっている。
(3) 日本が最重要の市場であり、対日輸出量の成長は総輸出量の成長の働きとよく似ている。1919 年は 1909 年の 96 倍であるが、1920 年代はやや遜色があり、1929 年の対日販売量は 1919 年の 1.18 倍しかなく、1909 年の 113 倍である。1930 年代以降は日本がほとんど唯一の輸出市場であり、1939 年の数量は 1929 年の 3.94 倍、1909 年の 446 倍強であり、総輸出量の成長率に相当する。

実際には、第一次世界大戦期に欧米各国は早くも液体燃料の欠乏を体験していたため、アルコールをガソリンに代替させる可能性を検討し始めていて、

第 1 章　日本統治期における台湾輸出産業の発展と変遷

ガソリンにその 20％前後のアルコールを混ぜると、ガソリンだけよりも燃費がよいことを発見していた。ガソリンとアルコールを完全に溶解させるためには、含水量が少なく高濃度のアルコールが必要であり、燃料としての無水アルコールの重要性が高まった[95]。

日本帝国のガソリンに対する需要量は、1929 年の約 505 万公石から 1939 年には 1,263 万公石以上へと増えている。そのうちの 95％は自動車の燃料として使われ、その他は航空機や化学工業に供給された。生産面ではわずかに 1 年の需要量の 10％を生産するのみであり、輸入石油への依存度は非常に高く、国防と国際収支の均衡のために、第 70 回帝国議会で、1938 年に揮発油およびアルコール混用法案とアルコール専売法案が可決された[96]。

前述の 1939 年 1 月の閣議で決定された「生産力拡充計画要綱」は、1941 年までに無水アルコールを 13 倍強増産することを目指し[97]、そのうち台湾での生産分の割合は 32.9％を占めていた。原料の糖蜜の増産には限界があり、台湾総督府中央研究所の牟田邦基は数度の実験の後に、台湾で多く生産されるサツマイモを発酵させて無水アルコールを抽出する方法を発見した[98]。このため、彼らは台湾のアルコール生産について、表 1-9 のように計画し直した。

実際には、表 1-9 の示す通り、1945 年までの無水アルコールの最も主要な原料は糖蜜とサトウキビ汁であった。糖蜜 60kg から無水アルコール 15.5ℓ が製造できるが、サツマイモ 60kg から製造できる無水アルコールは、7.2ℓ 程度であったからである。南清酒精工廠の記録によれば、1,000 ガロン（37.85 公石）の無水アルコールを作るための原料は、脱水剤 0.6 ガロン、糖蜜 14.6 トン、石炭 4.1 トン、水 80,000 ガロン、苛性ソーダ 0.12kg である[99]。つまり、無水アルコール工業の振興は、石炭と工業塩に対する需要を増加させるものであった。

当時の無水アルコールの実際の生産量は、表 1-10 の通りである。

表 1-10 から以下のことがわかるだろう。

(1) 1942 年の無水アルコールの生産量は一つのピークとなっており、同年の算出は前年の 1.74 倍であるが、表 1-9 と比べてみると、計画生

表 1-9 台湾無水アルコール増産計画（1938-1947）

(単位：公石〈100ℓ〉)

年	糖蜜原料分	サトウキビ原料分	サツマイモ原料分	計
1938	86,644	—	—	86,644
1939	91,990	37,729	—	129,719
1940	111,260	168,904	—	280,163
1941	129,411	388,957	—	518,368
1942	151,005	569,815	—	720,821
1943	173,630	749,140	—	922,770
1944	197,297	925,983	—	1,123,282
1945	222,072	948,169	287,182	1,457,424
1946	247,964	970,354	287,182	1,505,500
1947	275,071	992,538	287,182	1,554,792
合計	1,686,344	5,751,590	861,547	8,299,481

出典：魏喦壽・茅秀生『台湾之発酵工業』（台北：台湾銀行、1952年）、19頁。
註：1. サツマイモの1年の使用量は24万tとした。
　　2. もとの資料の単位は日石である。1日石＝1.8039公石、1公石＝100ℓ。

産量の47.85％にしか達していない。

(2) 無水アルコールの生産量は1943年に減少していて、含水アルコールの生産量が逆に大幅に増加しているため、アルコールの総生産量は増加している。1944年の含水アルコールの生産量はやや増えているが、無水アルコールの生産量が大幅に減少しているために総生産量は前年の82.27％でしかない。

(3) 表1-9の生産計画における無水アルコールは継続的な増加と比較すると、実際の成果は計画には遠く及ばなかったことがわかる。

第7節　炭鉱業——金鉱業と石炭業を例として——

1　金鉱業

石炭以外の台湾の地下資源のうち、金は埋蔵量が比較的豊富であり、19世紀には早くも採掘が始まっていた。表1-11の示す通り、金の年産量は

表 1-10　台湾含水アルコール・無水アルコール生産量（1941-1950）

(単位：公石〈100ℓ〉)

年	含水アルコール	無水アルコール
1941	336,766	198,195
1942	340,564	344,934
1943	470,218	244,549
1944	489,331	98,710
1945	360,164	16,802
1946	9,845,320	—
1947	4,106,816	—
1948	19,033,748	518,209
1949	19,824,795	2,733,463
1950	26,272,981	1,805,636

出典：魏喦壽・茅秀生『台湾之発酵工業』（台北：台湾銀行、1952年）、47頁。

1904～1917年の間には1.5トンで、その後にしだいに減少したが、1907～24年には税関を経て正式に日本に輸出された記録がある（表1-2（B）参照）。1930年代に入ってから、生産量が激増し、4トン前後という記録が作られた。当時の最も主要な経営者は台湾北部の九份地区の台陽鉱業株式会社と金瓜石武丹坑地区の金瓜石鉱山株式会社であった。前者は台湾本土の資本家である顔雲年と三井財閥の投資によるものであり、後者は純日本資本であった（1933年に台湾鉱業株式会社と改称）[100]。

　1932年の顔雲年の逝去後は、弟の国年が兄の遺志を継ぎ、鉱区開発に全力を尽くした。さらに先進技術を導入し、新型の浮選場と機械選鉱場を建設して、鋼鉄を支柱として開鑿し、電動の鉄のレールで鉱石を運ぶ近代的な坑道を敷設し（1933年と1936年）、生産した粗金を日本の造幣局で精錬して品質を統一した。1937年の顔国年の逝去後は、雲年の長男である欽賢が後を継いだ。日中戦争の勃発に乗じて、日本鉱業株式会社は台湾鉱業株式会社を合併した。日本政府は9月に金の生産を奨励する基本法令である産金法を公布して激増する金の需要に応じようとした。また、11月に台湾では金生産奨励制度が実施された[101]。

表 1-11　九份・金瓜石の金生産量（1898-1960）

(単位：g)

年	九　份	金瓜石・武丹坑	合　計
1898	9,184	41,329	50,513
1899	38,777	122,288	161,065
1900	40,500	346,579	387,079
1901	42,236	582,836	625,072
1902	85,762	861,293	947,055
1903	150,693	809,756	960,449
1904	539,126	1,209,771	1,748,897
1905	506,208	974,651	1,480,859
1906	363,053	997,180	1,360,233
1907	330,813	866,370	1,197,183
1908	280,061	1,329,592	1,609,653
1909	250,447	1,329,138	1,579,585
1910	347,846	1,242,134	1,589,980
1911	337,064	1,298,535	1,635,599
1912	355,419	1,209,576	1,564,995
1913	230,550	865,213	1,095,763
1914	352,446	1,574,828	1,927,274
1915	650,637	994,428	1,645,065
1916	693,773	745,023	1,438,796
1917	789,135	754,042	1,543,177
1918	273,493	514,481	787,974
1919	237,493	332,112	569,605
1920	199,295	354,871	554,166
1921	381,547	494,715	876,262
1922	252,437	423,116	675,553
1923	91,817	378,210	470,027
1924	59,429	206,396	265,825
1925	40,021	199,057	239,078
1926	68,620	228,060	296,680
1927	248,959	200,290	449,249
1928	129,912	143,132	273,044
1929	248,075	209,400	457,475
1930	248,361	233,681	482,042
1931	315,517	226,533	542,050
1932	578,660	208,845	787,505

第 1 章　日本統治期における台湾輸出産業の発展と変遷

1933	580,720	1,564,000	2,144,720
1934	1,012,197	1,757,000	2,769,197
1935	1,131,902	2,030,000	3,161,902
1936	1,240,937	2,485,000	3,725,937
1937	1,359,302	2,561,000	3,920,302
1938	1,700,313	2,604,000	4,304,313
1939	1,294,862	2,479,000	3,773,862
1940	872,383	2,262,000	3,134,383
1941	991,048	2,506,000	3,497,048
1942	795,018	1,905,000	2,700,018
1943	609,957	855,000	1,464,957
1944	181,330	547,000	728,330
1945	7,269	7,000	14,269
1946	13,187	—	13,187
1947	153,057	309,700	462,757
1948	350,653	285,200	635,853
1949	417,210	392,900	810,110
1950	268,577	550,100	818,677
1951	229,413	463,200	692,613
1952	282,164	474,100	756,264
1953	280,507	313,000	593,507
1954	259,775	294,700	554,475
1955	354,483	347,500	701,983
1956	567,465	355,000	922,465
1957	319,142	323,100	642,242
1958	236,331	278,300	514,631
1959	76,819	290,700	367,519
1960	56,247	406,800	463,047

出典：1. 吉永勘一郎編『瑞芳鑛山概況』（台北縣瑞芳：台陽鑛業株式会社瑞芳坑場、1933 年）、7-9 頁。
2. 台湾銀行金融研究室編『台湾之金』（台北：台湾銀行、1950 年）、49-51 頁、53-54 頁。
3. 台湾鑛業史編纂委員会編『台湾鑛業史』（台北：台湾省鑛業研究会、台湾區煤礦業同業公会、1969 年）下冊、1091-1092 頁、「台陽鑛業瑞芳金鑛歷年金產量統計表」、1100 頁、「台湾金屬公司金瓜石「日礦」經營時期生產礦砂暨產品統計表」、1101-1102 頁、「台湾金屬公司光復以來歷年產品統計表」。
4. 台湾鑛業史編纂委員会編『台湾鑛業史（續一）』（台北：台湾省鑛業研究会、台湾區煤礦業同業公会、1983 年）、432 頁、「台金公司瑞芳鑛業所歷年金銀產量及員工人數統計表」、446 頁、「台金公司歷年金銀銅生產量統計表」。
5. 黄清連『黒金與黄金：基隆河上中游地區礦業的發展與具落的變遷』（台北縣板橋：台北縣立文化中心、1995 年）、139-140 頁、147-148 頁。

金生産奨励政策の下で、金鉱の調査測量・採掘・粉砕・精錬等の新工程設備にはすべて巨額の補助金が受け取れた。さらに当局は金の自由売買を禁止し、台湾銀行が全権請負により金を買い上げ、100gにつき52円（公定価格は142.31円なので、補助は公定価格の36.5％）を補助し、瑞芳の近代化機械選鉱場の第1・2・3期工程もそれぞれ1937〜1940年の間に完成した。こうして台湾の金生産量はピークに達し、日本政府が次々に台湾で金を買い付け、その量は70トンにまで達し、台湾総督はそれにより天皇の褒賞を得ることになった。

　また、増産のために、1939年に日本産金振興株式会社（1938年創立）と台湾拓殖株式会社（1936年創立）がそれぞれ半分ずつ出資して台湾産金株式会社を設立し、基隆河流域と双渓流域の鉱床を調査し、七堵付近を試掘して擢基黎渓で金を採掘し、台東海岸と台東縦谷の奇莱河や卑南河で砂金を探査したが、成果は上がらず、1943年に中止された。

　当時、九份鉱区の主鉱脈はほとんど採掘し尽くされて、金の生産量が減り始めていた。労働者もしだいに散り散りになり、壮健な従業員たちも植民地当局の労役に徴用されて、労働者不足は深刻であった。1941年末の太平洋戦争勃発以降、国際貿易が中断されて金は交易手段ではなくなった。植民地政府は1943年に台湾電力公司に指示して台陽鉱業の青化法工場・空中ケーブルを買い取り、海軍の使用に供したために金鉱は全面的に生産停止となり、また金瓜石鉱山も生産中止を余儀なくされた。1944年に「台湾決戦非常措置要綱」に基づき、近代的な選鉱設備は強制徴用され[102]、50年前の一大金山は戦争の暗雲立ちこめる中で廃墟と化したのであった。

2　石炭業

　日本統治期の初期、台湾総督府は1896年9月に「台湾鉱業規則」を公布・実施し、一般人による開発採掘の申請を許可したが、許可を得たのは4つの鉱区52万坪（1坪＝3.3058m^2）だけであった。翌年から北部の炭田の特別調査を開始し、1899年にその結果を発表して炭田開発の参考とした。1897年から1905年まで生産量はしだいに増加したが、年産10万トンを超

えることはなかった[103]。

　1906年から、状況は好転し始めた。まず、日露戦争の勝利が日本に空前の好景気をもたらし、有力者たちはすぐさま当局に海軍の管轄している炭田を開放するよう要求し[104]、その結果、1907年に荒井泰治が四脚亭一帯の87万坪の鉱業権を得て、翌年には採掘を始めた。しかし、当時の年産量は5万トン以下に制限されていたので、採掘能力を十分には発揮できなかった。この制限は1915年4月になってようやく廃止された[105]。

　台湾石炭業の成長の刺激となった外在的な環境要因は、第一次世界大戦であった。大戦期に主要石炭産出国（米・英・独）は労働力不足と運輸手段の欠乏、機械減産のために生産力が低下し、総生産量は1913年の13億7千万トン余から1916年の11億トン前後へと低下した[106]。

　さらに船舶不足と海難事故のため、海上輸送力が急速に低下し、資本財を世界に供給していたヨーロッパが戦場となったため、軍需物資とその他の工業製品の需要は急激に増加した。こうした需要の急増とヨーロッパの海運業の退潮は海上輸送費の上昇を招いた。それにより日本の海運企業は巨額の利益を得て事業を拡大することができ、鋼材と燃料の石炭の需要も急増した。また一方で、海運業に始まる産業の連鎖的な効果は日本国内の機械製造業と電気機械工業にも波及し、染料業と工業用薬品業の分野は輸入代替の成功と繊維工業の発展により需要を増加させ、化学工業関連の企業が勃興することとなった[107]。

　こうして当局と日本の財閥は日本本国の石炭生産への投資拡大のほかに、植民地からも急ピッチで輸入して戦時に急増した工業の需要に応え、台湾炭の日本への輸出が開始された。この現象は大戦後も継続した。

　さらに注目すべきなのは、香港・華南・東南アジアを含む、海外の日本以外の地域の市場である。その割合は日本より遙かに大きく、1916年以前については、台湾炭の海外販売の主要目的地と言えるほどであった。第一次世界大戦以前には中継港の色彩が強かった香港は、東アジアの一大石炭市場であった。戦争が始まってからは汽船運輸の減少と日本炭の輸出制限のために[108]、香港炭の輸入量は大幅に減少し、1918年の輸入量は1914年の47％

にまで落ち込んだ。その中で日本炭と撫順炭の減少が最も顕著であったが、台湾炭は増加した。つまり、植民地の産物として台湾炭は大日本帝国の輸出不足を相当量補填し、台湾炭を含む「日本炭」が香港市場の75％以上を占める優勢となったが、中国炭（開平・青島・本渓湖・撫順等）の割合は最高でも22％にしかならなかった。

さらに福建と広東も台湾炭の主要市場であり、福州で輸入される石炭は日本の九州と台湾からきたもので[109]、大戦期には台湾からの供給に依存しており、また戦争終了後も同様であった。アモイ市場では中国炭と外国炭（日本とその植民地台湾の生産品を含む）が戦前には拮抗していたが、戦後は台湾炭が総輸入量の約62％を占めていた[110]。同時に台湾炭も日本炭の広東での地位に取って代わり、小型汽船や製糸工場の燃料として供給された[111]。

新たに開拓した市場としては東南アジアがあり、もともとこの地域には日本炭と開平炭が入っていたが、日本国内の需要の増加や中国国内の戦乱、また汽船の輸送力の落ち込みにより継続が難しくなっていたため、この隙間を台湾炭が埋めることとなった[112]。台湾炭の輸出量は1917年から飛躍的な成長が始まったため、輸送任務を担う汽船も自然と増加し、台湾で燃料を購入したり、香港で補給したりしたため、台湾炭の需要量も増加した。

1920年代はじめの調査によれば、華南（香港・広東・福建を含む）と東南アジアの石炭の生産量は約200万トンであったが、需要量は450万トンにまで達した[113]ため、台湾炭は広大なインド洋の領域で伸展のための新天地を求めた。また、日本の炭鉱は数多くあり、国内需要の余剰分を海外に輸出することができるとはいっても、現状よりさらに輸出量を増やすことは困難であった。こうして地の利を有する台湾炭が「当局」と日本の商社の協力のもとで植民地の商品としての使命を果たした。

海外市場の開拓に対応し、台湾の石炭業界は活気に満ちた状況を呈した。以前からある企業は設備を拡充し、大規模な採掘計画を実行したばかりでなく、多くの新規参入者が現れた。採掘地も台北・基隆・桃園から新竹や澎湖島まで拡大した。この時に日本の財閥が重要な役割を演じた。日本人は従来、台湾炭は日本炭に比べて品質が粗悪で、自然発火の恐れがあると誤解してい

第1章　日本統治期における台湾輸出産業の発展と変遷

た。このため、長距離輸送の汽船の燃料にはできないとして、投資リスクが大きすぎると見なされていた。1917年以降は、日本炭の増産に限りがあったために、台湾への投資や台湾人との事業協力、また日本資本のみの企業を設立する方向へと転じた。注意を引くのは、以前のように独立資本の形式ではなく、ほとんどの企業が株式会社の組織となっていることである[114]。

　第一次世界大戦が終わってから、前述の日本経済成長に影響を及ぼした「国際的」要素が消滅し、日本の国内工業は一時期落ち込んだため、台湾炭の供給過剰による石炭価格の暴落を招き、多くの炭鉱がこのために業務を停止した。幸いにも、当時の炭坑は深く掘削しておらず、機械設備を有する炭鉱も生産コストは比較的安かったので、ほとんどは経営を維持することができた。この不景気も業者の考え方に改革をもたらす契機となった。鉱夫を人員整理したり給料を引き下げてコストダウンし、さらに品質を改善して設備を強化したりしたため、台湾石炭業の品質向上に資するところがあった[115]。生産量は毎年少しずつ増加したが、自由競争のために生産・販売の調節ができず、生産過剰現象が出現し、ストックも多かった。1921年下半期以降、景気はしだいに回復し、石炭の需要も増えてきたため、石炭業も安定的に成長し、1927年に第一次のピークに達した。消費量は早くも前年に188万トンほどに増加しているが、これは華南で抗英運動が発生してイギリス資本の開平炭がボイコットされたので、台湾炭が広東・香港市場で拡大したためである[116]。つまり、台湾の国内市場では生産した石炭を大量に消費することができないために、経済と国際情勢の変化という影響の下での海外販売と船舶燃料への供給の問題が、終始台湾石炭業の変動の一大要素となったのだ。

　1931年の満州事変の後、日本は中国東北部の政治経済を操り、品質の優れた撫順炭を大量に日本に輸送し、台湾にダンピングしさえした（日本帝国からすれば撫順炭も台湾炭もともに植民地の産物であるため）。このために台湾炭の輸出は大きく減少し、国内販売にも問題が生じ、石炭の生産量は低下し、炭鉱の業務停止や廃業が頻々と発生し、台湾の石炭業は空前の危機に見舞われた。

　この時業界の中枢を占める台陽公司の責任者である顔国年は、業者の代表

を率いて日本に請願に赴き、熱弁を振るって利害について話し合い、政財界の人脈を駆使して、中国で反日の風潮が日増しに大きくなる状況の下での撫順炭の長期的な日本輸送が可能かどうかは不確定なため、撫順炭の日本輸送を制限し台湾炭を優先的に受け入れることを[117]、最終的に日本政府に認めさせた。日本への台湾炭の輸送は、このために1933年から増加し始めた。

こうした状況の下、国内の消費量が影響を受けなかった主な原因は以下の通りである[118]。

(1) サトウキビの増産により製糖工場の燃料の石炭の需要が増加した。
(2) 火力発電用の石炭が増加した。
(3) 一般の産業は継続的に発展していたため、石炭に対する需要は減らなかった。
(4) 市民の生活水準の向上と薪材の減少により、家庭で使う石炭が増えた。

さらに、大資本企業による作業の集約化・坑内作業の機械化・採掘の近代化・輸送作業の改良等は、コスト削減・生産量の増加・品質向上をもたらし[119]、後の大増産の基礎を打ち立てた。以上により、総生産量は1933〜35年には依然150〜160万トンを維持していた。

一方、1936年以降、日本の重工業・海上輸送の発展と台湾内部での工業化に従って、燃料の石炭に対する需要が大幅に増加し、生産を刺激した。1937年の生産量は195万トンにも達し、販売量は200万トンのラインを超えている。盧溝橋事件以降、日本政府は「重要鉱産増産令」を公布し、台湾もこれに応じて石炭の増産計画を定めた。1939年になると、前述の軍需工業の発展と侵略戦争の進行とにより、台湾炭の生産量は大幅に増加し、日本・東南アジア等の国々や、汽船や軍艦への供給量も著しく増加した。さらに1941年には「台湾石炭株式会社」(44年に「台湾石炭統制株式会社」に改組)が設立され、継続的な増産と適正な石炭価格や「合理的」な配給の維持について大きな役割を果たし[120]、1938〜1943年の生産量と販売量はともに200万トン以上となり、1944年にも190万トン前後であった。しかし、同年以降は資材や労働力の不足から生産が減少し、また海外販売は輸送船舶の不足により停頓した。さらにアメリカ軍の爆撃が加わって鉱山と工場が破

壊されて、石炭の生産と消費は急激に減少し[121]、台湾石炭業の発展は一段落を告げ、戦後の再建を待つこととなった[122]。

第8節　結論

　戦後台湾の経済成長は注目を浴びたが、歴史の連続性という面から見ると、その発展の軌跡は19世紀かあるいはそれ以前にさかのぼることができる。台湾の伝統経済が変化し始めたのは、世界化のプロセスで、西洋の力が東洋にも及んできたためであった。開港後の台湾は、欧米先進諸国を中心とする世界経済システムの中に組み入れられ、輸出指向の産業はこのためにかなり発展した。日本統治期にはインフラ建設以外にも農業・漁業技術の改良も著しく、既存の輸出産業以外にも多くの新興産業がうまれた。特に日中戦争期に、台湾は日本の南進のジャンピングボードおよび戦略物資の補給站となり、軍需工業が出現した。

　近代台湾の産業発展の過程において、政府の政策は相当に重要な役割を演じたが、外資（統治期の日本資本と戦後初期の米援を含む）は不可欠のものであり、技術革新と産業構造改革もかなり高い相関性を有していた。

　日本政府は1895～1945年に台湾で強力かつ科学的な植民地政策を施行したため、台湾の政治・社会・経済・文化の各方面において従来には見られなかった明確な変化が現れ、第二次大戦以降の台湾の社会経済の発展にまで影響を及ぼした。歴史的な角度から見ると、第二次大戦後の台湾の「経済奇蹟〈奇跡的な経済成長〉」の基礎は、清末と日本統治期に打ち立てられた。各時期の政府の採用した関連政策は一致しておらず、主導部門の産業も異なっているが、総じて国際情勢の影響を受けたという点は否定できない。「世界化」の潮流の中で、関連産業の振興と衰退も、市場メカニズムという見えざる手によりコントロールされた。換言すれば、20世紀の台湾産業の盛衰は、世界市場との関連性がきわめて大きかったと言える。

　日本統治期において、広く知られた米・糖業の他にも多くの産業の新興や成長があったが、それは宗主国・日本とその勢力範囲へ輸出するためのもの

であった。1930年代の経済統制期の軍需工業の生産品は日本の需要を補充するものであったが、それより前の他の産業の状況も同様であり、当時の台湾は日本を経由して世界市場とつながっていたと言えるかもしれない。本稿で検討してきた農業・農産品加工業・軽工業・化学工業・鉱業等の発展の傾向にも、こうした特徴が明らかである。

　20世紀前半の台湾が、日本の植民地であったことは紛れもない史実である。しかし、日本の統治期の台湾人の努力は戦後のそれと遜色なく、また今日の「奇跡的な経済成長」の背後には、統治期に建設された基礎構造が存在するのだと言っても過言ではない。この基礎構造は、植民地政府の政策の下での産物である。特に1930年代から1940年代前半の「日本帝国」（日本本土および植民地を含む）総動員期には、「生産力」を強化するために台湾の軍需物資は増産を求められ、日本は台湾の資源を活用して、国内の軍需物資不足の解決を期待した。この制約の下で、工業塩・無水アルコール・アルミニウム・パルプ・金の生産企業は輝かしい一時代を築いた。これらの物資の生産量は日本の企画院の要求には達しなかったが、台湾には工業用半製品を日本および世界に提供する力があるという事実は十分に証明できたのであった。

●註
1）游棋竹「台湾対外貿易与産業之研究（1897-1942）」（嘉義：国立中正大学歴史研究所碩士論文、2003年）、32-33、36頁。
2）たとえば、林満紅「経貿与政治文化認同──日本領台為両岸長程関係投下的変数」『「中国歴史上的分与合」学術研討会論文集』（台北：聯経出版、1995年）、「台湾与東北間的貿易（1932-1941）」『中央研究院近代史研究所集刊』24（台北：中央研究院近代史研究所、1995年）、「中日関係之一糾結：1932至1941年間台湾与東北貿易加強的社会意涵」『第三届「近百年中日関係」学術研討会会議論文集』（台北：中央研究院近代史研究所、1996年）、「日本植民時期台湾与香港経済関係的変化──亜州与世界関係連動中之一発展」『中央研究院近代史研究所集刊』36（2001年12月）、45-115頁。許賢瑤「台湾茶在中国東北的発展」『台湾商業伝統論文集』（台北：中央研究院台湾史研究所籌備処、1999年）、269-296頁。徐榕鴻「両岸貿易一百五十年：1860〜2002」（台北：私立輔仁大学経済学研究所碩士論文、2002年）。許世融「関税与両岸貿易1895-1945」（台北：国立台湾師範大学歴史学研究所博士論文、2004年）。

第1章　日本統治期における台湾輸出産業の発展と変遷

　　陳炳嘉「四百年台湾貿易：以金銀価格為基準」（南投：国立曁南国際大学経済学研究所碩士論文、2008年）等。
3）たとえば、載宝村「近代台湾港口市鎮之発展——清末至日治時期」（台北：国立台湾師範大学歴史研究所博士論文、1987年）。呉雅芳「打狗港与旗後的発展（1624-1920）」（台南：台南師範学院郷土文化研究所碩士論文、2000年）。邱志仁「従『海賊窟』到『小上海』：布袋沿海地区経済活動之変遷（約1560-1950）」（南投：国立曁南国際大学歴史学研究所碩士論文、2004年）。王信智「日治時代安平港口機能的変遷」（台東：国立台東大学教育研究所碩士論文、2005年）。蔡昇璋「日治時期台湾『特別輸出入港』之研究」（桃園：国立中央大学歴史研究所碩士論文、2007年）等。
4）例えば、林満紅「『大中華経済圏』概念之一省思——日治時期台商之島外経貿経験」『中央研究院近代史研究所集刊』29（台北：中央研究院近代史研究所、1998年6月）、47-101頁。「印尼華商・台商与日本政府之間：日治初期台茶東南亜経貿網路的拓展（1895-1919）」『第7届中国海洋発展史会議論文集』（台北：中央研究院中山人文社会科学研究所、1999年）、585-636頁等。
5）例えば、劉素芬「日治初期台湾的海運政策与対外貿易」『第7届中国海洋発展史会議論文集』（台北：中央研究院中山人文社会科学研究所、1999年）、637-694頁。蔡采秀「日本的海上経略与台湾的対外貿易（1874-1945）」『台湾商業伝統論文集』（台北：中央研究院台湾史研究所籌備処、1999年）、187-232頁。陳玫瑾「日治初期台湾糖業与交通運輸関係探究（1896-1918年）」（台南：国立成功大学歴史学研究所碩士論文、1999年）等。
6）例えば、劉瑞華・葉明憲「全球化与本土化的交織——台湾茶産業的長期変遷」『思与言』41：1（2003年3月）、19-38頁。陳慈玉・李秉璋「日治時期台塩的流通結構」『東呉歴史学報』10（台北：東呉大学歴史系、2003年12月）、213-266頁。曽立維「日治時期台湾的蓆草産業——以新竹地区為探討中心」『政大史粹』7（台北：国立政治大学歴史系、2004年12月）、91-157頁。曽立維「日治時期台湾柑橘産業的開啓与発展」（台北：国立政治大学歴史学研究所碩士論文、2005年）。洪麗雯「植民主義与産業形塑：日治時期台湾蓆草産業的発展」（台南：国立台南大学台湾文化研究所碩士論文、2006年）。李宛凌「台湾咖啡産業的歴史考察」（台北：国立台北教育大学社会科教育学研究所碩士論文、2007年）。呉子政「日治時期台湾倉儲与米出口運輸体系之探討」（台北：国立政治大学台湾史研究所碩士論文、2007年）等。
7）高国平「1622-1945年台湾対外貿易地理変遷之研究」（台北：私立中国文化大学地学研究所博士論文、1999年）等。
8）葉淑貞・兪可倩「日治時代台湾対日進出口物価指数之估計与分析」『経済論文叢刊』35：3（台北：国立台湾大学経済系、2007年9月）、337-377頁。兪可倩「日治時代台湾移出入物価指数的估計与分析」（台北：国立台湾大学経済学研究所碩士論文、1996年）等。
9）黄登興・徐茂炫「植民関係与貿易形態在台湾日治時期的驗証」『経済論文叢刊』25：3（台北：国立台湾大学経済系、1997年9月）、369-399頁。
10）周憲文、「日拠時代台湾之対外貿易」『台湾銀行季刊』9：1（台北：台湾銀行経済研究室、1957年6月）、42-47頁。

81

11）日本茶の成長と中国茶との競争については、陳慈玉『近代中国茶業的発展与世界市場』（台北：中央研究院経済研究所、1982年）、221-229、234-240頁。
12）黄松源・黄朝陽編『台湾省青果運銷合作社十週年誌』（台北：台湾省青果運銷合作社、1985年）、1頁。台湾バナナは200年前に華南から伝わったと思われる。日本統治期の品種には、北蕉・仙人蕉・粉蕉・木瓜芎蕉・紅黄種・香港種・小笠原実芭蕉・大島芭蕉等の在来種とインド・シンガポール・フィリピン・ジャワなどから伝わった外国種の約50種余りがあった。北蕉（高脚種〈Giant Cavendish〉、果実が大きい）と粉蕉（低脚種〈Dwarf Cavendish〉、果実が小さく味がよい）が最もよく見られた。福田要『台湾の資源と其の経済的価値』（台北：新高堂書店、1921年）、218-220頁。
13）陳慈玉「台湾バナナ産業と対日貿易：1912-1972年」『立命館経済学』59：2（京都：立命館大学、2010年7月）、28-48頁。
14）劉天賜『台湾最近の経済界』（台北：台湾経済界社、1933年）、102-103頁。高木一也『バナナ輸入沿革史』（東京：日本バナナ輸入組合、1967年）、17頁。前掲『台湾省青果運銷合作社十週年誌』、1-2頁。
15）前掲『バナナ輸入沿革史』、52頁。前掲『台湾省青果運銷合作社十週年誌』、2頁。
16）陳慈玉『近代中国茶業的発展与世界市場』、188頁。
17）China, Imperial Maritime Custom, Annual Trade Reports and the Trade Returns of the Various Treaty Ports, 1864-1920, 1881年、淡水。
18）台湾総督府殖産局特産課『台湾の茶業』（台北：台湾総督府、1935年）、3-4頁。
19）台湾総督府殖産局特産課『茶業ニ関スル調査書』（台北：台湾総督府、1935年）、2-4頁。
20）台湾総督府殖産局『台湾茶業調査書』（台北：台湾総督府、1930年）、107-113頁。
21）台湾区茶輸出業同業公会『台茶輸出百年簡史』（台北：台湾区茶輸出業同業公会、1965年）、13-14頁。
22）台湾総督府殖産局『台湾茶業調査書』、109頁。
23）台湾総督府専売局編『台湾塩専売志』（台北：台湾省総督府専売局、1925年）、25-26頁。
24）台湾総督府専売局編『台湾塩専売志』、31頁。
25）例えば、1898年の専売局の調査では塩百斤の価格が台北県地域で平均1.3円、台南県打狗と王爺港で0.2～0.3円だが、台中県埔里社では4.5円という高価格であった。台湾総督府専売局編『台湾塩専売志』、28-30頁によると、専売時の公定価格はおよそ1.4～1.6円であった。
26）台湾総督府専売局編『台湾塩専売志』、31-32頁。
27）台湾総督府専売局編『台湾塩専売志』、33-46頁。『台湾総督府府報』（以下、『府報』）561号（1899年7月12日）、明治32年府令72号、「台湾塩田規則施行細則」。
28）『府報』492号（1899年4月1日）、明治32年府令25号、「塩務局名称与位置」。『府報』1722号（1905年4月1日）、明治38年府令23号、「食塩専売局」、同号告示33号、「官塩売捌所名称」。『府報』号外（1926年7月30日）、大正15年律令5号「台湾食塩専売規則」、同号府令63号、「台湾食塩専売規則施行細則」。

29) 台湾総督府専売局編『台湾塩専売志』、193-222 頁。『府報』584 号（1899 年 8 月 17 日）、明治 32 年府令 102 号、「官塩売捌組合」。
30) 台湾総督府専売局編『台湾塩専売志』、222-256 頁。『府報』1750 号（1905 年 5 月 1 日）、明治 38 年告示 70 号、「官塩売捌所業務担当人」。
31) 前掲『府報』号外（1926 年 7 月 30 日）、大正 15 年律令 5 号、府令 63 号。
32) 台湾総督府専売局編『台湾塩専売志』、344-511 頁。対外販売状況の分析については陳慈玉「日治時期台湾の流通結構」『東呉歴史学報』、期 10、（台北：東呉大学歴史学系、2003 年 12 月）、209-262 頁。台湾塩業株式会社は、1917 年 12 月に大日本塩業株式会社と合併した。
33) 台湾総督府専売局編『台湾塩専売志』、79-82 頁。「台湾製塩株式会社沿革概況」、1929 年 8 月 4 日、中央研究院近代史研究所蒐蔵財政部塩務檔、編号 S-03-3（-4）。
34) 張繡文、『台湾塩業史』、12 頁。
35) 張繡文、『台湾塩業史』、12 頁。
36) 「既往五ヶ年内地ニ於ケル工業用塩用途別消費高」『昭和十三年既設塩田合理化ニ関スル件』、専売局檔、編号 017795-0366900。台湾総督府専売局塩脳課、「台湾工業塩田の拡張」『部報』第 18 号、2 頁。
37) 「南日本塩業株式会社事業計画書」、1941 年 11 月 5 日、塩務檔、S-03-11（-1）。「台湾におけるマグネシューム及曹達、生産計画ニ関スル件」、1939 年 3 月 2 日、塩務檔 S-03-13（-1）。
38) 「鐘淵曹達工業株式会社関係書類」、1944 年、塩務檔、S-03-12（-1）。
39) 「鐘淵曹達工業株式会社関係書類」、1944 年、塩務檔、S-03-12（-1）。
40) 小澤利雄『近代日本塩業史──塩専売制度下の日本塩業』（東京：大明堂、2000 年）、198-199 頁。塩業がソーダ業へと転換していく過程については、陳慈玉「近代台湾の塩業とソーダ業：技術革新と産業転換の一例として」『社会システム研究』12 号（京都：立命館大学、2006 年 3 月）、139-172 頁を参照。
41) 桜井芳次郎「台湾のパインアップル缶詰事業の創業」『熱帯園芸』6：3（1936 年 9 月）、213-216 頁。
42) 「鳳梨缶詰の前途」『台湾日日新報』1909 年 8 月 20 日、3 版。
43) 高淑媛『経済政策与産業発展：以日治時期台湾鳳梨缶頭業為例』（台北：稲香出版社、2007 年）、16-22 頁。
44) 「台湾の鳳梨缶詰製造業」『台湾協会会報』95（1906 年 8 月）、12-21 頁。
45) 台湾総督府殖産局『鳳梨産業調査書』（台北：台湾総督府殖産局、1930 年）、13、37 頁。
46) 台湾総督府『台湾総督府事務成績提要』大正 13 年（台北：成文出版社、1985 年、影印本）、445 頁。
47) 桜井芳次郎『パインアップル』（台北：南洋協会台湾支部、1925 年）、369-399、417 頁。
48) 高淑媛『経済政策与産業発展』、63 頁。
49) 「殖産局附属鳳梨種苗養成」『台湾総督府公文類纂』昭和 5 年永久追加第 9 巻。台湾総督府『台湾総督府事務成績提要』大正 14 年、473 頁。

50) 台湾総督府『台湾総督府事務成績提要』昭和5年、455頁。台湾総督府『台湾総督府事務成績提要』昭和6年、432頁。台湾総督府『台湾総督府事務成績提要』昭和7年、487頁。
51) 台湾総督府『台湾総督府事務成績提要』昭和2年、533-534頁。
52) 武石勝「鳳梨缶詰検査方法の概要」『熱帯園芸』6：3（1936年9月）、320-326頁。
53) 台湾総督府『台湾総督府事務成績提要』昭和9年、441頁。
54) 台湾総督府殖産局『工廠名簿（昭和5年）』（台北：台湾総督府、1932年）、122-126頁。
55) 『台湾総督府府報』1121号（1930年12月4日）、10頁、「台湾鳳梨缶詰製造業取締規則」。
56) 台湾経済研究所編『鳳梨合同の真相』（台北：台湾経済研究所、1936年）、14-15頁。
57) 台湾経済研究所編『鳳梨合同の真相』（台北：台湾経済研究所、1936年）、16-19頁。
58) 台湾銀行『資料調査蒐録』（台北：台湾銀行調査課、1936年）、211-212頁。
59) 「台湾鳳梨缶詰業大合併」『台湾時報』昭和9年4月号（1934年9月）、183-184頁。
60) 台湾鳳梨缶詰株式会社「第23回決算報告書」（1933年10月-1934年9月）、1-3頁。
61) 甲本正信「台湾鳳梨缶詰事業の発達」『熱帯園芸』6：3（1936年9月）、229頁。
62) 台湾経済研究所編『鳳梨合同の真相』、45-47頁。
63) 「鳳梨缶詰協会協議対策」『台湾日日新報』夕刊、1934年2月7日、4版。
64) 「株主氏名表（昭和13年3月31日現在）」台湾合同鳳梨株式会社「第6回営業報告書」（1937年10月-1938年3月）、12-17頁。
65) 台湾総督府殖産局『台湾工業統計』昭和16年（台北：台湾総督府殖産局、1943年）、70頁。
66) 徐伯申「台湾鳳梨缶頭外銷之研究」『中国経済』14（台北：中国経済月刊社、1951年11月）、46頁。
67) 台湾総督府殖産局『台湾農業年報』（台北：台湾総督府殖産局、1941年）、185-186頁。
68) 湯徳正夫『台湾鳳梨産業の経済的研究』（台北帝国大学理農学部卒業論文、1940年）、34頁。
69) 台湾合同鳳梨株式会社「第13回営業報告書」（1941年4月-1941年9月）、3-5頁。
70) 台湾合同鳳梨株式会社「第15回営業報告書」（1942年4月-1942年9月）、3-4頁。「第16回営業報告書」（1942年10月-1943年3月）、3頁。「第18回営業報告書」（1943年10月-1944年3月）、5頁。
71) 台湾合同鳳梨株式会社「第14回営業報告書」（1941年10月-1942年3月）、3-5頁。
72) 大石嘉一郎編『日本帝国主義史3　第二次大戦期』（東京：東京大学出版会、1985年）、403頁。
73) 安井常義『生産力拡充と経済統制』、1-6頁。

第 1 章　日本統治期における台湾輸出産業の発展と変遷

74) 台湾経済研究会調査部「本邦パルプ需給策に就て――主として台湾の使命――」『台湾経済叢書』(7)、69-70 頁。
75) 台湾経済研究会調査部「本邦パルプ需給策に就て――主として台湾の使命――」『台湾経済叢書』(7)、70-74 頁。
76) 台湾経済研究会調査部「本邦パルプ需給策に就て――主として台湾の使命――」『台湾経済叢書』(7)、76-78 頁の表 6・表 7・表 8。百分率は筆者が計算した。
77) 台湾経済研究会調査部「本邦パルプ需給策に就て――主として台湾の使命――」『台湾経済叢書』(7)、79-86 頁。
78) 台湾経済研究会調査部「本邦パルプ需給策に就て――主として台湾の使命――」『台湾経済叢書』(7)、88 頁。推計によれば台湾のバガスから 35 万トンのパルプを製造することができる。
79) 高淑媛「植民地期台湾における洋紙工業の成立――バガス製紙を中心として――」『現代台湾研究』第 18 号（大阪：台湾史研究会、1999 年 12 月）、105-114 頁。台湾経済研究会調査部「本邦パルプ需給策に就て――主として台湾の使命――」『台湾経済叢書』(7)、83 頁。
80) 高淑媛「植民地期台湾における洋紙工業の成立――バガス製紙を中心として――」『現代台湾研究』第 18 号（大阪：台湾史研究会、1999 年 12 月）、115 頁表 6。
81) 葉仲伯「台湾之造紙工業」『台湾銀行季刊』16：3（台北：台湾銀行、1965 年 7 月）、163 頁。
82) George W. Stocking & Myron W. Watkins, *Cartels in Action : Case Studies in International Business Diplomacy* (New York：The Twentieth Century Fund, 1946), pp. 216-245.
83) 日本アルミニウム株式会社創立事務所『日本アルミニウム株式会社設立趣意書』（東京：日本アルミニウム株式会社創立事務所、1935 年）、1-17 頁。『定款日本アルミニウム（株）』昭和 17（1942）年 6 月、日本：三菱史料蔵、編号 MA-1170-3、『日本アルミニウム株式会社取締役会議事録』昭和 16（1941）年 5 月、日本三菱資料館蔵、編号 MA-8960-1、"Data Concerning the Aluminum plant inTakao, Taiwan"（April, 1948）。中央研究院近代史研究所蒐蔵資源委員会台湾鋁業股份有限公司（以下、台鋁）档案、編号 24-14-34-4。台湾経済年報刊行会編『台湾経済年報』第 2 輯（東京：国際日本協会、1942 年）、377-378 頁。孫景華「台湾的鋁業」中国新聞出版公司編『台湾経済年報 1953 年』（台北：中国新聞出版公司、1953 年）、91 頁。中国工程師学会編『台湾工業復興史』（台北：中国工程師学会、1960 年）、207 頁。林鐘雄「台湾之鋁工業」台湾銀行経済研究室編『台湾之工業論集　巻四』（台北：台湾銀行、1968 年）、73-74 頁。
84) 金成前「台湾鋁業之発展与世界鋁業之趨勢」『台湾文献』22：4（南投：台湾省文献会、1971 年 12 月）、91 頁。台湾経済年報刊行会編『台湾経済年報』第 2 輯、182 頁。
85) "Data Concerning the Aluminum plant in Takao, Taiwan"（April, 1948）、資源委員会台鋁档案、編号 24-14-34-4。
86) 大石嘉一郎編『日本帝国主義史 3　第二次大戦期』（東京：東京大学出版会、1994

85

87) 台湾経済年報刊行会編『台湾経済年報』第 2 輯、206 頁。
88) "Data Concerning the Aluminum plant in Takao, Taiwan"(April, 1948)、資源委員会台鋁档案、編号 24-14-34-4。葉振輝訳『半世紀前的高雄煉油廠与台鋁公司——史料選訳』(高雄：高雄市文献委員会、1995 年)、1 頁。大石嘉一郎編『日本帝国主義史 3　第二次大戦期』、189 頁表 10。中国工程師協会編『台湾工業復興史』、207 頁。林鐘雄「台湾之鋁工業」台湾銀行経済研究室編『台湾之工業論集　巻四』、74 頁。この他、日本旭電化工業株式会社の高雄工場もアルミニウムを生産していた。
89) 葉振輝訳『半世紀前的高雄煉油廠与台鋁公司——史料選訳』、24 頁。同工場は 1963 年にやっと日本統治期の最高生産量にまで回復した。
90) 伊藤重郎編『台湾製糖株式会社史』(東京：台湾製糖株式会社東京出張所、1939 年)、322-323 頁。同工場は 1938 年から無水アルコール製造を開始した。
91) 楊選堂『台湾之燃料資源』(台北：台湾銀行、1951 年)、50 頁。また 1 公石は 100 リットルである。
92) 楊選堂『台湾之燃料資源』、50-51 頁。
93) 楊選堂『台湾之燃料資源』、50 頁。
94) 牟田邦基「燃料問題と無水酒精並其将来性」(『台湾経済叢書』(7)、台北：台湾経済研究会、1939 年)に所収。30 頁。もとの資料の単位は日石であるが、1 日石＝1.8039 公石 (1 公石＝100 リットル) で換算した。以下、同じ。
95) 牟田邦基「燃料問題と無水酒精並其将来性」『台湾経済叢書』(7)、30-43 頁。
96) 牟田邦基「燃料問題と無水酒精並其将来性」『台湾経済叢書』(7)、31 頁。
97) 安井常義『生産力拡充と経済統制』(台北：台北商工会議所、1943 年)、5 頁。
98) 牟田邦基「燃料問題と無水酒精並其将来性」『台湾経済叢書』(7)、34、59 頁。顔東敏『有機溶剤発酵工業化学』(台北：復文書局、1991 年)、27 頁。
99) 魏嵒壽・茅秀生『台湾之発酵工業』(台北：台湾銀行、1952 年)、19、36 頁。1 ガロン＝3.785 リットル。
100) 陳慈玉『台湾鉱業史上的第一家族——基隆顔家研究』(基隆：基隆市立文化中心、1999 年)、6-12 頁。
101) 楠井隆三『戦時台湾経済論』(台北：南方人文研究所、1944 年)、223 頁。
102) 台陽股份有限公司六十周年慶典籌備委員会編輯組編『台陽公司六十年誌』(台北：台陽公司、1978 年)、38-39 頁。台湾銀行金融研究室編『台湾之金』(台北：台湾銀行、1950 年)、38-40 頁、42-43 頁。
103) 台湾銀行金融研究室編『台湾之煤』(台北：台湾銀行、1950 年)、8 頁。
104) 藤田喜市編『台湾炭鉱誌』(台北：三井物産株式会社台北石炭支部、1925 年)、25 頁。
105) 顔恵霖「基隆炭鉱株式会社創立真相」『台煤』第 563 期 (台北：中華民国鉱業協進会、1989 年 6 月)、29-35 頁。
106) 『台湾炭業論』、17 頁。
107) 中村隆英・尾高煌之助編『二重構造』(東京：岩波書店、1989 年)、83-95 頁。
108) 『台湾炭業論』、71 頁。

第1章　日本統治期における台湾輸出産業の発展と変遷

109)「台湾炭と福州」『台湾日日新報』、2871号（1907年11月27日）、2頁。「煤炭幇之交渉」『台湾日日新報』、6906号（1919年9月6日）、6頁。
110)『台湾炭業論』、67頁。「厦門と台湾石炭」『台湾日日新報』、2903、2904号（1908年1月7日、1月8日）、2頁。
111)『台湾炭業論』、67-70頁。「島炭輸移出激増」『台湾日日新報』8599号（1924年4月25日）、5頁。「貯炭輸出隆盛」『台湾日日新報』9318号（1926年4月14日）、4頁。
112) 台湾総督府殖産局商工課『熱帯産業調査書』第49巻、『台湾礦業』（台北：台湾総督府殖産局商工課、1935年）、169-170頁。
113)「南支南洋之煤炭」『台湾日日新報』7643号（1921年9月12日）、3頁。
114)『台湾炭礦誌』、42-53頁。
115)『台湾炭礦誌』、61-69頁。
116)『熱帯産業調査書』第49巻、171。同年の広東・香港への販売量は75万トンであった。
117)『台陽公司六十年誌』、49頁。
118)『熱帯産業調査書』第49巻、174-175頁。
119) 陳慈玉「日本植民時代的基隆顔家与台湾礦業」『近世家族与政治比較歴史論文集』（台北：中央研究院近代史研究所、1992年）、635-638頁。
120)『台湾之煤』、9頁。
121)『台湾之煤』、9頁。『台陽公司六十年誌』、52頁。
122) 炭鉱業の発展については陳慈玉「戦時統制下の台湾炭鉱業：1937-1945」（金丸裕一編『近代中国と企業・文化・国家』所収）（東京：ゆまに書房、2009年3月）307-342頁を参照。

第2章
台湾バナナ産業と対日貿易
1912～1972年

第1節　はじめに

　バナナの台湾での栽培の歴史は古く、明清時代に福建・広東から移植され、はじめは北部地方に植えられた。その後、しだいに中部の平原地帯へと移り、日本植民地期にはさらに中部の山間地帯と南部の平地および乾燥地へと拡大していった。バナナが海外へと輸出されることになったのは、日本植民地期のはじめであり、第二次世界大戦の前夜に盛んになった。戦時、果樹園の多くは食料となる作物の生産地へと転換した。特に太平洋戦争の勃発後（1940年代のはじめ）の日本の穀米増産計画の実施により、バナナ業はさらなる衰退の途をたどることになった。第二次世界大戦後、政府と青果生産団体は積極的にバナナ農家のバナナ栽培への復帰と増産を指導し、販路を拡大していった。1950年に対日輸出を回復してからは生産量が激増し、1960年代の中頃にはピークに達したが、1972年の日台の国交断絶以降、輸出量は明らかに減少した。

　この60年間という長い間に、バナナの輸出の主導権は輸出商から生産者団体へと移行し、日本植民地期と第二次世界大戦後には生産者団体は政府の監督（台湾総督府および中華民国政府）を受けた。このことは、国家権力が産業販売構造において大きな役割を果たしたことと、関連する民間団体がこのために大きく成長し得たことを意味する。しかし、変化の多い政治環境と世界経済情勢に臨み、民間団体はこのために調整能力を失っていった。さらに当局が考慮するのは政治経済全体の問題であるため、勢力の弱いものを粗略に扱う傾向が往々にして見られた。バナナ産業の盛衰はこの顕著な事例で

あると言えよう。

　本章では、まず日台国交断絶以前の60年間のバナナ産業の変遷を検討し、次いで戦前と戦後の生産販売構造を分析して、バナナ業の発展過程における国家権力と民間団体の相互作用を明らかにし、この生産販売構造が日台貿易の発展と密接に関連しており、歴史的な連続性を表していることを示したい。なお、バナナ農家の台湾の農村経済における役割や、台湾が工業国家へと向かう途上でのバナナ業の直面した困難、バナナ栽培の技術改良と国際競争等の問題については、稿を改めて論じることとしたい。

第2節　発展過程

　20世紀の台湾バナナ業の発展過程は、ふたつのサイクルであると言えよう。この二つのサイクルは、国際市場と政府当局の政策の密接に関連していた。そしてその国際市場の主役とは日本であり、当局とは台湾植民地政府と中華民国政府であった。

1　生産状況

　台湾バナナの島外への輸出は20世紀初頭に始まった。それ以前には島内で消費されているだけだったため、その栽培方法も適当な空き地や畑の一隅に植えて、自然に成長させるという単純なものであった[1]。海外への販売市場が開拓されてから生産量はしだいに増加し、表1-3と図2-1（A）、2-1（C）に見られるように、栽培面積が1910年にはわずか679haだったのが、1920年には3,926haに増えて、1910年の5.8倍となり、1930年にはさらに11,851haにまで広がり、1910年の17.5倍になった。1936年には21,850haと1910年の32.2倍に増え、これが第一サイクルのピークであった。この後はしだいに下り坂となり、1945年には最低の5,687haとなり、これはピーク時のわずか26％にすぎない。第二次大戦後にはしだいに回復し、1950年には14,679haにまで増加した。これは1945年の2.6倍にすぎないが、1936年の生産面積の67％であり、1930年代のはじめよりやや少ない程度である。

第2章　台湾バナナ産業と対日貿易 1912〜1972年

これ以降の発展はやや停滞気味であったが、1965年以降に急速に生産面積が拡大して1967年に第二サイクルのピークに達し、52,463haと1910年の77.3倍、1945年の9.2倍となり、これは第一次ピーク時（1936年）の2.4倍であった。しかし、この盛況も長くは続かず、1974年の栽培面積はわずかに18,407haとピーク時の35％、さらに面積はしだいに少なくなり、1984年には8,166ha、戦後すぐの時期よりもずっと少なく、第二次ピーク時の16％にすぎなかった。

次に生産量（表1-3、図2-1（A）、2-1（C））についてであるが、生産量の動向と栽培面積はほとんど一致しており、ふたつのサイクルがある。しかし、第一サイクルのピークが1937年であって1936年ではなく、1937年の

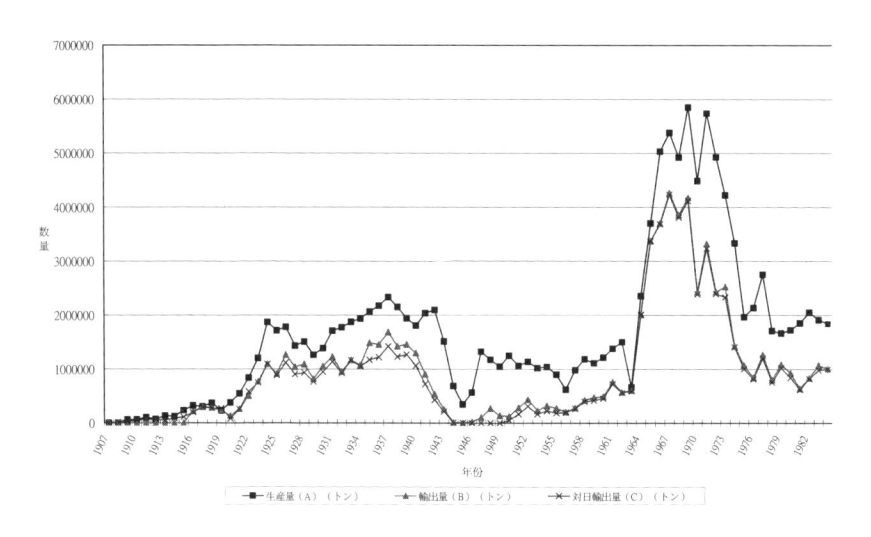

図2-1（A）　バナナ生産・輸出量（1907-1984）

出典：表1-3。
1. 栽培面積・生産量（1）1907-1915年は台湾銀行経済研究室編『台湾之香蕉』（台湾銀行経済研究室、1949年）、52-62頁を参照した。(2) 1916-1984年は黄松源、黄朝陽編『台湾省青果運銷合作社十週年誌』（台北：台湾省青果運銷合作社、1985年）、101-108頁参照。
2. 輸出量1916-1984年、前掲『台湾省青果運銷合作社十週年誌』参照。対日輸出量（1）1907-1945年は周憲文「日拠時代台湾之農業経済」『台湾銀行季刊』8：4（台北：台湾銀行経済研究室、1956年12月）、114頁。原載は省政府主計処編『台湾貿易53年表』。(2) 1950-1984年は『台湾省青果運銷合作社十週年誌』、31-33、109頁。

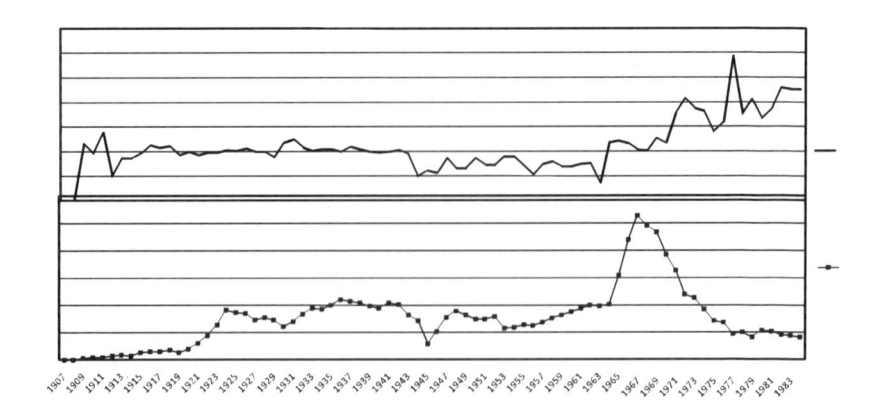

図 2-1 (B) バナナ栽培面積・単位生産量 (1907-1984)

出典：表1-3。

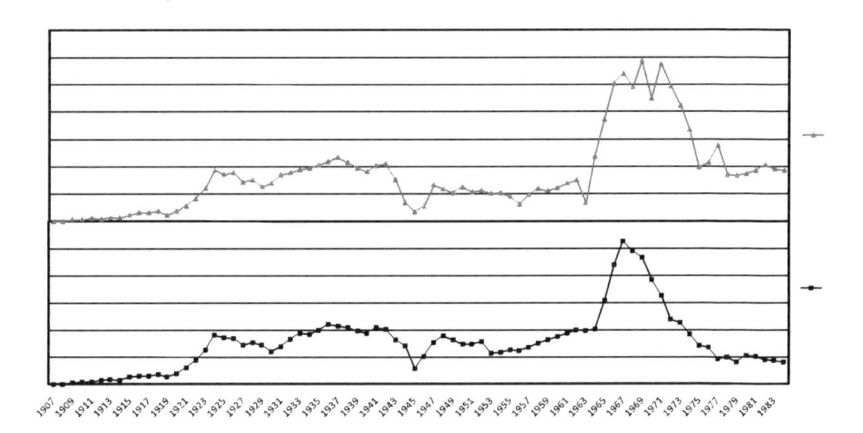

図 2-1 (C) バナナ総生産量と栽培面積 (1907-1984)

出典：図 2-1 (A)。

生産量は1910年の35.8倍である。第二ピーク時は1969年であり、その生産量は1910年の89.78倍である。この数字はともに栽培面積の増加率を超えているが、これは単位面積生産量の増加を意味するだろう。しかし、1910、1937、1969年は1haあたりの生産量が95トン、98トン、109.82トン、125.40トンであり、増加幅と時間とが一致していないことを示している。さ

第 2 章　台湾バナナ産業と対日貿易 1912～1972 年

らに総生産量の最低の時（1945 年と 1979 年）は 1ha あたりの生産量が60.31 トンと 204.72 トンである。1945 年の少ないのは特殊な現象（戦争が原因）かと思われるが、1979 年の高い単位生産量は第二次ピーク以降の農民のバナナ栽培と香蕉〈バナナ〉研究所（1968 年創立）の技術改良の具体的な成果かと思われる。1971 年以降の総生産量は日々減少していったが、あたりの生産量は 160 トン以上であり、293 トン（1977 年）にまで達した。気象という自然のファクターがあるので、単位面積あたり生産量は一定ではないが（グラフ参照）、第二次大戦以降のあたりの平均生産量が確実に増加したことは疑うべくもないだろう。

2　対日バナナ貿易

　バナナは輸出指向の農産物であり、バナナ産業の成長と停滞は、輸出貿易の盛衰が大きなカギとなる。この二つの発展サイクルは、二つの輸出周期と密接につながっている。輸出量について言えば、その第一ピークと第二ピークは生産量のピークと連動し、落ち込みの時期も同じく連動しており、相関性が非常に高いことを示している。バナナの海外販売の市場はずっと日本が主であり、植民地期も第二次大戦後も依然として同じであった。つまり台湾バナナの日本での競争力は台湾バナナの盛衰およびバナナ農民の生計と関係していた。第一の発展サイクルでは 1941～45 年を除き、日本への輸出量は総生産量のほぼ 60％以上を占めている。第二サイクルの状況も台湾政権の転変には起因せず、1945～49 年の輸出は中断したが、1950 年にはまた輸出が始まり、日本への輸出量は年々増加し、1967 年にピークに達する。1950～70 年には対日輸出量が総生産量に占める割合は成長し続けた。植民地期と戦後初期の最も大きな輸出品は砂糖と米だったが、1960 年代以降に日本市場ではしだいにその痕跡が消えていきつつあった。しかしバナナは日本の消費者の変わらぬ愛顧を受け、台湾は「バナナ王国」の名で広く知られていた。1970 年代には台湾バナナ輸出がしだいに減少し始めたが、日本市場はずっと総輸出量の 93％以上をも占めていた。

　実際には植民地期にはおもな輸出品は米・茶・砂糖・バナナ・パイナップ

ル缶詰・樟脳・石炭等の農作物・鉱物や農産加工品であり、そのうち砂糖の輸出額は輸出額の40％以上（1920年には65.75％に達した）を占め、米の輸出額は10％以上（そのうち4年は30％以上）を占めていたが、茶の輸出額は年々減少し、植民地期の初期には10％以上を保っていたが、1916年以降は5％前後を維持するのみとなった。樟脳の割合は21.48％（1896年）から2％以下へと下降し、比べてみるとバナナの地位は0.16％（1907年）から5.01％（1940年）へと上昇し、だいたい3％前後を維持していた。ピークである1937年も同様である[2]。バナナ輸出額の成長は速く、1896～1945年のインフレ率の資料がないので、総輸出額に占める地位と、その他の商品の輸出額の変動の比較状況から相対的な比重をうかがい知ることしかできない。前述の通りバナナの輸出額の総輸出額の割合は安定して成長しているが、その他の重要輸出商品（米・砂糖・茶）はみな下がっている。また1896年から1940年には、表1-1の示すように1940年の輸出総額は1896年の49.67倍に増加している。個別の商品では米が95.94倍、茶が3.59倍、砂糖が145.56倍に増加し、バナナは1907年の644.5倍に増加しているが、パイナップル缶詰の成長はさらに速い（1907年の785.21倍）。この数字は当時の植民地台湾が、宗主国日本へ米・砂糖などの重要な生活必需品を提供する義務を負っていたことを意味するだけでなく、時間の経過に伴う日本の台湾農業政策の変化をも意味している。日本茶の著しい成長により[3]、日本の植民地当局は海外での競争相手となりうる台湾農民の茶葉栽培を奨励せず、しだいに農産物の生産政策を多元化し、本国の民衆の需要や日本では供給できない商品での海外市場の開拓を実施した。この意味でバナナ産業の成長は、植民地の台湾の経済発展と輸出貿易（主に日本への）の大きな特徴を明確に表していると言えよう。

　表2-1と図2-2から、対日貿易の局面において、米と砂糖が非常に重要な役割を演じており、またバナナは1917年以降、茶にかわって三大輸出品となって成長傾向を示していることが明らかである。

　戦後のバナナ輸出は、台湾全体の経済発展と輸出の性格の変化と関連がある。輸出の性格の重要な変化は、非伝統的な輸出品目がしだいに伝統的な輸

第 2 章　台湾バナナ産業と対日貿易 1912〜1972 年

出品目と替わっていったことである。伝統的な輸出品目とは、農産物と農産加工品（砂糖・米・バナナ・パイナップル缶詰・茶等）などであり、非伝統的な輸出品目はマッシュルーム缶詰・綿布・ベニヤ板・セメント・金属および金属製品・化学繊維とその製品・プラスチックおよび製品・機械と工具・木綿衣料・綿糸等である。1958 年以前には輸出される品目は伝統的な輸出品がほとんどであったが、1958 年以降はその地位が日増しに下がっていった。

　伝統的な輸出品において、蔗糖は最も重要な役割を演じた。1958 年以前には年間輸出総額の 50％以上を占め、次いで米が約 10〜15％を占めていた。この二つの輸出品は植民地期の位置を踏襲していた。しかし、このあとは急激に下がっていき、1968 年には貨物の中で蔗糖はわずかに 5.6％を占めるにすぎなくなり、米は 1.5％、1953 年の 67％（砂糖）と 10.6％（米）の高い割合との明確な対比を為している。逆にバナナの輸出総額に占める地位は上昇傾向を示し、1953〜56 年の 3％から 1965〜68 年には 8.5％に増加した。さらに実質増加率で言えば、1953〜56 年の 16.1％から 1965〜68 年には-5％に下がった砂糖輸出の成長率や、1953〜56 年の 63％から 1965〜68 年に-1.4％に下がった米輸出の成長率とは対照的に、バナナの輸出の成長率はかなりの増加を見せ、1953〜56 年の-13.23％から 1965〜68 年の 18.90％、1961〜64 年はさらに 72.83％という高さに達し[4]、これ以降には下降傾向を示すが、1970 年以前の台湾バナナ業が輸出業として成長し続けたことはまちがいない。

　バナナ業の発展には二つのサイクルがあるが、この二つの周期の盛衰の原因は同じであろうか？　台湾バナナの海外販売市場はずっと日本が主であったため、日本市場の変化の影響は非常に甚大であった。特に 1960〜70 年代に中南米産とフィリピン産のバナナが日本での席を占めるようになり、激しい国際競争を引き起こした局面で、台湾バナナ貿易は失敗を重ねバナナ業の前途に影響した。しかし、さらにこの二つの周期の変化を細かく観察すると、海外販売市場のファクター以外に政府の政策の根本的な変化もバナナ業の発展と関連していた。政府が制定した異なる生産販売制度が、生産者と中間商

表 2-1　1897-1945 年台

商品	米合計		砂糖合計		バナナ		茶類合計	
年	金額	割合	金額	割合	金額	割合	金額	割合
1897	74,616	3.56%	1,194,000	56.90%	—		18,020	0.86%
1898	1,146,489	27.70%	1,602,265	38.71%	—		53,218	1.29%
1899	62,623	1.72%	1,748,879	48.16%	—		275,438	7.59%
1900	93,119	2.19%	1,537,838	36.20%	—		490,912	11.55%
1901	1,024,332	14.30%	2,292,648	32.01%	—		704,595	9.84%
1902	1,608,186	22.35%	3,172,407	44.08%	—		240,841	3.35%
1903	4,889,859	51.59%	2,170,918	22.90%	—		303,010	3.20%
1904	3,544,520	34.99%	3,791,347	37.43%	—		192,371	1.90%
1905	5,365,177	39.93%	5,863,330	43.64%	—		120,513	0.90%
1906	7,133,375	39.59%	8,506,117	47.21%	—		109,272	0.61%
1907	5,996,405	34.54%	7,455,918	42.94%	43,146	0.25%	215,275	1.24%
1908	10,128,265	41.91%	9,440,560	39.07%	104,515	0.43%	185,802	0.77%
1909	8,805,818	24.36%	23,001,769	63.62%	155,879	0.43%	292,560	0.81%
1910	6,875,036	14.37%	34,771,495	72.69%	345,030	0.72%	587,848	1.23%
1911	7,901,381	15.42%	36,872,558	71.95%	378,005	0.74%	121,705	0.24%
1912	10,260,694	21.63%	28,134,144	59.32%	336,617	0.71%	153,578	0.32%
1913	15,693,641	39.15%	15,479,098	38.61%	374,234	0.93%	134,189	0.33%
1914	6,905,311	15.24%	27,673,067	61.09%	587,017	1.30%	441,670	0.98%
1915	8,057,643	13.51%	35,921,720	60.25%	684,564	1.15%	1,099,318	1.84%
1916	6,960,089	8.81%	51,685,046	65.42%	1,054,056	1.33%	1,498,272	1.90%
1917	12,618,394	12.05%	68,344,719	65.25%	1,600,618	1.53%	3,794,266	3.62%
1918	24,830,529	23.73%	54,642,102	52.22%	2,014,807	1.93%	1,195,951	1.14%
1919	34,491,734	24.50%	79,112,371	56.19%	2,030,343	1.44%	301,544	0.21%
1920	17,118,664	9.55%	135,224,159	75.47%	1,805,518	1.01%	292,801	0.16%
1921	19,294,129	15.14%	84,709,280	66.47%	4,156,042	3.26%	358,342	0.28%
1922	13,581,618	10.77%	84,468,656	67.01%	6,875,823	5.45%	139,860	0.11%
1923	23,636,921	14.04%	111,807,763	66.41%	8,280,418	4.92%	215,914	0.13%
1924	48,486,256	23.07%	119,911,187	57.05%	11,816,303	5.62%	408,867	0.19%
1925	72,110,218	33.71%	105,651,158	49.38%	9,096,358	4.25%	235,345	0.11%
1926	63,092,470	31.38%	98,375,836	48.93%	10,900,377	5.42%	130,434	0.06%
1927	67,885,705	33.82%	96,430,734	48.04%	8,616,464	4.29%	111,993	0.06%
1928	53,229,101	25.02%	121,413,629	57.06%	8,614,837	4.05%	108,450	0.05%
1929	49,320,566	20.81%	142,601,812	60.16%	8,419,100	3.55%	147,162	0.06%
1930	38,695,385	17.83%	141,865,177	65.38%	8,369,850	3.86%	177,321	0.08%
1931	41,097,219	20.40%	120,475,130	59.81%	8,329,152	4.14%	232,738	0.12%
1932	63,074,989	28.30%	121,718,906	54.62%	6,982,753	3.13%	519,375	0.23%
1933	64,627,800	28.01%	118,614,462	51.40%	7,899,188	3.42%	942,961	0.41%
1934	101,816,421	36.44%	122,321,543	43.78%	8,137,941	2.91%	1,129,150	0.40%
1935	105,545,183	33.59%	145,977,479	46.46%	9,465,551	3.01%	1,049,086	0.33%
1936	124,568,803	34.71%	163,495,301	45.56%	10,586,507	2.95%	1,088,704	0.30%
1937	127,223,441	31.01%	188,985,935	46.07%	11,736,412	2.86%	1,443,835	0.35%
1938	126,907,426	30.21%	177,596,517	42.27%	12,855,634	3.06%	1,931,991	0.46%
1939	127,300,248	24.97%	229,254,158	44.97%	16,519,291	3.24%	2,748,014	0.54%
1940	84,243,221	18.34%	185,592,613	40.41%	25,645,105	5.58%	3,946,816	0.86%
1941	70,734,943	18.62%	156,510,235	41.21%	17,766,370	4.68%	4,669,464	1.23%
1942	76,155,232	18.15%	184,524,259	43.97%	11,028,502	2.63%	5,447,911	1.30%
1943	66,027,500	22.56%	97,450,854	33.29%	5,401,897	1.85%	3,837,334	1.31%
1944	30,199,842	14.00%	51,347,707	23.81%	199,855	0.09%	2,107,677	0.98%
1945	751,967	5.25%	6,024,482	42.06%			18,640	0.13%

出典：1. 台湾総督府財務局税務課『台湾外国貿易二十年対照表：自明治二十九年至大
　　　2. 台湾総督府財務局税務課『台湾貿易年表』大正四年至昭和十七年、台北：同
　　　　者、1954 年。
註　：1. 1940 年輸出データの一部が欠けている。
　　　2. 割合は総輸出価格に占めるものである。

第 2 章　台湾バナナ産業と対日貿易 1912〜1972 年

湾対日主要輸出品統計

(金額：円)

石炭合計		塩		パイン缶詰		アルコール類合計	
金額	割合	金額	割合	金額	割合	金額	割合
—		—		—		—	
—		747	0.02%	—		—	
—		24,739	0.68%	—		—	
—		—	0.00%	—		—	
—		49,958	0.70%	—		—	
—		87,448	1.22%	760	0.01%	—	
—		122,178	1.29%	—	0.00%	—	
—		63,686	0.63%	—	0.00%	—	
455	0.003%	133,533	0.99%	1,144	0.01%	—	
216	0.001%	100,714	0.56%	14	0.00%	—	
58	0.000%	125,713	0.72%	18,639	0.11%	—	
400	0.002%	160,335	0.66%	66,512	0.28%	74,670	0.31%
—		145,924	0.40%	59,906	0.17%	111,603	0.31%
3,120	0.007%	220,683	0.46%	37,779	0.08%	186,305	0.39%
582	0.001%	235,175	0.46%	74,907	0.15%	421,971	0.82%
1,147	0.002%	226,781	0.48%	121,151	0.26%	1,502,780	3.17%
1,980	0.005%	184,149	0.46%	158,396	0.40%	1,507,366	3.76%
19,348	0.043%	344,878	0.76%	130,450	0.29%	1,945,554	4.29%
1,060	0.002%	322,317	0.54%	139,476	0.23%	5,321,355	8.92%
68,152	0.086%	405,596	0.51%	195,232	0.25%	7,686,284	9.73%
251,347	0.240%	457,002	0.44%	264,227	0.25%	8,482,576	8.10%
113,711	0.109%	494,745	0.47%	382,609	0.37%	10,439,229	9.98%
893,185	0.634%	182,321	0.13%	514,887	0.37%	12,239,841	8.69%
1,439,633	0.803%	123,321	0.07%	830,138	0.46%	9,878,422	5.51%
579,321	0.455%	366,112	0.29%	865,446	0.68%	5,801,310	4.55%
1,791,022	1.421%	950,362	0.75%	860,410	0.68%	1,787,024	1.42%
1,841,293	1.094%	1,006,976	0.60%	925,369	0.55%	3,005,444	1.79%
2,068,924	0.984%	1,669,034	0.79%	1,350,968	0.64%	3,039,628	1.45%
1,903,409	0.890%	1,239,871	0.58%	1,917,564	0.90%	3,854,578	1.80%
1,475,054	0.734%	903,618	0.45%	1,752,057	0.87%	4,081,135	2.03%
1,484,379	0.739%	601,782	0.30%	3,145,630	1.57%	3,616,195	1.80%
910,323	0.428%	646,129	0.30%	2,604,326	1.22%	3,602,253	1.69%
389,028	0.164%	708,716	0.30%	4,407,878	1.86%	3,505,152	1.48%
363,238	0.167%	837,529	0.39%	3,481,135	1.60%	2,592,076	1.19%
470,760	0.234%	1,118,046	0.56%	4,157,836	2.06%	3,054,427	1.52%
460,046	0.206%	958,697	0.43%	5,151,173	2.31%	2,975,544	1.34%
1,195,362	0.518%	1,062,972	0.46%	4,791,127	2.08%	5,455,367	2.36%
857,405	0.307%	998,094	0.36%	4,537,125	1.62%	6,950,923	2.49%
747,342	0.238%	978,910	0.31%	7,306,809	2.33%	6,767,165	2.15%
1,036,772	0.289%	1,102,603	0.31%	5,856,855	1.63%	5,637,922	1.57%
2,563,035	0.625%	1,096,152	0.27%	7,599,849	1.85%	7,429,567	1.81%
5,756,529	1.370%	1,744,883	0.42%	8,457,899	2.01%	9,442,062	2.25%
4,488,734	0.881%	1,080,298	0.21%	11,211,443	2.20%	16,525,970	3.24%
4,519,524	0.984%	510,967	0.11%	10,411,271	2.27%	14,396,831	3.13%
1,525,103	0.402%	683,463	0.18%	3,711,082	0.98%	13,212,568	3.48%
2,419,696	0.577%	2,047,028	0.49%	6,175,897	1.47%	14,732,229	3.51%
580,773	0.198%	3,733,785	1.28%	2,248,808	0.77%	16,015,650	5.47%
—		2,009,508	0.93%	414,562	0.19%	10,873,145	5.04%
—		330,837	2.31%	—		27,567	0.19%

正四年』、台北：同編者、1916 年。
編者、1916-1943 年。3. 台湾省政府主計處『台湾貿易五十三年表』、台北：同編

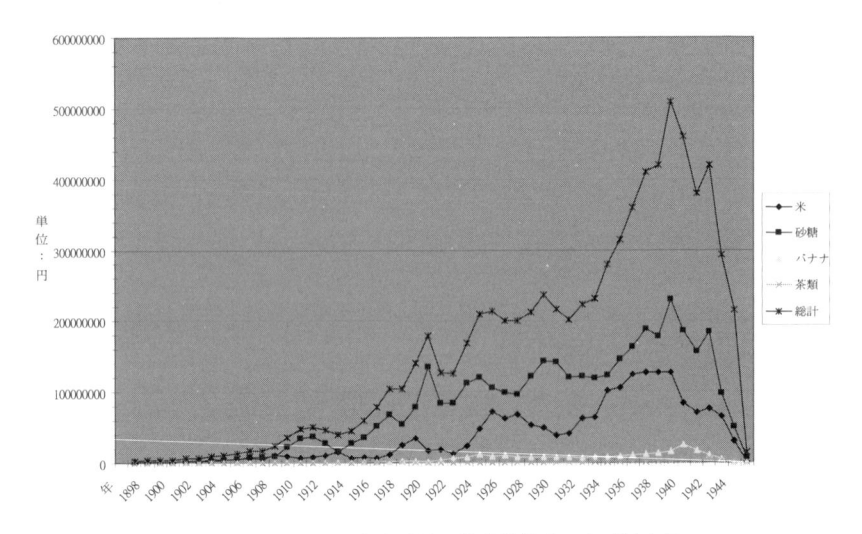

図 2-2　1897-1945 年台湾対日輸出品統計：主要輸出品

出典：表 2-1。

の利益分配と生産輸送販売の願望に影響をもたらし、輸送交通が発展するかどうかと包装が発達するかどうかは、バナナの輸送コストや品質維持と密接な関連があった。なぜなら生産地から台湾の港で船に積み込まれて輸送され、はるばると海をわたって日本の港で荷揚げされて消費者に届く生鮮食品であるバナナの傷みの程度をどのように少なくして利益を増やすかは、生産者と輸送者の最も切実な問題であり、台湾のバナナは生産者・中間商・輸送者のそれぞれの結節点での緊密な協力があってこそ、世界市場に屹立できた。そして、これらの結節点をつなげる者は政府当局であった。否、むしろ政府が制定した生産販売政策がこれらの結節点の結合と折衝を導いたと言うべきだろう。

第 3 節　日本統治時代の生産販売構造

台湾バナナの 60％以上は国外市場に供給されており、そのうち日本市場

第 2 章　台湾バナナ産業と対日貿易 1912〜1972 年

の占める割合は 90％以上にも上る。台湾バナナ産業の盛衰は輸出にかかっており、台湾バナナの対日輸出の構造を分析すれば、台湾バナナ産業盛衰の背後にある意味を知ることができる。

　20 世紀初頭、台湾バナナは日本市場に登場し始めた。まず、1902 年に台湾―日本間を航行していた西京丸と台中丸の船員が、少量のバナナ（6〜10kg）を神戸港の浜藤商店にたびたび持ち込み、同店が販売したのが台湾バナナが日本の店頭に現れた始まりである。1903 年、基隆商人の頼成発は、日本郵船会社の都島金次郎と共同で少量の台北県産バナナを竹かごに詰めて恒春丸に載せ、基隆から神戸へ運んだ。同じころ、日本陸軍の貿易仲介人である梅谷直吉は員林の空き地で育てたバナナを、軍用船福井丸で輸送していたが、その量も多くなかった。1908 年になってから取引は徐々に盛んになり、1912 年にはバナナ産業に従事する商人は販売業者と輸出業者を含めてすでに 400 人ほどいた。主な産地は、台北から南へ移り、台中・霧峰・東勢・員林・二水一帯へと広がっていった[5]。

　輸出される台湾バナナはしだいに増加し、その輸出構造は何度も変化した。1945 年の終戦までを、大きく三つの時期に分けることができる。

1　自由競争期（1908-1914 年）

　決まった取引の方法はなく、生産者が自分でバナナを商店まで運び、また青果販売業者がバナナ畑に買付に行って卸売商人のところへ運ぶ場合もあった。商人は買い入れたバナナを分類して包装し、それぞれのブランド名を貼り付け、港へ運んで船に積んだり、島内の各地に販売したりした[6]。つまり、この時期は、台湾域内に供給されたバナナも海外に輸出されたバナナも、販売までの流れは同じで統一された特別な輸出業団体はなかった。

2　同業組合期（1914-1924 年）

　自由競争のもとでは、バナナ農家が値引き販売をしていただけでなく、競争が激しすぎて元手を失くし、借金を返すこともできない商人もいた。そこで、商人は安定した経営ができるように、1914 年 9 月 20 日「中部台湾果物

99

移出仲買商組合」を設立した。組合長は日本人の木村篤で、メンバーは23人、同年12月1日に台中市で運営を開始し、員林・豊原・基隆などにも営業所を設けた。しかしこの同業組合には後ろ盾となる法律がなく、メンバーに対しても拘束力がなかった。

同年12月15日、台湾総督府は「台湾重要物産同業組合法」を公布し、台湾の重要物産同業組合の関連法令を制定した。そして梅谷直吉・蘇蝉ら14人は「中部台湾青果物移出同業組合」を立ち上げ、果物輸出に従事する業者57人が参加した。翌年12月4日に台湾総督府の許可を得て正式に成立し、「中部台湾果物移出仲買商組合」の業務・財産と一切の権利業務を引き継いだ。組合長は梅谷、副組合長は蘇蝉が務めた。主な業務は輸出用のバナナに等級をつけ検査すること、産地に購買所を設置すること、バナナの統一輸送などで、連携して独占する方式によって競争を避け、利潤を増やそうとしたが、バナナ生産者はこれにより搾取の苦しみを味わうことになった。そこで直接日本に輸出できるように、台中地域の生産者が提唱して、当時の「産業組合法」に基づき「芭蕉実〈バナナ〉生産販売組合」を作り、1917年には台中州知事の許可を得て、翌年には輸出業務を開始し、商人の作った「輸出同業組合」に対抗した。しかし輸出同業組合は日本の下関・門司・阪神地域の青果卸売業者と結託して、彼らに生産販売組合との取引を断らせ、神戸に事務所を設けて業務を強化した。一方、生産販売組合は東京の9つの青果卸売業者と連絡をとり、「芭蕉〈バナナ〉荷受販売組合」を作り、関東地方における市場を開拓した[7]。

この時に第一次世界大戦が勃発し、日本は戦艦で物資を輸送し参戦国に販売したため台日間の航行が困難になり、時に遅延によってバナナが腐乱し損失を被ることもあった。生産者と商人とのもめごとが絶えず、各生産販売組合は輸出が途絶えた時に国内販売を拡大しようとしたこともあったが、経営困難で1921年に解散となった[8]。

生産販売組合の経営不振はほかでもなく、当時台湾バナナの輸出方法がすでに決まった形式となっていて、バナナ農家の団体がこの形式に参入するのが難しかったことが原因である。

第2章　台湾バナナ産業と対日貿易 1912～1972 年

当時の台湾の輸出業者と日本の卸売業者との取引方法は二種類あった。
(1) 委託販売：契約を結び、日本の卸売業者に販売を委託する。
(2) 日本の卸売業者が価格を決め電報で輸出業者に予約し、輸出業者は予約を受けてから買付・包装・輸送して、手数料を受け取る。この方法は比較的安定した利益が得られるので、大部分の輸出業者がこの方法を採用していた。

しかし、バナナは生鮮食品で保存のきく期間が短いため、一定の業績を維持するのが難しく、一旦腐ってしまえば損失を被ることになり、また購入契約が成立したら必ず代金を支払わなければならないため、資本が少ない者はこの仕事には就けなかった。

さらに、台湾の輸出業者は日本からの通知を受け取ったら（普通は中部台湾青果物移出同業組合のメンバー）、すぐに市場に買い付けに行かなければならないが、その際の取引は全て現金で行われた。このために商人は産地から日本の港までの間のリスクを背負わなければならず、日本の商人からの支払いが遅れると為す術がなかった。しかし、委託販売方式を採用すると、完全に日本の卸売業者と中間業者（加工業者）の処置に任せるしかなく、台湾にいる輸出業者には介入する余地がないためリスクが高かった[9]。

このため、1921 年 7 月、中部台湾青果物移出同業組合は「台湾青果物同業組合」と改称し、翌年 12 月に日本に「指定代理店」を設けて信用度の低い日本の卸売業者を淘汰し、買い手の確実な支払いを保証し、台湾の輸出業者の利益を確保した。1923 年には台南地方の輸出業者が「台湾南部果物同業組合」を作り、青果販売業者と生産者の取引に便宜を図った。

これらの組合は完全に商人のための組織で、農民の福利は重視されていなかった。台湾総督府が 1922 年 8 月に公布した「市場規則」により、公共団体でない団体や産業組合は卸売市場を経営してはならなくなった。このため連携して独占的に経営していた市場の集荷業務と共同販売権は法律の認める「台湾青果物同業組合」のものとなったが、生産者の不満に直面した政府当局と各方面は協議の結果、ついに 1924 年 4 月に規則を改め、生産者の加入を認めた。しかし栽培面積に制限を設け、平地は一甲（約 1ha）以上、山地

は三甲（約 3ha）以上の大農家でなければ加入を許可しなかった。翌年 11 月には「台中州青果同業組合」に名称を変更して、各市町村の卸売市場を管理した。同時に、「台湾南部果物同業組合」は生産者を加入させ、「台南州青果同業組合」と名称を変更した。「高雄州青果同業組合」は輸出業者と大農家（バナナを一千欉〈1,000 本〉以上、又はパイナップルを三甲〈約 3ha〉以上、又はパパイヤ・スイカを一甲〈約 1ha〉以上の規模で栽培する農家）により、1924 年 5 月に設立された。これら三つの組合の性質は、同業組合から商人と農民が連携する生産販売協力組織へと変化した。また業務の連携を維持するために 1925 年 12 月に「台湾青果同業組合連合会」に一体化し、会長の台中州知事の本山文平、副会長の三州同業組合の組長は、政府により派遣・任命され、各同業組合の設けた数名の「評議員」・「代議員」は政府が推薦して委任した[10]。このため、この民間団体の実権は政府当局が握っていたと言えよう。

3 独占輸出期（1925-1945 年）

各州の青果同業組合は法に基づき集荷・検査・包装等産地での業務と共同運送販売を行うことができたが、台湾バナナ発展の最も重要な要素である輸出業務と日本市場には手出しできなかった。

このため、台湾総督府は日本の農商務省と交渉し、日本の輸入業者・台湾の輸出業者・生産者・青果同業組合が共同出資して、1924 年 12 月に台湾青果株式会社を設立した。本社は台中市、社長は高田元治郎、資本金は 150 万円で 3 万株、その内訳は日本の輸入業者が 6,000 株、台中の関係者が 17,000 株、台南と高雄がそれぞれ 3,500 株であった。この会社の設立の主な目的は取引の方法を改善することで、各同業組合のバナナ輸出権を一本化した。その性質は一般の営利目的の会社とは異なるため、設立時に政府によって以下の通り規定されていた。(1) 利益配当は 15% 以下に制限；(2) 理事・監事の選任、社則の変更と剰余金の処分はすべて台湾総督府の認可を得なければならない；(3) 会社の同意を得ずに株を売買・譲渡してはならない[11]。青果会社は民間の投資による会社ではあったが、こうした前提のもとで常に政府

第 2 章　台湾バナナ産業と対日貿易 1912～1972 年

の監督下に置かれ、政府からバナナ貿易の特権を与えられていたと言えよう。輸出するバナナは全て、この会社に手続きを委託しなければならなかった。

　青果会社の株主には日本の輸入業者も含まれていたので、彼らが日本市場を独占した。つまり第二段階の「指定代理店」制を引き継いで、日本に「荷受組合」を設け、日本各地の卸売業者を集めて台湾バナナの日本における販売ネットワークを拡大した。青果会社は「荷受組合」の所在地に事務所を設け、バナナの販売開始時に人をよこして「荷受組合」の幹部と一緒に販売させ、販売額の 10％を青果会社の手数料としたが、「荷受組合」はそのうち 7 割を受け取り、また 1 割は奨励金として出荷者に返したので、青果会社は実際には 2％だけ受け取り経常費とした[12]。

　1925 年に「荷受組合」を始めた当初は、消費市場は東京・横浜・名古屋・大阪・京都・神戸の 6 つの大都市にしかなかったが、徐々に販路を北海道・九州・四国などの大都市にも拡大していった。さらに 1930 年代になると日本本国以外にも、当時の植民地であった朝鮮の主要都市や中国東北部各地や、天津・青島・上海・福州・アモイ・香港等にも台湾バナナの取引の足跡をのこし、台湾バナナ黄金時代を築き上げた。

　この間、日本国内の各大都市の「荷受組合」は次々と会社組織に改編されて青果卸売会社の形態をとり、そのうちの下関荷受組合は台湾青果会社に買収され、第二次世界大戦の間に（1940 年）東京の昭和青果株式会社も買収され[13]、台湾青果会社は営業の手を直接日本国内の販売に伸ばしていった。

　さらには、この会社の出現によって台湾各州の青果同業組合の改編が引き起こされた。この会社の設立以前は、台湾バナナは全て輸出業者の手を経て日本に輸出されていたので、青果会社設立以降は、生産者は同業組合を通して青果会社に日本への販売を委託した。これを「荷受組合」が販売し、販売による収入で各費用（「荷受組合」手数料・海運費・積み下ろし費・青果会社手数料・陸運費・同業組合手数料・包装費等）を清算して、残りは全て生産者に返金した。このためもとの青果輸出業者には何も利益がなく、台湾総督府に失業補償金を支払うよう要求した（青果会社は総督府の監督を受けていたため）。1926 年 5 月になって、総督府は台中州青果同業組合の再編を許

可し、生産者から70万円が輸出業者の失業補償金として支払われた。輸出業者は全員この組合を脱退し、また一定の栽培面積がなければ加入できないという制限を取り消して生産者は全て組合員となれるよう規定し、中間青果業者の搾取をなくしてバナナ産業が発展し、バナナ農家への福利が増すようにした。その後、台南・高雄の組合は相次いでこれを真似（それぞれ12万円と17万円を補償）、台東と花蓮は始めから生産者の組合を作り、全員が前述の「台湾青果同業組合連合会」に加入した。これは台湾で最も古い農民団体であったと言ってよい。その主な任務は、(1) 各同業組合を連携させる；(2) 運輸業務の交渉と予約；(3) 青果株式会社の運輸と販売の監督；(4) 市場調査と新しい市場の開拓；(5) 生産・航行状況、貨物輸送状況の調査と試験等。主な資金源は鉄道運輸業務による手数料（1928年11月から業務を開始）であった[14]。さらに前述したように、青果会社設立時の株主の中には輸出業者もいたが、1926年に輸出業者は相次いで脱退したため、株の権利は各同業組合に集中するようになった。各同業組合は生産者の組織とも関わっていたので、バナナ生産者は直接、輸送・販売の構造に参加することができ、生産販売システムを一元化に向かわせ、台湾農産品生産販売合作社への基礎を築いたと言ってよい。

　合作社の運営理念のもと、青果会社が対日輸出貿易を独占した後、同業組合は検査所を設け、組合員の生産したバナナの共同出荷を実施し、台中州青果同業組合は組合員にさらなる生産の安定とその利益を保証するため、1926年5月に「最低価格保証制度」を作り、品質によって補償額を決め、販売所得の3％が基金に充てられた。この制度を実施してから、生産者は競って出荷するようになり、出荷量は生産量の94％にも達した。生産者は補償条件を上げるよう再三にわたって要求し、検疫品質管理（同業組合の重要な機能の一つ）の厳正さが失われて、不良品や熟しすぎているものを軽率に輸出するという状況が発生したため、日本市場での販売価格の暴落を招いた。その結果同業組合の赤字は膨らみ、同年12月に「最低価格補償制度」を取りやめるしかなかった[15]。このことが示しているのは、生産販売の協力事業運動が始まったばかりのころは、中間業者の搾取をなくし、生産者は自分の命運

第2章　台湾バナナ産業と対日貿易1912～1972年

を自分で決めることができるようになったが、需要の状況を考えず、積極的に品質を管理しなければ、損失を被ることになるということである。

とにかく、日本統治時代の台湾バナナの生産・販売の構造は、自由競争から同業組合の成立に発展、さらには生産・輸送・販売の統一販売組織の出現へと発展して共同輸送、販売を行い、委託販売制を採用した。各州青果同業組合がバナナの買い付け、検疫、包装業務を担当し青果会社は販売権を独占、青果同業組合連合会は運輸・連絡・監督を掌握した。この三つの組織には兼任しているメンバーもいて、彼らは政府当局の許可のもとで生産と輸送、販売の大権を独占していた。第二次世界大戦中においてさえ、植民地政府は国家総動員法を公布して（1941年）、台湾青果会社を「台湾青果統制株式会社」に変えて、各州の青果同業組合と同業組合連合会は合併して各州農業会の中に入り（1944年）[16]、台湾バナナは依然として一つの組織が独占している状態だった。そして戦争の激化により不景気になっていった。

商業組合などの組織が生産・販売を統制する意義はこれに止まらず、もっと重要なのは青果の生産・販売の経営の実権が統治者の手中にあったことである。

一つ目に、台湾青果株式会社の経営者は全て台湾総督府が掌握していた。取締役社長に始まり、専務取締役・部長・課長・係長に至るまで、重要な幹部は全て日本の官僚が天下りし、台湾人は一人か二人が係長に就けただけであった。例えば、当時任期が最長だった社長の本山文平は、台中州知事を退職後に社長に就任した。

二つ目に、各州同業組合において、組合長が代表者であったが、州知事が州庁の内務部長（後の産業部長）を任命して兼任させた。副組合長は二人で、一人は常任で実権を掌握しており、郡守を退職した者か政府派の市長がその職に就いた。もう一人は政府派の最も力のある生産者が務めた。評議員（現在の理事）は政府が選び、代議員（社員代表）も初期は政府が選んだが、1934年に半数は投票で選ばれるようになった。常任副組合長の下の各管理職と産地検査所の主任については、ほとんどが日本人官僚の天下りであった[17]。このため、名目上は台湾最初の民間生産者による農業団体の一つであ

ったが、実際には当時の植民地官僚システムの一部分であった。これにより、日本人は台湾のバナナ農家の血と汗の結晶を享受し、日本の政治・経済力が台湾の農村に多大な影響を及ぼすことが可能となった。

第4節　第二次世界大戦後における生産販売構造

　1945年8月に第二次世界大戦が終結した後も、台湾におけるバナナの生産輸出構造は、基本的には日本統治時代と同様、官主導のもとで民間の有力者がそれに歩調を合わせるという形を踏襲した。当時、台湾当局による度重なる政策変更に加え、日本政府も貿易政策を変更したため、台湾におけるバナナ産業の発展は1963年まで停滞していた。そこで政府と青果合作社はこのような状況を打破しようと試みたが、しかしながら成果は上がらず、台湾におけるバナナ産業の発展は依然として外需、すなわち日本政府の一挙一動に依ることとなった。

　表1-3と図2-1（A）が示すように、台湾産バナナの対日輸出量は、1945年から49年までの間の記録が存在していない。これは1945年6、7月ころから戦争が激化し、また戦後も日本は連合軍による軍事統治下に置かれたため、日台間のバナナ取引が連合軍によって直接支配され、数量も制限されていたためである。1950年7月になると、GHQと日本当局はようやく民間貿易を正式に解放したが、輸入割当制を採用したために、バナナの貿易量の増加速度は依然緩慢なままであった。しかしながら1963年、日本がバナナの自由貿易化を実施すると、台湾産バナナの輸入量は飛躍的に増加し、それだけではなく、中南米産（とりわけエクアドル産）のバナナも再び日本に大量に流入するようになった。この当時、日本経済はすでに高度経済成長へと突入しており、日本の購買力が増していたこともあって、台湾の日本向けバナナにはどれも高値が付いた[18]。こうして台湾におけるバナナ産業は二度目の黄金時代を迎えることとなり、また独特で複雑な生産販売構成を生むことにもなった。

　利益のあるところに人は向かうものである。バナナ農家と輸出商人は、再

第2章　台湾バナナ産業と対日貿易 1912～1972 年

びバナナの輸出権をめぐって争奪戦を繰り広げることとなった。前述の通り、バナナの生産者たちは、日本統治時代に集団を組織して輸出商と対立したことがあったが、輸出商が日本の輸入商と結託してボイコットをしたために、同集団はやむなく解散せざるを得なかった。後に植民地政府による監督のもと、バナナ農家と輸出商人は共同で同業組合を結成することとなったものの、やはり依然として争いが尽きず、ついに輸出商は同組合から離脱してしまった。これらの同業組合は、戦後、法律によって全て青果運銷合作社（1946-47 年）へと改組され、さらに 1947 年 6 月には台湾省青果運銷合作社聯合社が誕生した。またその一方で、各県や市においてもすでに相次いで青果運銷合作社が設立されていたため、1960 年までに合わせて 6 つの合作社と 1 つの聯合社が並存することとなり、この状態は 1975 年 7 月、全省の青果運銷合作社が合併して「台湾省青果運銷合作社」が誕生するまでずっと続いた[19]。

　この青果運銷合作社は、台湾におけるバナナの輸出を請け負う唯一の組織というわけではなく、また唯一の生産者団体というわけでもなかった。これは、日本統治時代から各地においてすでに農業協会が組織されており、その協会員と合作社社員の多くが同一人物であったため、双方が共に産地の青果業務を請け負う権利があると主張したためである。その上、バナナは利益率の高い商品でもあったため、双方の言い争いにはますます拍車が掛かった。農業協会の人々は、自分たち協会員の手でバナナを生産している以上、当然に協会員自らに対して奉仕をし、また自分たちでバナナの生産販売をする権利と義務があるのだと主張した。一方で合作社の主張は、農業協会は総合農業団体であってその業務も多岐にわたるため、青果業務はより専門性の高い合作社に一括して計画・処理させることで初めてその専門性を発揮することができる、というものであった。双方はお互い一歩も譲らず、最終的には台湾政府が自ら調停役となり、その結果 1953 年から農業協会による青果業務が停止されることとなった。こうしてようやく生産者団体の内部闘争が終結したのである[20]。

　輸出の面においても、青果輸出商によって組織された「青果輸出業同業公会（以下、青果公会と略）」が、青果農家による「青果運銷合作社」との対

立が先鋭化した。第二次世界大戦後、青果の輸出権をめぐって両者が争奪戦を繰り広げたことは、台湾における青果の生産販売史上において注目すべき歴史の1ページであると言えよう。青果公会の主張は、青果の輸出は国際貿易の一環であり、世界市場や国際経済情勢に精通した国内の輸出商が引き受けるべきであって、生産者による組織である青果合作社は専ら生産技術の普及・向上にその機能を集中すべきであり、輸出との兼業をすべきでない、というものであった。つまり、彼らは「生産」と「輸出」の分離を主張したわけである。他方、青果合作社は「生産」と「輸出」の一体化を主張し、一体化することによって初めてブローカーによる搾取を減らして社員(青果農家)の利益を増やすことができるのだと強調し、故に合作社が社員に代わって国内販売業務・輸出業務を引き受ける権利を持つことで生産販売の一元化を図るべきだと主張した。つまり、数十億もの青果農家の利益を守り、台湾における青果農業を発展させるためには、輸出プロセスを少数の商人に独占させてはならないのであって、日本統治時代の離合の悲劇を繰り返してはならない、というわけである[21]。

こうして青果合作社、農業協会および輸出業同業公会による主張が平行線をたどるたびに、政府当局は幾度もバナナの輸出政策を変更することとなった。これは、大きく以下の三つの時期に分けられる。

1 自由放任期（1946-1950年）

この時期、日本は市場を封鎖していたと言っても差し支えない状態であり、バナナの輸出は連合軍によって主導されていた。台湾青果合作社と商人は共に自由に輸出することが可能であったものの、買い手である日本において外国為替が厳しく取り締まられていたため、台湾バナナの輸出量は多くなく、先の三つの生産販売団体が日本から信用状を得るために争いを続けることとなった。こうした事態を受けて、政府当局は自らこの争いの調停役になり、収拾せざるを得ない状況となった。こうして1951年10月、政府により「台湾青果聯合運銷法」が公布され、その中で、産地の農業協会と合作社による信用状の奪い合いや、また青果商間や青果運銷聯合社との間での日本におけ

第2章　台湾バナナ産業と対日貿易 1912～1972年

る販路拡大競争を防ぐことで、先の三つの団体それぞれの利益を保証することが謳われた。またこの法に照らして「台湾青果生産販売聯営委員会」が発足し、省農業協会・省青果聯合社・青果商公会からそれぞれ3名ずつが委員として選ばれることとなった。この委員会のもと、合作社と農業協会は産地のバナナ価格を、青果商は輸出費用を投資資金として拠出し、輸出後に生まれた損益をそれぞれの投資資金に応じて分配することとした。さらに合作社は、その収益から必要経費を控除した後、出資した社員（バナナ農家）に分配するようにした。また産地価格と輸出価格については全て政府が決定することとした。聯銷方式と呼ばれるこのような方法は、国際市場に疎い生産者に比較的有利な政策であったと言えよう[22]。当時の生産販売プロセスは以下の図の通りである。

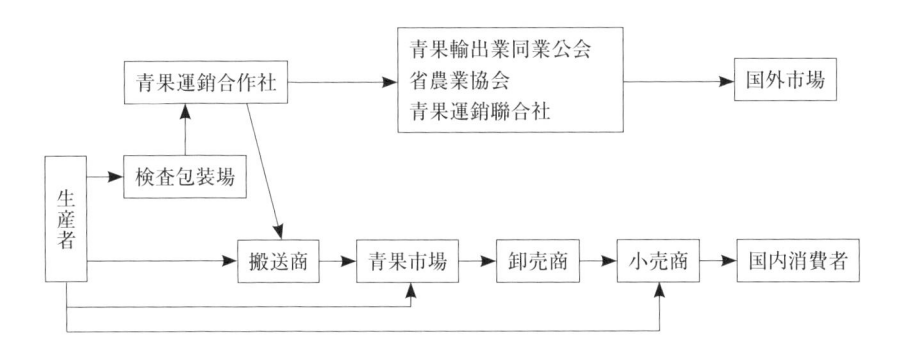

```
                    ┌──────────────┐
                    │青果輸出業同業公会│
         ┌─────────→│省農業協会      │──────→┌──────┐
         │          │青果運銷聯合社  │        │国外市場│
┌──────────┐       └──────────────┘        └──────┘
│青果運銷合作社│
└──────────┘
    ↑
┌──────┐
│検査包装場│
└──────┘
    ↑
┌──┐  
│生│→┌──────┐→┌────┐→┌────┐→┌────┐→┌──────┐
│産│  │搬送商│  │青果市場│ │卸売商│ │小売商│ │国内消費者│
│者│  └──────┘  └────┘  └────┘  └────┘  └──────┘
└──┘
```

2 輸出商による独占期（1951-1963年）

上述のような販売方式は、国際市場に精通した青果商にとっては逆に不利な政策であった。朝鮮戦争の勃発後、日本経済は次第に復興を遂げ、バナナ貿易による利益も急増したため、青果商は積極的に日本に輸入商社を設立した。彼らは国内で協力して輸出を請け負うことでバナナの価格を低く抑える一方、日本ではそれを比較的高い値段で売ることができたため、日本の商人から大量の信用状を得て輸入実績を増加させることで、国内におけるバナナの「輸出」と日本におけるバナナの「輸入」という二大権益を一手に握った

のである。他方、合作社と農業協会は資金不足という制約があり、さらに内部での産地間闘争も加わって、輸出商の思いのままにさせるほかない状況であった。また青果聯合社も資金が不足しており、その上東京に置かれた事務所には日本の法人格が付与されていなかったため、その力を発揮するすべもなかった。したがって、バナナ貿易は少数の輸出業者によって独占されることとなったのである。

　1956年夏、青果商は政府の検査に合格した輸出用バナナの積載輸送を拒否し、既得利益を守ろうとしたため、青果合作社の呼びかけのもと、行政院外貿会は同年10月、ついに7項からなる「対日輸出バナナの請負に係る臨時緊急措置」を発表、合作社と青果公会に25：75の比率でバナナの輸出を請け負わせることを規定した。この措置はまず半年間試験的に実施された後、さらに半年延長されることとなった。しかしながらこの当時、青果商が依然として日本の信用状のうちの80％から90％を保持しており、それに合作社には際立った業績もない状態だったので、政府に再びこの「25対75」輸出制を継続させるすべもなく、こうしてまた少数の輸出業者がバナナ貿易を独占するという状態に逆戻りした。当時、青果商が一箱のバナナを輸出することによって得ていた利益は、一年中過酷な労働環境に置かれたバナナ農家の収益とほとんど変わらず[23]、「バナナ大王」と呼ばれる人々が出現し[24]、またいわゆる「肥えるバナナ商、痩せるバナナ農家」という言葉も生まれた。青果聯合社は1958年、東京の事務所を商業組織へと改編し、名前も光南物産株式会社と改めたが[25]、業績は芳しくなく、1962年には台湾青果株式会社へと改組し、合作社の日本での全面的な発展と歩調を合わせようとした[26]。

3　共同輸出期（1963-1972年）

　台湾青果株式会社の経営は、1963年4月以降、日台両政府による関連政策の変更によって新たな局面を迎えることとなる。まず、日本政府は貿易自由化という大原則のもと、1963年初頭、これまでの輸入割当制に替わって同年4月より新たにバナナの貿易自由化を実施することを発表した。合作社はこの機会を利用し、政府に対して「台湾バナナの生産輸出一元化」の主張

を積極的に掲げ、商人によるバナナの輸出の独占状態から脱却しようと試みた。さらに当時聯合社理事主席であった張明色や、総経理の謝敏初、また高雄社や台中社の理事主席なども自ら日本に赴き、日本の商人との長期にわたるバナナ輸入協定を積極的に結ぼうとした。こうして再び、バナナの輸出権をめぐる争奪戦が展開されたのである。双方は共に民間の機関や関係する学者・専門家、さらにメディアなどにも全力で働きかけ、政府に対してバナナ農家の生活を改善させることが外貨収入を増加させることと密接につながっているのだということを認識させようとした。こうして同年4月、ついに政府によって「改善外銷香蕉計価暨有関事項臨時辦法」および「香蕉聯合配運辦法」が公布され、この中で、生産者団体が直接バナナを輸出できるよう助成し、バナナ農家の権益を保障するため、バナナ輸出権を生産者団体と輸出商にそれぞれ1対1の比率で分配することが定められた。また生産者団体の内部でも青果合作社と省農業協会に対してそれぞれ45％と5％の割合で輸出権を分配することとした。これが、バナナの生産販売史上、画期的な意義をもつ「五対五」輸出制と呼ばれる制度である[27]。

この制度の実施と、日本市場における購買力の上昇によって、台湾のバナナ産業には空前の黄金時代がもたらされることとなった[28]。

(1)「五対五」輸出制が実施される以前、バナナの輸出量は400万箱（1箱16キロ）にも満たなかったが、同制度実施後の1964年には1,250箱へと急増した。翌年にはさらに倍増し、1967年になると2,610箱となった。また外貨収入も6,000万ドルにまで達した。こうしてバナナは農作物の輸出において首位に立つだけでなく、あらゆる輸出貿易総額の中でも1、2位を占めるようになった。ひいては産地からバナナを運搬するトラックも、高雄港に長い行列を成すという状況にまでなったのである。

(2)「外銷香蕉計価辦法」によってバナナ農家の産地価格は大幅に上昇し、1キロ2.18元から3.4元に跳ね上がった。バナナの作付面積も1万ha余りから5万ha余りへと増加した。こうしてバナナ農家の収益や生活水準も上がり、台湾南部の農村には非常に豊かな光景が見られるようになった。

（3）このような流れの中で、合作社組織も規模が大きくなっていき、高雄合作社一社だけでも臨時従業員を含めると1,500人を超える社員を擁するまでになった。産地事務所も次々と建設され、集貨場は全国で360を数えるまでになった。さらに合作社の年度予算に至っては県政府や市政府を超えるまでになり、このような合作社の恩恵を受けて、民間の陸運トラックや包装業者、肥料商、農薬製造業者などはいずれも巨額の利益を上げた。

こうして合作社の幹部は、台湾南部のバナナ農家たちの推戴を受けて、さながら「青果合作社王朝」の様を呈し、少数の「バナナ大王」と呼ばれる人々と双璧をなした[29]。1967年に12月、高雄青果社は20周年記念に巨額の経費を投じて大いに盛り上がったほか、各関連部門の支援に対して感謝の意を示すとともに、合作社による生産・輸出をよりいっそう推し進めていくことを目指して、金碗や金杯などの高価な品々を贈呈し、各方面の注目を集めた。さらに続いて行政院外貨貿易審議委員会から伝統的な竹かごに替わってアメリカのリットン社による台湾製ダンボールで輸送することを勧められたもののこれを拒否したため、それから1年余り先の1969年3月、「香蕉弊案（金飯碗事件）〈バナナスキャンダル〉」が引き起こされ台湾の官民を震撼させた[30]。

この「香蕉弊案（金飯碗事件）」が起こった後、省政府の主導のもとで、各級の青果運銷合作社は改選作業を実施することとなった。その後長期にわたる協議や政府による改善を経て、1975年、ついに新制の青果運銷会社が生まれ、本社のもと、台北・新竹・台中・嘉南・高雄・屏東・東台の7つの支社が設置された。全社社員代表51人と理事15人は任期3年で、社員の直接選挙によって選ばれることとなり、本社責任者である社長は政府による介入を受け、総理事会の決議通過後に任命され、理事会に対して責任を持つことになった。つまり新制合作社は、政府による監督を受け入れるという往年の慣習を踏襲したことになる[31]。この背景として、当時、行政院の首長会議において、1973年1月、バナナの「五対五」輸出制を廃止して生産輸出の一元化政策を推し進めることがすでに決議され、合作社がバナナの対日輸出

を請け負う唯一の機関となっており[32]、政府は中南米諸国やフィリピンとの競争の中で、国家の力で台湾バナナの海外市場を守ることに意欲を燃やしていたという事情があったのである[33]。

第5節　結論

　1912～1972年の60年間にわたる台湾バナナ産業の盛衰は、国際貿易と密接に関連していた。国際貿易の対象は主に日本であり、植民地期も終戦後も依然として同じであった。日本本国の経済や政治情勢は、確かに台湾バナナ貿易とバナナ産業全体の発展に影響したが、政府の政策もその発展の方向（特に政府が制定した輸出制度と生産販売組織の介入）をリードしたことも否定できない。

　生産販売構造については、生産者が「合作社」の最も重要な一部であったのは言を俟たない。合作事業はかつて1949年以前の中国大陸で一時現れたが、残念なことに成熟しなかった[34]。戦後「台湾青果合作社」モデルは植民地期を踏襲して、拡大・発展した。この現象は歴史の連続性を、政権の移り変わりや変更によるものではないことを明確に示している。つまり、社会の民間組織の強靭さは、ある程度、国家を超えるものなのだ。この民間組織は政府の監督を受けているが、この監督方法にも歴史的連続性があり、植民地期の同業組合の責任者が台湾総督府から任命・派遣されていたのと同様に、戦後の合作社の総経理も政府により派遣されていた。政府の輸出制度上の改変も同工異曲であり、自由放任から輸出商だけが割を食う組織へ、その後、生産者を重視する団体へと変化した。生産者団体がいくらか成果があげられ、輸出の権利の大部分を得た時に輸出貿易の成長が見られたことは、非常に意味深い。しかし、青果合作社が勝ち取った生産販売の一元化制度を、1973年についに実施した時には台湾バナナ貿易は下り坂となり、バナナ産業も斜陽の中にあった。

　台湾バナナ貿易の盛衰は、国際市場における中南米産バナナとフィリピン産バナナとの競争（この競争は日本商人の多国籍多産策略の結果である）だ

けでなく、民衆の食生活の変化によるところが大きかった。日本では国民所得の高度成長により個人所得が急激に上昇し、1980年の実質所得は1955年の5.2倍、実質賃金は3.7倍となった。こうしてカロリー摂取量とタンパク質消費量が増加し、野菜や果物への需要が多様化した[35]。つまり日本において、かつてのバナナの地位に新たなフルーツが取って代わり、日本の輸入商は対日バナナ貿易交渉に有利なカードを持ったのだ[36]。こうして台湾バナナは売り手市場から買い手市場へと位置を変化させ、農産品市場特有の不安定性のため、伝統的な生産販売構造は新たな刷新が必要となったのだ。

※本稿の執筆にあたり、朱慶国氏（嘉義農業試験所園芸系前主任、香蕉研究所主任）、李年宜氏（台湾省青果運銷合作社企画部前経理）から貴重な資料の提供を受けた。ここに記して感謝したい。

●註
1) 黄松源、黄朝陽編『台湾省青果運銷合作社十週年誌』（台北：台湾省青果運銷合作社、1985年）、1頁。台湾バナナは200年前に華南から伝わったと思われる。日本植民地期の品種には、北焦・仙人焦・粉焦・木瓜芎焦・紅黄種・香港種・小笠原実芭蕉・大島芭蕉などの在来種と、インド・シンガポール・フィリピン・ジャワなどから伝わった外国種の計約50種だった。北焦（高脚種・果実が大きい）と粉焦（低脚種・果実は小さく味がよい）がもっとも多くみられた。福田要『台湾の資源と其経済的価値』（新高堂書店、1921年）、218-220頁。
2) 周憲文「日拠時代台湾之対外貿易」、『台湾銀行季刊』9：1（台北：台湾銀行経済研究室、1957年6月）、42-47頁。
3) 日本茶の成長と中国茶との競争については拙書『近代中国茶業的発展与世界市場』（台北：中央研究院経済研究所、1982年）を参照されたい。
4) 以上、于宗先「台湾対外貿易与経済発展」、于宗先・孫震編『台湾対外貿易論文集』（台北：聯経出版公司、1975年）、104-106頁。
5) 劉天賜『台湾最近の経済界』（台北：台湾経済界社、1933年）、102-103頁；高木一也『バナナ輸入沿革史』（東京：日本バナナ輸入組合、1967年）、17頁；黄松源、黄朝陽編『台湾省青果運銷合作社十週年誌』、1-2頁。
6) 高木一也『バナナ輸入沿革史』、52頁；黄松源、黄朝陽編『台湾省青果運銷合作社十週年誌』、2頁。
7) 高木一也『バナナ輸入沿革史』、53頁；黄松源、黄朝陽編『台湾省青果運銷合作社十週年誌』、2頁。
8) 黄松源、黄朝陽編『台湾省青果運銷合作社十週年誌』、2-3頁。

第 2 章　台湾バナナ産業と対日貿易 1912〜1972 年

9）福田要『台湾の資源とその経済的価値』、224-225 頁。
10）黄松源、黄朝陽編『台湾省青果運銷合作社十週年誌』、3 頁；李鏡清『台湾青果産銷合作事業発展與演進』（台北：仁仁出版社、1982 年）、14-15 頁。
11）高木一也『バナナ輸入沿革史』、53-54 頁。
12）高木一也『バナナ輸入沿革史』、54 頁。
13）高木一也『バナナ輸入沿革史』、54-55、57-58 頁。
14）高木一也『バナナ輸入沿革史』、55-56 頁；黄松源、黄朝陽『台湾省青果運銷合作社十週年誌』、3-6 頁。さらに、運輸業務は 1941 年 8 月、戦争に協力するために青果会社にその権利が戻された。
15）黄松源、黄朝陽編『台湾省青果運銷合作社十週年誌』、7 頁。
16）黄松源、黄朝陽編『台湾省青果運銷合作社十週年誌』、10-11 頁。
17）黄松源、黄朝陽編『台湾省青果運銷合作社十週年誌』、12 頁。
18）高木一也『バナナ輸入沿革史』、60-105 頁。
19）黄松源、黄朝陽編『台湾省青果運銷合作社十週年志』、14 頁。
20）李鏡清『台湾青果産銷合作事業発展与演進』、23 頁。
21）李鏡清『台湾青果産銷合作事業発展与演進』、21-22 頁；黄松源、黄朝陽編『台湾省青果運銷合作社十週年志』、22-23 頁。
22）黄松源、黄朝陽編『台湾省青果運銷合作社十週年志』、22-23 頁；莊維藩「台湾之農産運銷」、『台湾銀行季刊』12：2（台北：台湾銀行経済研究室、1961 年 6 月）、212-213 頁；胡長準「台湾香蕉之検験与運銷」、『台湾之水果続集』（台北：台湾銀行経済研究室、1965）、103 頁。
23）黄松源、黄朝陽編『台湾省青果運銷合作社十週年志』、24-25 頁。
24）たとえば 1951-57 年、バナナ一箱の最低輸出価格は米ドルで 7.5 ドルであり、1958-61 年は 7 ドルであった。一方日本市場におけるバナナの価格平均の最高額は米ドルで 13.98-14.28 ドル、最低額は 10.72-12.11 ドル（1952 年記録）であった。しかし台湾の産地における買い上げ価格は台湾ドルで一箱わずか 40.82-44.4 元（1952 年記録、約 1.02-1.1 米ドル）にすぎなかった。胡長準「台湾香蕉之検験与運銷」、『台湾之水果続集』、112-117 頁参照。
25）李鏡清『台湾青果産銷合作事業発展与演進』、26 頁。
26）黄松源、黄朝陽編『台湾省青果運銷合作社十週年志』25-26 頁。
27）黄松源、黄朝陽編『台湾省青果運銷合作社十週年志』、34-35 頁。
28）黄松源、黄朝陽編『台湾省青果運銷合作社十週年志』、35 頁；李鏡清『台湾青果産銷合作事業発展与演進』、29-30 頁。
29）李鏡清『台湾青果産銷合作事業発展与演進』、30 頁。
30）李鏡清『台湾青果産銷合作事業発展与演進』、31-32 頁；黄松源、黄朝陽編『台湾省青果運銷合作社十週年志』、35-36 頁。「香蕉弊案」は別名「剥蕉案」。リットン社は 1934 年創立、元々は無線電信やレーダーに関連した国防産業企業であったが、1960 年代にアメリカにおいて他業種合併の機運が高まり、同社も国防産業とは無関係の部門を買収して民生産業の領域に足を踏み入れることとなった。1967 年には外貿会や青果合作社によるバナナのダンボール輸送計画にも参加したが、ダンボール

産業経営の経験やその設備などもなかったため、コンサルティング会社の方式で技術を取り入れて手数料を稼いだ。このためアメリカの国際製紙会社（IPU）からその技術を疑問視する声も上がり、さらには台湾国内のダンボール業者の反発もあって、結局リットン社と青果合作社の協力は頓挫した。詳しくは、行政院外匯貿易審議委員会「有関「香蕉産銷業務検討会議」決定事項提請核定案」、1968年1月19日、中央研究院近代史研究所收蔵的行政院外匯貿易審議委員会檔案（以下、外貿檔と略）『行政院外匯貿易審議委員会第638次会議』、編号50-638-052；行政院外匯貿易審議委員会「為外銷香蕉改用紙箱包装及一貫作業之進行案報請公鑒」、1968年3月8日、外貿檔『行政院外匯貿易審議委員会第574次会議』、編号50-644-041；行政院外匯貿易審議委員会「香蕉小組為試辦30万隻紙箱包装外銷香蕉一案提請核議」、1968年5月24日、外貿檔『行政院外匯貿易審議委員会第655次会議』、編号50-645-045；行政院外匯貿易審議委員会「為外銷香蕉試辦30万隻紙箱包装案報請公鑒」、1968年5月30日、外貿檔『行政院外匯貿易審議委員会第656次会議』、編号50-656-047；行政院外匯貿易審議委員会「為発表有関香蕉業務文件3種一桉、報請公鑒」、1968年6月、外貿檔『行政院外匯貿易審議委員会第658次会議』、編号50-658-043；陳文彬「紙箱包装与一貫作業──香蕉産銷改進四大問題（上）」、『中央日報』1967年3月9日、7版。

31）李鏡清『台湾青果産銷合作事業発展与演進』、54-59頁、84-93頁。
32）黄松源、黄朝陽編『台湾省青果運銷合作社十週年志』、160頁。
33）台湾バナナの国際競争については稿を改めて論じる。台湾バナナの日本市場におけるシェアは、1965年の88％から1969年には51％にまで減少し、1974年にはさらに16％に減少した（但し台湾バナナの対日輸出量は増加した）。フィリピンバナナは1965年の0％から1969年には3％となり、1974年にはさらに13％まで増加した。エクアドルバナナはそれぞれ10％（1965年）、36％（1969年）、9％（1974年）となっている。黄松源、黄朝陽編『台湾省青果運銷合作社十週年志』、40-43参照。
34）頼建誠『近代中国的合作経済運動』（台北：正中書局、1990年）、34-165頁参照。
35）安場保吉、猪木武徳編『高度成長』（東京：岩波書店、1989年）、284-285頁。
36）日本の輸入商は1965年6月に「日本バナナ貿易輸入組合」を設立し、翌年1月に日華バナナ貿易会議第一回会議が成立し、台湾側からの見積もりではなく組合により割当を変えた。1971年7月から1974年には入札を実施し、1975年以降は台湾バナナ輸入協議会が台湾と輸入について協議した。つまり、台日バナナ貿易は両国の団体により独占されていた。

第2部　産　業　篇

第3章
近代台湾の塩業とソーダ業
―― 技術革新と産業転換の一例として ――

第1節　はじめに

　ソーダ塩素工業（以下ソーダ業）は塩を原料とする基礎的な化学工業である。塩産が豊富で、日月潭水力発電廠の建設後は電力も充分な台湾は、斯業への適性を備えていた。1930年代末期に、台湾は日本の南進のジャンピングボードおよび戦略物資補給站となり、塩業は「国家」と財閥の協力の下ソーダ塩素工業に転換したが、戦争末期、こうした生産事業は大きく損なわれる羽目に陥った。戦後、台湾の接収に訪れた資源委員会と台湾行政官公署は自分たちの利益をはかった後に、協力して台湾碱業公司を接収した。これは大量の電力を利用する事業で、当時、その製品は中国大陸（特に工業が発達していた上海地区）を主な市場としていた。当時、台湾の塩・石炭・石灰石・電力の豊富さは知られており、この産業の発展に有利であった[1]。大陸市場の喪失後に到り、はじめて中央政府は台湾の内需拡大の可能性を改めて考えることとなった。

　戦後、ソーダ業は軍需工業からしだいに民需へと転換し、その製品の苛性ソーダと晒粉は製紙業・石鹸業・紡織業・調味料業・アルミニウム業の重要な原料となり、さらに公共衛生や家庭の洗濯にも使用された。1950年代にはいってから、朝鮮戦争とアメリカの援助が台湾商工業の発展を助け、ソーダ塩素の販路はしだいに拡大し、台碱公司も欠損から利益に転じて、先進国から生産技術を移転し設備を拡充した。しかし、1965年以降の世界的な苛性ソーダの生産過剰により台湾ソーダ業はさらなる転換の運命に向き合わざるを得ず、政府は1983年に台碱公司を中国石油化学開発公司に合併した[2]。

既存の企業体制の外部に出現した技術革新や技術移転は、決して単なる偶発的な現象ではなく、企業経営と技術に充分な理由があってはじめて生まれ、既存企業の経営モデルとの内在的な関連があるというべきであるだろう。もとより、技術革新は経験の蓄積が前提であると考えられるが、すでにある技術の延長や拡張ではなく従来の経験範囲内では新発見や新理論を創造できない[3]。

　こうした意味で、台湾塩業が食用塩の生産からソーダ塩素工業へと変遷していく過程は既存の経験の蓄積外のことで、技術の開発と導入によって新たな需要が呼び起こされ、新製品の製造によって産業転換を引き起こした一例である。

　塩業やソーダ塩素工業、工業発展の研究にはこの角度からの考察はほとんどない。まず日本植民地期台湾工業の研究に関して、最も注目された張宗漢『光復前台湾之工業化』（聯経出版事業公司、1980年）では、台湾の工業化過程を特に6～9章で詳述し、日月潭水力発電の工程完成後の工業建設についての研究は、『台湾省五十一年度統計提要』を主に利用して生産額・輸出入額・資本額などの変化に注目しているが、日本植民地期の台湾史史料と日本の史料や文献はあまり使用していない。葉淑貞・劉素芬「工業的発展」（『台湾近代史経済編』所収。台湾省文献委員会、1995年）は清代以降の台湾工業の総論で、筆者の台湾産業に対する全般的な理解を助けてくれた。楠井隆三『戦時台湾経済論』（南方人文研究所、1944年）は当時の経済全体の輪郭を詳細に描き、金融と労務統制にかなり重きがおかれている。林継文『日本拠台末期（1930-45）戦争動員体系之研究』（稲郷出版社、1996年）は戦時、台湾当局が動員に従事する過程の研究であり、経済と工業方面の専門研究ではない。近藤正己『総力戦と台湾：日本植民地崩壊の研究』（刀水書房、1996年）も当時の日本が総動員作戦を進めた時に、台湾が遭遇した人力と物力の衝撃を研究主題としている。

　また戦後工業発展に関する研究は、大部分は歴史学の視点からのものではないために歴史的な継続性を見出せていない。中国エンジニア学会編『台湾工業復興史』（中国工程師学会、1960年）では、ソーダ塩素工業に一章を割

いて研究しているが、設備に関する部分に重点がおかれている。『台湾銀行季刊』も関連する当時の台湾工業の概況をいくらか載せており、筆者の1970年代以前の台湾工業の雛形の理解を助けてくれた。袁頴生『光復前後的台湾経済』（稲郷出版社、1996年）は1940年代の台湾経済の各局面の状況と政策を分析しているが、工業の専門研究ではない。葉万安『二十年来之台湾経済』（台湾銀行、1967年）は戦後20年の経済復興と発展の過程を表している。于宗先・劉克智主編『台湾的工業発展』（中央研究院経済研究所、1984年）は経済学者が各種工業の発展と工業振興政策について研究しているもので参照に値する。

さらにソーダ業の専門のものは姚文林[4]「台湾的工業」（『台湾経済年報』、中国新聞出版公司、1953年）、周国雄「台湾之鹹氯工業」（『台湾之工業論集巻三』台湾銀行、1965年）、張権「台湾之鹹氯工業」（『台湾之工業論集巻四』台湾銀行、1968年）などがある。これらの論文には註がなく出典が不明だが、筆者の知識を増やすのに役だった。拙稿「一九四〇年代台湾的軍需工業」（『中華軍史学会会刊』9、中華軍史学会、2004年4月）は日本植民地期後期と戦後初期のソーダ業とアルミニウム業の専論で、中華民国政府日本製機械の接収と国共内戦期がこの2つの産業に与えた影響を主に叙述している。

本章では日本植民地時期の塩業資料と中央研究院近代史研究所に現存する関連の経済檔案を使い、先に食用塩の品質改良について探り、次に工業用塩の出現の背景を分析し、さらに1950年代のソーダ塩素工業の発展とその限界について論述したい。

第2節　食用塩を主要とする時期

塩は生活の必需品であり、世界中に塩は非常に多いが、全ての地域で簡単に食塩を手に入れられるわけではない。日々の変化を経て、塩はしだいに海洋と特定の地域に集中した。台湾は太平洋の真ん中に位置し、西部に広大な海岸が塩場として開かれ、亜熱帯気候に属する強い陽光が塩をさらすのに適

しているという自然条件に恵まれていた。このために台湾では早い時期から製塩が行われていた。

1 塩田の整備

台湾産塩は天日塩以外に、煎熬塩・再製塩・洗浄塩・粉砕塩・粉砕洗浄塩があった。天日塩には二種類の製法があった。

(1) 直接日光に晒して食塩を抽出し、甲種塩田において生産する。甲種塩田は大蒸発池（65%）・小蒸発池（20%）・母液溜結晶池（10%）・堤防・水路等（5%）を備えていた。

(2) 塩砂濾過法・すなわち水を塩砂に注ぎ濾して塩水を得、日に晒して結晶塩を得る。この方法は乙種塩田に用いられた。その組織は甲種塩田よりさらに簡単で、1組2つ以上の濾過装置・結晶池と付属の砂田があるだけであった。台湾の塩田はもともと大多数がこの方式だったが、後には新竹の下油車港に60甲あまりが存在するだけになり1929年には廃止された[5]。中部・南部は甲種塩田に属し、北部は乙種塩田に属した[6]。

日晒塩田はおもに台南州の沿岸一帯であり、台中州・高雄州にもいくらかあった。1933年の面積は以下の通りである。台南州塩田1,476ha、産出塩115,639,140kg。台中州塩田292ha、産出塩7,409,160kg。高雄州塩田125ha、産出塩8,699,580kg[7]。

煎熬塩：甲種塩田の製塩法とほぼ同じである。塩水をとって石炭を燃料として煮詰めて製塩する[8]。台湾は1921年から煎熬塩を生産し始め、その年に日本に2,400,000kgを輸出した。1929年はさらに4,000,000〜5,000,000kgをロシア沿海州に輸出した[9]。

再製塩：品級の劣る天日塩を真水に溶かし、その塩水を煎熬塩と同じく煮詰めて塩にする[10]。

粉砕洗浄塩：天日塩を粉砕して洗浄し不純物を取り除く。早期に専売局が工場を台南の安平に設けたほか、日本植民地期の後期に専売局は品質向上のために鹿港・布袋・北門・烏樹林等に粉砕洗浄塩工場を設け、年産洗浄塩45,000トン、これは1943年の産塩額（460,000トン）[11]の9.8%であった。

次に塩田で海水を取る方法を分類すると、汲上式と流下式の塩田に分けられる。

汲上式塩田：結晶池は塩田の最も高い位置に設け、次に小蒸発池、いちばん低い位置に大蒸発池を置く。海水濃度の上昇にともなって上昇するため、かなり多くの労力を必要とする。台湾の塩田は大部分がこの方法を採用していた。

流下式塩田：貯水池の次は第一蒸発池、さいごは結晶池である。塩の干満を利用して海水を貯水池内に停留させ、だんだんと蒸発させる[12]。

このほか、天日製塩は気候により二期に分かれる。時期は産地によって異なる。

大季：北門・布袋は 3-5 月の 3 ヶ月、台南付近は 2-5 月の 4 ヶ月。

小季：北門・布袋は 10-2 月、台南は 10-1 月。

大小季以外に雨期があり、布袋・北門の両地方はその時期は完全に製塩を中止した。このため、塩田の労働者はこの期間は大蒸発池で魚の養殖をした。天日塩が結晶するのに必要な日数は、大季には約 5-6 日、小季には 10-12 日であった[13]。

台湾総督府は塩田の開発に余力がなかったので、1899 年の法律第 14 号で「台湾塩田規則」を公布し、官有地を無償で与えて塩田を開発させ、成功してから無償で営業主権を与え、その継承者にも塩田業の主権を認め塩田は地租と地方税を免除された。しかし、政府の許可した官有地以外に塩田を作った者は 100 円以上 500 円以下の罰金を科せられた。無許可の私有地に塩田を作った者は没収された[14]。塩田開発に対し、総督府はこうした優遇措置のほか補助金も出した。外周の堤防建築費はほぼ全額補助し、内部の工事費と軌道の敷設にも 3-5 割の補助を給付した[15]。その目的は日台両地域の食用塩の確保であった。

表 3-1 は台湾総督府が塩田の整備・堤防の修築・水路の開通・軌道の敷設・塩倉庫の新設等への補助金である。この表から日本植民地期の初期と中期に政府が塩田の復旧と拡張に投下した経費を知ることができる[16]。

この表から 1920 年代以前の塩田の整備建設に投入した費用が比較的多く、

表 3-1　台湾総督府の塩田への各種補助金

(補助金額単位：円)

年度	塩田	堤防	水道	軌道	塩倉	合計
1899	810	12,413	0	0	8,400	21,623
1900	11,910	0	0	0	2,400	14,310
1901	7,000	13,221	750	0	0	20,971
1902	2,970	8,917	0	0	0	11,887
1903	3,682	9,449	0	0	0	13,131
1904	3,682	0	0	0	0	3,682
1905	2,235	11,177	0	0	0	13,412
1906	13,638	1,289	0	0	0	14,927
1907	12,750	200	2,050	0	0	15,000
1908	27,254	5,946	1,800	0	0	35,000
1909	23,500	11,000	500	0	0	35,000
1910	10,960	34,040	0	0	0	45,000
1911	5,540	32,460	7,000	0	0	45,000
1912	30,100	4,900	0	0	0	35,000
1913	13,100	36,900	0	0	0	50,000
1914	14,000	86,000	15,000	0	0	115,000
1915	17,068	90,345	1,510	1,077	0	110,000
1916	9,463	51,065	7,674	2,543	0	70,745
1917	5,453	9,031	0	2,735	0	17,219
1918	10,678	2,764	718	3,059	0	17,219
1919	97,734	230,744	25,294	52,087	0	405,859
1920	160,478	399,030	11,520	9,460	0	580,488
1921	59,080	105,453	0	18,103	9,140	191,776
1922	9,093	26,269	6,265	3,942	0	47,569
1923	0	28,120	752	0	0	26,872
1924	3,553	12,709	0	7,228	0	23,490
1925	0	31,859	7,330	0	0	39,189
1926	0	10,975	1,284	1,140	0	13,299
1927	0	13,300	0	0	0	13,300
1928	0	68,093	0	661	0	68,754
1929	0	64,116	511	2,923	0	67,550
1930	0	2,262	0	4,056	0	6,318
1931	0	3,223	0	0	0	3,223
1932	0	4,150	1,118	4,300	0	9,568
1933	0	6,087	5,091	2,792	0	13,970
1934	0	19,219	2,570	2,801	0	24,590
1935	0	0	1,150	4,221	0	5,371
1936	0	6,895	286	3,190	15,422	10,371
1937	0	5,371	0	0	161,530	176,952

出典：1. 1899-1926年：台湾総督府専売局『台湾総督府専売事業』(台北：台湾総督府専売局、昭和3年、1928年)、32-33頁、第三表。

2. 1927-1937年：台湾総督府専売局『専売事業第三十七年報』別冊食塩 (台北：台湾総督府専売局、昭和14年、1939年)、3頁。

3. 李秉璋「日拠時期台湾総督府的塩業政策」(台北：国立政治大学史研究所碩士論文、1992年)、34-36頁。

第3章　近代台湾の塩業とソーダ業

堤防の修築に補助の重点を置いていることが明らかである。塩倉庫の設置はほとんど重視せず、1930年代後半になってはじめて比較的多くの経費を投入している。

　専売制度が実施され始めた時期の台湾全土の塩田はわずか197haであった。当時、南北の交通はきわめて不便だったため、産地から遠く離れた北部ではおもに輸入塩の供給に頼っていた[17]。

　1915-16年以来、日本経済の好況によって食塩の需要も大きく増加したため、台湾塩の増産の必要があり、当局は1921年1月の第13号「塩田適地調査規定」の執行によって塩田適地の調査隊を組織した[18]。いわゆる塩田適地は未開発地である。当時の台湾の西部海岸一帯は、土地も広く、多くは利用されておらず、官有の港もほとんどは荒れていて、塩田の適地としての条件に適っていた。塩務課は現地調査部と整理部を設け、台中州の大安渓の本流から高雄州の枋寮渓一帯の西海岸の塩田適地を調査した。調査事項は、位置面積・高低・土質・付近の飛沙・河川・海水濃度・潮汐・気象その他の関連事項であった。この調査結果は整理部に送られ、整理部は送られた資料に基づき規定によって標準評定等級をつけた[19]。こうして仔細に各種条件を考査した後、約11,640haの塩田適地が選定され、そのうち官有地は約4,850haであった。最優良の土地は約2,900haで、1年に1haあたり110,000kgが生産可能であった[20]。1926年12月から、専売局長は塩田適地を保留地としてその他の目的に使用することを制限し、将来の塩田拡張に備えるよう各地方長官に要請した。

　こうした植民地政府の塩田開設・修復・補助は3期に区分される。

　第1期の1899-1905年は、塩田の復旧と新開発が主だった。この時期は甲種塩田818ha、乙種塩田207ha、産塩量の合計は5,034万kg、増加した塩田は475haであった[21]。さらに台湾はこの時期から日本と朝鮮に輸出を開始した[22]。

　第2期、1906-18年。修復し整備した甲種塩田は1,568haで、乙種塩田は66ha、産塩量は101,820,000kg、増加した塩田は824haであった[23]。また台湾肥料株式会社が1917年に高雄に建設した年産3,300トンの炭酸ソーダ工

場が必要とする塩は6,600,000kgであった。これも台湾塩に対する需要の増加であり、塩田のさらなる拡大がはかられた[24]。

　第3期は1919年-23年の塩田拡張の完成までである。増加した塩田は563haであった[25]。第一次世界大戦末期に日本経済が急速に成長し、また化学工業と沿海漁業が発展したため、工業用塩と魚類の塩漬保存用の塩の需要量が激増した。しかしこれに反して日本の物価と賃金の上昇が塩業には不利に働き生産量が激減した（例えば、1918年度の需要量は13億5千万kgであるが、日本の生産量はわずか7億kgである）。その他の勢力範囲（朝鮮・遼東半島・青島）では増産は期待できなかったので、日本政府は台湾塩、特に本国の煎熬塩の代替品である台湾上等塩と工業用塩の供給を増加させることを期待し、このため1919年末に第3期塩田開設計画を開始した。以前の個人の独自経営方式奨励を改め、日本人も台湾人も一括して台南に資本金250万円の台湾製塩株式会社を設立し、統制経営の方式で競争を避けて塩田を買収し新塩田を開墾し、塩質の改良も行い、従来の天日塩以外に再製塩と煎熬塩をも生産した。このように塩業を日本人と台湾人の利害のぶつからぬ共同の産業にして、植民地政策の貫徹した実行を有益なものにしようと試みた[26]。

　こうして、継続的な開墾と整備を経て日本植民地期の台湾塩田は合計6つの大塩場を持つようになった。その範囲は以下の通りである。

　　烏樹林塩場：高雄岡山区永安郷と湖内郷に位置し、竹滬・弥陀の2区含む。
　　布袋塩場：嘉義県布袋鎮と東石郷に位置し、掌潭・布袋・新・虎尾寮などの4カ所を含む。
　　北門塩場：現・台南県北門郷。すべて瓦盤式塩田。寮・王爺港・井子脚・北門・中洲の5区を含む。
　　七股塩場：台南県七股・将軍の両郷に位置する。すべて土盤式塩田。
　　鹿港塩場：彰化鹿港鎮の西に位置し、鹿港塩田を含み、3区に分けられる。
　　台南塩場：台南市郊外の安南などの区に位置し、安順・塩・湾裡の3区

と安平試験塩田を含む[27]。

1924年から1934年までは台湾塩田の開発休眠期である[28]。休眠期とはいっても台湾塩は引き続き日本に輸送されていたが、しかし、日本の外国塩輸入量に占める割合はかなり減少した（表3-2参照）。

台湾塩の輸出とその品質改良は密接な関連があった。

2 台湾塩の品質改良

児玉源太郎が台湾で食塩の専売実行を許可を開始したころ、日本では国内市場における台湾塩と日本塩との競争を懸念していた。このため1905年6月、日本本土は食塩専売法を施行し輸入量を制限した。これは台湾の塩の販路に影響を及ぼした[29]。

在台日本人への食塩供給は台湾総督府の悩みのたねであった。なぜなら、台湾の従来の食塩はほとんどが土などがまじり黒っぽい色をしていたのである。台湾人は見慣れていたので食塩はこんな色なのだと思っていたが、純白の食塩を使用していた日本人には受け入れられなかった。このため、台湾総督府は暫時日本から食塩を購買して在台日本人に供給しながら、台湾食塩の製造法を全力で改善し、日本の食塩のように純白なものへと到達させようとした[30]。

在台日本人と台湾人が砂などのまじった食塩を食べずにすむようになることは、台湾塩を日本に輸出できるようにすることでもあった。当局は1900年以降、品質改良計画を立案し、まず食塩の品質を上中下等にわけ、購買価格の差を塩業工作者の優良塩生産の刺激にしようとした。次いで、結晶池の修築を奨励し補助した。しかし、1930年に日本本土の専売局が輸入食塩の塩分基準を設定したため、台湾塩の輸出は一時苦境に陥った。当局は急いで関連会議を招集し、いわゆる「母液」の更新と接収時間の延長を決め、専売局長が東京へ交渉におもむいて、輸入規格の実施延期を求めると同時に、塩脳課長は各地の塩田を巡視し業者の自覚を促した[31]。さらに買収規格を変更して、塩の成分を決め、製塩業者の製塩法を確定させた[32]。

当時の専売局の日本向け台湾塩の買取規定は、数回の改訂を経て表3-3の

表3-2　日本塩供需表

(単位：万トン)

年	塩供給量						塩需要量
	国内塩	輸入塩				合計	
		関東州	台湾	青島	輸入塩計		
1905	33.28	0.70	2.50	0	3.95	37.23	37.19
1906	56.48	1.14	2.61	0	4.18	60.66	60.61
1907	59.34	7.24	3.43	0	4.67	64.02	63.27
1908	62.28	2.49	1.62	0	4.46	66.74	60.68
1909	59.70	2.40	3.04	0	5.67	65.37	61.15
1910	56.77	1.98	3.35	0	5.37	62.14	60.55
1911	56.95	2.76	3.78	0	7.59	64.55	68.57
1912	62.01	2.15	13.13	0	5.28	67.28	67.01
1913	64.00	3.84	3.64	0	7.48	61.48	72.28
1914	61.09	4.92	5.62	0	10.54	71.63	71.03
1915	59.72	3.56	5.43	0	8.99	68.71	69.17
1916	62.05	4.94	6.37	0	11.32	73.37	73.98
1917	60.24	10.21	9.23	3.70	23.25	83.49	85.16
1918	40.32	9.48	7.71	16.42	35.75	76.07	76.80
1919	58.90	8.49	2.29	21.01	52.60	111.51	99.76
1920	54.40	8.84	1.31	15.23	37.87	92.27	73.46
1921	51.51	8.02	4.47	11.43	26.09	77.60	80.26
1922	66.50	8.05	5.77	10.09	29.96	96.47	86.75
1923	47.99	12.96	7.47	0.49	22.74	70.73	80.80
1924	63.72	14.80	10.96	0	32.13	95.85	81.65
1925	66.86	10.22	6.83	0	21.72	88.59	82.78
1926	61.41	7.04	5.49	6.85	24.14	85.55	85.98
1927	61.91	4.56	4.49	13.09	24.01	85.93	87.46
1928	63.79	5.91	4.54	16.43	28.13	91.92	90.17
1929	64.42	8.15	5.18	19.97	33.55	97.97	97.73
1930	62.87	15.30	8.24	12.50	37.32	100.19	94.35
1931	52.13	18.90	10.11	9.83	45.42	97.54	107.21
1932	57.26	14.72	8.33	13.58	63.84	120.10	120.45

出典：小沢利雄『近代日本塩業史――専売制度下の日本塩業』（東京：大明堂、2000年）、127頁。日本専売公社『塩業整備報告』（東京：日本専売公社、1966年）より転載。

第3章　近代台湾の塩業とソーダ業

表3-3　日本輸出用台湾塩収買基準

改訂年度および 文書番号	塩等級	成分（％）		
		塩化炭酸ナトリウム	水分・不純物	不溶解度
1926年9月18日 局訓第200号	上等塩	75以上	15以内	0.11以内
	中等塩	75以上	15以内	0.21以内
	下等塩	75以上	15以内	0.53以内
1932年3月10日 局訓第11号	上等塩	80以上	6.5以下	0.53以下
	普通塩	75以上80未満	8.5以下	0.53以下
1932年12月1日 局訓第24号	上等塩	87以上	4.5以下	0.11以下
	普通塩	80以上	6.5以下	0.53以下
	普通塩乙	75以上	8.5以下	0.53以下
1934年12月24日 局訓第15号	上等塩	88以上	4.1以下	0.1以下
	普通塩	83以上	6.4以下	0.3以下
	普通塩乙	75以上	8.5以下	0.5以下

出典：1. 畠中泰治『台湾専売事業年鑑』（台北：台湾と海外社、1939年7月）、276頁。
　　　2. 陳慈玉、李秉璋「日治時期台塩的流通結構」、『東呉歴史学報』第10期（台北：東呉大学歴史系、2003年12月）、253頁。

ようになった。

　こうした大きな挑戦後の台湾塩の成績はどのようなものであったか？　ここに挙げる1928年から1937年に日本に輸出された台湾塩の鑑定成績によって見てみよう。

　表3-4から、1932年以降、台湾塩の品質は評価されるようになりその鑑定成績もかなりの高水準に達したことがわかる。上等塩・普通塩とも品質はさらに向上し、特に上等塩は大きく進歩した[33]。

　幾度かの改革を経て台湾塩の品質は向上し、表3-5に示すように他地域で生産された塩との競争力を獲得した。

　表3-5から、台湾塩の品質がしだいに改良され、遼東塩と青島塩を超えているのが見てとれる。

　もう一方で、台湾総督府は塩業の技術革新の実験を進めていた[34]。1904年に農商務省塩業調査所技師の奥健蔵氏の発議で、総督府は2,970円を出資

表3-4　日本輸出用台湾塩検査成績表（1928-1937）

年度別	塩等級	成分（%）			鑑定成績
		塩化炭酸ナトリウム	水分	不純物	
1928	上等塩	87.95	7.66	4.39	86.31
	普通塩	89.24	6.43	4.33	87.73
1929	上等塩	86.80	8.59	4.61	85.02
	普通塩	89.05	6.55	4.40	87.51
1930	上等塩	87.97	7.52	4.44	86.40
	普通塩	88.04	6.80	5.16	86.29
1931	上等塩	88.74	7.40	3.86	87.23
	普通塩	87.91	7.08	5.01	87.91
1932	上等塩	90.67	6.04	3.29	89.41
	普通塩	89.57	6.39	4.04	88.12
1933	上等塩	93.36	4.26	2.38	92.46
	普通塩	89.85	6.41	3.74	88.46
1934	上等塩	94.05	3.91	2.04	93.25
	普通塩	90.78	5.96	3.26	89.53
1935	上等塩	94.00	3.70	2.30	93.17
	普通塩	91.09	5.53	3.38	89.86
1936	上等塩	93.67	3.72	2.61	92.78
	普通塩	91.10	5.30	3.60	89.85
1937	上等塩	93.97	3.73	2.30	93.14
	普通塩	90.83	5.74	3.43	89.57

出典：1. 畠中泰治『台湾専売事業年鑑』（台北：台湾と海外社、1939年7月）、276頁。
2. 陳慈玉、李秉璋「日治時期台塩的流通結構」、『東呉歴史学報』第10期（台北：東呉大学歴史系、2003年12月）、254頁。

し、布袋の野崎塩行にカリフォルニア式塩田2甲あまりを築造した。これは自然の地形を利用して広範な蒸発池を修築し、小さい水路で海と結び、満潮の時に水路から海水が池の内部に入り込んで自然に蒸発した後、さらに風車を使って木の樋で結晶池に入って結晶するというものであり、労力と塩田の修築費を節約することができた。しかし、台湾の多雨のために、結晶塩が溶

第 3 章　近代台湾の塩業とソーダ業

表 3-5　台湾・日本・遼東・青島塩品質比較表

(単位：塩化炭酸ナトリウムの比率（%）)

年度 塩別	1922 年	1927 年	1932 年	1937 年
日本一等塩	91.61	91.33	92.48	92.39
日本二等塩	86.63	87.16	88.02	88.04
日本三等塩	82.10	82.93	83.44	83.48
台湾上等原塩	80.08	84.89	89.55	92.57
台湾普通原塩	82.69	87.55	88.55	90.21
台湾煎熬塩	91.28	93.43	92.28	92.00
遼東普通原塩	82.85	85.45	87.56	85.57
青島上等原塩	83.75	84.46	83.47	83.98

出典：1. 畠中泰治『台湾専売事業年鑑』（台北：台湾と海外社、1939 年 7 月）、279 頁。
　　　2. 陳慈玉、李秉璋「日治時期台塩的流通結構」、『東呉歷史学報』第 10 期（台北：東呉大学歷史系、2003 年 12 月）、255 頁。

けてしまい蒸発が遅いのでこの方法の導入は適当ではないことがわかり、1907 年に試験は終わった。

　次に、台湾の塩田は単位面積（約 1 甲）が狭いために、よけいな労力がかかることがわかり、これを改良する構想が提出された。いわゆる「大農式塩田」である。1915 年に新塩田に集中結晶池・大小蒸発池・母液溜・塩水溜・畦畔など、17 甲あまりの大農式塩田を修築した。製塩作業の簡素化と労力の節約で、旧式塩田の 2 倍半の純利益を得られると予想された。1917 年 11 月から試験は始まったが、面積が広すぎて、降雨過多が母液の流失と地盤の凹凸を導くため、結局、翌年 3 月に台湾には適さないと宣告された。

　台湾の塩田は海に近いため、開設の時に必ず外周堤防を設けなければならず、その費用は塩田の内部構造に匹敵するが、いったん暴風雨がくれば甚大な被害を受ける。このため、台湾製塩株式会社は北門の庄蚵寮付近で 1921 年に堤防費の節約のため「高地式塩田」試験を始めた。鹿港の塩田は辜顯栄が出資して、1907 年に日本の島根県の「高架式塩田」を導入し試験した。しかし、当地特有の強風で海水が四散してしまうため収量は芳しくなかった。

このほか結晶池を改良して塩質を向上させるため、布袋野崎塩田・北門塩田・紅毛港塩田等の地に土・セメント・木の槽・レンガ等のさまざまな材料で結晶池を作り、各モデルの使用期・産塩量・塩質（塩成分）・修繕費などを研究した。さらに1920年は台南州東石郡布袋庄で日本市場に適応した微粒塩の製造を実験した。その結果、生産量が普通塩にくらべて少ない上に生産費が高く、よけいなものが混ざりやすくて品質のコントロールがむずかしいことがわかった。

同時に、植民地政府は1920年に生産力をどのように向上させるかについて研究を開始した。伝統的な採塩法は毎日夕方に作業し、時間は短いが大量の労力を消耗する。このため、実験塩田は1日おきに採塩する方法で、1日の労働時間は比較的長いが、労働者ひとりが2倍の塩田を請負い、順番に1日に塩田1枚の塩を集めることにした（この時に自由製塩制を採用し、以前の常雇制にはしない）。隔日採塩は即日採塩にくらべて、塩化ソーダの含有量が15-20％高く、光沢もやや良好でまざりものが少ないことがわかった。かつ上等塩の比率が高く（隔日採塩は上等塩が総生産量の88％を占めるが、即日採塩はわずか70％）、その上前者の総生産は後者にくらべて34％の増収であった。自由製塩制は利益をもたらすので、塩業労働者は比較的大きな面積の塩田を経営するために毎日かなりの時間を費やすことを厭わなかった。

このように食塩の生産量増加と品質の向上のため、植民地当局は心血を注いでカリフォルニアや日本の生産技術を導入し、さらに実験を行って当地への適否を見極め、目的に達しさせようとし、大いに科学的な精神を備えていた。

さらに、塩業生産を回復するため総督府は多くの補助措置をとった。台湾塩田の面積の継続的な拡張を進め、3期にわたる食用塩田増加を経た後、塩田開発は暫時休眠期に入った。その後に続いたのは大規模な工業塩田の継続的な開発であり、これは台湾塩業をもうひとつの発展のピークへと導いた。

第 3 章　近代台湾の塩業とソーダ業

第 3 節　工業用塩の主要期

　1935 年以後、台湾塩業は工業用塩の増産計画によりしだいに変化していった[35]。

　工業塩は化学工業の重要原料の一つであり、主要産品であるソーダ業製造時に不可欠な原料であるだけでなく、その副生品であるにがりも鉱工業・医薬用品の製造原料でありさらには軍需原料でもある。また、結晶過程に抽出される硫酸石灰（石膏）はセメント工業の重要原料である[36]。工業用塩が化学工業中に占める地位は、鉄が機械工業に占める地位ほどの重要なものである。人造絹糸や人造繊維工業上で使われる苛性ソーダも塩を原料とし、ガラス工業で使用するソーダ灰も同様である。このほか、石鹸・歯磨き粉・胃腸薬・味の素・染料なども大量の塩を必要とする。特に科学兵器は大部分は塩が原料である。例えば催涙ガスや催嚏ガスなどもすべて塩の中のソーダ塩素を主要成分とし、防毒用品でさえ塩を重要な成分としている[37]。日本の工業塩の需要は急速に増加し、1926 年にはわずか 10 万トンであったが、1933 年には 64 万トン強に増加し 1938 年に 118 万トンあまりにまで増加した。こうして帝国内植民地工業塩の増強が早急に求められた[38]。

　こうして 1931 年の満洲事変後、日本の需要は食用から軍事関連へと移行していった。日本の拓務省は原料塩を確保するために何度も国内外の塩務主任官の会議を召開し、帝国領域内の塩の生産量増加が極力主張され外国塩を排除しようとした。すなわち台湾・関東州・満州などでは塩業を拡大し、帝国領域内の工業塩の大半を供給することを期待された[39]。

　まず、1932、34 年、東京で内外地塩務主任官会議が 2 度開かれた。この会議で、台湾製塩株式会社に、1935 年に台南州北門郡七股荘西寮に 388ha の台湾初の純工業用塩田を開設させることが決定された[40]。第一期工事としてまず 291ha が着手され、完成後にその実際の効果を確かめたうえで第二期計画を建てた。工程全体は 1935 年 10 月 1 日に着工し、1937 年 3 月 31 日に竣工した。この塩田の成否は台湾塩業と工業塩の将来に関係し、台湾塩田の質的な変化の基礎であるだけでなく日本政府による将来の塩田開設の新し

い管理方針の規格でもあった。その生産販売は全て業者の自主経営によるものであった[41]。表3-6から1943年の産塩面積は1937年にくらべてわずか100甲増えているだけだが塩生産量は1937年の2.31倍になっており、さらに単位生産量が年ごとに増加するという現象も現れたが、買取価格と販売価格はまったく変わらない。これは政府が重視したのは生産量であり、塩業労働者や台湾製塩会社が実際に費やしたコストではないことを意味している。

実際、台湾塩が日本に販売されたことは、日本のソーダ業の発展と関連している。日本ではこれまで本国塩を使用し、台湾塩と中国塩はほとんど炭酸ソーダナトリウム工業（ソーダ業）や醤油醸造の原料として使われていた。日本政府は植民地の塩業を殖産興業政策の一環と見なしており、以前に分析したように台湾製塩株式会社は台湾塩田に投資し日本の必要とする工業用塩の供給を促した。工業用の原料塩として台湾塩の品質が日本塩より良質なため、専売税を徴収せずほとんど輸入原価で販売された。例えば1905年に日本が専売制度を始めたばかりの時、台湾普通塩100斤（60kg）の販売価格は2.2円（一般用塩は2.36円）であったが、工業用塩は特別価格で0.9円、

表3-6　台湾製塩会社工業塩田面積、生産量表

年度別		1937	1938	1939	1940	1941	1942	1943
面積（甲）		200	300	300	300	300	300	300
塩生産量（トン）		156,000	156,000	237,000	294,000	333,000	354,000	360,000
支出	100kg当たり購売価格（円）	0.460	0.460	0.460	0.460	0.460	0.460	0.460
	100kg当たり官庁経費（円）	0.020	0.020	0.020	0.020	0.020	0.020	0.020
	計（円）	0.480	0.480	0.480	0.480	0.480	0.480	0.480
同上金額		31,680	74,880	113,760	141,120	159,840	169,920	172,800
収入	100kg当たり販売価格（円）	0.620	0.620	0.620	0.620	0.620	0.620	0.620
同上金額		40,920	96,720	146,940	182,280	206,460	219,480	223,200
差額収入		9,240	21,840	33,180	41,160	46,620	49,560	50,400

出典：台湾総督府殖産局商工課編『熱帯産業調書』下（台北：台湾総督府殖産局商工課、1935年）、92頁。

普通塩の 40.9％という安さであった[42]。

　日本のソーダ業技術は欧米からきたもので、1881 年日本がはじめて外国から導入した純ソーダ（sodaash）製造法は比較的古いものであった。当時、欧州ではすでにもっと進んだ新技術を採用していたが、日本では 1910 年代の後半になってもまだ古い方法を使用していた。新技術の操作はきわめて複雑で日本では手に入れがたい高品質の原料塩を必要としていたため、日本ソーダ業では原料塩の品質があまり問題にならない古い技術を採用していた[43]。

　当時、日本のソーダ業の規模は小さく、第一次世界大戦前の原料用塩は総消費量のわずか 4.5％であった。戦争勃発によって日本産業界は飛躍的な成長を遂げ、新しい製造法で炭酸ソーダナトリウムを生産する工場も現れ始めたが、原料塩の供給問題に直面した。欧米のソーダ業の大多数は岩塩の豊富な地域か塩水湖の近くに設立されており、良質で廉価な原料塩を確保していた。このため、生産コストに占める原料費の割合はきわめて小さかった。しかし日本塩はもともと食用に供給され、価格と品質にかかわらずソーダ業の原料塩とするのに適していなかったため、植民地（台湾）と準植民地（遼東・青島）からの輸入に頼るしかなかった。満洲事変以降、軍需工業の発展により苛性ナトリウムの需要が激増したので[44]、原料塩の供給が日本の業界の切迫した課題となった。

　ソーダ業は電解法を主とし、電解後の副生品は水素・塩素であるためにソーダ業と軍需工業には関連がある。水素は人造肥料・人造石油などの化学工業の重要な原料であり、水素は硬化油・合成塩素などにも使用できる[45]。水素と植物油をいっしょにして硬化油を製造するが、硬化油は火薬・石鹸工業と関連する。これによりソーダ業と軍需工業に緊密な関係があるのがわかるが、戦時の日本は軍需工業の発展のためにソーダ業の最重要原料（工業塩）の供給を増やさなければならなかった。

　戦争準備段階に到って、なぜ日本は外国の安い工業塩（特にイギリス製品）を輸入し、逆に帝国内部各地に充当しなかったのであろうか？　これは、日本が大戦勃発に処するために、工業塩の供給源を「近主遠従主義」、つ

表 3-7 日本工業用塩供給状況表

(単位:千トン)

年度	近海塩		準近海塩		遠海塩		計		台湾塩の割合	
	量	%	量	%	量	%	量	%	量	%
1932	169	38	＊＊＊	＊＊＊	272	62	441	100	9	2
1933	193	26	105	14	435	60	733	100	無	
1934	333	33	52	5	641	62	1,026	100	無	
1935	316	32	95	9	582	596	993	100	20	2
1936	567	52	28	3	492	45	1,087	100	11	1

出典:1. 台湾総督府臨時情報部『部報』第 18 號、1938 年 3 月、4 頁。
2. 陳慈玉、李秉璋「日治時期台塩的流通結構」、『東呉歴史学報』第 10 期(台北:東呉大学歴史系、2003 年 12 月)、258 頁。

まり帝国の勢力でコントロールできる地区の生産する塩を極力利用しようとしたためである。表 3-7 により日本工業用塩の供給状況を知ることができる。路程の遠近によって塩の供給地を近海塩・準近海塩・遠海塩に分け、台湾・関東州・満州・華北は近海塩に属した。

表 3-7 から 1930 年代前半には台湾工業塩の生産量は決して多くなく、また日本工業用塩の主要供給源でもなかったことがわかる。この戦争準備時期に、日本の「近主遠従」の到達目標は近海部分が 80％を占め、遠海部分が 20％を占めるものであり、近海部分の供給量増加は不可欠であった。台湾塩は 1937 年に 5 万トンにまで増加し、1932 年の 5.5 倍強になった[46]。この後、日本企業は台湾での大型塩業に投資し、台湾を日本工業塩の基地のひとつにするだけでなくソーダ業をも発展させた。

第 4 節　ソーダ塩素工業の出現と初期の発展

1　ソーダ塩素工業の出現

日中戦争勃発の直前、台湾総督府は工業用塩の大規模生産を企図し、1937 年 2 月に台南州に 6,900ha を塩田用地として留保した。3 月、日本曹達株式会社が管理する台湾製塩株式会社のにがり処理工場も完成した[47]。

1937年の侵略戦争勃発に伴い、日本の大蔵省は同年12月に「内外地塩務緊急協議会」を主催し、自給自足のため、化学工業原料塩の増産計画を立案した。計画の中で、占領した中国東北部と華北に塩田を開墾するほかに、台湾は1941年度に25万トン（1945年度は40万トンに増加）の生産量を分担しなければならないと指示した[48]。この生産拡大計画を実現するために、台湾総督府の主導のもと大日本塩業株式会社・台湾拓殖株式会社・日本曹達株式会社の共同出資により、製塩・にがり副生品利用とソーダ業発展の三者一貫した作業を目的として1938年6月に資本金1,000万円の南日本塩業株式会社が設立された。生産拡大計画を実現するため、まず布袋・北門・烏樹林などで4年間で塩田4,500甲（後に3,550甲に改める）を開墾し、355,000トンの塩を生産する（結局、専門技術を持つ人材の不足と資材・労働力の補充が困難だったために1941年にわずか2,210甲が完成し、215,200トンを生産したのみ）。次に、南日本塩業株式会社の事業の基礎を強固にするため、日本曹達・日本塩業・台湾拓殖の三社が1939年に1,500万円を投資して南日本化学工業株式会社を創立し、副生品利用とソーダ業の経営を分担して製塩業でもたらされた欠損をうめるようにした。また、南日本科学株式会社はにがりの中のマグネシウム抽出時に生産する副生品である工業塩に再処理を加えて、ソーダ塩素を製造することができた。にがりは天日塩を作る時に生産されるもので（1939年度は約20万トン、1940年度は約30万トン）、以前は全て廃棄されていた[49]。ゆえにこの計画後は食塩・工業塩・マグネシウム・ソーダ塩素の生産作業が一貫して完成でき、台湾塩業は台湾製塩株式会社と南日本塩業株式会社の独占するところとなり、南日本化学工業株式会社も共同して大きく変革され、近代化された工業となった。

1941年11月、日本の「工業振興第二個四年計画」（1942年度開始）に呼応して、台湾は「大工業化計画要綱」で工業を振興し、工業塩を利用する工業にさらに重点をおくようになった[50]。

1941年、台湾総督・長谷川清が会長をつとめ、台湾の大企業の代表と日本の大蔵・商工・農工・拓務・陸海軍省などの28名の関連官僚を集めて「臨時台湾経済審議会」を開いた。第一特別委員会で議決された「工業振興

方策」では、工業塩と関連する海水・塩水・にがり等を利用して化学肥料工業を発展させ、さらに、台南州の塩田適地に臭素製造工場を増設するという項があった[51]。同年、総督府は南日本塩業会社と台湾製塩会社を2大主幹として、その他の小企業を合併することを決定した[52]。1942年7月1日、総督府は食塩専売規則を塩専売規則に改称し、工業塩も管理領域に入れた[53]。同時に、資本金1,000万円の鐘淵曹達工業株式会社が設立され、新豊郡安順庄（現・台南市安南区）に工場を建設した。ここには塩田666,615甲が築かれ、そのうち官有地はわずか50甲、その他はすべて民有地であった。翌年4月、臭素工場がまず開業し、さらに塩さらしが始まった。1944年にソーダ塩素工場が完成し、おもに工業塩を利用してソーダ塩素を生産した[54]。

さらに、日本旭電化工業株式会社が1939年に高雄にソーダ塩素製造工場建設を準備し、塩素を同社のマグネシウム製造工場に供給して金属マグネシウムを製造した。生産された苛性ソーダ（NaOH、水素酸化マグネシウム）は付近のアルミニウム工場に供給してアルミニウム塊を生産した。これらはすべて軍事上必要な軽金属である。この工場は1941年8月に正式に開業した[55]。

こうして、1937年日中全面戦争以後、日本は帝国内部の塩の自給自足と外貨支出の節倹のために外国塩の輸入を制限し、植民地の塩がますます優勢な地位を占めることとなった。その後、国際的に不利な状況下にあった日本は戦争の需要と外国の工業塩に頼らぬために台湾に大増産をうながして台湾を日本工業の一大重要資源供給地とし[56]、さらに帝国の南進のジャンピングボードとした。しかし、当時の主要な目的は軍需であったため、日本は台湾に純ソーダを製造させなかった。このため台湾の必要とする純ソーダの量は非常に少なく、日本本国の純ソーダの生産量で必要量に足りていたため植民地の供給に頼る必要がなかった。このため、わずかに工業塩を製造した電解法とルブラン（leBlanc）法を台湾に導入したが、その効率は欧米のアンモニア・ソーダ（Solvay）法に遠く及ばなかった[57]。

日本が台湾に設けたソーダ塩素工場は、戦争末期に前後して連合国機の爆撃に遭い営業停止を迫られた。表3-8に示すように、その生産量は1944年

第 3 章　近代台湾の塩業とソーダ業

にピークに達し、合計で苛性ソーダ 8,125 トン、塩素 779 トン、液化塩素 100 トン、晒粉 941 トンを生産した[58]。苛性ソーダの生産量は 1941 年の 12.3 倍であり塩素は 79.7 倍である。

　日中戦争終結の 3ヶ月後の 1945 年 11 月、中華民国資源委員会が台湾に電化業監理委員会を設立し、南日本化学工業株式会社・鐘淵曹達工業株式会社・旭電化工業株式会社などのソーダ製造工場の監理を開始した。1946 年 5 月 1 日になって、資源委員会と行政長官公署は台湾省製碱有限公司を共同出資して組織し、1947 年はじめに台湾ソーダ有限会社（台湾碱業有限公司。以下、台碱）と改称した[59]。台碱の主要製品の苛性ソーダは最大の市場は海峡の対岸であった。このため時局の変転に伴って台湾ソーダ塩素工業は苦境に陥り、一時民営工場の業務はどん底に落ち相次いで業務停止し 1949 年末にはわずかに 12 工場が残るだけであった[60]。その一方、台湾区は生産事業監理委員会が 1949 年 8 月に台碱公司の第一・三の両工場を閉鎖することを決議し、解雇した従業員は 570 名、台湾通貨の制度改革と呼応して資本額を調整し新台湾元 400 万元とした。苛性ソーダの月間生産能力が 650 トンに達した台碱公司の月産量は、固形ソーダ 200〜250 トン[61]、生産設備能力のおよそ 30.8〜38.5％に減少し、設備を遊ばせておくこととなった。換言すれば、ソーダ業を台湾の軍需工業の主とするのは「日本帝国」の経済体制下ではじめて維持できたことで、1945 年以前の台湾市場自体は小さく、資源も豊富でなかった。戦後日本は廃墟となり、台湾工業の復活は中国の原料供給と市場の消費に頼るしかなかったため、いったん大陸が共産党の手に落ちると台

表 3-8　終戦前台湾ソーダ塩素工業生産量表（1941-1944）

(単位：トン)

産品名称	1941 年 8-12 月	1942 年	1943 年	1944 年
苛性ソーダ	660.87	4,596.38	6,870.84	8,125.42
塩酸	9.77	506.19	741.09	779.35
液化塩素	—	—	3.24	100.28
晒粉	—	—	470.94	940.56

出典：周国雄「台湾之碱氯工業」、台湾銀行経済研究室編『台湾之工業論集巻三』（台北：台湾銀行、1965 年）、76 頁。

湾工業はすぐに深刻な打撃を受けた[62]。

　台碱の台湾の大口客は台湾鋁業（アルミニウム）公司と台湾紙業公司であった。両者はこの時減産していたので、苛性ソーダの需要も大幅に減少した。台碱は1949年以前に設備を拡充したので借金がかさみ、経営上の困難を来した。当社は支出の緊縮対策を採用し、人員削減を二度行い、第二工場の普通晒粉の製造を停止し、第三工場の海水から臭素を抽出する工場と効率のよくない第一工場を閉めた。同時に当社は販売方面でも調整を行い、製品の販売価格を下げ、大口客の計算方法を改め、さらに進んで各取引先と長期契約を結び、優待価格で差別化し、コストをけずって売上を増やし、さらに苛性ソーダの海外販売を試みた[63]。表3-9に示す通り、台碱公司の苛性ソーダと塩素の生産量は1949年に減少し始め、1950年が一番低い。しかしこの状況は1950年代初期に変化した。まず1950年の朝鮮戦争の勃発とアメリカの援助復活が台湾工商業の発展を促進させ、苛性ソーダの国内市場の需要が増加した。次に、味の素の生産方法の進化で塩素の需要が激増し、大量の塩素が必要になった。また、台湾の紙業ではさつまいもかすを利用してパルプを作っていたが、これにも塩素が必要であった。このため、台碱公司は苛性ソーダの生産量を大幅に増加し、1964年にはピークに達した[64]。さらに後述の如く、台湾プラスチック工業株式会社（台湾塑膠工業股份有限公司）がPVCプラスチックペレットを増産したためさらに塩素が必要になり、当年の塩素の使用率は98％に達した[65]。

⬜2⬜ 高度晒粉工場の設立

　余剰塩素の使用問題は、1950年代初めから続く台碱公司にとっての大きな難問であった。当社は積極的に企業内部に解決の道を探り、高度晒粉（HTB）を生産することにした。当社の高度晒粉工場創立計画の中には以下のような記述がある。「高度晒粉はパワーのある晒粉で用途は広範である。紡織・漂白・染色・製紙などの工業から、公共衛生や家庭での洗濯までひとしく使用できる。かつ一般の晒粉より安定しており、長く貯蔵しておいても効力は変わらない。製品は台湾内の需要以外にも、海外に多く販売して外貨

第３章　近代台湾の塩業とソーダ業

表3-9　台湾碱業公司主要生産品の生産・販売量統計表（1946-1965）

(単位：トン)

年度 \ 産品	苛性ソーダ		液化塩素		塩酸		晒粉	
	生産量	販売量	生産量	販売量	生産量	販売量	生産量	販売量
1946年	950	943	3	—	735	681	1,673	1,615
1947年	3,287	2,539	91	79	2,922	2,146	1,986	1,943
1948年	4,777	4,303	304	241	3,114	2,792	2,814	2,603
1949年	4,278	3,717	234	268	2,254	2,165	881	679
1950年	3,123	4,088	562	574	1,801	1,583	129	128
1951年	6,577	6,479	1,632	1,559	2,125	1,852	274	
1952年	7,034	5,749	1,286	1,169	3,024	2,733	—	
1953年	8,311	8,761	1,824	1,724	3,312	3,312		
1954年	11,649	10,828	2,668	2,563	5,687	5,404		
1955年	11,551	11,732	2,761	2,712	5,330	4,905	—	
1956年	14,476	13,837	3,577	2,958	5,779	5,264	219	101
1963年	30,218	28,531	6,578	6,512	21,958	20,343	909	833
1964年	37,528	38,291	6,603	6,572	29,393	27,024	920	802
1965年1-11月	33,318	32,266	6,227	5,851	19,915	16,933	580	452

出典：「台湾碱業有限公司快郵代電」（(39) 碱北総第1408號）、1950年8月24日発、中央研究院近代史研究所蒐蔵的資源委員會『台湾碱業公司』、編號24-17-12-6-3；「台湾碱業公司民国四十年度工作報告」、「台湾碱業公司中華民国四十五年工作報告」、中央研究院近代史研究所蒐蔵的戰後台湾時期経済部門案『台碱公司』、編號35-25-16-10；1963年資料係来自「台湾碱業公司第五十次董監聯席会議紀」、中央研究院近代史研究所蒐蔵的戰後台湾時期経済部門案『台碱公司』、編號35-25-16-1；「台湾碱業公司第五十四次董監聯席会議紀」、中央研究院近代史研究所蒐蔵的戰後台湾時期経済部門案『台碱公司』、編號35-25-16-2；「台碱股份有限公司第四次董監聯席会議紀」、中央研究院近代史研究所蒐蔵的戰後台湾時期経済部門案『台碱公司』、編號35-25-16-2。

を稼ぐことができると予想できる」[66]。

　この高度晒粉工場の創立過程は、困難な技術創出の道であったと言えよう。なぜなら当時台湾にはこの技術はなく、国外から導入するしかなかったからである。外貨の短期的欠損という状況のもとで、当社はアメリカに支援を申請した。当社ははじめ日本の旭電化会社の晒粉工場を手本にしようと計画していた。工場の設備製造者は日本の月島会社であったので、アメリカへの援助申請の見積書も月島の提供したものであった。この計画はホワイト工程公

司（J. G. White Engineering Corporation）が審査・同意後に、台碱は行政院の美援（アメリカ援助）運用委員会と契約にサインし、1952年10月に入札の開票をした。台碱はホワイト公司の意見に全面的に依拠し、最低価格の月島を選ばず、スイスのKrebs会社（Krebs & Co。台湾の代理商は有利公司 United Exporters）を改めて選んだ[67]。

台碱公司は22万米ドルを借り入れ、1952年11月にスイスのKrebs会社と日産5トンの高度晒粉設備（約20万米ドル）を契約し、ほかに西ドイツのCarlowitz会社と容器製作設備（約2万米ドル）の契約を結び晒粉設備を準備した。そのほかに自分たちでAzbe窯を建てたり、厨房を建てて水槽を設けたりした（約560万新台湾元）。1953年2月24日から日産5トンの機械を設置し、設置エンジニアのForemanを招聘し、6月5日に高雄で指導に着手した。台碱公司は任継光を派遣し、設置工程を手伝わせた。付属設備と厨房は予定通り1953年12月前に設置が完成したが、晒粉設備の厨房はCarlowitz会社の機器布置図がしばしば変更されたために、予定は延期され、1954年9月にやっと竣工できた。

契約規定により、Carlowitz会社は10月はじめに科学エンジニアEugen W. Angeleを試運転に参加させるため派遣した。ForemanとAngeleの報酬と旅費などの費用は台碱が負担した。

しかし、試運転の結果は規定の生産量と品質に達せず、スイスのCarlowitz会社は何度も設備を補充し、続いて2人の試運転エンジニアのAlfred G. IrmerとOtto Schneiderを台湾に試運転のため派遣した[68]。設計考核委員会主任委員の張静愚の視察をもとにすると、当時の実際の失敗の状況は以下のようであった。

（1）塩素化副生品が多すぎ、冷却効率が低すぎた
（2）錆止め材料がすべて合わなかった
（3）塩素化器の撹拌設備の設計ミス
（4）濾過器の濾過布の材料の不適合

さらに彼は「以上の問題の発生は実におどろくべきことで、Angeleによる各項設計と称するものは初めての試験のようなもので、本公司はそれにつ

いては事情不案内であり、報告により調査に供すべきである」[69]と述べている。

その後、1956年7月に製品の有効塩素成分がはじめて予定基準の70％前後に到達した[70]。ただし、生産量と使用材料はまだ標準に達せず、経済部は美援会・ホワイト会社・中信局・工業委員会・Carlowitz会社の台湾代理企業を招集して、高度晒粉試運転問題について会議を行った。その結果、Carlowitz会社が試運転費用を負担し、試運転段階の延期は遅くとも1956年8月30日までを期限とすることに同意した。Carlowitz会社の社長は8月22日に台湾の代理商と各問題の解決について討議し、8月27～28日の高度晒粉工場の実地視察後、現有設備で品質70％以上の高度晒粉が生産できるが、日産5トンは保証できないとの判断を示した。そして設備補充計画を再提出し、中信局と経済部等の担当部局の数度の会議を経て、設備補充はCarlowitz会社が無償提供し、1957年5月28日まで再補充・設置した。そして試運転状況を経済部に届け出て審査を受け、同年8月9日にやっと開業式典が挙行された後、正式に高雄廠へ管理が移行した[71]。機械の設置を始めてからすでに4年半の歳月がすぎていた。

しかし、生産状況は芳しくなく、1日の平均生産量はわずか3トン前後、成分は65％以下で、とくに1トンごとのコストとして、およそ9,000新台湾元あまりを必要としたが（1トンの高度晒粉原料に塩素ガス2トンが必要、その他の石灰・水・電気・人件費などは含まない1トンあたりの単価は約2,000元）、販売価格は4,000元であった。工場建設と生産開始後の経済状況は、負債額の総計が約3,000万元にのぼり、さらに会社の財務状況も不良で1958年の春には90万元の欠損があった。停電と在庫で資産を減らすだけでなく、高度晒粉工場の負債の影響も重大な要因であった[72]。経済部は正式に文書を送り、会社に説明と改善を求めた。

会社は損失状況については弁解するところがあり、技術に熟練していないせいだと認めた。

（1）高度晒粉の製造過程では影響を生ずる要素がたいへん多く、非常に繊細なものである。現在、各工業先進国において高度晒粉を製造している

工場は数カ所にすぎず、その製法はそれぞれ違ううえに秘密とされ、技術上においては今なお決まった形式の製造方法がない。これが製品過程に影響を生ずる要素の多い原因である。硫酸アンモニウム・純ソーダ・苛性ソーダなどの製品にすでにスタンダードな製造方法があるのとは異なる。

(2) Carlowitz 会社が本社に供給した設備の製造方法の特徴は、乳液と石灰乳を再生使用して塩素化灰乳に調合し、塩素化させる時に結晶して成長しやすくする。このため製造過程で一定の濃度の石灰乳と一定成分の再生液を制御しなければならない。一定の比率で配合して、塩素化の終わりを厳格にコントロールし得られた結晶が濾過され乾燥した後では必ず品質優良な製品が得られる。しかし実際の操作では巧みなコントロールが求められ、非常に難しい。

(3) 設備方面では、Carlowitz 会社には経験が乏しく、選定した設備の多くは実状に合わない。石灰水化は制御設計に欠け、塩素化器は冷却がうまくいかず、内部塗料ははげやすい。真空濾過器は結晶が不良で、濾過もしづらく、噴霧乾燥機による製品は軽すぎて包装コストがかさむ。加熱管と濾過袋の寿命は短すぎる。その他、輸送用のポンプの多くは特殊材料で製造されているので備品がなく、操作上の困難が増している[73]。

この一案の中で以下のようなことが見出せる。台碱公司はホワイト会社の提案により、当初、日本の旭電化会社の晒粉工場設備を採用せずにスイスの工場商を選んだが、その工場商は明らかに経験不足で、試運転がうまくいかないのにエンジニアは帰国を強行するなど能力がないか、台碱公司への技術移転の意思がまったくなかったようである。さらに台碱ないし Carlowitz 会社の関連する研究開発の潜在力についてよく考える必要がある。

この後、台碱公司は問題解決に尽力する一方、契約規定に基づき中信局に Carlowitz 会社への損害賠償交渉の継続を依頼した[74]。交渉を繰り返した後、1959 年 11 月までに、Carlowitz 会社は台碱の損失にすでに 11,890.40 米ドルを賠償していた。工程代理処理費用 1,775.88 米ドルを賠償し、無償提供した設備は 37,226.95 米ドル相当だったので、総額で 50,893.23 米ドルになっ

第3章　近代台湾の塩業とソーダ業

た[75]）。

　しかし、コスト高は依然として関連する監督官庁を悩ませ、国家安全局局長の陳大慶は経済部に文書を送り、以下のような疑問を表した。

　「（一）台湾碱業公司の高度晒粉工場の47年度の計画での生産量は1千トンである。しかし実際の生産量はわずかに397トン、1トンごとの生産コストは1,140.90元、そのうえ処理費用は330.42元で、合計1,471.32元であり、47年の損失総額はおよそ1,116万元にも達する。（二）当工場を試運転期間に調査するととても理想的とは言えず、開業後の生産も正常ではなく、生産量は低すぎ、コストは偏って高く、毎年の損失は大きい。すみやかな改善の検討がまたれる」というような内容であった[76]）。

　この疑問点に、台碱は10日後に以下のように返答した。

(1) 当社の高度晒粉生産状況は、48年度の生産は548.19トン、47年度の396.81トンにくらべ、151.38トン増加している。技術改良についても、製造方法・製造設備ともに専心研究し一歩ずつ改良を進めている。品質管理の推進は生産を安定させ、輸送設備を修理し、製造過程での遺漏を厳格に防止している。原料石灰と塩素のコストなどについては方法を講じて低減させている。このため今後の生産量はしだいに増加し、コストもしだいに低下するだろう。

(2) 47年度当社が利用できなかった塩素ガスは約7,500トンであるが、たとえ高度晒粉が計画生産量の1,000トンに達していても使用する塩素は1,500トン増えるにすぎず、約6,000トン以上は利用できなかった。全ての塩素ガスを利用できない主な原因は、高度晒粉粉末が計画生産量に達していないためでは決してなく、当社は本省の苛性ソーダ市場の需要に適応し、生産量を増加させなければならない。苛性ソーダ増産は同時に塩素ガス増産を意味するが、ここしばらくは塩素ガスを利用する方法はない。

(3) 台碱の高雄工場の拡大・増産計画の中に、多くの塩素製品の小型生産設備を加えてあり、これらの設備は現在完成しつつある。さらに台湾プラスチック会社が今年から塩素の使用量を増加させているので、塩素の余剰については円満な解決を見ると信じている[77]）。

この文書から余剰の塩素ガスが現れたのは、1950年代初期から台碱公司の苛性ソーダ増産と関係があることが理解できる。高度晒粉の製造は塩素ガスを利用する川下部門産業であり、もうひとつの重要な関係産業がすなわちプラスチック工業であった。

3　台湾プラスチック工業の萌芽

　技術の向上と塩素ガスの有効利用のため、台碱公司は早くも1952年11月に国連技術協力管理局の補助を得て、技術室主任の李堯を米国・カナダ・日本に派遣した。彼はソーダ塩素工業とプラスチック工業を視察し、翌年5月末に帰国した。その報告では塩化ビニールプラスチック工場の印象が深かったようである[78]。台碱公司は1950年代後期に塩化ビニール・ポリ塩化ビニール・DDTなどを製造する小型生産設備の研究開発をしたが[79]、当局はこうした研究の実用を重視しなかった。そのいちばんの原因は、上述の台湾プラスチック工業株式会社（台湾塑膠股份有限公司。以下、台塑）の塩素ガス使用量の増加にあった。

　台塑の塩素ガス使用量増加は、PVCプラスチックペレットを製造する工場を拡張したためであった。当社は1954年3月に成立し、1953年に行政院は「経済安定委員会」を設立し、職務を4組に分けた。そして工業委員会を設置し、尹仲容を座長として、ガラス・紡織・人工繊維・プラスチック原料・セメントなどの建設計画を立案し、工業部門へのアメリカ援助金を計画的に運用しようとした。当局は、プラスチック原料工業については化学工業の経験のある永豊原紙業公司と永豊化工業公司の社長・何義を責任者にしようと考えていた。何義は投資して工場を設立しようと考えていたが、日本・アメリカ・ヨーロッパの関連工場の視察後、見学してきたプラスチック原料工場の規模はすべて日産50トン以上であるが、計画中の台湾工場の日産はわずか4トンで、規模も経済的にも差がありすぎて国際競争力がないと気づいた。そして、自転車とバイク工業にはプラスチック工業よりはるかに前途があると考え、帰国後にプラスチック工業をやめると宣言した。この時多くの人はプラスチック工業の公営を主張したが、尹仲容は衆議を退けて民営に

第3章　近代台湾の塩業とソーダ業

こだわり、タイヤ製造への投資を申請して却下された王永慶をさがしあてた。王永慶は当時、プラスチックについてまったくの門外漢で、手元に資料が少しあるだけだった。それは、当時の日本の月産3,000トンを根拠にして、台湾の人口はだいたい日本の十分の一なので、日本が月産3,000トン作れるなら、台湾ではその十分の一の300トンができるというものだった。このため王はもし月産100トンが可能なら、悪くない販売市場を持つことになるだろうと考えた。そして、自分の資金の約20,000万台湾元と、米援会の貸付金78万米ドルを設備費に投資し、趙廷箴（行政院秘書長・陳慶瑜の甥）と共同で台湾プラスチック工業株式会社を設立した[80]。

米ドルで機械を買って国外から技術を導入し、規定通りにその収支は全て美援監督機構のホワイト公司の審査を受けた。1955年3月、中信局の国際入札後にホワイト公司の審査中に、アメリカ国会議員のSymingtonの突然の反対にあった。理由は78万という巨額の米ドルを援助して、月にわずか100トンの生産計画では経済合理性がないというものであった。しかし、実際は、アメリカセントルイスのMonsanto化学会社（John F. Queenyが1901年に創立）が日本の2つの化学会社と共同でプラスチックを製造し、台湾への販売を計画していたので、上院に説き台塑の工場建設計画を頓挫させようと企図したものだった。こうして、アメリカの援助は一時棚上げされたが、その後、同年12月に政府が苦心してアメリカの同意をとりつけた[81]。こうして1957年3月台塑工場が完成し正式に生産を始めた。毎月の生産量はわずか100トンで、世界規模では最小のものであった。当時の台湾市場の毎月の需要はわずか15トンであり、作っていた製品はビニール、俗に化学ガラス布と称されるもののみで、品質は悪く、レインコートを作っても着るとすぐ破れ一般の顧客の信用を得るのはむずかしかった。その他の用途は軟質PVCにあり、細くヒモ状にプレスして袋を編んだがそのため消費できる数も限りがあった[82]。

台湾ではじめての自力生産PVCプラスチックペレットであったため、国内にたった2軒の化学繊維工場（加工業者）の永豊化学公司と台南第一化学公司は、台塑製品の品質をまったく信用せず、政府が輸入を保護統制すると

いううわさを聞くと、すぐに7ヶ月分の必要量にあたる数十トンを一度に輸入した。結局、1957年3月に台塑が生産を開始してから年末まで、台塑の生産したPVCプラスチックペレットは1トンも売れず、倉庫には在庫の山ができた[83]。

　台塑の当時の境遇は非常につらいもので、経済部長・尹仲容に助けを求めるしかなかった。尹仲容は台湾市場が小さいため、海外市場開拓が不可欠であると示した。しかし当時の月産100トンの生産規模ではまったく競争力はなかった。当時、PVCプラスチックペレット1トンの販売価格は国際的には800米ドル以下だったが、台塑の製品はコストだけで1トン800ドルを超えていた。このため、王永慶は大量生産してコストを下げるために工場拡張を決意し、一方では二次加工工場を計画して垂直経営式モデルを利用し、台塑のPVCプラスチックペレットの出路を見出そうと考えた。こうして、1958年、日産が21トンに増加した。コストはやや下がったが、その当時日本はすでに5,000〜6,000トン前後を生産し、コストは台湾よりはるかに低く、台塑の製品は依然として国際競争力を備えていなかった。王永慶は経済部に増産を申請し、同時に、この年設立された南亜塑膠（南亜プラスチック）公司に二次加工としてPVC管を生産し、台塑のPVCプラスチックペレット販売に協力させる方法を講じ、こうして原料から加工までの一貫した経営体制になった[84]。

　PVCプラスチックペレットの製造は、塩素ガスを原料とするものだった。このため1959年7月、台鹼社長は余剰塩素ガスの問題について次のように語った。経済部はすでに台湾塑膠公司の日産PVCプラスチックペレットを21トンに増加させる計画に原則的に同意しており、それに必要な塩素ガスは台鹼の供給による。台塑がその時（1961年の予定）もし日産PVCプラスチックペレットを21トンに増やしたら、一年に必要な塩素ガスは6,500トンと見積もれるので、台鹼の塩素ガスの余剰問題は解決できる[85]。このため台鹼は塩化ビニール・ポリ塩化ビニール・DDTなどの小型塩素ガス関連製品の研究開発製造をやめ、経済部に先に提出した「塩化アンモニウム工場建設」計画を撤回した[86]。

第3章　近代台湾の塩業とソーダ業

　この計画は美援運用委員会が1959年1月に台碱公司の余剰塩素ガスを利用して塩化アンモニウムを製造し、そのうちの一部を工業、例えば乾電池製造などの工業に使うように提案したことによる[87]。このため、当社は2月に1960年度の塩化アンモニウム工場建設計画を作り、美援会に新台湾元15,107,000元の融資を申請した。業務処の副所長・金懋暉は日本の塩化アンモニウム肥料協会の招待に応じ、5月に塩化アンモニウム肥料視察団に同行して日本を訪れた[88]。6月に提出された視察報告では「日本の各方面の発表した意見によると、塩化アンモニウム肥料は日本の発展の情勢には適当である。しかし本省においては決して同じような存在ではない」。さらに「日本塩化アンモニウム協会の各工場代表は、粒状塩化アンモニウムにはしけって溶解するおそれがないと言ったが、本省の湿度は日本より高いため、包装貯蔵にはもっと研究を進める必要がある。包装コストにも注意を払うべきだ」と指摘している[89]。

　台碱の立てた塩化アンモニウム工場の計画は、当社の高雄工場の余剰塩素ガスを約3,600〜6,000トンと推計しているが、それで製造できる塩化アンモニウムは5,000〜8,000トン前後であり、その取次販売は高雄硫酸アルミニウム公司の推進とタイアップしなければならない。しかし一般農民がこれを受け入れるかどうかについては検証を待たねばならない[90]とも言っている。こうして、もし台塑がPVCプラスチックペレット製造工場を拡大して余剰塩素ガスを利用すれば塩化アンモニウム工場建設は必要ないということになるため、このかなり先進的な計画は流産した。これは公営企業が技術革新をする際に費やす時間や高いリスク負担を考えたために、垂直統合の構想を放棄してその部分の川下部門である製品の製造機会を民営企業に請け負わせた計画であったと考えられる。

第5節　結論

　戦後台湾における重化学工業のほとんどの部分は、日本植民地期の「遺産」の継承であった。当時の台湾の工業化を推進した要素はたいへん多いが、

その中でも日本の重要戦略物資としての工業塩の生産はかなり重要な役割を演じた。1934 年の日月潭電気工場の完成後、日本の侵略戦争の必要に伴って、高雄と台南に相次いでできた日本旭電化工業株式会社・南日本化学工業株式会社・鐘淵曹達工業株式会社は、台湾の急速な重工業化の端緒であったと言えよう。こうした財閥の投資企業は、豊富な南台湾の塩の生産量と北台湾の石炭・石灰石などの原料や輸送の便利さを利用して苛性ソーダ（NaOH）と塩素などを製造し日本に輸送した。

　これらの工場設備は戦争中に連合軍機の爆撃を受けたが、戦後、台湾碱業公司はこの残された不完全な「遺産」を継承し、資源委員会の大中国工業発展の青写真によって、これを基礎に中国の工場として計画された設備を追加購入して大陸の広範な内需市場に適応させ、さらに有機合成化学工業を発展させようとした。しかし、いったん大陸市場を失うと台碱公司と新興の民営ソーダ業は大きな打撃を受け、台湾の内需市場の拡大をはかることに転じた。ソーダ業の製品は用途が広く化学工業の鍵となる位置を占め、製紙・石鹸・紡織・製油・アルミニウム・PVC プラスチックの重要な原料である。このため、ソーダ業の発展は当時の台湾工業の発展の軌跡を示しているのである。台湾ソーダ業の発展過程は、欧米先進国に似ているが、アメリカのソーダ塩素工業が多角経営であるのに対し、台湾では原料の製造にとどまった。台湾ソーダ工業が 1960 年代半ばにボトルネックに陥ったことは、台湾が世界市場での競争力を調えなければならなかったことを象徴するだけでなく、台湾ソーダ工業が大転換期に臨み他の業種との経営協力の契機だったことをも意味している。

　また一方、戦前から戦後のはじめにかけてはソーダ業は重要な国防工業で必要な資本もかなり多く高い科学技術が求められた。このため米英独などの先進国は、その技術を秘密にして移転を防いだ。多くは国営方式で研究をはじめ技術開発後に民営に移管するか、公的資金で民営を補助して企業と政府が密接な関係をむすび、欧米集団が世界的なトラストを組織して市場を分割していた[91]。このため前述の強力晒粉工場と台塑が拡大をはかると外からの妨害を受けることになった。

第3章　近代台湾の塩業とソーダ業

　台湾塩業は食用塩から工業塩への生産へと到った。国家権力が強力に介入した結果だと言えよう。政府は日本植民地期のはじめに補助金給付という方法で塩業労働者の食塩改良を奨励し、後期には日本の財閥も資金投入と技術革新を進めて台湾ソーダ業の基礎を築いた。戦後のソーダ業は依然として国家の力で企業体制内の研究開発に従事していたが、1950年代以降は工業委員会が台碱の高度晒粉生産を認め、PVC製造は独立した一単位となった[92]。このため、だんだんと技術を創造した川下部門の企業が、国家体制外の民間企業に経営を譲渡し、その発展は予想を超えて台湾に「プラスチック王国」を建立することになった。

　台湾における塩業からソーダ業・プラスチック工業への変遷の過程は、台碱公司の研究人員が1950年代に塩素などの生産計画を提出した時に企業本体や政府の監督機関は重視せず、結局、PVCプラスチックペレットの生産技術を民間の台湾プラスチック会社にわたして工場を作り生産させた事実を見出すことができる。企業はひとつの技術体系に立脚して、原料購入や製品販売の流通組織も含めた完成された労働組織ができあがり、すでに存在する経済機構の中で日常的な活動を維持している。いったん新技術が出現すれば、もともとの企業活動体制に変数が生じる。活動の持続を大前提とする企業としては、こうした現存の日常活動体制の破壊という現象は決して好ましいことではない[93]。もとより台碱は公営事業であり、その存続と発展は国家当局に配慮され、資金が欠乏しアメリカの援助に頼らねばならない時代は、貴重なアメリカ支援を全般的に適切に関係部署に分配していた。しかし尹仲容は民営化こそが工業と経済を発展する原動力になると考えていたため、こうした考えの上に台塑の工場建設を奨励したと考えられる[94]。

　さらに、台湾の塩業がソーダ業へ発展したのは戦争準備のための統制経済下の産物であり、必要な資本がかなり大きかったため、新興日本財閥と当時の国策会社である台拓と台湾製塩会社が工場建設に投資した。後に、資源委員会は国営企業（台）を接収し、依然として先進国から新設備と技術を導入することは続いたが、1950年代後期になって民営企業（台塑）を補助してさらに発展させた。このことは1930年代以来の統制経済がしだいに自由経

済へと進んでいった一つの表れと見ることができよう。戦前の財閥が日本の国益に基づいて投資した会社を民営企業と考えるなら、塩業からソーダ業・プラスチック業への過程は私から公へ、さらにまた公から私への産業転換を意味し、これは近代台湾経済発展の精華と言えるであろう。

　もう一方で、既存企業体制の中で成功した技術革新は、革新的な企業家と新技術に精通した技術者、生産ライン上の優秀な労働者の緊密な協力を必要とし[95]、これによって既存の制度の管理統制から解放されることが可能である。例えばもしある技術がまだ成功していなくても、その技術領域で成功でき、新技術論理を根拠に技術開発を引き続き進めたとすれば、それは企業に収益をもたらすはずである。こうしてその企業は経営資源を新技術に集中し、技術開発の促進に努力する。さらにその他の企業も類似した技術や、技術を汎用する研究に従事し始める。同じような研究が盛んになることで、その技術領域の開発が急速に進むのである。企業にとって、技術開発は巨額の固定資本を投入しなければならず、利潤の回収には相当な時間がかかる。ある特定の技術領域の製造設備を建設して投入資金を回収できるまでの間、新技術を適用できない既存の製造設備は往々にして経済価値を喪失することになる。新技術は企業に巨額の損失をもたらし、このため、企業は極力、新技術の採用を避けることになる[96]。こうした意味で、政府ははじめから台碱公司の後の発展に制限を設けたことになると言えるであろう。

●註
1) 陳華洲『台湾的工業及其研究』（台北：台湾省工業研究所、1949 年、法務部調査局共党研究中心所蔵資料）、21 頁。姚文林「台湾的工業」『台湾経済年報』1953 年（台北：中国新聞出版公司、1953 年）、134 頁。北波道子『後発工業国の経済発展と電力事業――台湾電力の発展と工業化』（京都：晃洋書房、2003 年）、50、67 頁。
2) 李鏡清『台湾青果産銷合作事業発展与演進』、30 頁。
3) 大河内暁男『発明行為と技術構想』（東京：東京大学出版会、1992 年）、199 頁。
4) 当時、台碱公司の董事長。
5) 台湾総督府専売局『専売事業』（台北：台湾総督府専売局、1924 年）、21、22 頁。李秉璋「日拠時期台湾総督府的塩業政策」（台北：国立政治大学歴史研究所碩士論文、1992 年）、36 頁を参照。

第 3 章　近代台湾の塩業とソーダ業

6）台湾総督府専売局『台湾専売誌概要』（台北：台湾日日新報社、1915 年）、8 頁。李秉璋前掲論文、36 頁。
7）工政会『台湾産業大鑑』160 号（東京：工政会発行、1933 年 7 月）、17、18 頁。李秉璋前掲論文、36 頁。国史館台湾文献館蔵『台湾総督府専売局档案』編號 017638 －0354300、「外地塩務緊急協議会関係事項」、1937 年 12 月、『昭和十二年塩田開設ニ関スル準備工作』に基づく 1933-1939 年の各種の塩の生産量は以下の通り。塩の生産が決して安定してないのがわかる。

年代　品種別	1933	1934	1935	1936	1937	1938	1939
天日塩	169,619	160,763	119,387	201,119	183,990	174,200	118,993
煎熬塩	22,316	30,342	28,933	23,934	25,748	37,259	20,565
粉砕塩				12,307	47,259	49,414	44,414
計	191,935	191,105	148,320	237,360	256,997	260,873	183,972

8）『専売事業』21、22 頁。李前掲論文、37 頁。
9）台湾総督府殖産局商工課編『熱帯産業調査書』下、（台北：台湾総督府殖産局商工課、1935 年）、7-8 頁。李前掲論文、37 頁。
10）『専売事業』22 頁。李前掲論文、37 頁。
11）中央研究院近代史研究所蔵『財政部塩務档案』編號 S-03-12-（1）、「鐘淵曹達工業株式会社関係書類」、1944 年。
12）台湾総督府専売局『布袋食塩専売史』（台北：台湾総督府専売局、1942 年）、69-71 頁。李前掲論文、37 頁。
13）『専売事業』、24 頁。李前掲論文、37-38 頁。
14）台湾総督府専売局『台湾専売法規』（台北：台湾総督府専売局、1924 年）、第四篇食塩、5 頁。
15）島津秀太郎「塩積込四十年史」、台湾総督府専売局塩脳課編『塩専売記念特集』（台北：台湾総督府専売局、1939 年）、9 頁。李前掲論文、34 頁。
16）本表は 1899 年から 1926 年の台湾総督府専売局『台湾総督府専売事業』（台北：台湾総督府専売局、1928 年）の 32-33 頁の第 3 表に依って作成。1927 年から 1937 年は台湾総督府専売局『専売事業三十七年報』別冊食塩（台北：台湾総督府専売局、1939 年）、3 頁の表から作成。李前掲論文の考証によると、1921 年の塩倉庫費用の補助は移民の住居補助であった。表作成に参照した 2 冊は数がちがう部分があった。その補助額のちがいは次表。

版本	年度	塩田	堤防	水道	軌道	塩倉	合計
専売事業第三十七年報頁3	1899	810	12,413	＊＊＊	＊＊＊	＊＊＊	21,623
	1900	11,910	＊＊＊	＊＊＊	＊＊＊	＊＊＊	14,310
	1902	＊＊＊	8,917	＊＊＊	＊＊＊	＊＊＊	8,917
	1903	2,970	9,449	＊＊＊	＊＊＊	＊＊＊	12,419
	1925	＊＊＊	39,189	＊＊＊	＊＊＊	＊＊＊	39,189
	1926	＊＊＊	12,159	＊＊＊	1,140	＊＊＊	13,299

17) 『熱帯産業調査書』下、6頁。李前掲論文、38頁。
18) 『熱帯産業調査書』下、23-25頁。李前掲論文、38頁。
19) 『台湾専売法規』第四篇食塩、8-9頁。李前掲論文、38頁。
20) 『専売事業』、32頁。李前掲論文、38頁。
21) 台湾総督府専売局塩脳課『塩専売記念特集』（台北：台湾総督府専売局、1939年）、3頁。李前掲論文、40頁。
22) 台湾塩の日本内地での販売は、明治33（1900）年10月の後に始まった。1900年は12,795,065キロ、1901年は24,921,538キロ、1902年は50,227,268キロに増えた。国史館台湾文献館蔵『台湾総督府専売局档案』編號 028706-0201310、「食塩専売事業」第二編、『明治三十二年至明治三十五年台湾総督府食塩専売事業自第一編至第三編』。
23) 『塩専売記念特集』3頁。李前掲論文、40頁。
24) 『専売事業』27頁。李前掲論文、40頁。
25) 『塩専売記念特集』3頁。李前掲論文、40頁。
26) 『台湾塩専売志』79-82頁。中央研究院近代史研究所蔵『財政部塩務档案』編號 S-03-3-（4）、「台湾製塩株式会社沿革概況」、1929年8月4日
27) 台湾省文献会編『台湾省通志』巻3政事財政篇、（南投：台湾省文献会、1970年）、343、371頁。李前掲論文、33頁。
28) 『塩専売記念特集』8頁。
29) 三浦鶴治『日本食塩回送史』（日本食塩回送株式会社、1929年）、245頁。日本の塩専売法は1904年12月31日に公布、翌年6月1日から施行され、1997年4月に廃止された。小沢利雄『近代日本塩業史―― 塩専売制度下の日本塩業』（大明堂、2000年）、1-6頁参照。陳慈玉・李秉璋「日治時期台塩的流通結構」、『東呉歴史学報』第10期（台北：東呉大学歴史系、2003年12月）、252頁。
30) 竹越与三郎『台湾統治志』（二）（台北：成文出版社、1905年版の復刻、1985年）、276-277頁。
31) 台湾総督府官房調査課『施政四十年の台湾』（台北：成文出版社、1935年版の復刻、1985年）、135-136頁。
32) 畠中泰治『台湾専売事業年鑑』（台北：台湾と海外社、1939年）、275頁。陳・李前掲論文、252頁。

33）畠中前掲書、277 頁。
34）以下、引用は『台湾塩専売志』、535-580 頁。
35）『塩専売記念特集』、8 頁。
36）朝鮮総督府『施政三十年史』（京城：朝鮮総督府、1940 年）、544 頁。
37）台湾総督府専売局塩脳課「台湾工業塩田の拡張」『部報』第 18 号、（台北：台湾総督府臨時情報部、1938 年 3 月）、2 頁。
38）国史館台湾文献館蔵『台湾総督府専売局档案』編號 017795-0366900、「既往五ヶ年内地ニ於ケル工業用塩用途別消費高」、《昭和十三年既設塩田合理化ニ関スル件》、「台湾工業塩田の拡張」、2 頁。
39）『熱帯産業調査書』下、49 頁の 7。
40）『塩専売記念特集』10、11 頁は 400 甲と主張しているが『熱帯産業調査書』下、88 頁は 1、300 甲と主張。
41）『熱帯産業調査書』下、87-92 頁。
42）小沢前掲書、198-199 頁。
43）牧野文夫『招かれたプロメテウス――近代日本の技術発展』（東京：風行社、1996 年）、201-202 頁。企画本部社史編纂室『日本曹達 70 年史』（東京：日本曹達会社、1992 年）、8 頁。
44）小沢前掲書、199-200 頁。
45）畠中前掲書、282 頁。
46）「台湾工業塩田の拡張」3-5 頁。
47）楠井隆三『戦時台湾経済論』（台北：南方人文研究所、1944 年）、73 頁。
48）国史館台湾文献館蔵『台湾総督府専売局档案』編號 017638-0354300、「外地塩務緊急協議会関係事項」、1937 年 12 月、『昭和十二年塩田開設ニ関スル準備工作』。原料塩の供給計画は以下の通り。

	1941 年度的供給計画量	1945 年度的供給計画量
台湾	25 万トン	45 万トン
関東州	60 万トン	70 万トン
満洲国	45 万トン	70 万トン
北支	40 万トン	70 万トン
山東	40 万トン	45 万トン
計	210 万トン	300 万トン

49）国史館台湾文献館蔵『台湾総督府専売局档案』編號 017638 ― 0354300、台湾総督府専売局、「起業促進ニ関スル案」、1937 年 12 月 16 日、『昭和十二年塩田開設ニ関スル準備工作』。国史館台湾文献館蔵『台湾総督府専売局档案』編號 017794 ― 0366800、台湾総督府専売局塩脳課、「台湾工業用塩生産計畫ノ概要」、『昭和十三年度工業用塩田開設計畫ニ関スル経過報告ノ件』。中央研究院近代史研究所蔵『財政部塩務档案』編號 S-03-11-（1）、「南日本塩業株式会社事業計畫書」、1941 年 11 月 5

日。中央研究院近代史研究所蔵『財政部塩務档案』編號 S-03-13-（1)、「台湾における マグネシユーム及曹達、生産計畫ニ関スル件」、1939 年 3 月 2 日。姚前掲論文、131 頁。『日本曹達 70 年史』69-70 頁。
50) 楠井前掲書、111 頁。
51) 楠井前掲書、201-209 頁。
52) 楠井前掲書、133 頁。
53) 台湾経済年報刊行会編『台湾経済年報』第 3 集、(東京：国際日本協会、1943 年)、3 頁。
54) 中央研究院近代史研究所蔵『財政部塩務档案』編號 S-03-12-（1)、「鐘淵曹達工業株式会社関係書類」、1944 年。姚前掲論文、131 頁。
55) 姚前掲論文、131 頁。
56) 昭和 17（1942）年度台湾工業塩の生産量は 145,340 トン，1943 年の予定生産量は 255,500 トン。国史館台湾文献館蔵『台湾総督府専売局档案』編號 018257-0426300、「塩製造（生産）計畫」、『昭和十八年塩関係』。
57) 姚前掲論文、131 頁。『日本曹達 70 年史』8、69-70 頁。
58) 周国雄「台湾之碱氯工業」、台湾銀行経済研究室編『台湾之工業論集巻三』(台北：台湾銀行、1965 年)、76 頁。同時期、日本は戦争末期でソーダの生産が急朽化と電力不足、および原料塩の輸入量の不足にあった。このためナトリウムと苛性ナトリウムの生産指数は 1932-36 年を 100％とすると、1945 年には 15.3％と 27.3％にまで下降した。GHP/SCAP 編、長谷川信解説・訳『GHQ 占領史第 48 巻重工業』(日本図書センター、1999 年)、105 頁を参照。
59) 台湾碱業有限公司「台湾碱業有限公司概況」『台湾銀行季刊』1：4（台北：台湾銀行、1948 年 3 月)、139 頁。中国工程師学会編『台湾工業復興史』(台北：中国工程師学会、1960 年)、277 頁。
60) 周前掲論文、76 頁。
61) 経済部国営事業委員会編『経済部所属事業発展事略』(台北：経済部国営事業委員会、1996 年)、233 頁。
62) 以上、詳細は前掲拙稿「一九四〇年代台湾的軍需工業」、159-180 頁を参照のこと。
63) 『台湾工業復興史』、278-279 頁。
64) 『台湾工業復興史』、279-280 頁。
65) 『経済部所属事業発展事略』、234 頁。また、この会社は 1965 年以降だんだんと左前になり、1983 年に中化公司に合併され所属の塩田は 2001 年 5 月 20 日に生産を終了した。
66) 中央研究院近代史研究所蔵資源委員会『台湾碱業公司档案』編號 35-25-16-4、「台碱聘請外籍技師顧問事」、民国 42（1953）年 10 月 24 日。
67) 中央研究院近代史研究所蔵資源委員会『台湾碱業公司档案』編號 35-25-16-40、「台碱公司強力漂粉工場設備及産銷問題巻（二)」、民国 44（1955）年 1 月 10 日。
68) 以上、工場建設試運転の経過についての詳細は中央研究院近代史研究所蔵資源委員会『台湾碱業公司档案』編號 35-25-16-4、「台碱強力漂粉工場聘外籍技師」、民国 45（1956）年 5 月 10 日。中央研究院近代史研究所蔵資源委員会『台湾碱業公司档

第 3 章　近代台湾の塩業とソーダ業

　　案』編號 35-25-16-41、「台碱公司強力漂粉工廠設備及産銷情形（三）台湾碱業公司書面補充報告」、民国 48（1959）年 11 月 26 日を参照のこと。契約に照らして Irmer は無料で仕事をし、その他の人員は台碱から毎日 125 スイスフランを給付されていた。
69) 中央研究院近代史研究所蔵資源委員会『台湾碱業公司档案』編號 35-25-16-40、「台碱公司強力漂粉工場設備及産銷問題巻（二）」、民国 44（1955）年元月。
70) 晒粉の品質の優劣は苛性ソーダ成分の高低で決まる。石灰に含まれる Cao（酸化カルシウム）が 94・8％に達し、有効な塩素が 70％なら HTB として問題ない。中央研究院近代史研究所蔵資源委員会『台湾碱業公司档案』編號 35-25-16-40、「台碱公司強力漂粉工場設備及産銷問題巻（二）」、民国 44（1955）年元月参照。
71) 中央研究院近代史研究所蔵資源委員会『台湾碱業公司档案』編號 35-25-16-41、「台碱公司強力漂粉工廠設備及産銷情形（三）」、民国 47（1958）年 5 月 8 日。
72) 中央研究院近代史研究所蔵資源委員会『台湾碱業公司档案』編號 35-25-16-41、「台碱公司強力漂粉工廠設備及産銷情形（三）」、民国 47（1958）年 5 月 8 日。
73) 中央研究院近代史研究所蔵資源委員会『台湾碱業公司档案』編號 35-25-16-41、「為審計部対本公司強力漂粉工場生産欠佳亟待改善一案、復請鑒核」、民国 48（1959）年 11 月 10 日。
74) 中央研究院近代史研究所蔵資源委員会『台湾碱業公司档案』編號 35-25-16-41、「為審計部対本公司強力漂粉工場生産欠佳亟待改善一案、復請鑒核」、民国 48（1959）年 11 月 10 日。
75) 中央研究院近代史研究所蔵資源委員会『台湾碱業公司档案』編號 35-25-16-41、「台碱公司強力漂粉工廠設備及産銷情形（三）台湾業公司書面補充報告」、民国 48（1959）年 11 月 26 日。また、当時の兌換率でいうとおよそ新台湾元 1,836,228 元であった。
76) 中央研究院近代史研究所蔵資源委員会『台湾碱業公司档案』編號 35-25-16-41、「台碱公司強力漂粉工廠設備及産銷情形（三）国家安全局致経済部函」、民国 49（1960）年 1 月 8 日。
77) 中央研究院近代史研究所蔵資源委員会『台湾碱業公司档案』編號 35-25-16-41、「台碱公司強力漂粉工廠設備及産銷情形（三）簽復国家安全局致鈞部関於改進強漂工場生産一案、請轉復」、民国 49（1960）年 1 月 19 日。
78) 中央研究院近代史研究所蔵資源委員会『台湾碱業公司档案』編號 35-25-16-3、「台碱公司派員考察」、民国 42（1953）年 6 月 3 日。
79) 中央研究院近代史研究所蔵資源委員会『台湾碱業公司档案』編號 35-25-16-10、「台碱工作報告──中華民国 45 年工作報告」、民国 46（1957）年元月。
80) 王永慶『生根・深耕』（台北：宇晨企業有限公司、1993 年）13-14 頁、117-121 頁。郭泰『王永慶奮闘史──立志成功者最好的一面鏡子』（台北：遠流出版社、1994 年）25-26 頁。
81) 厳演存『早年之台湾』（台北：時報文化出版企業有限公司、1991 年再版）、65-68 頁。林炳炎『保衛大台湾的美援（1949-1957）』（台北：台湾電力株式会社資料中心、2004 年）、287-305 頁。

157

82) 王永慶前掲書、15 頁、117-121 頁。郭泰前掲書、26-27 頁。
83) 王永慶前掲書、15-16 頁。郭泰前掲書、27 頁。
84) 当時、王永慶は設備投資を省いてコストを日本の三分の一下げ、もとからの条件の不足を補おうとした。この後、台塑は工場増設による大量生産でコストを下げ、二次、三次加工廠を作って外販を推し進め、PVC プラスチックペレット販売不振の苦境を脱した。そして PVC プラスチックペレットの販路を開いただけでなく、PVC プラスチック加工業の創製と発展という局面をも促進させた。王永慶前掲書、17-21 頁、118-119 頁、郭泰前掲書、27-30 頁参照。
85) 中央研究院近代史研究所蔵資源委員会『台湾碱業公司档案』編號 35-25-16-3、「台碱公司派員考察」、民国 48（1959）年 7 月 31 日。
86) 中央研究院近代史研究所蔵資源委員会『台湾碱業公司档案』編號 35-25-16-3、「台碱公司派員考察」、民国 48（1959）年 7 月 31 日。
87) 中央研究院近代史研究所蔵資源委員会『台湾碱業公司档案』編號 35-25-16-3、「隨化肥料考察團赴日考察報告」、民国 48（1959）年 6 月 9 日。
88) 中央研究院近代史研究所蔵資源委員会『台湾碱業公司档案』編號 35-25-16-3、「台碱公司派員考察」、民国 48（1959）年 7 月 31 日。また日本が招待した目的は、この肥料の台湾での使用による大量輸入を企図したためであった。中央研究院近代史研究所蔵資源委員会『台湾碱業公司档案』編號 35-25-16-3、「隨化肥料考察團赴日考察報告」、民国 48（1959）年 6 月 9 日を参照。
89) 中央研究院近代史研究所蔵資源委員会『台湾碱業公司档案』編號 35-25-16-3、「隨化肥料考察團赴日考察報告」、民国 48（1959）年 6 月 9 日。
90) 中央研究院近代史研究所蔵資源委員会『台湾碱業公司档案』編號 35-25-16-3、「台碱公司派員考察」、民国 48（1959）年 7 月 31 日。
91) George W. Stocking & Myron Watkins, *Cartels in Action：Case Studies in International Business Diplomacy* (New York：The Twentieth Century Fund,1946), pp. 144-147。筆者は心から助言者のアドバイスに感謝する。
92) 厳演存前掲書、65 頁。
93) 大河内暁男前掲書、202 頁。
94) 美援会も PVC 製造工場設立計画を民営で行いたいとの意があったのかもしれない。王永慶前掲書、120-121 頁。
95) 牧野文夫前掲書、206 頁。
96) 大河内暁男前掲書、201-202 頁

第4章
「計画経済」体制下の台湾アルミニウム産業

第1節　はじめに

　1930年代末、台湾は日本の南進政策のジャンピングボード兼戦略物資補給站となった。アルミニウム産業は当局と財閥の協力のもとにその萌芽をはぐくみ始めたが、戦争末期、高雄と花蓮の工場は大きく損壊された。戦後、台湾に接収に来た資源委員会は、アルミニウム精錬とアルミニウム金属加工事業のために、国営の台湾アルミニウム工場を設立した（1954年に台湾アルミニウム業公司と改称）。アルミニウム産業は大量の電力消費型の産業であり、その製品はおもに上海を販売市場とした。当時、台湾の電力は豊富で廉価であり、事業者はこれを基礎として中国大陸の原料・自然環境と市場に適合させ、航空工業へと発展させたいと願っていた。大陸市場を喪失してから、中央政府は台湾において民間の需要を拡大しなければならないと決心した。

　1950年代の「計画経済」体制下に復興したアルミニウム産業は、しだいに民需を主とする産業に変わっていった。アルミニウム製の家庭用品や台所用具は民間消費者に喜ばれ、国営の台湾アルミニウム産業公司と民営のアルミニウム製品加工工場の生産する原アルミニウムとアルミニウム製品は、技術革新を経て輸入品にしだいに代替していっただけでなく、香港・韓国・東南アジアに輸出されるまでになった。台湾アルミニウム会社が、当時の政府の基本的な金属工業投資の発展の中心となり、しだいにアルミニウム精錬と圧延の規模を拡大し、アルミニウム加工業の発展を助け、台湾アルミニウム公司はアルミニウム材生産網の中心となっていった。

既存の企業の体制の外から現れた技術革新や技術移転は、決して単純な偶発的現象ではなく、むしろ企業経営と技術との十分な理由があってはじめて生じるものである。このため、既存の企業経営モデルとの間に内在的な関連性がある[1]。

　この意味において、台湾アルミニウム産業が軍需生産から民需工業へと変遷していく過程は、既存の経験の蓄積のほかに、技術開発と導入によって新しい需要を呼び起こし、新製品の製造によって産業転換を導いたひとつの事例でもある。

　アルミニウム産業や工業発展の研究には、こうした角度からの論考がほとんど見当たらない。日本植民地時期の台湾工業研究に関して、最も注目すべきは張宗漢『光復前台湾之工業化』（聯経出版事業公司、1980年）で、同書では台湾の工業化の過程が特に6～9章で詳述され、日月潭水力発電工程完成以降の工業建設を研究している。おもに『台湾省五十一年統計提要』を利用して、生産価格・輸出入価格・資本額などの変化を重視しているが、日本植民地期当時の台湾の史料と日本の資料や文献はあまり使っていない。葉淑貞・劉素芬「工業的発展」（『台湾近代史　経済篇』所収。台湾省文献委員会、1995年）は清代以降の台湾工業を概括し、筆者の台湾産業全般への理解の参考になった。楠井隆三『戦時台湾経済論』（南方人文研究所、1944年）は当時の経済全体の様相のアウトラインを示し、金融と労務統制にかなりの比重がある。林継文『日本拠台末期（1930–45）戦争動因体系之研究』（稲郷出版社、1996年）は戦時台湾当局が動員に従事した経緯を研究しており、経済と工業方面を主とするものではない。近藤正巳『総力戦と台湾：日本植民地崩壊の研究』（刀水書房、1996年）は日本が総動員作戦を進行していた当時、台湾が遭遇した人力と物力の衝撃を研究主題としている。

　次いで、戦後工業発展に関する研究は、ほとんどは歴史学の角度から切り込んだものではなく、このため歴史的な連続性を見出せていない。中国工程師学会編『台湾工業復興史』（中国工程師学会、1960年）の1章にアルミニウム産業の論考があるが、設備の叙述に力点がおかれている。『台湾銀行季刊』にも当時の台湾工業の概況をいくらか紹介し、筆者の1970年代以前の

第4章　「計画経済」体制下の台湾アルミニウム産業

台湾工業の雛形の理解の参考になった。袁頴生『光復前後的台湾経済』（聯経、1998年）、翁嘉禧『台湾光復初期的経済転型与政策（1945-47）』（復文図書出版社、1998年）、劉士永『光復初期台湾経済政策的検討』（稲郷、1996年）は1940年代の台湾経済の各層の状況と政策を分析していて、工業研究を主とするものではない。葉万安『二十年来之台湾経済』（台湾銀行、1967年）は戦後20年の経済復興と発展の過程を表し、本稿に大いに参考となった。于宗先・劉克智主編『台湾的工業発展』（中央研究院経済研究所、1984年）は経済学者による各種工業の発展と工業政策の研究であり、参考に値する。

さらにアルミニウム産業に関する以下の論考も参照した。孫景華「台湾的鋁業」（中国新聞出版公司編『台湾経済年報1953年』所収。中国新聞出版公司、1953年）、林鐘雄「台湾之鋁工業」（台湾銀行経済研究室編『台湾之工業論集　巻四』台湾銀行、1968年）、金成前「台湾鋁業之発展与世界業之趨勢」（『台湾文献』22：4、1971年12月）、葉振輝訳『半世紀前的高雄煉油与台鋁公司――史料選訳』（高雄市文献委員会、1995年）等、これらの論文には註や出典はないが、関連知識を増やすのに役立った。陳慈玉「1940年代台湾的軍需工業」（『中華軍史学会会刊』9所収、中華軍史学会、2004年4月）は日本植民地期後期と、戦後初期のソーダ業とアルミニウム産業の専論であり、中華民国政府が接収した日本産の機械と国共内戦期のふたつの産業に対する影響についての比重が大きい。

本章は、中央研究院近代史研究所が所蔵する関連の経済档案を利用して、まず戦時期における台湾アルミニウム産業の萌芽の背景と実情を分析し、戦後初期の復興過程を述べ、さらに当時のアルミニウム産業が国際協力を求めた時の波乱と紆余曲折、西側先進国のアルミニウム産業発展戦略の中で、日本のアルミニウム産業が相対的に優勢であったことについて論述する。そして二種類の「計画経済」体制下における台湾アルミニウム産業の変化の中での継続性のアウトラインを示したい。

第2節　戦争の産物：日本植民地期のアルミニウム産業の出現

　アルミニウム産業の歴史は1825年にまでさかのぼれるが、当時の精錬コストはきわめて高かった。このためアルミニウムの主要な消費市場は貴金属界であり、一般の用途には使用できなかった。1886年、フランスのポール・エルーとアメリカのホールが、同時期に電解精錬方法（アルミナを氷晶石を溶解させた中で電気分解し、金属アルミニウムを得る）を発見したことで、アルミニウムの生産コストは大幅に下がった。電解アルミニウム工場は新興の金属工業となり、主要なアルミニウム会社は国際的なカテーテルを結んで価格を壟断し、生産技術を進歩させて新しい用途を開発した。

　航空機の機体に使用することができるアルミニウムは、重要な国防戦略物資であった。第一次世界大戦の勃発後、政府の積極的な介入の下、航空工業が振興しアルミニウムは大いに存在感を増した。これ以降、各国は軍備競争のため、アルミニウム精錬工業の発展をきわめて重視し、例えばアメリカは1913年にはわずか47,279ポンドしかアルミニウム地金を生産できなかったが、1920年には138,042ポンドに増加した[2]。

　精錬アルミニウムは多くの電力を消費する工業であったので、日本は輸入に頼っていた。1930年代初期、戦争に備えて日本政府は「総動員計画」を実施し、日本本国とその植民地の軍需部門の資源開発を計画し、重要物資の自給を期した。台湾は日月潭水力発電廠の建設以降、電力が豊富だったので、輸入アルミ硫酸などの原料があればアルミニウム精錬業の発展する基盤があった。このため、日本の三井財閥の三菱鉱業・三菱商事公司と、古河電気工業・台湾電力・三井・東京海上火災保険・東海電極などの企業が共同で、1935年に資本金6,000万円で日本アルミニウム株式会社を設立した。本部は東京、九州の黒崎に工場を設け、アルミナ（酸化アルミニウム）をわずかに生産した。台湾では、ドイツのエンジニアの設計で、まず高雄に工場を設立し、廉価で豊富な電力を利用し、バイヤー法でアルミナを抽出し、ホール電解炉で純アルミニウムを精錬した。翌年から作業は開始され、アルミニウム地金210トンを生産した。1941年までにアルミナ年産32,000トン、アルミ

第4章　「計画経済」体制下の台湾アルミニウム産業

ニウム地金12,000トンの設備が完成した。さらに日本アルミニウム業公司は投資を増やし、1939年に花蓮に工場を建てた。1941年に作業を開始し、年産アルミニウム地金は290トン余、必要なアルミナは黒崎と高雄の2つの工場から供給された。日本アルミニウム会社の高雄工場は、オランダ東インド会社によってインドネシアのビンタン島と華北からボーキサイトと礬土頁岩を輸入し[3]、精錬したアルミニウム地金を全て日本に運んで製品に加工し、完成品を再び台湾に運んで販売した[4]。これは、台湾が原料を宗主国に提供し、宗主国の工業製品を消費するという植民地としての役割を演じていたことを明確に表している。

当時、高雄に226,389rrlのアルミニウム工場（ほかに51,185rrlの空地があった）を設立したのは高雄港に10,000トンの遠洋船と300トンのはしけが入れ、はしけがアルミニウム工場所有の埠頭に接岸できるためであった。さらに高雄と台湾北部にある台湾最大の港である基隆港の間は鉄道で結ばれ[5]、南北双方の港を利用して、輸入原料とアルミニウム地金の迅速な海上輸送が可能だった。

一方、日本本国はアルミニウム地金を輸入に頼っていたが、日中戦争の勃発以降、軍事用の需要が高まったため、1939年に国策会社の日本軽金属株式会社が設立され、アルミニウム生産に積極的に取り組んだ。しかし、翌年、カナダ等がアルミニウム輸出を禁止したため、日本のアルミニウム供給量が激減し、航空機機体の製造停滞を招いた[6]。このため、日本当局は民需部門（鍋・弁当箱・やかん・魔法瓶など）への配給統制をとることにした。台湾も宗主国の方針に従い、1941年に台湾家庭必需品株式会社（資本金65万円）を設立し、「台湾アルミニウム製家庭器物配給統制要綱」を実施し、アルミニウム製品の輸入と販売を一元化した[7]。

日本アルミニウム株式会社高雄工場はアルミナ42,000トン、アルミニウム地金15,000トンを生産できるように、設備の拡張を計画していたが、実際には開業から10年前後の時点で、アルミニウム地金の総生産量は67,546トンであった。花蓮工場はアルミニウム地金年産12,000トンを目標にしていたが、最高生産量はわずか3,800トンであった。台湾の両工場のアルミニ

ウム地金生産量は、最も多かった1943年で、合計14,484トン、同年の「日本帝国」総生産量の10.3％程度を占めていた。しかし、高雄工場は1945年3月に連合軍機の爆撃に遭って操業を停止し、花蓮工場は1944年6月という早い時期に、水力発電所が洪水で被害を受けたため操業を停止した[8]。

第3節　被害から再生へ：戦後初期の台湾アルミニウム産業の再建

　1945年8月15日に第二次世界大戦が終わると、日本は台湾統治の正当性を失った。中華民国政府は半月後の9月1日と20日に、それぞれ「台湾省行政長官公署組織大綱」と「組織条例」を公布した。台湾省行政長官公署と台湾省警備総司令部は、10月5日に台北に台湾省前進指揮所を設置し、次いで台湾省行政長官公署は25日に陳儀を行政長官に任命したが、これは中国戦区の投降を統帥させることを示している。そして即刻、接収の事務処理を始めることを通告した[9]。工鉱業部門は、台湾省行政長官公署工鉱処と資源委員会によって共同で処理が行われることになった[10]。

　1945年12月に資源委員会は台湾に台湾電冶業監理委員会を設立し、日本アルミニウム株式会社高雄・花蓮工場と台湾出張所に人員を派遣した。当時、各所は爆撃のために混乱したままで、派遣された監理人員は、日本人が建物機械を整理し、材料製品を点検し、台帳を作るのを監督し、同時に宿舎を直して従業員が安心して住めるようにした。1946年4月1日、台湾電冶業接管委員会が設立され、3ヶ所の資産の接収を命じられた。5月1日に台湾アルミニウム業株式有限公司（台湾鋁業股份有限公司。以下、台湾アルミ）準備処が設立され、7月1日に正式に接収された[11]。当時の台湾アルミの主な資産は以下の通りである。

1. 高雄工場：原資本額47,450,662元。
(1) 全工場面積144,719,256.6坪（工場・住宅・宿舎・田畑等を含む）
(2) 工場建物18棟、事務室・住宅・宿舎の合計259棟、倉庫18棟。しかし無傷のものはなく、損壊率は約44％。
(3) 設備面では、アルミナ精錬設備35種類、平均損壊率約20％。電解設

備12種類、損壊率約30％。電力設備1揃、損壊率約30％。
2. 花蓮工場：
(1) 全工場面積 24,151.5坪（工場・住宅・宿舎・田畑等を含む）
(2) 設備面では、電気精錬9種類、平均損壊率約40％。電力設備1組、損壊率50％。
3. 台湾出張所：建物面積 71.7坪[12]。

　台湾アルミの設立後の最初の仕事は、損壊したアルミニウム製錬設備の修復に力を注いで、再び生産できるようにすることであった。第一期の計画はアルミナ年産16,000トン、アルミニウム地金8,000トンであった[13]。花蓮工場は、1944年には水力発電設備が洪水で被害を受け操業停止し、後に連合軍機の爆撃で重要な設備がことごとく破壊されたため、修復は不可能であった。このため、台湾アルミ当局は利用できる設備と物資を高雄工場に移送し、高雄工場の修復に全力を集中することを決定した[14]。

　台湾アルミは51名の日本人技術者を引き続き再建事業に従事させ[15]、設備の修繕と開業再開を同時に進めた。まず、アルミナ製錬設備において、連合軍機の爆撃で損壊した比率が相対的に低い（20％程度）とは言っても、操業停止以降の経年変化で腐食が多く、沈積した赤泥・水酸化アルミニウム・アルミナ等の数量が膨大で、整理は修復作業よりずっと困難であった。この設備は原料貯蔵場・粉砕・混合・蒸気・沈澱濾過・析出・火焼・蒸発等の工場とアルミナ貯蔵の9つの部分に分けられる。人力財力には限りがあったので、火焼工場の修復を優先した。1947年11月末、火焼工場が先に開業し、倉庫においてあって湿ったアルミナを再び焼き、これを修復したばかりの電解工場に供給して、アルミニウム地金になった。翌年2月、アルミナ製錬設備はすべて回復し、正常な生産が軌道に乗った。当時の生産能力は年産16,000トンであったが、日本植民地期の目標は42,000トン[16]だったので、まだ完全に復活していなかったと言える。

　次いで、電解純アルミニウム設備の修復工程では、台湾アルミ当局は先に第一電解工場の修復を決め、電解・溶解・電極・氷晶石回収と修正等の生産単位に分けた。高雄工場にはもともと2ヶ所の電解工場があったが、第二電

解工場は損壊がひどく、工場の変電所も爆撃で壊されていたためである。1946年7月から建物の修理を進め、2・28事件以降に電解炉の改造を始めた。1947年11月末、第一段の電解炉18台が動きだし、12月に正式に生産を回復した。以後、順次その他の電解炉も修復を進め、1952年末に全部で152台の修理が完成し、アルミニウム地金年産8,000-9,000トンが可能になった[17]。

1948年に、アルミナと純アルミニウム製錬設備以外に修復された機械には、供電・給電・変電設備・火力発電設備・水道設備・冷却設備等を含み、台湾省建設庁に大貝湖工業の給水設備修復の援助を期待し、迅速に復旧しようとした[18]。

以上のような台湾アルミの再建過程で、電気設備の重要性を見出すことができるだろう。アルミニウム産業は電力を大量に使用する工業であり、表4-1に示す通り、戦後初期はアルミニウム地金1トンを製錬するのに、およそ30,000kWh以上の電力が必要であった。このため、十分な電力と低廉料金がなければコストを下げることはできず、利潤をもたらせない。台湾電力公司は1946年末に185,000kWhが発電可能だったが、当時の平均電力使用量はわずか75,000kWhであった。1948年に台湾電力は300,000kWhに拡大していたが[19]、ほかに大量の電力を使う利用者がなかった。このため、台湾アルミが設備を拡大しても、十分な電力供給が可能だった（表4-1）。

一方、表4-1からさらに以下のような点を見出せるだろう。

(1) 戦後初期における各単位のアルミニウム地金の原料と電力・作業員等の消費量は、すべて日本植民地期の最高値にはおよばない。これは設備がなお整理・修理中であり、作業員が電気分解操作の経験に乏しいせいであり、つまりは残留した日本人技術者が少なかったということである。
(2) アルミニウム地金の生産能力は1952年末に8,000トン以上に回復したが、1953年の総生産量は設備能力のわずか半分にすぎない。
(3) 単位ごとの電力使用量と石炭使用量は、1953年に明らかに減少し始めた。これは戦後初期には電解設備が完全に回復せず、使用する電解炉の総電圧がまだ設備容量全体の半分にも達していなかったために電力消

第 4 章 「計画経済」体制下の台湾アルミニウム産業

表 4-1 アルミニウム地金生産量と原料・電力・作業員等の消費量表

年	アルミニウム地金生産量 (t)	1 単位あたり消費量								
		ボーキサイト (kg)	苛性ソーダ (kg)	重油 (kg)	石炭 (kg)	氷晶石 (kg)	酸化アルミニウム (kg)	螢石 (kg)	陽極ペースト (kg)	電力 (kWh)	労働者 (人)
1941	12,204	4,426	206	664	2,624	141	35	−	731	25,492	81.3
1948	2,509	4,574	258	881	4,937	115	3	6	1,608	37,119	103.2
1949	1,312	5,817	452	539	5,572	−	46	19	966	34,107	119.3
1950	1,761	4,254	219	491	4,320	231	12	4	1,089	33,299	81.1
1951	2,984	4,095	193	447	2,952	126	27	7	831	30,206	58.5
1952	3,856	4,146	236	379	3,047	103	22	15	796	25,322	54.5
1953	4,906	4,074	190	347	2,298	91	26	15	673	22,746	41.6
1954	7,132	4,225	178	332	2,115	87	33	14	621	22,069	37.3
1955	7,001	3,998	149	346	1,891	35	39	10	613	21,855	37.3
1956	8,759	4,262	144	302	1,938	30	36	7	621	22,385	31.2
1957	8,259	4,356	190	302	1,758	40	31	8	617	22,660	34.0
1958	8,577	4,236	174	308	1,730	30	37	7	609	22,378	33.8
1959	7,455	4,038	138	324	1,720	42	43	9	606	23,502	41.8
1960	8,260	3,894	136	330	1,604	42	33	6	618	22,299	35.6
1961	9,016	3,867	175	316	1,429	34	32	5	570	21,820	30.0
1962	11,009	3,921	140	363	1,517	45	47	3	578	20,922	16.8
1963	11,929	3,839	164	410	1,358	40	56	2	561	19,452	11.5
1964	19,372	3,941	176	361	1,332	20	58	0	590	17,477	8.7

出典：林鐘雄「台湾之鋁工業」、台湾銀行経済研究室編『台湾之工業論集 巻四』（台北：台湾銀行、1968 年）、77-78 頁。

註：1. 1941 年は日本植民地期の高雄工場の生産量のピークの年である。
　　2. 1962 年に 120 台 2 万アンペアの古い電解炉の使用を止めて、60 台 10 万アンペアの新しい電解炉を 3 月から試用し、4 月には生産をはじめた。
　　3. 1956 年・1961 年・1964 年には電力使用量の制限がなく、生産は比較的正常に行われた。

費量が高かったことによる[20]。

(4) 1953 年以降、生産量が大幅に増えたが、もとからあった老朽化した設備を使っていたため、年間生産量はわずかに 7,000−9,000 トンを維持しているにすぎず、日本植民地期の年間最高生産量には及ばない。1963 年に設備を新しくし、生産能力が年間 20,000 トンにまで拡大され[21]、

翌年にようやく日本植民地期の最高値を超えた。

第4節　海外からの援助：国際協力構想

精錬事業は新興産業であり、中国人は精錬に必要な種々の資源についてよく知らなかった[22]。このため資源委員会が台湾アルミを接収する時に、外国からの援助を求めて効果を挙げようと試み、カナダのアルミニウム会社（Aluminium Limited）とアメリカのレイノルズ金属会社（Raynolds Metal Co.）が前後して商談のため訪中した。レイノルズ社との提携についての交渉期間は1948-1953年と5年もの長きにわたり、交渉場所も南京から台北・アメリカに移ったが、けっきょく難行して結果は出なかった。

1　資源委員会とアメリカ・レイノルズ金属会社のはじめての接触

当初、米加両国の企業が台湾アルミニウム産業に興味を持っていた一因は、中国大陸市場の需要の潜在力の大きさに由来した。第二次世界大戦が終結後、輸出入管理委員会は市場需要に基づき、1946-1948年に上海1ヶ所でアルミニウム地金年間6,000-8,000トンの輸入を許可していた。カナダのアルミニウム社は、上海と内陸の交通の便がよくなれば、中国では毎年およそ20,000トンのアルミニウムの需要があると推計し、レイノルズ社は30,000トンと推計した。もし工業方面で使用可能になれば、中国の年間アルミニウム使用量はさらに相当なものになる。

しかし実際には、アルミニウム産業は中国では新興事業で、中国人はアルミニウム精錬に必要な種々の資源（たとえばアルミニウム鉱石・氷晶石・フッ化アルミニウム・コールタール・石炭コークスなど）に対して十分に調査せず、工場を設立して製造したこともなかった[23]。

供給面では、資源委員会が修復した台湾アルミニウム工場が中国大陸のアルミニウム精錬資源を利用できるならば、アルミニウム精錬に必要な各種の原料は自給でき、海外に求める必要はない。当時の調査によれば、沿海部一帯にある原料で年間のアルミニウム地金精錬2、3万トンの用に十分だった。

第4章 「計画経済」体制下の台湾アルミニウム産業

例えばアルミニウム鉱石原料は福建・広東沿海・海南島北部・雷州半島に見つかった。鉱石の質はやや劣るが、鉱石区が沿海部にあるため採集・運搬が容易でコストが低い。その他のアルミニウム製錬原料、氷晶石やフッ化アルミニウムは浙江の蛍石を利用して製造できる。コールタールは各地の石炭ガス工場やコールタール工場で、コークスは将来、高雄製油工場がコークス化クラッキング（分解蒸留）炉を開業すれば製造できる。ソーダと石炭は台湾で産出するので外に求める必要はない。さらに台湾には豊富な電力があるので、アルミニウム精錬に必要な資源はすべて揃っている[24]。

　台湾アルミニウム工場は資源委員会に接収されてから、すでに電解設備を修復し、年間8,000トンのアルミニウム地金が生産可能だった。アルミナ設備はもともとは3単位あり、1単位で1年に16,000トンのアルミナを生産できた。そのうちの1単位はすでに修復して操業を再開していた。第二単位もほぼ修復され、部品がいくつか欠けているだけであった。第三単位は日本人がまだ完成していなかったが、おもな設備はそろっており、欠けているのはボイラー・ポンプ・モーター・鉄管・濾過機と、一部の工場の鋼鉄棚だけだった。後に圧延機の設備を取り付け、アルミニウム年産4,000トンと、銅4,000トンを圧延した（圧延機は六十兵工廠との提携設備で、その契約のため銅も圧延した）。このほかに、加工工場が併設され、さまざまな製品を製造した。設備はまだ完全ではなかったが、陸軍のいろいろな装備品の製造を請けおい、国防に貢献した。換言すれば、台湾アルミ工場はアルミニウム産業発展の基礎を備えていた。このため、1946年末、カナダアルミニウム業会社が専門家3人を台湾に派遣し、1ヶ月間の視察を行った。しかし2・28事件の影響により提携条件の合意には到らなかった。1948年春、カイザー金属会社の総経理が輸出部経理とともに、高雄のアルミニウム工場の調査に来た。同年、レイノルズ金属会社も副社長2人と専門家2人をまず台湾へ、次いで南京に派遣し、資源委員会と契約を結び、合弁会社を組織した[25]。

　アルミニウム精錬事業は、規模が小さくなるほどコストが上がる。米国の基準に照らせば、年間生産量が15,000トン程度では経済的合理性がない。このため、レイノルズ社は台湾を視察した際、当時すでに8,000トン単位を

169

修復していたことに大した関心を示さなかった。彼らは台湾のアルミナ設備が修復を完了したら23,000トンを生産できると見積もっていたので、現有の8,000トン以外に新たに15,000トンの電解設備を設置し、合計23,000トンにして生産コストを下げ、国際基準にすることを「決定」し提案した。この量は大陸市場の需要（前述した30,000トン）を超過しないので、販売先にも問題がないと彼らは考えた[26]。

このため、1948年2月1日に資源委員会はレイノルズ社と台湾アルミニウム産業の発展に協力する契約（本契約は同年3月9日に行政院の許可を得た）をむすんだ。要点は以下の通りである。

(1) 資源委員会はレイノルズ社と中国アルミニウム業公司の高雄アルミニウム工場を発展拡大し、アルミニウム地金の年間生産量を23,000トンに増加させ、圧延設備を付設する。
(2) 資本は暫定的に普通株100万米ドルとする。双方で折半し、それぞれ50万米ドルを投資し、台湾アルミニウム工場の固定資産は800万米ドルに換算して、中国アルミニウム業公司を加え、固定利率の優先株とする。
(3) レイノルズ社と資源委員会は中国アルミニウム業公司への援助にあたり、米国輸出入銀行に融資を相談し、アルミニウム工場と電力設備の拡張に必要な資金とする。
(4) 資源委員会は天津化学公司のソーダ設備を高雄に移設し、台湾アルミニウム産業の使用に供する。
(5) 中国政府がアルミニウム地金・アルミニウム製品・外貨送金の輸出を許可し、借款の元利・外国工程人員の給与・レイノルズ社の配当金を支払う。
(6) 管理権は、借款返済前はレイノルズ社が派遣する常務董事一人によって、経営管理の責任を負う。借金返済後は董事会が派遣する中国人を総経理とし、アメリカ人は副経理として経営する。
(7) 本契約は行政院の批准を経て、輸出入銀行の借款獲得後に発効する[27]。しかし、アメリカ側が中国アルミニウム公司に融資しなかったの

第 4 章 「計画経済」体制下の台湾アルミニウム産業

で、この契約はけっきょく実施されなかった。

2 米中の再度の接触

　1950 年 7 月、レイノルズ社は台湾省主席の呉国禎に覚書を送り、再び提携について話し合いたいと言った。呉国禎は覚書を資源委員会に転送し、資源委員会は 9 月 8 日に駐米代表の陳良輔[28]に、レイノルズとの提携方法を賃借かそれとも買収方法に変更するのかどうか問い合わせるよう命じた。10 月 6 日、陳良輔はニューヨークから以下のように書面で説明した。

　　この件が最近改めて動き出しているのは、米国が積極的に戦争準備を進め、アルミニウムの需要が激増しているためである。レイノルズ社は政府から生産量の大幅増の命を受けたので、台湾アルミニウム工場の現有施設の拡大を利用して、米国の生産の不足分を補い、近い顧客と極東方面の需要を獲得しようと考えている。レイノルズの意は原則として米国政府の許可を得られ、賃貸方式（米ドルかアルミニウム地金で借り賃を支払い、必要時には購入もできる）で台湾アルミニウム工場の全ての資産と設備を、同社の管理によって運用する。同時にレイノルズの投資を拡大し、年間生産量を数千トンから数万トンに増やし、米国と南米で算出するアルミナは台湾に輸送して製錬し、アルミ地金や製品にする。もともと南洋一帯のボーキサイトは台湾に輸送して製錬したほうが安く、電力の節約にもなる。台湾工場の現有職員はすべてレイノルズが継続雇用し、技術者をさらに訓練し、利益を拡大する。こうした計画と前回の技術提携契約はまったく異なっており、最近、厳部長がニューヨーク滞在時にレイノルズ社と会談して、この提案に興味を示した。ただ、台湾電力が電力供給に応じられないため、台湾アルミを拡大したいのなら、先に水力発電の拡大が必要であると指摘した。レイノルズ側はこの点に関して考慮し、協力する方法を考えると承知した。結局、この大きな計画において、レイノルズ側では、原則として先に双方の政府の同意を得ないと、計画の具体的な方法について相談に入れない[29]。

ここに見られるように、この「提携」はレイノルズ社が台湾アルミニウム工場の管理の全権を負うもので、中国と米国の双方が共同で新会社（中国アルミニウム公司）を組織するのではなかった。電力供給量の増加については、資源委員会が台湾電力公司を調査して、機械設備を少し増やせば現有の建物と土木工程が利用できるといった。このため資源委員会はレイノルズ社に、資金調達計画にしたがって具体的な事項を相談するために来台を要請した[30]。

　アルミニウム工場を賃貸にするか購買するかについて、レイノルズ社は態度を明確にしなかった。まず賃貸してから購入するという条件を出してきたのは、特に異例のことであった。アルミニウム製錬の先決条件としての電力増加に対しても具体的な回答はなく、台湾に代表を派遣してくることもなかった。1951年6月、レイノルズ社は双方で5,000米ドルを出資し、連合会社を組織して借款を進め、借款が成功すれば、1948年2月に結んだ契約に照らして処理することを提案してきた。

　資源委員会は6月12日の返電で同意し、双方が同意した日時内に組織することを希望した[31]。

　同時に、資源委員会は相手側の誠意を見るため、レイノルズ社にアルミニウム地金とアルミニウム製錬原料の交換を相談した。レイノルズ社には原料の転売は前例がなかった。しかし、最近、世界の大局が日に日に明るくなり、国際的なアルミニウム需要が大幅に増加したので、1948年の契約に準じることを提案し、すぐに合弁会社を設立して、米政府から借款を進め、台湾アルミの発展計画を実現し、同時に台湾アルミの必要とする原料を供給した。当時は朝鮮戦争で、米国は国防の必要から、重要なアルミニウム産業の拡大を計画し、米政府は各社に年に50万トンの増産計画を提出させた。各アルミニウム会社の増設資金の来源は米国政府が大量に出した軍需注文書（アルミニウム地金注文書契約）であり、後にこの注文書を担保として一般人が経営する保険会社と銀行が長期の低利融資を相談する。レイノルズ社は資源委員会が1948年の契約をふたたび承認するなら、まず中国アルミニウム業公司を組織し、この会社名義で米国政府に大量の台湾アルミニウム先物取引の

第4章 「計画経済」体制下の台湾アルミニウム産業

販売を相談する計画だった。この注文書を新しく契約するか、レイノルズ社が受けた注文書の一部を台湾アルミニウムに請け負わせるかは、交渉の行方を見て決める。中国アルミニウム業公司が軍需注文書を受ければ、レイノルズ社の資金調達方法によって米国政府か米国の一般企業に長期の低利融資を相談し、台湾アルミニウムのアルミニウム製錬と電力拡大の資金とする[32]。

この時点で資源委員会の秉承・財務部前部長は関吉玉[33]に指示し、財務部部長・厳家淦[34]、中央信託局局長・尹仲容[35]、資源委員会法律顧問・端木愷弁護士らの関連部門は共同で討議して、具体的に以下の4項の意見を定めた。

（1）レイノルズ社の提案に合意して1948年の契約をふたたび承認し、さらに5千米ドルを普通株として出資し、中国アルミニウム業公司を共同で組織して、米国から借款を進め、台湾アルミニウム産業と電力を拡大する。借款の獲得を待って協議し、もとの契約は普通株各50万米ドルで、台湾アルミニウム工場の固定資産を優先株として中国アルミニウム業公司の経営にひきわたす。この項の臨時組織の成立は、中国会社法の規定により、まず経済部の特別許可を得なければならない。

（2）レイノルズ社に積極的に借款計画の相談を促し、臨時会社契約の有効期間を8ヶ月とし、期限内に借款が獲得できていなければ、資本金を返却し自動的に解散する。

（3）レイノルズ社の米国側との借款の相談は、わが国がもともと獲得していた経済援助には影響しないことを原則とする。

（4）中国アルミニウム業公司を正式に設立するまでは、台湾アルミニウム工場は通常通り営業する。必要な原料はレイノルズ社から提供され、台湾アルミニウムは地金で交換する。その交換契約は別に結ぶ[36]。

中国アルミニウム業公司の組織章程は、レイノルズ社により第二項を12ヶ月に変更するという修正を経て、1952年4月22日に締結され、6月2日に経済部から許可された。レイノルズ社は米国で借款の相談をし、9月24日に陳良輔が経済部長・張麗門（茲闓）[37]に文書を送り、米国側が台湾に実地調査団を派遣する意向があると、以下のように伝えた。

資源委員会は米国レイノルズ社と台湾アルミニウム産業の拡大契約を結んだが、最初は米国政府の台湾に対する方針が決まっていなかったので借款は難しく、進んでいなかった。最近、カナダのアルミニウム産業がアメリカでの資金調達を計画して、大量に生産を拡大し、米国アルミニウム産業の3大巨頭であるアルコア・レイノルズ・カイザーの競争と、台湾アルミニウム拡大案の進行に影響した。現在、カナダのアルミニウム拡大計画はすでに取り消されたが、米国アルミニウム産業はちょうど第二段階の増産を計画していた。レイノルズ社は台湾アルミニウムが拡大して、レイノルズの増産の一部を担うことを願っており、積極的に動き出した。先月、米国国務院と共安総署はたびたび会議を開き、原則的に賛成したが、手続きの上で共安総署を通して米援と関係が生じ、全面的な計画処理は、8月14日にレイノルズ氏と職会は共安総署に文書を出し、この件の経過と拡大計画の大綱を述べた。次いで、共安総署は9月15日に、この件はわが政府から台湾分署に正式に提出し、進みぐあいを検討すると返書した。最近、共安総署とレイノルズ社の相談は署が専門家数人を派遣し、レイノルズ社と調査団を組織して台湾で実際の状況を調査し、こちらと台湾アルミニウム拡大の具体的な計画を決め、積極的に進めようとしている[38]。

以上の経緯から、台湾アルミニウムは、レイノルズ社の米国アルミニウム市場競争における持ちゴマのひとつであったと言うことができるだろう。

3 米中3度目の接触

1953年2月、米国安全総署（MSA, Mission to China）が視察団を台湾に派遣し、その団員のアルマン（前上海米国領事館法官）はレイノルズ社を代表して「中国アルミニウム業公司」の株主として参加し、アルミニウム工場を参観した。米国帰国後、レイノルズ社に以下のように提案した。以前の年産23,000トンまでに到達させるための電力等にも波及する拡大計画は、かなりの資金が必要で一度に実現するのはむずかしいと考えられる。現有の設備を利用し、今までの最高生産量の年8,000トンのアルミニウム地金（現在

の年産は 4,000 トン) にまず到達させ、同時に製品製造の設備を増加して、アルミニウム地金を全て加工販売すれば、1 トンあたり 1,000 米ドルの製品 (アルミ箔・アルミ缶・アルミ窓枠など。アルミ地金1トンはわずか450米ドル) に価値が上昇する。アルミニウム製造の原料、ボーキサイト・コールタール・氷晶石などはレイノルズ金属公司から購入する。アルミ箔・アルミ缶製造などの設備もレイノルズ社が工場に貸すか売るかし、しかし加工後の製品は台湾の内需用以外は「中国アルミ ニウム業公司」の販売代理人によって、海外に販売する[39]。

一方では、前述の中国と米国の提携章程中では、以下のように明言している。双方が 5,000 米ドルを出資して、経済部に登録を申請する。契約有効期間を1年とし、1年の期限が終わって、レイノルズ社が融資を受けられなければ、自動的に解散する。

けっきょく、1953 年 5 月 27 日、契約期限が満了したが、レイノルズ社は契約を履行できなかった。このため、1953 年 8 月、経済部の金開英・司長は米国のレイノルズ社に赴き、分割支払方法で残っているアルミニウム地金・アルミ箔・アルミ粉の設備を台湾アルミニウム工場に譲渡してもらい、あわせて技術提携を提案した。しかしレイノルズ側はこれらの設備はアルミニウム工場に販売するのであって投資ではない。本社は今まで譲渡できる機械の目録を提出したこともないし、具体的に協議することはできないとはっきり説明した[40]。このため、5年もの長期にわたる提携構想は、結局実現できなかった。

しかし、同時期、国際情勢の変化により、日本軽金属株式会社がカナダのアルミニウム業企業と提携協定を締結した。

第5節　他山の石：日本とカナダのアルミニウム産業の提携

第二次大戦後、アメリカを主とする西側国家とソ連を主とする東側諸国の関係は冷え込み、1947 年 6 月に米国は欧州復興を支援するマーシャルプランを宣布した。ソ連などの9カ国は Comniform (Communist Information

Bureau)を組織し、相互的な情報交換と関連活動の調整をし、翌年4月にベルリンの封鎖が始まった。アジアでは中国の国民党と共産党が内戦を繰り広げただけでなく、東南アジア（フィリピンやベトナムなど）の共産党運動もしだいに活発になっていった。米国の対日政策はこうした国際環境の中で変わらざるを得なかった。米国は日本を友好国にし、復興させて、潜在的な経済力と軍事力を発揮させ、東アジア冷戦の中で重要な役割を演じさせることを決定した。1947-48年、ストライク日本産業賠償調査団（Industrial Reparation's Survey of Japan, 団長 Clifford S. Strike）は2度にわたって訪日し、産業施設の大幅な賠償軽減を考え、1948年3月に賠償軽減政策を宣布した[41]。

ストライク調査団は、アルミニウム産業部門について以下のように報告した。

世界の工業用アルミニウムの量は急速に増加しており、今後、家庭用品や電気材料などの方面で、日本では必ずアルミニウム使用量が増えると考えられる。日本の1953年のアルミニウム使用量はおよそ39,000トンであった。実際には、日本のアルミニウム産業は82,500トンのアルミニウムを製造でき、43,500トンのアルミニウムを国外に輸出して外貨と交換できる。このレポートはアルミニウムが貴重な輸出品であり、それで得た金は食料・原料輸入に使うことができると強調した。1930-34年の生活水準を基礎とし、人口増加のファクターを考慮すると、日本の1953年の輸入額は1937年より27,500米ドル増加すると推計できる。1953年の国際収支の均衡をとるとすれば、大幅に輸出価格を増加しなければならない。しかし、当時、こうした輸出能力を備えた産業はほとんどなかったので、アルミニウム産業は潜在力のある貴重な産業であった[42]。換言すれば、このレポートはアルミニウム産業の日本経済における重要な役割を指摘したのである。

けっきょく、アルミナ製造工場と電解工場および軍需用の加工工場は、賠償物資の指定を取り除かれた。その価値は167,099,000円と見積もられ、その額は日本軽金属株式会社の設備総額（468,879,000円）の35.6％であった[43]。

第 4 章　「計画経済」体制下の台湾アルミニウム産業

　1947 年から、日本軽金属側は賠償物資と評価されて、設備を解体しなければならなくなる可能性について考慮し、対策として外資との提携構想を考えた。当時の経営者に最も懸念されたのは賠償問題であった。万一、不幸にも国連アジア極東経済委員会（ECAFE, The United Nations Economic Commission for Asian and the Far East）に賠償物資と指定された場合でも、外国籍企業との提携許可が受けられれば、設備をそのまま日本に留め置いて使うことができ、数千人の従業員も失業を免れるだけでなく、日本の経済復興の一助にもなる。前述の米国の対日政策の変化に伴い、日本軽金属にはふたたび生産可能になるという希望が生じ、積極的に企業の維持発展をはかった[44]。

　経営維持のために最も重要な問題は、利潤である。設備費は固定されているので、生産を増やせなければ単位コストは上がらざるを得ない。生産量がいったん増大すれば、市場を拡大しなければならないため、国内の需要以外に海外市場進出の対策を講じなければならない。当時、日本アルミニウム産業は戦争期間の空白のため、技術的には欧米に 10 年前後遅れていた。技術水準を向上させ海外市場を開拓するためには、すでに販売ネットワークを擁していた外国企業との協力が必要だった。さらに戦後は、実質的に貿易保護政策を実施していた戦前のようにはいかず、安くて上質な欧米のアルミニウム製品が続々と日本に流入していた。国内市場の確保のために有力な外国企業との提携は、双方の利害が一致していた[45]。

　日本軽金属との提携に最も早く名乗りをあげたのは、前述の米国企業・レイノルズ社であった。双方を仲介したのは連合国軍最高司令部総司令部（GHQ）にいたアレン（G. L. Allen）であった。彼は日本軽金属の製錬設備を優秀であると認めたが、欧米は戦争中に製錬技術を著しく進展させたので、日本の技術との間に大きな距離ができていた[46]。

　実際に、戦後、軍需は減少したが、米国国内のアルミニウム消費量は1946 年以来、毎年約 9％の成長率を見せ、供給が需要に追いつかないという状態を導いた。このため米国アルミニウム産業界は、休業状態の日本や台湾の高雄アルミニウム工場の精錬設備に大きな関心を持ち、前述のレイノルズ

の中華民国政府との交渉以外にも、アレンの仲介で日本軽金属と提携問題の交渉を開始した[47]。

1948年2月、レイノルズ社の副理事長のルイス・レイノルズ一行が訪日して交渉を進め、エネルギー節約と生産管理技術部門での協力と、さらに米国と日本の当局の許可が得られれば、アルミニウム製造に必要な各種原料（ボーキサイト・氷晶石・コールタール等）を供給したいと申し出た。日本軽金属は生産するアルミニウム地金を米ドルで計算して、レイノルズ社に販売し（数量は関係当局が決定する）、レイノルズ社の技術協力と提供した原料機械などに対しては、報酬を米ドルで支払わなければならなかった。さらに、レイノルズ社はGHQと日本政府の方針を守って、購買したアルミニウム地金は日本で線・棒・管・板等の中間製品にして輸出したいと言った[48]。

当時、日本アルミニウム産業の再建には巨額の資金が必要だったが、財閥は解体され、国家は敗戦で連合軍に管理され、アルミニウム産業の支援は財政的に不可能だった。このため、外資の導入こそが、修復の資材・原料・資金を得て工場の操業を開始する唯一の希望であった。これが日本軽金属が外資と提携する主な目的であった。しかし、主導権は完全にレイノルズ側にあり、1948年2月以降、レイノルズ社はGHQ・日本政府・米国当局と交渉してアルミニウム地金の長期購買の協議を結んだが、レイノルズ社による投資はけっきょく行われなかった。日本の独占禁止法には国際的な契約を禁止する規定が明文化され、外国企業との持株と大量の社債の所有に制限がある。しかも外貨管理・租税制度等の方面では、外資導入に関する規定が欠如している。はじめて外資法が制定されたのは、1950年5月になってからであった[49]。

一方、米国の経済情勢もレイノルズ社に二の足を踏ませた。1949年5月以降、アメリカ経済はしだいに不景気になり、アルミニウム産業も影響を受けた。空軍が大量の注文書をキャンセルしただけでなく、民間の購入量も減少し、国内市場の供給過剰現象を引き起こした。このうえ遠く日本から、わざわざ輸送費を払ってアルミニウム地金を運ぶことは不可能であった[50]。

レイノルズ社以外に、当時、日本との提携を希望していた西側アルミニウ

第4章　「計画経済」体制下の台湾アルミニウム産業

ム産業に、米国アルミニウム産業会社（Aluminium Company of America, 略称 Alcoa）が投資した、カナダ籍のアルミニウム業有限会社（Aluminium Limited）があった。米国アルミニウム業会社の前身は1888年に設立されたピッツバーグ還元社（Pittsburgh Reduction Co.）であり、1941年レイノルズ金属会社とカイザーアルミニウム化学会社（Kaiser Aluminium & Chemical Corporation）が精練事業に着手する以前、米国精錬業界を約53年間独占していた。米国以外では、カナダ・イタリア・ノルウェーに電解工場を設立していた。米国外での地域の事業を統括するため、アメリカアルミニウム業会社は1928年、カナダのモントリオールに新たにアルミニウム業有限会社を設立した[51]。

　この会社の日本アルミニウム産業とのつながりは、第一次世界大戦期間にまでさかのぼることができる。当時、世界のアルミニウム生産は大変発達していた。米国にいた高峰譲吉は日本にアルミニウム産業を建設しようと考え、米国アルミニウム業会社を説得に行き、理事長のアーサー・デービスの援助を得て、1919年に日米合資の東洋アルミニウム業会社（資本金1,000円）を設立した。黒部川の水力を開発し、この電力を使って製錬することを計画した。しかし、戦争が終わると、アルミニウム生産量の過剰が価格の暴落を導いたので、この精錬事業を中止せざるを得なくなり、東洋アルミニウム業会社は日本電力会社に合併された。その後、高峰ら日本側投資者は依然として日本でアルミニウム産業を始めたいと望み、また米国アルミニウム業会社も日本での直営販売店開設を考えた。こうして1921年4月に、日米合資のアジアアルミニウム業会社が設立され、米国アルミニウム業会社のマクドウェルを理事長とする販売機構となった。当時、同社が輸入するアルミニウム地金は、日本の総輸入量の約65％を占めていた。この後に、前述の通り、米国アルミニウム業会社はカナダにアルミニウム業有限会社を設立した。1931年、欧米の大アルミニウム会社連合団体、Alliance Aluminium Co. は、各国の生産者間の担当する輸出販売地区に協定を結び、日本市場はカナダアルミニウム有限会社第5支店の担当となった。同社はブルースを派遣して、日本での管理販売を担当させた。日米合資のアジアアルミニウム業会社は、こう

して唯一の販売店になった。1935年12月、カナダアルミニウム有限会社第5支店はアルミニウム業連合有限会社（Aluminium Union Limited）と名称変更し、実際には欧米のアルミニウム生産企業を代表して、日本市場を掌握した[52]。

戦後1947年2月から12月、米国の三大圧延技術者のひとりであるラスベン（Aluminium Laboratoriesのエンジニア）がカナダ外交使節団の団員という身分で、軽金属工場を視察に来日した。同時に、米国アルミニウム社のエンジニアであるウェンズも、GHQの委託で同様の調査を行った[53]。

翌年9月から11月、カナダアルミニウム有限会社の副理事長のブルースとエンジニアのグウィンらがブルース調査団を組織して来日し、日本全国の各軽金属工場を調査した。2度の慎重な調査を経て、1949年初め、カナダアルミニウム業有限会社は日本軽金属に、もしレイノルズ社との交渉を中止したら、すぐに提携交渉をする準備があると伝えた[54]。

ちょうど、日本軽金属とレイノルズとの交渉が暗礁に乗り上げていたので、軽金属側にはカナダアルミニウム業有限会社と接触する意志があった。当時、同社が考慮したのは以下の3点であった。(1) カナダアルミニウム業会社の企業連合の性質により、提携以後日本軽金属の生産が制限されるのかどうか。(2) 海外の販売権は、アルミニウム業連合有限会社に掌握されるだろう。(3) カナダアルミニウム業会社の技術が米国より劣るかどうか[55]。

実地調査と交渉のため、日本軽金属の草野義一理事長と調査部副部長の利根川武が、1950年12月に米加両国のアルミニウム業会社の工場と発電所を視察し、技術と原料部門の援助を要請し、翌年3月に帰国した。4ヵ月後、カナダ側が来日して具体事項を協議し、ついに1952年3月に提携契約書にサインした[56]。カナダアルミニウム業会社は6億4,500万円を日本軽金属に融資した。年利5.5％、8年で分割返済し、日本軽金属が所有する工場を担保とする。当時、日本軽金属が持っていた株数は1億2,400万株（6億2,000万円）であったが、さらに1億2,400万株を発行し、一株60円、合計の総額は7億4,400億円で、すべてカナダアルミニウム業会社が購入した[57]。

資金以外に、双方は技術援助契約を結び、カナダ側はアルミナとアルミニ

ウム地金精錬に精通したエンジニアを派遣して指導し、日本側からも技術者をカナダに派遣して実習させた。日本側は生産設備の改良と技術の向上をはかり、製品の単位コストを下げ、生産を合理化させた[58]。カナダアルミニウム業会社が世界各国に擁する広大な販売網を通して、日本軽金属のアルミニウム地金の輸出も順調に進み、貴重な外貨を獲得できた[59]。原料については、日本は従来、インドネシアのビンタン島のボーキサイトを輸入しており、その価格はかなり高かったが、カナダとの合資以降、カナダアルミニウム業会社が南米・アフリカ・エジプト・インド・マレー半島に持っていたボーキサイト鉱区を利用できるようになった[60]。このため、選択が可能になり、原料欠乏の危険も減り、原料価格も売手市場から買手市場に変わり、生産事業の発展に有利になった。

第6節　結論

　台湾アルミニウム産業は戦時「大日本アルミニウム自給圏」におけるひとつの拠点であり、その製品はほとんどが宗主国に輸送された。戦後、1949年以前には中国（特に上海）が主要な販売市場であり、そうした意味でアルミニウム産業は大中国資源圏と工業発展の青写真の中の一部であった。さらに国外からの輸入量（輸入代替）が減少しているという前提条件のもとで、台湾の当時の技術水準と水力・電力・石炭等の資源について言うなら、アルミニウム産業はたしかに全中国における重要な工業であった。

　一方で欧米のアルミニウムの技術水準は日本よりはるかに優れており、日本から台湾に移植されたアルミニウム産業は移植当初から遅れていた。世界のアルミニウム大企業は早くから企業連合体を組織し、国際市場を併呑し分割していた。戦後の台湾アルミニウム工場の運命は憂うべきものであり、資源委員会はアメリカとカナダのアルミニウム会社に経営を委託することを何度も考えた。後者は世界のアルミニウム関連製品の製造と分配権を主導し、極東の既存アルミニウム工場にどのように投資すれば効果があるかを考えていた。こうして台湾と日本が前後してアメリカのレイノルズ社と交渉し、カ

ナダのアルミニウム会社も台湾と日本を訪れて調査したが、最終的に日本軽金属を選んだ。その原因はもとより複雑であるが、日本のアルミニウム産業の規模が台湾よりずっと大きく（アルミニウム地金について言うと、日本は台湾の4倍）[61]、単位製造コストが比較的安く、経済効率が大きかったためである。当時の交渉カードで日本に及ばなかった台湾のアルミニウム工場は、選ばれることができなかった。

また、台湾アルミニウムは国営企業であったので、外資企業と提携すればその性格が変わらざるを得ないが、台湾政府当局はこれに同意しなかった。1959年まで台湾アルミニウムは米国開発借款基金会に借款を申請し、基金会が台湾アルミニウムの民営への移行を望んだが、台湾アルミ公司は「我が国の大規模企業は国家による経営である。アルミニウム産業は投資もかなり大きく、資金集めもむずかしい。民間の財力ではおそらくその任に堪えない」と拒絶した[62]。このため、台湾の状況の悪い独占事業という性質を、欧米先進大企業とどのように合資経営して、長期にわたり継続的に発展をしてゆくかが、計画経済体制化の台湾アルミニウムが直面した厳しい課題であったのである。

● 註

1) 大河内暁男『発明行為と技術構想』（東京：東京大学出版会、1992年）、199頁。
2) George W. Stocking & Myron W. Watokins, *Cartels in Action*: *Case Studies in International Business Diplomacy* (New York：The Twentieth Century Fund, 1946), pp. 216-245.
3) 日本アルミニウム株式会社創立事務所『日本アルミニウム株式会社設立趣意書』（日本アルミニウム株式会社創立事務所、1935年）、1-17頁。『定款日本アルミニウム（株）』昭和17年6月、三菱史料館蔵、MA-1170-3。『日本アルミニウム株式会社 取締役会議事録』昭和16年5月、三菱史料館蔵、MA-8960-1。"Date Concerning the Aluminium plant in Takao, Taiwan" (April, 1948)、中央研究院近代史研究所収集の『資源委員会台湾鋁業股份有限公司』（以下、台鋁）档案、24-14-34-4。台湾経済年報刊行会編『台湾経済年報』第2輯（東京：国際日本協会、1942年）、377-378頁。孫景華「台湾的鋁業」、中国新聞出版公司編『台湾経済年報1953年』（台北：中国新聞出版公司、1953年）、91頁。中国工程師学会編『台湾工業復興史』（台北：中国工程師学会、1960年）、207頁。林鐘雄「台湾之工業」、台湾銀行経

済研究室編『台湾之工業論集 第四』（台北：台湾銀行、1968年）、73-74頁。
4）金成前「台湾鋁業之発展与世界鋁業之趨勢」、『台湾文献』22：4（南投：台湾省文献会、1971年12月）、91頁。前掲『台湾経済年報』第2輯、182頁。
5）前掲"Date Concerning the Aluminium plant in Takao, Taiwan"（April, 1948）。
6）大石嘉一郎編『日本帝国主義史3 第二次大戦期』（東京：東京大学出版会、1994年）、188頁。
7）前掲『台湾経済年報』第2輯、206頁。
8）前掲"Date Concerning the Aluminium plant in Takao, Taiwan"（April, 1948）。葉振輝訳『半世紀前之高雄煉油廠与台鋁公司——史料選訳』（高雄：高雄市文献委員会、1995年）、1頁。大石前掲書189頁の表10。前掲『台湾工業復興史』、207頁。前掲林鐘雄論文、74頁。このほか、日本の旭電化工業株式会社の高雄工場もアルミニウムを生産していた。
9）朱匯森主編『中華民国史事紀要 民国34年10月到12月』（国史館、1990年）、434-451頁。『戦後歴史年表普及版』（中央研究院サイト http://twstudy/iis.sinica.edu.tw/twht/）。
10）戦後日本人の事業の修復処理については、行政院が法を制定して計画的に実施した。そのうち鉱工事業に関しては、資源委員会経営と同じ性格の敵偽産業処理局の審議を経た後、さらに行政院の裁定を経てから、資源委員会が引き継いで処理した。資源委員会は日本人の残した鉱工事業の接収時にはまだ経済部に属していたが、1946年初頭の立法院の組織法の修正を経て、5月から行政院直属になった。資源委員会「復員以来資源委員会工作述要（民国37年）」を参照、薛月順編『資源委員会档案史料彙編』（台北：国史館、1993年）所収、405-425頁。
11）台湾鋁業有限公司籌備処「資源委員会台湾鋁業有限公司籌備処概況」、『台湾銀行季刊』1：4（台北：台湾銀行、1948年3月）、103-104頁、前掲『台湾工業復興史』、207頁。
12）台湾省接収委員会日産処理委員会『台湾省接収委員会日産処理委員会結束総報告』（台北：台湾省接収委員会、1947年）、23-24頁。前掲『台湾工業復興史』、207-208頁。
13）前掲「資源委員会台湾鋁業有限公司籌備処概況」、104頁。
14）前掲『台湾工業復興史』、208頁。前掲林鐘雄論文、74-75頁。
15）「台湾廠総経理孫景華呈請大会転呈行政院継続徴用日籍工作人員一年」（資（35）収第1472号）、1946年6月22日、前掲『資源委員会档案史料彙編』、3頁。また「資委会呈送行政院台湾工鉱事業留用日籍技術人員及眷属統計表」（資京（35）人字第2998号）、1946年8月6日、4頁に基づく。台鋁は51名の技術者を継続使用していた。
16）前掲林鐘雄論文、75頁。前掲『台湾工業復興史』、208頁。
17）前掲林鐘雄論文、75頁。前掲『台湾工業復興史』、208-209頁。
18）前掲『台湾工業復興史』、209-211頁。前掲「資源委員会台湾鋁業有限公司籌備処概況」、104頁。
19）前掲「資源委員会台湾業有限公司籌備処概況」、104頁。秉憲「高雄鋁廠写照」、

『新生報』、1948年9月7日、版7。
20) 前掲林鐘雄論文、77頁。
21) 行政院国際経済合作発展委員会部門計画処編『煉鋁及鋁加工工業』（台北：行政院国際経済合作発展委員会部門計画処、1973年）、1頁。
22) 「資源委員会与美国雷諾金属公司合作発展台湾鋁業節略」、民国40（1951）年、資源委員会台鋁档案、24-14-34-4。
23) 「資源委員会与美国雷諾金属公司合作発展台湾鋁業節略」資源委員会台鋁档案、24-14-34-4。
24) 「資源委員会与美国雷諾金属公司合作発展台湾鋁業節略」資源委員会台鋁档案、24-14-34-4。
25) 「資源委員会与美国雷諾金属公司合作発展台湾鋁業節略」資源委員会台鋁档案、24-14-34-4。
26) 「資源委員会与美国雷諾金属公司合作発展台湾鋁業節略」資源委員会台鋁档案、24-14-34-4。
27) 「資源委員会与美国雷諾金属公司合作発展台湾鋁業節略」資源委員会台鋁档案、24-14-34-4。
28) 陳良輔は広東乳原の人。広東省乳原・曲江等の県の国民党県党部幹部（職員：陳宣人・陳占魁・陳良輔）。民国22（1933）年5月～24（1935）年9月、中央研究院近代史研究所収蔵実業部档案、17-02-71-（4）。
29) 「呈復資委会与雷諾洽商合作経営台湾鋁廠請官鑒核」、民国39（1950）年11月28日、資源委員会台鋁档案、24-14-34-4。
30) 「呈復資委会与雷諾洽商合作経営台湾鋁廠請官鑒核」、民国39（1950）年11月28日、資源委員会台鋁档案、24-14-34-4。
31) 「為本会与雷諾公司合作商談経過情形簽請監核示遵由」、民国40（1951）年8月2日、資源委員会台鋁档案、24-14-34-4。
32) 「資源委員会与美国雷諾金属公司合作発展台湾鋁業節略」資源委員会台鋁档案、24-14-34-4。
33) 関吉玉（1900-1975）、字は佩恒、遼寧省鞍山市の人。1922年瀋陽南関省立第一師範学校卒業。同年、朝陽大学法律系入学。1929年、官費でドイツのベルリン大学に留学し、財政経済を専攻。1931年帰国後、冀晋綏察区統税局、1932年財政部河北統税天津管理所主任に昇進。1933年、財政部冀晋察綏区統税局副局長に昇進。1935年から四川省財政特派員をつとめ、西南地区の税収に責を負い整理した。抗戦軍ができた後、財政部参事、江蘇省政府委員兼財政庁長、行政院第三戦区経理委員会副主任委員などの職務を歴任。日中戦争終結後、松江省政府主席を引き継ぎ、接収事務を計画する。1947年東北行猿経済委員会主任委員の代理を務め、東北財政・交通・糧食等の経済事務を総監する。その後糧食部政務次長に任ぜられ、1948年第一回国民大会代表に当選、入閣して行政院政務委員兼糧食部部長を担当、期間食料の調達を主管した。1949年、財政部部長・中央銀行総裁に任ぜられ、1950年財政部長と中央銀行を辞め、総統府国策顧問に招聘される。1956年台湾省政府の招請で高雄硫酸公司董事長に任ぜられ、工場業務を改革した。1958年考試院長の要請で秘書

第4章 「計画経済」体制下の台湾アルミニウム産業

長に任ぜられる。1964年、国立政治大学財税系で教鞭をとる。1968年、私立逢甲工商学院財税系主任に招聘される。1975年心臓病で逝去。享年76歳。秦孝儀主編『中華民国名人伝』第1冊（台北：近代中国出版社、1984年）、724-732頁。

34）厳家淦（1905-1993）、江蘇県県の人。1926年上海聖約翰大学理学院卒業。卒業後、京滬・滬杭甬鉄路管理局材料処長を担当。福建省建設庁長・財政庁長を歴任。財政庁長担当時に厳氏は財政経済の才能を発揮し、田賦徴実制度をはじめて創設した。1945年日中戦争終結後、台湾省行政長官公署交通処長に任ぜられる。1946年財政処長に再任。1947年省政府が改組し、台湾省政府財政庁長・台湾省政府委員に就任。1958年、経済部部長を引き継ぐ。1963年、組閣し、行政委員長。1966年総統蔣介石が指名し、国民大会により第4届中華民国副総統に選任される。1972年まで副総統をつとめ、同年、行政院長職を辞める。1975年、総統の逝去により、憲法に則って総統を引き継ぎ、1978年に辞めた。1993年、逝去、享年90歳。「維繋憲法運作厳前総統功在国家」『聯合報』1993年12月25日、版2、焦点新聞。

35）尹仲容（1903-1963）、湖南邵陽の人。1921年南洋工学卒業、成績優秀のため南洋大学本科に進み、電機工程を専攻。1925年に2番の成績で卒業し、北京交通部電政司に実習に派遣される。1932年、上司の慧眼により、交通部電政司第二科科長に抜擢。1936年、朱家らの紹介により、中国建設銀公司協理を担当、民営の給水と電力開発を主導する。1939年、米国に派遣され、資源委員会国際貿易事務所ニューヨーク分所主任に任ぜられ、物資の購入の責を負う。1945年、帰国。1945年行政院長・宋子文の要請で各地の接収に協力。1947年、中国建設銀公司に戻り常務董事を務める。またその他の多くの会社の董事も兼任し、その間に訪台して交渉。1949年、台北に移り、台湾区生産事業管理委員会常務委員を担当、副主任委員に昇任。同年、対日貿易小組が設立された。1950年、中央信託局局長に就任、台湾省美援連合委員会が設立され、紡織組召集人に就任。1953年、行政院美援運用委員会委員に就任、外貨審議を担当。経済安定委員会の工業委員会で工鉱建設の主管も兼任した。1954年、経済部長に昇進。1955年、中央信託局長と経済部長等の職務を同時に辞去。1960年、台湾銀行董事長に就任、中央銀行の副業を主張。1963年1月、肝臓病のため逝去。享年63歳。秦孝儀主編『中華民国 名人伝』第5冊（台北：近代中国出版社、1986年）、14-39頁。

36）「資源委員会与美国雷諾金属公司合作発展台湾鋁業節略」資源委員会台鋁档案、24-14-34-5。

37）張玆闓（1900-1983）、字は麗門、広東楽昌の人。1925年南開大学を卒業し、中華文化教育基金会に奉職、成績が特にすぐれていたので、選ばれて米国ニューヨークのシティバンクで研修し、ニューヨーク大学商科修士の学位も取得。その後、英国ロンドン政治経済学院に進み、1933年帰国、引き続き中華文化教育基金会につとめ、北平交通大学教授を兼任。後に派遣され河南焦作の中英合弁の中福煤鉱の財政の責を負う。1938年経済部工鉱調整処副処長に任ぜられ、1944年戦時生産局材料工業処処長に任ぜられる。日中戦争終結後は1945年経済部の江蘇・浙江・安徽三省と京滬両市の特派員に任ぜられ、鉱工業接収を担当。1947年、中国石油公司の準備に参与し、総経理に就任。1949年来台し、1950年中華民国を代表し、国連の委任管理事務

代表団に参加、同年財政部政務次長に就任。1951年フィリピン交通銀行総経理に任ぜられ、翌年経済部長に任ぜられ、台湾銀行董事長の兼任も命じられる。1954年経済部長を辞し、台湾銀行董事長専任となり、1961年に退職した。華僑資金で設立された種徳実業公司の董事長（1961）に就任し、1961-1968年、政治大学と淡江文理学院で教鞭をとった。1976年中興票券金融公司董事長に就任し、翌年、中米経済合作策進会理事長に推薦され、1981年、中華経済研究院董事長に推薦された。1983年、肺がんにより逝去。享年84歳。劉紹唐主編『民国人物小伝』第7冊（台北：伝記文学出版社、1985年）、294-296頁。

38)「陳良輔致張麗門信」、民国41（1952）年9月24日、中央研究院近代史研究所収集国営事業司台湾鋁廠档案、35-25-15-32。

39)「経済部長張茲闓呈行政院長」、民国42（1953）年6月17日、国営事業司台湾鋁廠档案、35-25-15-32。

40)「経済部致美援運用委員会代電」、民国43（1954）年3月4日、国営事業司台湾鋁廠档案、35-25-15-32。

41) 中村隆英編著『「計画化」と「民主化」』（東京：岩波書店、1989年）、47-48頁。

42) Overseas Consultant Inc., *Strike Report on Industrial Reparations Survey of Japan to the United States of America*（東京：日本タイムス社、1948年）、pp. 55-58, pp. 175-176。日本軽金属二十年史編纂委員会『日本軽金属二十年史』（東京：日本軽金属株式会社、1959年）、139-144頁。この史料のコピーに関しては、京都大学経済学部の堀和生教授にお世話になった。ここに記して感謝したい。

43) 前掲『日本軽金属二十年史』、143頁。
44) 前掲『日本軽金属二十年史』、240頁。
45) 前掲『日本軽金属二十年史』、241-242頁。
46) 前掲『日本軽金属二十年史』、242頁。
47) 前掲『日本軽金属二十年史』、243頁。
48) 前掲『日本軽金属二十年史』、244頁。
49) 前掲『日本軽金属二十年史』、246-251頁。
50) 前掲『日本軽金属二十年史』、249頁。
51) Geroge W. Stocking & Myron W. Watkins, *Cartels in Action : Case Studies in International Business Diplomacy*, pp. 216-230.
52) 前掲『日本軽金属二十年史』、256-258頁。
53) 前掲『日本軽金属二十年史』、259頁。
54) 前掲『日本軽金属二十年史』、259-260頁。
55) 前掲『日本軽金属二十年史』、260-261頁。
56) 前掲『日本軽金属二十年史』、261-262頁。
57) 前掲『日本軽金属二十年史』、265頁。「台湾鋁廠対美国雷諾公司所提合作発展鋁錠加工及業務 計画之意見」、民国41（1952）年6月11日、国営事業司台湾鋁廠档案、35-25-15-32。カナダアルミニウム会社は、日本軽金属へ170万米ドルと貸付運転金200万米ドルを投資した。日本側は株主の権利50％を与えた。
58) 前掲『日本軽金属二十年史』、266-267頁。

59) 前掲『日本軽金属二十年史』、273 頁。
60) 前掲『日本軽金属二十年史』、263-264 頁。
61)「台湾　廠対美国雷諾公司所提合作発展鋁錠加工及業務計画之意見」、民国 41 (1952) 年 6 月 11 日、国営事業司台湾鋁廠档案、35-25-15-32。
62)「申請美国開発貸款基金案」、台鋁 1959 年 4 月 3 日呈、国営事業司台湾鋁廠档案、35-25-15-67。

第5章
戦時経済統制下の台湾炭鉱業
1937～1945 年

第1節　はじめに

　石油とガスの普及以前に最も重要な工業燃料だったのは石炭である。石炭は、交通運輸機関（汽車・汽船）の動力源であり、同時に火力発電源でもあった。1930年代初めの日本の動力エネルギー中、石炭の占める割合は74%と、非常に重要な位置にあった[1]。しかし、日本で採掘される石炭の60-70%は一般燃料用の普通石炭質で、製鉄業や化学工業に適する強粘結性で石灰分の少ない石炭は多くなかったため、それらについては中国の石炭、特に質のよい撫順炭に依拠していた[2]。

　日本本土が総動員体制へと向かっていった満洲事変以降、日本は中国東北部で石炭業の統制政策を始めた[3]。1937年の盧溝橋事件の勃発に伴い日本は軍需工業生産を強化し、1939年の初めには「生産力拡充計画要綱（1938-1941）」が内閣を通過し、日本と植民地の経済統制体制の架橋を成立させた。当時の台湾の重要な鉱業であった石炭業も、このために大きく変貌した。

　本章は主に当時の調査資料を使って、戦時統制下の台湾石炭業と当時の日本の生産力拡充計画の関連性を探ってみたい。まず、石炭業の統制体制形成の背景とその内容を分析し、次いでこの体制下での台湾炭の生産販売構造の変化を見てゆき、そのうえで台湾の軍需工業の成長と石炭業の変化との関連について検討を進めてゆきたい。

第 2 節　石炭業統制体制の形成

石炭業統制体制は台湾経済統制の一環であり、台湾経済は「日本帝国」経済の分業構造において不可欠の一部であった。このため、当時の台湾石炭業統制の実施は日本本土の経済状況の流れと同調しているだけでなく、日本の経済政策とも密接な関係にあった。

1　日本統制経済政策の出現

台湾石炭業統制は日本の本国の石炭業の統制と歩調を合わせて行われた。しかし、石炭業統制は日本の経済統制政策の一部分であるだけではない。日本の戦争準備のための総動員体制に応じたことに起因し、その歴史は第一次大戦の期間にまで遡ることができる。

日本では第一次大戦末の1918年4月に早くも「軍需工業動員法」が制定されて、6月に軍需局が設置され、翌年の12月には軍需調査令が公布された。1920年5月には軍需局と内閣統計局が国勢院に合併され、軍需工業動員法は同院第二部の管轄になった。1922年11月に国勢院が廃止されたため、動員法は農商務省に属すことになった。実際には軍需工業動員法はすぐには実施されず、陸軍省が毎年、軍需工業動員計画を制定していた。その後、帝国議会の建議により1926年4月に国家総動員機関設置準備委員会が設立され、9月に陸軍省整備局が新設された。翌年5月、総動員時の人力と物資資源の運用計画の統制を目的として内閣に資源局が設けられた。換言すれば、国勢院は廃止されたが、正式の存在ではない国家総動員機関がふたたび復活したことになる。

1929年4月に、軍需資源の調査だけでなく一般資源にまで範囲を拡大した国家資源調査法が制定され、12月に施行された。資源局は総動員計画の作成に着手し、翌年4月に第一回総動員計画会議が開かれて、1930～1932年に暫定総動員機関計画の立案が決定された。1933年7月に内閣は暫定総動員法期間計画綱領を議決した。さらに、翌年5月に緊急総動員計画を策定し、1936年7月に第二次総動員計画を完成した[4]。

第 5 章　戦時経済統制下の台湾炭鉱業 1937～1945 年

　前述の軍需工業動員法は、戦時において国家は工場・鉱山・企業等を「管理・使用・収用」できると規定しているため、総動員計画の法律的な根拠と言える。

　一方で、満洲事変以降、日本は中国東北部でソ連の脅威に直面していた。参謀本部作戦課・石原莞爾は中ソ国境において満洲とソ連の軍事力の格差を感じていた。このため 5 年間はソ連との戦争を避けて満洲に重工業を建設することを計画し、石原の主導した日満財政経済研究会（1935 年設立）によって「日満経済圏軍需工業拡充計画」が提出された。これは参謀本部・陸軍省・関東軍等の検討を経て、1937 年に「満洲産業開発 5 年計画（1937-1941）」として文書化された[5]。

　この計画の外に、日満財政経済研究会は「昭和 12（1937）年度以降 5 年間の帝国歳入及び歳出計画」（1936 年 8 月）や「帝国軍需工業拡充計画」（同年 11 月）等を制定し、参謀本部と陸軍省に実現を極力要請していた。陸軍省は上述の諸計画に基づき、「重要産業 5 年計画要綱」（1937 年 5 月）と「軍需品製造工業 5 年計画要綱」（6 月）を作成し[6]、生産力拡充政策を実施する積極的な態度を明示した。

　こうした背景の下、1937 年 2 月に陸軍省が強く推す生産力拡充政策を重点政策とする林銑十郎内閣[7]が成立し、商工省から 4 月に「産業 5 年計画」と「生産力拡充 5 年計画」が提出された。この 2 つの計画内容は、1937 年からの増産と、主要戦略品関連物資の輸入代替であった。増産計画プロジェクトには金属・鉱業・化学・機械器具工業・肥料・衣料品・食品工業などが含まれ、輸入代替産業は国際収支の危機を救うことを目的とする製品を指していた。陸軍省の計画は軍需産業だけを重視していたのにすぎなかったが、これと比較すると、商工省の計画は当時の産業と貿易構造に焦点を合わせ、日々悪化する国際収支を均衡させることを期していた[8]。生産力拡充計画を正式な結論とするために、1937 年 5 月には企画庁が設置された[9]。

　次いで、6 月には第一次近衛文麿[10]内閣が成立し、蔵相の賀屋興宣[11]は「国際収支の調整」「物資の需給の調整」「生産力の拡充」を財政の三原則とし、国際収支と重要物資の需給調整の相互規制があってはじめて、生産力拡

充計画の立案が可能であると強調した。こうして企画庁は生産力拡充計画に着手し、その目標は必要な軍需物資と国民生活の必需品の供給の確保、国際収支の根本的な改善にあった。具体的に言うなら、重要物資の自給自足のため日本本国と植民地の軍需関連部門の資源を開発し、さらに日本と植民地の生活必需品と、農林漁業の充実をはかるものであった。国際収支の改善政策面では軽工業を中心とする既存の輸出産業以外は、新興の重化学工業品と農産品の輸出促進を期待し、輸出品工業原料供給（ほとんどが外国からの輸入品）を確保し、このため輸入品代替として日本産の工業原料の使用を企業に奨励した[12]。

企画庁の作業は日中戦争の勃発により中断を余儀なくされた。10月になると企画庁と国家総動員業務を主管する資源局が合併して企画院となった。これは、統制計画経済を構想する参謀本部ということができよう。企画院は経済統制の序列を徐々に展開してゆき、「生産力拡充計画大綱」（1938年4月）、「昭和13（1938）年から昭和16（1941）年生産力拡充4年計画」（同年10月）、「重要産業生産力拡充4年計画」（12月）を前後して提出し、1939年1月平沼騏一郎[13]内閣の閣議を「生産力拡充計画要綱（1938-1941年）」が通過した[14]。

この前に企画院は1938年に物資動員計画を作成した。日中戦争期間の外貨不足に対応するため軽工業の輸出産業化を強化して外貨を獲得し、民需生産を徹底的に抑えて軍需生産に転用するためである。4月に国家総動員法が公布、5月に施行されてその範囲が広がり、ほとんどは労務動員関係の勅令であった。同時に国家は電力管理法・石油資源開発法・工作機械製造事業法・航空機製造事業法・日本産金振興株式会社法・硫黄増産配給統制法等、資源増産と軍需品の増産を奨励する法律を制定した。このほか、綿糸・揮発油・飼料・硫酸アンモニウム・鉄鋼等の重要物資に対し、配給制を実施した。これ以降、政府は経済統制体制をしだいに強化し、例えば石炭（9月に開始）、鉄くず・銅・鉛・錫（11月）の統制等を行った[15]。国家が経済活動に本格的に介入してきたことを象徴している。1939年1月、これらの動きは、「生産力拡充計画要綱（1938-1941）」が内閣閣議を正式に通過した後、政府

第5章　戦時経済統制下の台湾炭鉱業1937～1945年

はしだいに経済統制体制を強化し、特に重要物資価格のコントロールに重点をおき、十分な生産力を掌握することをはかった。同年9月に第二次世界大戦が勃発した後、当局は全面的に公定価格制を実施した。また食糧不足と電力不足（石炭不足に由来する）のため、政府は11月に米穀配給統制令を執行し、翌年4月に石炭配給統制令に基づき、生産と分配を統制するために「日本石炭株式会社」が設立された[16]。

さらに1937年10月に企画院が設立され、日本の経済体制が政府による直接統制体制へと急速に変化したことを意味している。当時これが日中戦争のために適宜採用されたものだったとしても、この体制は結果として戦後の1950年代前半まで継続された。

前述の道筋を通して、この体制が形成された歴史的背景を知ることができる。軍需膨張と生産力拡充の進展の中で政府は国際収支の均衡を期待し、インフレの勃発を抑制しようとしていた。実際は政府はすでに財政支出削減は不可能であり、公債を発行するために利率を上げられなかった。このため、内需の削減で輸入を縮小して、国際収支を均衡させるしかなかった。このため、当局は正常な政策手段ではなく、直接統制方式を採用して短期間に迅速な効果を期待した。

一方では、統制経済の出現は、当時の資本主義体制を批判し、自由経済思想を否定する風潮にも関連があった。例えば、知識階級を風靡したマルクス主義思想の立場から、積極的に資本主義を否定して社会主義を美化したり、また1920年代以降の世界資本主義経済の不安定とその結果としての世界経済大恐慌のために、資本主義体制に対して不信感を持つ者もいた。そのうえ1930年代の恐慌期にも、ソ連は「第一次5年計画」を経て、逆に急速に発展できていると社会主義的計画経済を礼賛し、さらにファシスト・イタリアとナチス・ドイツの「計画」経済の成果を過度に評価する者もいた。第一次世界大戦時の「国家総力戦」の経験を交錯させて、反体制的マルクス主義者・革新的な官僚・少壮軍人と財界人の一部は、直接統制経済と計画経済を共通する指導的な思想的基礎としていた。さらに当時、「満洲国」で軍人と若手官僚たちは計画経済を実際に試していくらかの成果を挙げていた。こう

した国家と民間の計画経済への一連の憧憬は、戦争が始まると政府が何のためらいもなく経済統制政策を発動した背景の一つとなったはずである[17]。

2 台湾石炭業統制政策の実施

日本の国家総動員法の出現に伴い、台湾の「生産力拡充5年計画」も1938年に開始された。生産力拡充計画と経済統制体制の推進のために、総督府は機構を拡大した。例えば食糧管理面では1936年10月に殖産局の下に米穀課が設置され、1939年7月には米穀局へと格上げされた。この他にも「公権力」強化の対策として、1938年7月に経済保安係、翌年12月には統制警察課が設置されて、経済の警察制度が確立された。さらに1940年2月には物価調整課が重要物資の価格を管理するようになった。

また、機関の整備・改変は中央政府部門だけのことではなく、1940年10月には勅令第170号が公布され、地方行政制度を改めて各州に産業部（農林・商工水産・経済統制・土地改良等の課を含む）を設置し、各庁と郡には勧業課を新設した。翌年1月にはさらに総督府企画部を拡大し、戦時統制経済の指導官庁系統が確立したと言うことができる[18]。小林躋造総督が1939年5月19日に発表した、台湾統制の三大標語（工業化・皇民化・南進基地化）[19]が行動に移されたとも言えるだろう。

経済の領域では、最も重要なのは「重要産業団体令」が公布されたことである。この法令に基づき、「台湾糖業協議会」（1941年4月）、「台湾鉄工業統制協会」（9月）等が設立され、製糖・製塩を主とする製造業および交通運輸業・貿易業などが統廃合された。また金融部門では「台湾金融協議会」（8月）[20]が設立された。台湾当局はこうした種類の同業組合を組織して、統制経済体制を確立することを企図した。同時に、日本で公布された一連の「物資統制令」に基づき、政府は特定の物資の輸出入・生産・分配・消費を支配した。台湾で統制を受けたおもな物資は、鋼鉄・銅・鉄くず・生糸・苧麻・ジュート・皮革・肥料・石油・石炭などであった[21]。

石炭業統制方面では、生産力拡充計画は工業化の進展により燃料の需要急増をもたらし、動力源としての石炭の重要性が高まったため、政府がその生

第 5 章　戦時経済統制下の台湾炭鉱業 1937～1945 年

産販売を管理せざるを得なかった。政府は石炭業者が組織した既存の「台湾炭業組合」[22] を利用し、1937 年 8 月には石炭商人が設立した「台湾石炭商組合」[23] を奨励し、生産面と分配面を管理しようとした。

　一方、新興産業のさらなる勃興は、労働者の不足と、賃金高騰と物価上昇を引き起こし、石炭業生産が予定の目標に達することができないところにまで影響が及んだ。総督府は 1940 年に 120 万余円の予算を組み、奨励金や補助金方式で業者の増産と新炭鉱の開発を鼓舞し、赤字の業者の生産コストを補填した。その目標はおおむね以下の 3 点である。(1) 石炭の持続的な増産 (2) 適正価格の決定と維持 (3) 配給の合理化。結局、当局はこの三大目標を達成するため、石炭業金融と石炭配給を同一機関に統合した。こうして 1941 年に「日本石炭株式会社」（1940 年設立）をモデルとして、「台湾石炭株式会社」が組織された[24]。

　台湾石炭株式会社は資本金 700 万円、14 万株、1 株の金額は 50 円であった[25]。計画組織委員会メンバーの 12 人は、総督府殖産局長が 1941 年初めに指定した。名簿は以下の通りである。加藤恭平（台湾拓殖株式会社理事長）・近江時五郎（近江産業合資会社代表）・神谷春雄（基隆炭坑株式会社常務理事）・顔欽賢（台陽鉱業株式会社理事長）・田端幸三郎（台湾電力株式会社副理事長）・西川純（武丹坑煤鉱和昭和炭業会社理事長）・広瀬辰之助（大阪商船株式会社台北支店長）・藤山勝彦（大日本精糖株式会社常務理事）・山田鬮一（共同石炭株式会社常務理事）・山田政次（三井物産株式会社台北支局長）・山口勝（三菱商事株式会社台北支局長）・和田正彦（株式会社台湾銀行副総裁）等、12 人であった[26]。各準備委員は数回の会議を経て、資金分担について以下のように議決した。台湾炭業組合 250 万円、台湾石炭商組合 150 万円、船会社と台湾拓殖会社 100 万円、台湾電力会社 50 万円、糖業連合会 30 万円、台湾銀行 20 万円をそれぞれ拠出する[27]。出資者の顔ぶれは石炭生産・運輸・消費・金融に関係する業種だと言えるだろう。

　台湾石炭株式会社は 1941 年 8 月 6 日に設立され、今川淵が社長に就任し、総務部長・岩崎弘重、業務部長・久間佐蔵、技術部長・山田鬮一がそれぞれ担当し、台湾石炭商組合はすぐに解散された[28]。

前述の分析のように、台湾石炭会社は時代の要求に応じて設立された。その目的は台湾石炭業の需給を調整して、適正価格を維持すること、また石炭資源開発を促進して、石炭業を健全に発展させ、各種産業の発展をはかることにあった[29]。この時代環境の背景は単に台湾一島を指すだけではなく、日本・朝鮮・満洲・中国を包括した「日本石炭業帝国」であった。日本と台湾当局は以下のように認識していた。台湾が戦時に各種生産力拡充計画を実施したため、多くの新興産業が現れ、特に交通運輸業・電気事業・化学工業・繊維工業・製糖業は発展し、石炭の需要増を引き起こした。将来的に石炭需要量はさらに増加するはずである。こればかりでなく、「日本石炭業帝国」(日本本国と植民地の満洲・中国を含む)の石炭需給計画の立場から見ると、台湾は将来的に華中・華南一帯で急増している石炭需要へも供給するため、需要激増は避けられない趨勢であった。しかし現実には石炭の生産は自然条件に大きな制約を受けるので、一気に急増させることは不可能である。故に転ばぬ先の杖で、長期的に計画し、その需要状況を予測して適切な生産計画を実施し、労働力と資材を確保し、生産コストの高騰を抑制し、増産による石炭の品質低下を防止しなければならない。石炭需要が増加して価格が上昇すれば、物価の上昇に影響をもたらすだろう。しかし石炭価格を抑制すれば生産業者への影響が大きいので、配給機関が一元化して石炭の規格と価格を統一し、輸出について統一して計画按配する必要がある。こうして石炭業を統制する「会社」が出現した。

　この統制機構の業務は以下の通りだった。(1) 石炭とコークスの購買と販売 (2) 石炭とコークスの輸出入 (3) 石炭業への融資や投資 (4) 鉱山の調査・設計・探査の請負と委託 (5) 石炭業が必要とする各種器材とその他の資材の販売と貸出 (6) 石炭・鉱山業の経営 (7) 石炭の需給調整、適正価格維持、増産に必要な業務[30]。

　この機関の配置の下での石炭流通過程については図5-1の通りである。

　この流通過程において、台湾石炭会社が配給と販売の全てに責任を負い、消費者の申請を受けて審査し、配給販売を計画し、その計画を工鉱局に提出して許可を得た後、一方で責任をもって石炭商に売買手続をさせて会計し、

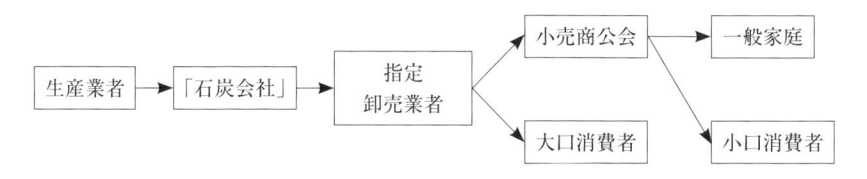

第5章　戦時経済統制下の台湾炭鉱業 1937～1945 年

```
生産業者 → 「石炭会社」 → 指定卸売業者 → 小売商公会 → 一般家庭
                                    → 大口消費者   → 小口消費者
```

図 5-1　統制期台湾炭流通図（1941-1944）
（総督府工鉱局の許可した配給販売計画より作成）（毎月消費 100t 以上）（100t 以下）

一方ではそれぞれの各生産業者に納品を通知する。各鉱廠は会社の通知処理によって納品した後に料金を精算するだけである。当時、指定された卸売商は原則として区域と業種によって定められ、消費者の需要を知り、官側は厳格にランク・統制価格・石炭商の手数料を監視し、商人による操縦を防いでいた[31]。

台湾石炭会社が設立されてまもなく（8 月 28 日）、三井物産と三菱商事株式会社が石炭卸売業者に指定され[32]、この二大財閥関係企業が当時の全台湾の 70％ほどの石炭量の販売権を掌握した[33]。同時に、総督府は「石炭配給統制規則」（府令 156 号）を公布して、正式に台湾石炭会社に石炭の配給と国内販売の権利を与え、10 月から施行された[34]。

台湾炭は国内で販売されるほかに、華南や東南アジアに輸出され、「日本石炭業帝国」の不足を補填した。1930 年代以降は日本に移出される数量が倍増し[35]、内需も急速に上昇して、石炭の生産販売の全般的な統制のため、総督府は 1942 年 11 月に台湾石炭会社を東南アジアとフィリピンへの石炭輸出の配給者に指定した[36]。こうして、宗主国の政策を前提とした台湾石炭業の統制体制が確立した。

戦局の拡大と新興産業の隆盛に伴って、台湾炭への需要は日に日に高まった。このため配給販売過程を簡素化し、確実に石炭の生産販売状況を把握しようと、総督府は 1944 年 4 月に「台湾石炭配給統制令」（律令 16 号）と「台湾石炭配給統制令施行規則」（府令 162 号）を発布し、台湾石炭株式会社を「台湾石炭統制株式会社」へと改組した[37]。台湾炭の流通過程は図 5-2 のように改められた[38]。

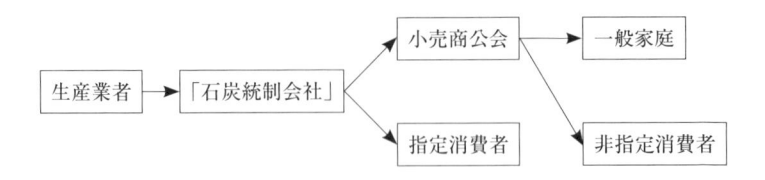

図 5-2　統制期台湾炭流通図（1944-1945）
（工鉱局の許可した配給販売計画）

　鉱山が産する石炭は会社により統一して処理されて、直接消費者にわたり、中間商はなくなった。当時は中小の工場が非常に多く、各地に分散していた。このため小売商公会は依然として存在の必要性があった。第二次世界大戦が終了してから、国民政府はこの会社を接収して「台湾省石炭調整委員会」に改組したが、役割は以前通りであった。1954年に「台湾省煤業調節委員会」に再び改組し、生産と需給の調節を主な任務としたが[39]、日本植民地期の統制という役割を、ほぼそのまま続けていたと言えるだろう。

第3節　戦時台湾炭生産販売構造の分析

　台湾炭の統制体制は、主として石炭の需給問題とそれにもたらされるコストと販売価格の間の均衡問題を解決するために形成された。しかし、このため石炭の取引は市場経済の動きとは遠く離れ、国家が主導する計画経済の範疇に入っていた。それでは、台湾炭の生産・消費構造がそれまでとちがった様相を見せていたのかどうかを検討したい。

1　生産構造

まず表5-1から台湾炭の生産情勢を観察すると
(1) 1935年以降、台湾炭の生産量は明らかに増加の傾向にある。1939年には激増し、同年の総生産量は1935年の1.64倍強である。1941年に台湾炭の生産はすでにピークの285万トン余に達しており、1935年の1.79倍弱である。

第 5 章 戦時経済統制下の台湾炭鉱業 1937～1945 年

表 5-1 台湾炭産出量（1912-1945）

産出量：t/面積：a

年代	生産量	鉱区数	面積
1912	276,246	308	1,175,228
1913	319,371	346	1,383,591
1914	342,787	359	1,516,842
1915	379,368	351	1,509,049
1916	517,581	349	1,448,770
1917	673,008	456	2,623,257
1918	801,520	657	4,907,562
1919	1,086,907	784	6,193,723
1920	1,139,358	915	7,549,291
1921	1,029,410	857	6,883,877
1922	1,347,449	876	7,377,119
1923	1,444,921	844	6,963,917
1924	1,506,451	790	6,498,391
1925	1,704,581	665	5,693,908
1926	1,794,511	635	5,276,477
1927	1,857,257	660	5,490,374
1928	1,583,598	641	5,192,570
1929	1,530,025	597	4,913,704
1930	1,598,728	570	4,748,024
1931	1,421,544	521	4,208,930
1932	1,354,995	471	4,016,008
1933	1,533,103	472	3,953,950
1934	1,520,926	472	3,953,947
1935	1,596,672	468	3,961,969
1936	1,743,777	482	4,019,980
1937	1,953,346	494	4,114,441
1938	2,198,542	539	4,488,968
1939	2,618,877	579	5,022,640
1940	2,841,414	641	5,666,709
1941	2,853,832	700	6,541,827
1942	2,356,313	783	7,388,729
1943	2,237,725	840	8,190,684
1944	1,913,937	830	8,203,649
1945	794,558	834	8,603,017

出典：台湾礦業史編纂委員会『台湾礦業史』下冊（台北：台湾省礦業研究会と台湾区煤礦業同業公会、1969 年）、2038-2039 頁、2256-2257 頁。

(2) 鉱区数と鉱区面積も同じように増加の傾向にあるが、上昇の幅と生産量があまり一致していない。例えば1939年の面積は502万アール前後で、1935年の1.27倍弱であるが、鉱区数のピークは1935年の1.79倍強である1943年である。鉱区面積は1945年が最も多く、860万余アールと1935年の2.17倍前後である。

(3) この現象の原因は2つあるだろう。まずひとつは、1941年以降にすでに採掘を中止した炭鉱が多くあることで、調査によれば1939年に実際に採掘していた鉱区面積は、登記されている面積のわずか62.2%であった[40]。もう一つの原因は、採掘できる石炭量が多くの炭鉱で減少したことである。このため鉱区数・面積の増加と生産量の増加の幅が釣り合わないという情勢が現れた。

この状況の下では、設立された台湾石炭株式会社の当初の目的のひとつ――石炭の継続的増産――は達成できない。

こうした炭坑の生産規模はある程度は変化したのだろうか？ 台湾の石炭層は非常に薄く、ほとんどが1.5～2mしかなく、いちばん厚くても3m程度である。さらに地質変動が多くて石炭層の厚さがまちまちな傾向が見られた。以前、当局は炭鉱の採掘に系統的な規制をしておらず、むしろ「自由放任」政策を採っていたため、鉱区が非常に複雑に錯綜し、ほとんどが小規模な生産方式であった[41]。統制期でさえ、表5-2に明らかなように1936～1939年の間、年間生産量が3万トン以下の炭鉱が総炭坑数の80.77%を占め、

表5-2 産出量別炭坑数

(単位：t)

年産量 年別	十万 以上	五万～ 十万	三万～ 五万	一万～ 三万	五千～ 一万	五千 以下	合計
1936	3	4	8	30	16	17	78
1937	4	3	5	33	24	19	88
1938	3	5	7	43	20	19	97
1939	3	5	9	59	30	25	131
1940	―	4	4	41	43	32	124

出典：台湾銀行金融研究室編『台湾之煤』（台北：台湾銀行、1950年）、11頁。

87.02％にまで増加している。特に1939年の増加は驚くほどで、表5-1に記載した1939年の生産量の激増は主に新しく開発された中小の炭鉱の出現によるものであり、大資本の炭鉱会社の生産量が限界に達し、当局がやっと新しい鉱区開拓に焦り始めたことを意味していると言えるかもしれない。したがって、1935年以降の台湾全土の石炭生産量の増加（表5-1参照）は、中小の炭鉱の努力の「結果」である。自然条件の制限により、台湾石炭業は、国家が計画した経済体制の下でも生産のボトルネック突破の難しさを反映している。

　前述のように、台湾石炭会社による増産奨励の効果はなかったが、それでは需要増加という状況に直面して、石炭の効率的・合理的な分配をすることはできたのだろうか？　石炭の需給構造には比較的大きな変化があったのだろうか？　次にこの点について検討していきたい。

2 需給構造

　まず、図5-3から台湾炭の需給構造の推移を見てみると、
(1) 販売量において国内販売量が占める割合は1932年から80％を超えていて、1936年には88％弱という高率に達している。その後、日中戦争期の国外販売量の激増に伴って国内販売量の割合はやや減ったが、戦争末期には汽船による輸送が困難だったため、台湾炭のほとんどは島内で流通するのみであった。
(2) 数量については、総販売量と生産量は同数で、1935年から明らかに増加の傾向を現している。1940年にはピークに達し、同年の総生産量は1935年の1.59倍である。
(3) そのうち国内販売量は1932年からしだいに増加し、1935年以降は増加の速度が上がり、さらに1939年には激増して1941年に214万トン前後という最高記録をあげた。同年の国内販売量は1935年の1.45倍弱である。
(4) 国外販売量は日中戦争期に2倍以上増加した。1940年に67万トン前後というピークに達し、これは1935年の2.92倍であった。しかし、数

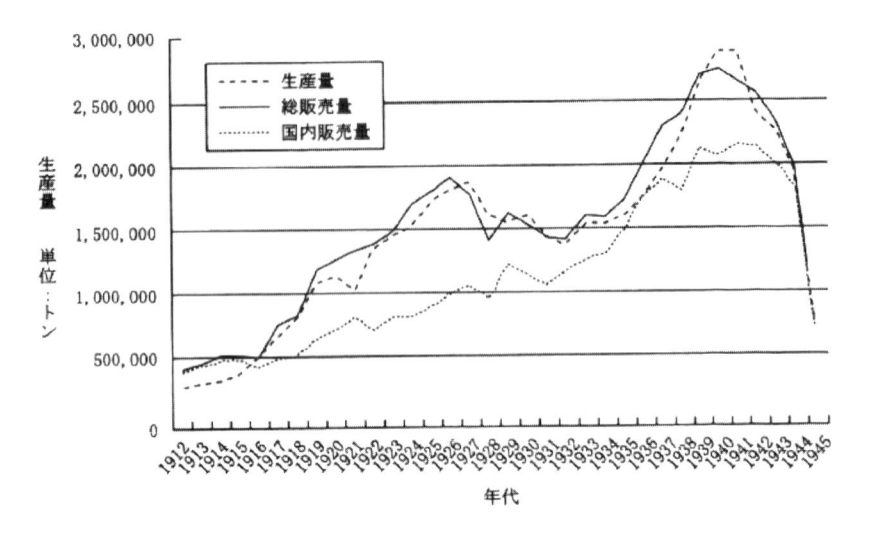

図 5-3　台湾炭生産販売量（1912-1945）

出典：台湾礦業史編纂委員会『台湾礦業史』下冊、2256-2257 頁。

　量は 1924-1927 年よりだいぶ低くなっている。

(5) その原因は日本植民地期の日本当局による「日本石炭業帝国」の構想と関連していた。すでに分析したように日本は台湾炭を華南と東南アジアへと移送販売したいという意図があったが、戦時の日台の軍需工業の発展と東南アジア侵略時の軍艦の補給の需要に台湾炭をあてたかったのである。

(6) この戦時の台湾炭の「任務」は、表 6-1 の汽船の石炭使用量に見られよう。1930 年代に増加し始めて戦時にピークに達するが、太平洋戦争以降には国内販売量の 20％に達しないほどに激減する。

(7) さらに、台湾での石炭使用量も 1935 年からしだいに増加して、1939 年には激増し始め、1942 年に最高の 175 万トン余を記録する。これは、1935 年の 2.5 倍前後であり、国内販売量の 83.41％という高い地位を占めた。

　台湾石炭株式会社の主な機能は、日増しに増加する国内市場の需要に応じて合理的に分配することであった。内需の拡大は当時の台湾工業化の結果で

第5章 戦時経済統制下の台湾炭鉱業1937～1945年

あり、この工業化は前述の企画院が進めた生産力拡充計画と関連していた。

第4節 台湾軍需工業化と石炭業の相関性

企画院は生産力拡充計画の作成時に、朝鮮・台湾・樺太など植民地の生産力を評定した。1939年度に提出した計画では、台湾での関連産品と日本帝国での地位は以下の通りである。工業塩（100％）、無水エタノール（32.9％）、アルミニウム（24.3％）、パルプ（4.7％）、金（3.4％）[42]。これらの製品は当時すでに台湾の工場で生産され、業績がたいへんよかったために、生産力拡充計画の対象とされた。以下、業種別に分けて論述する。

1 工業塩

工業塩は化学工業の重要な原料の一つである。製造時にはおもな産品であるソーダ業に不可欠な原料であり、副生品であるにがりも鉱工業・医薬品等の製造原料、さらに軍需原料になる。結晶過程で析出される硫酸石灰（石膏）もセメント工業の重要な原料である[43]。工業塩が化学工業の中に占める位置は、鉄が機械工業に占める位置のように重要であると言えよう。レーヨンや化学繊維工業の苛性ソーダも塩を原料とし、同じように硝子工業でも使用する。このほか、石鹸・歯磨粉・胃腸薬・味の素・染料なども大量に塩を必要とする。特に化学兵器は大部分が塩を原料とし、催涙ガスや毒ガス等、すべて塩の中の塩素を主要な成分としているし、防毒用品も重要な成分は塩である[44]。

日本の工業塩に対する需要は非常に切実であり、1926年に必要な工業塩はわずかに10万トンであったが、1936年には110万トンに増加し、このため帝国内植民地の工業塩の補充が急速に求められた[45]。

日本が外国から安価な工業塩（特にイギリスの製品）を輸入しないで、戦争準備段階に入ってから帝国内部の各地で補充したのはなぜだろうか？ これは日本が大戦到来に臨んで工業塩の来源に「近主遠従主義」を採用して、なるべく帝国勢力がコントロールできる地域で生産された塩を利用したため

である。塩の供給地は距離によって、近海塩・準近海塩・遠海塩に分けられるが、台湾・関東州・満洲・華北のものは近海塩に分類された。表5-3から日本の工業塩の供給状況を知ることができる。

表5-3から1930年代の前半には台湾工業塩の生産量は決して多くなく、日本工業用塩の主要な出所でもないことがわかるだろう。戦争準備期間に日本は「近主遠従」目標として近海塩を80％、遠海塩を20％で達成しようとした。このためには近海部からの供給量を増加させることが不可欠であった。台湾は1937年に50,000トンへと増加し、1932年の5.5倍強となった[46]。

さらに日中戦争勃発前には台湾総督府はすでに大規模な工業用塩の生産を計画し、1937年2月には台南州に6,900ヘクタールを塩田用地として所有していた。また同年3月、日本曹達株式会社支配下の台湾製塩株式会社がにがり処理工場を完成させた[47]。

この後、1937年の対中侵略戦争の勃発に伴い、大蔵省が同年12月に「内外地塩務協議会」を主宰し、自給自足のために化学工業用原料塩の増産計画を制定した。計画の中で、すでに占領している中国東北部と華北で塩田を開墾するほかに、台湾では1941年度に25万トン（1945年度には40万トンに増加）を負担しなければならないと定められた。この生産拡充計画を実現するために、台湾総督府の指導のもと、大日本塩業株式会社・台湾拓殖株式会社・日本曹達株式会社が共同出資し、1938年6月に製塩・にがりを利用した副産品・ソーダ業発展の3つの一貫した作業を目的とする、資本金1千万円の南日本塩業株式会社を創設した。布袋・北門・烏樹林等の地に塩田3,550甲を開拓し、355,000トンの塩の生産を計画した（けっきょく、専門技術を持つ人材不足、資材と労力の補充の困難により、1941年にわずか2,210甲が完成しただけで、生産量は215,200トンであった）。次いで、南日本塩業株式会社の事業基礎を固めるため、1939年に姉妹会社の南日本化学工業株式会社（資本金1,500万円）が創設され、副産品の利用とソーダ業の経営を分け、製塩業のもたらす欠損を埋めようとした。南日本化学工業株式会社でにがりからマグネシウムを精錬する際に産出する副産品が工業塩であり、これを処理してソーダとする。にがりは天日塩を生産する際の産物で（1939

第 5 章　戦時経済統制下の台湾炭鉱業 1937〜1945 年

年度に約 20 万トン、1940 年度に約 30 万トン)、もともとはすべて廃棄していた[48]。このため、この計画での経営を経た後には、食塩・工業塩・マグネシウム・ソーダの生産作業は一貫して完成でき、台湾塩業は、台湾製塩会社と南日本塩業株式会社が南日本化学工業株式会社と組んで独占し換骨奪胎した近代工業となった。

どうして、日本は台湾にこのような大きな責任を負わせたのだろうか？盧溝橋事件以降、青島塩・山東塩の日本移入が途絶え、長蘆塩も輸入が困難となり、遠海区域の塩への依存度を減らすことができなかった。また、中国塩の日本移入には戦争の影響がなかったとしても、結氷する関東州・満洲・華北からは冬期の移出はできない。近海区に属し、結氷の心配もなかったのは台湾だけだったため、日本は台湾に大きな期待を寄せ、積極的に台湾塩の日本移入量を増やしたのだ[49]。

1941 年 11 月に日本の「工業振興第二次四年計画（重要産業生産力拡充四年計画）」（1942 年度開始）に呼応して、台湾では工業を振興し、工業塩を利用する工業にさらに重点をおく「大工業化計画要綱」を制定した[50]。

1941 年、台湾総督・長谷川清が会長をつとめ、台湾の有力会社の代表、日本の大蔵省・商工省・農工省・拓務省・陸海軍省等の 28 人の官民が「臨時台湾経済審議会」を開き、第一特別委員会で議決された「工業振興方策」の工業塩と関連して、海水・塩水・にがり等を利用して化学肥料工業を発展させ、さらに台南州の塩田適地に臭素製造所を増設するという件があった[51]。同年、総督府は南日本塩業会社と台湾製塩会社を 2 つの柱として他の小企業を合併した[52]。1942 年 7 月 1 日、総督府は食塩専売規則を塩専売規則と改称し、工業塩も管理下に入れた[53]。同時に資本金 1,000 万円の鐘淵曹達工業株式会社が創設され、新豊郡安順庄に工場を建設し、塩田 666,615 甲を築いた。そのうち官有地はわずか 50 甲、その他はみな私有地であった。この工場では主に工業塩を利用してソーダを生産した[54]。

ソーダ業は軍需工業と関連があり、ソーダ製造は電解法を主とするため、電解後の副産品は水素と塩素である。水素は人造肥料・人造石油等、化学工業の重要原料であり、塩素は植物油と硬化油を製造でき、また合成塩酸等に

も使用できる[55]。硬化油は火薬や石鹸工業と結びついている。このためソーダ業と軍需工業には実際に密接な関連があり、戦時の日本は軍需工業発展のためにソーダ業の最重要原料である工業塩の供給を増加させなければならなかった。

日本では当初、台湾から十分な工業塩を獲得しようと考えていなかった（このため表5-3の台湾塩の割合が小さい）。1931年9月に日本で開かれた第1回外地塩務官主任会議の会議後の報告には、日本とその植民地において、各種の塩（食用塩・工業塩など）に対する需要を総合的に調整することが目標である、とされる。彼らは各地区の塩業を調節して補完しあい、自給自足の方針を確立することを望んでいた。台湾塩に対しては、食用塩を主とし、品質を改善して生産費用を減らし、日本の需要に合わせようと考えていた。工業塩方面では、関東州塩の供給を期待していて、関東州塩を日本工業塩の自給自足の最後の目標の供給者と考えていた[56]。

しかし、1934年10月に行われた第二回外地塩務官主任会議後の報告は、前回とは異なっていた。工業塩は日本産業および国防上の重要な資源であるが、大部分を海外からの輸入に頼っている。このため、当面の急務は日本国

表5-3　日本工業用塩供給状況表

(単位：1,000t)

年	近海塩	準近海塩	遠海塩	計	台湾が占める量と割合
1932	169 38%	—	272 62%	441	9 2%
1933	193 26%	105 14%	435 60%	733	無
1934	333 33%	52 5%	641 62%	1,026	無
1935	316 32%	95 9%	582 59%	993	20 2%
1936	567 52%	28 3%	492 45%	1,087	11 1%

出典：台湾総督府臨時情報部『部報』第18号、1938年3月、4頁。

内での供給を増進し確保することである。日本国内の適地で増産に努めるほかに満洲国からの輸入にも努めねばならない。台湾では食用塩を確保するほかに、工業塩に対しても慎重に調査研究し、関連官庁と協議して生産計画を進めるという内容であった。日本当局の台湾塩業への視線に変化が見いだせよう[57]。

こうした状況と当時の政治的軍事的情勢は密接に関連し、1931年の満洲事変の発生後、軍需工業の拡充必要は切迫し、食塩は軍需工業との関連で、需要は日増しに増加した。日本政府は増産とコントロールの強化のため、いわゆる「大工業化之総合性独占企業」を奨励した[58]。このため台湾塩業は戦争によって需要がさらに発展した。

1937年盧溝橋事件が勃発して、日中全面戦争となり、日本は帝国内部塩の自給自足と外貨支出の削減のため、外国塩に輸入制限措置をとったため、植民地の塩はさらに有利な地位を占めた。この後、国際情勢が険悪になり、遠海塩への依存に対する不安はさらに高まり、日本は戦時の需要と輸入工業塩への依存不可のために台湾での大規模な増産を企図し、台湾を日本の工業の重要な資源供給地にし[59]、あわせて帝国南進のジャンピングボードとしようと考えた。

2 無水エタノール

無水エタノールはアルコールの一種である。アルコールは動力源であり、その重要性は石油と同等である。各国はアルコールを液体燃料として、あるいはガソリンと混ぜて使用し、石油生産の不足を補った[60]。日中戦争開始後まもない1938年、日本帝国のアルコール生産量は約38万トン前後で、台湾の糖蜜から製造したものがほとんどであった。日本本国での需要はわずか18万ヘクトリットル〈1ヘクトリットル＝100瓱〉であり、その他の半分は中国に輸出していた。双方を比べてみると、当時、年産3,600～5,400ヘクトリットルの無水エタノールは主に化学工業の用途に用いられていた[61]。

実際には第一次世界大戦期間に早くも欧米各国は液体燃料の欠乏を体験していて、アルコールのガソリン代替の可能性を検討し始め、ガソリンに

20％前後のアルコールを混ぜた時の能率は、ガソリンだけ使用した時よりもよいという結果を得ていた。ガソリンとアルコールを完全に溶解させるためには、水分量が少なくて濃度の高いアルコールが必要だった。このため、燃料としての無水エタノールの重要性が上昇したのである[62]。

日本帝国のガソリンに対する需要量は1925年には約505万ヘクトリットルであり、1939年には1,263万ヘクトリットル以上に増え、その95％は自動車用の燃料であり、その他が飛行機と化学工業であった。生産面では、年産需要量の10％を占めるにすぎず、輸入石油への依存度が非常に高く、国防と国際収支の均衡のために、帝国政府は第70回議会で1938年度揮発油及酒精混用法案と、アルコール専売法案を通過させた[63]。

第1章に述べたように日本は台湾において早くから酒の専売法を実施していた。アルコール製造の主要原料は糖蜜であり、台湾の新式製糖工業の重要な副生品であった。台湾では1908年に台湾製糖株式会社が橋仔頭に創設されたのが、アルコール工場の嚆矢である[64]。その後、各製糖会社は相次いでアルコール工場を設立し、1943年には合計45カ所、生産量は758,207ヘクトリットルという高さに達し、日本帝国圏内総生産量の90％を占めた[65]。

1935年以前には台湾アルコール工業製品は主に水分を含んだアルコールで、その後、日本当局の液体燃料を自給したいという希望によって無水エタノールとガソリンを混合して使用し、このため台湾のアルコール工業は無水エタノールの製造に力を尽した。1935年には日本帝国は毎年、無水エタノールの増産目標は320万ヘクトリットルであり、台湾への期待は100万ヘクトリットルであった。当時、糖蜜原料がだんだんと不足したため、糖業試験所の研究後、直接サトウキビ汁を原料として使用するようになった[66]。1939年1月、閣議で決定された「生産力拡充計画要綱」には1941年には無水エタノールの13倍強の増産を期待し[67]、前述の通り、台湾の割合は32.9％を占めていた。原料の糖蜜の増産には限りがあるため、台湾総督府中央研究所の牟田邦基は数度の実験を経て、台湾で多く生産されるサトウキビを利用した発酵法で無水エタノールを抽出する方法を発見した[68]。

実際には表5-4の示す通り、1945年までに無水エタノールは依然として

第5章　戦時経済統制下の台湾炭鉱業 1937～1945 年

糖蜜とサトウキビ汁を主な原料としていた。60 キロの糖蜜で無水エタノール 15.5 升が生産でき、60 キロのサトウキビでできる無水エタノールはわずか 7.2 升ほどだった。南清酒精工場の記録によると 1,000 ガロン（37.85 石）の無水エタノールを作るのに必要な原料の量は以下の通りである。脱水剤 0.6 ガロン、糖蜜 14.6 トン、石炭 4.1 トン、水 80,000 ガロン、苛性ナトリウム（ソーダ）0.12 キロ[69]。つまり、無水エタノール工業の発展は石炭と工業塩の需要を増大させるものであった。

さらに、ここに無水エタノールの生産量の推計から、その製造に必要な石炭量は表5-4 の通りである。この表からは以下のようなことがわかるだろう。

(1) 1942 年の無水エタノールの生産量は、前年の 1.74 倍とピークに達しているが、表1-9 と比較すると、生産量（予測）の 47.85％でしかない。
(2) 無水エタノールの生産量は 1943 年に下降しているが、含水アルコールの生産量は逆に大幅に増加しているため、アルコールの総生産量は増加している。1944 年の含水アルコール生産量はやや増加しているが、無水エタノールの生産量は大幅に減少している。このため総生産量は前

表5-4　台湾の含水アルコールおよび無水エタノールの生産量と必要石炭量（1941-1950）

（単位：石（100ℓ）／t）

年次	含水アルコール（石）	無水エタノール（石）	無水エタノール生産における石炭必要量（t）
1941	336,766	198,195	21,469
1942	340,564	344,934	37,364
1943	470,218	244,549	26,490
1944	489,331	98,710	10,692
1945	360,164	16,802	1,820
1946	9,845,320	—	—
1947	4,106,816	—	—
1948	19,033,748	518,209	56,134
1949	19,824,795	2,733,463	296,095
1950	26,272,981	1,805,636	195,591

出典：魏品壽、茅秀生『台湾之発酵工業』（台北：台湾銀行、1952 年）、47 頁。
註：無水エタノール 37.85 石（1,000 ガロン）の生産に必要とする石炭量を 4.1 トンとして計算した。

年のわずか 82.27％である。
(3) 表5-4の生産計画に見られる無水エタノールの継続的な増加状況と比較すると、実際の成果は計画にだいぶ遅れていたと言える。
(4) 無水エタノールの燃料石炭の需要量の変化は、日本本土で使用していた石炭量の傾向と一致している。

現実には砂糖工場はアルコール製造時に石炭を必要とする以外に、製糖作業と鉄道による製品・原料の輸送時にも石炭を燃料とせざるを得なかった。1930年には砂糖1担（50キロ）を製造するのに石炭23.6斤を消費した[70]。台湾製糖業の日本植民地期の発展と変化は、台湾炭の国内販売量の成長を促進し、また当局が石炭業への生産販売統制を強める要因ともなった。

3 アルミニウム

製塩業とアルコール工業に対して、アルミニウム業は当時の新興工業と言えるだろう。主には電力を使用したので、石炭との関連性はあまり大きくない。日本の三菱財閥は日月潭水力発電所の完成後、1935年に資本金6千万円の日本アルミニウム工業会社を設立した。先に高雄に工場を設立し、1939年には花蓮に工場を建てて1941年から操業した。同社は東インドのビンタン島からボーキサイトを輸入し[71]、精錬してアルミニウム塊にしたものをすべて日本に輸送して、日本で完成品を製造し、それを台湾にふたたび輸送して販売した[72]。これは、台湾が原料を宗主国に提供し、宗主国の工業製品を消費する植民地の役割を果たしていたことを意味すると言えよう。

飛行機の機体に使用するアルミニウムは重要な国防戦略物資であり、また戦時にはアルミニウムへの需要が増加することになる。日本はずっと輸入に頼っていたが、1937年にやっとボーキサイトからアルミニウムを生産し始め、1939年には国策会社の日本軽金属会社が積極的に生産を開始した。しかし、翌年、カナダ等の国がアルミニウムを輸出禁止にしたため、日本へのアルミニウム供給量が大幅に減少し、飛行機の機体製造の停滞をもたらした[73]。このため、日本当局は民需部分（鍋・弁当箱・やかん・魔法瓶等）に配給制をとることにし、台湾も宗主国の方針に従って、1941年に台湾家庭

第5章　戦時経済統制下の台湾炭鉱業 1937〜1945 年

必需品株式会社（資本金 65 万円）が設立され、「台湾アルミニウム製家庭器物配給統制要綱」を実施し、アルミニウム製品の輸入と販売は一元化できた[74]。

日本アルミニウム業公司高雄工場の戦時の年間生産量が最も高かったのは、12,000 トンで、日本帝国の総生産量の 8.5％ほどを占めていたが、1945 年 3 月の爆撃により操業停止した[75]。戦後国民政府の資源委員会はこの会社を接収し、台湾湃業公司と改名した。1947 年 11 月に操業再開したが、同年、資源委員会のアメリカ籍顧問の S. Trone が高雄に調査に赴き、製品の質の悪いことが明らかになった。彼の見積もりでは 1948 年の生産目標は 4,000 トンを基準とし、1 トンあたりの生産コストは 421.8 米ドル（原料であるボーキサイト 20,000 トン、苛性ソーダ 1,000 トン、コークス 2,600 トン、コールタール 650 トン、氷晶石 480 トン、石炭 15,000 トン、電力 12,000kWh を含む）であった[76]。

アルミニウム精錬時には、電力が最も重要な動力であるが、しかし石炭とコークスも大量に必要であり、苛性ソーダも必要であった。このため、アルミニウム業の振興は大なり小なり石炭の内需市場に影響をもたらし、台湾塩業の転型に関係し、塩業の転型は燃料資源への依存性がきわめて高いことを意味していた。

4　紙パルプ

第 1 章に述べたように紙パルプは紙とレーヨンの原料である。前述の日本帝国の「生産力拡充計画要綱」において、1941 年までに製紙用の紙パルプの生産量は 1938 年比で 20％増やし、同時にレーヨン用の紙パルプを 4.5 倍増やしたいとしている[77]。

1938 年版の日本化学工業年鑑によれば、世界の主要な木材パルプ生産国はアメリカ・カナダ・スウェーデン・ドイツ・フィンランド・ノルウェー・日本で、その生産量は 1,500 万トンを超え、世界の総生産量の 80％以上を占めていた。主要な紙パルプ供給国のスウェーデン・フィンランド・ノルウェー・ドイツ・カナダは北半球北部の針葉樹林帯に属する国である。当時の日

本の生産量は世界7位であったが、消費量は米・加・独・英に次ぐ5位であり、繊維工業の発展を示していた[78]。

　製紙業において、日本の生産量は世界5位、消費量は4位であった。さらに日本のレーヨン製造量は1936年にアメリカを抜いて世界1位に躍り出た。当時、日本が外国から輸入した紙パルプは、レーヨンに加工されてふたたび世界各地に輸出されていった。付加価値が高かったので、国際収支改善の助けになった[79]。外貨の需要が切実であった日本にとって、レーヨン工業の発達は欠くべからざるものであった。

　さらに、製紙業とレーヨン業の成長は日本の木材パルプへの需要増加を刺激した。そのうち、1913年から1936年に製紙業でのパルプの消費量は73％増加し、1936年の消費は90万トン前後という高い水準に達した。レーヨンの紙パルプの需要量は1918年の59万トンが、1936年には3.151倍に激増し、185,972トンになった。さらに1936年の1,128,586トンの紙パルプ消費量中に日本帝国で生産できるのはわずか71％の802,565トンにすぎず[80]、その他の3割前後は輸入に頼らなければならなかった。

　企画院で提出した紙パルプ増産計画において、1942年度の紙パルプ需要量を170万トンと推計し、日本本土では135万トンの生産力があり、満洲国からの輸入が30万トン、足りない5万トンは海外からと見積もっている。生産予定の170万トンの紙パルプに必要な木材は2,000万トンという多さで、その時になって濫伐したとしても木材量は1,386万トンにしかならず[81]、日本の深刻な木材紙パルプの原料不足現象を明らかに示している。

　こうした状況の下、日本当局は木材パルプの代替のため、蔗糖生産時にできるサトウキビの搾りかすを利用し紙パルプ製造を研究していた。こうして、台湾には30万トンの紙パルプ生産を期待した[82]。

　甘蔗カスはもともと砂糖工場の燃料として使用されていたが、日本人の鈴木梅三郎は1917年に台南製糖会社宜蘭工場付近で、日本の製紙技術を導入して原料に安い石炭を利用して、甘蔗カスを原料とする製紙事業に従事した。この後、台湾の日本糖業資本が製糸業を副業とし、一連の試行錯誤を経たが顕著な成績はあげられなかった。1933年に日本人の萩原鉄蔵による技術開

第 5 章　戦時経済統制下の台湾炭鉱業 1937～1945 年

発が成功し、製紙企業家・大川平三郎が投資して、台湾製紙業ははじめて軌道にのった。さらに各製糖会社が続々と製紙業に加入した。そのうち、最大のものは大川の所有する台湾興業株式会社（1936 年設立、資本金 800 万円、工場は羅東）、台湾紙漿工業株式会社（1938 年設立、資本金 1,000 万円、大日本製糖・昭和製糖・鐘淵紡績株式会社が投資、工場は台中州）、新日本砂糖工業株式会社（1938 年設立、資本金 2,500 万円、塩水港製糖株式会社が投資、1939 年に塩水港紙漿工業株式会社と改名。工場は台南州の新営・花蓮・渓州）であった[83]。

　日本当局の計画による増産の下、台湾の紙パルプ生産量は 1939 年の 2,005 トンから翌年には 14,818 トンへと急増し、1941 年にはさらに倍の 30,830 トン、1942 年には 32,940 トンとピークに達した[84]。しかしこれは当初の計画のわずか 10 分の 1 に達したにすぎない。

　数量的にはそうであっても、紙パルプの成長傾向は本地で使用する石炭量の増加傾向と一致している。これは甘蔗カスによる紙パルプを製造時には燃料として石炭を使用していたためである。それまで製糖工場では甘蔗カスを燃料に使っていたが、紙パルプを製造するようになると、1 トンの紙パルプに 1 トンあまりの石炭を消費するうえに、製糖の燃料は甘蔗カスを使えないのですべて石炭になった（石炭と甘蔗カスの使用量は 2：1 だった）。糖蜜を蒸留させて作る無水エタノールにも必ず石炭が必要である。台湾で 108 万石の無水エタノールと 30～40 万トンの甘蔗カス紙パルプを製造すると、1 年に約 200 万トン以上の石炭を必要とし、積極的に炭田を開発するか、華北からの輸入が不可欠であった[85]。以前に分析した通り、台湾の無水エタノールと紙パルプの生産量は期待した水準には達しなかったが、台湾炭の需要量がこのために確実に増加したことは断言できるだろう。

⑤　金

　金鉱業の発展はすでに第 1 章に分析した。金鉱工場の設備は比較的新しかったため、すでに大部分は電化しており、石炭は主要な原動力ではなかった。しかし、冶金のときにはコークスを投入し[86]、基隆一帯はまだ石炭を発電源

としていたため[87]）、金鉱業の発展は台湾炭の内需量を拡大させたと言えるだろう。

第5節　結論

　台湾石炭鉱業の発展にとって、日中戦争勃発以降は転換期であった。具体的に言えば、これ以前の台湾の工業化は緩慢であり、このため石炭の需要も多いとは言えなかった。台湾総督府も石炭業はあまり厳しく統制せず、自給自足分のあまりを華南や東南アジア地域に販売して、「日本石炭業帝国」の不足を補うことを期待する程度だった。

　しかし、総動員期に入ってからは、日本は台湾軍需工業の萌芽と成長へのきわめて大きな期待を抱くようになり、石炭の内需も拡大することとなった。

　石炭の増産は容易に成功するものではない。このため、生産販売の調整が当局の大きな課題となり、日本帝国の経済統制体制の確立と同時に台湾石炭会社は石炭業統制という重責を負い、石炭を各産業にうまく分配した。

　また一方では、日本は台湾に工業塩・無水エタノール・アルミニウム・紙パルプ・金などの戦略物資の提供を強く求めたため、石炭の消費量を確実に増加させた。こうした物資の生産量は「生産力拡充計画」の定めた基準には達しなかったが、しかし依然として、宗主国に農産物だけでなく資源と原料も供給する植民地・台湾を象徴していたと言えよう。実際に1932～39年の日台交易を見てみると、日本に輸送される砂糖・米・樟脳の比率がしだいに下がったが（90％から78.9％まで）、エタノール・鉱物・紙類の割合は逆に明らかに上昇している[88]）。つまり、日本帝国における台湾の食料供給源としての地位は戦前と比べて低くなったが、しだいに工業原料品の重要な供給地になっていったのである。

　それでは、戦時の石炭業統制体制が残した遺産は何であろうか？

　まず、戦争期間に急速な発展を遂げた新興工業が、戦後、国民政府資源委員会と台湾省生産事業管理委員会に接収され、新たに公営企業となったことが挙げられよう。次いで、戦時政府の企業に対する行政指導と監督は比較的

第 5 章　戦時経済統制下の台湾炭鉱業 1937〜1945 年

厳格であったため、こうした企業は生き残りと発展を求め、政府に強く依存することを免れた。このような、しかし当時よりもさらに密接な官庁・企業関係は、戦後にもなお存在した。とりわけ戦時、国民政府が中国大陸で経済統制体制を実行し、台湾を接収してからも、相変わらず同じような政策を行っていた。石炭業については、「台湾省石炭調整委員会」の機能が、生産指導と需給調整であり、日本植民地期の役割が継続していたということができるだろう。

●註
1) 財団法人東亜経済調査局編『本邦を中心とせる石炭需給』（東京：東亜経済調査局、1933 年）、13-14 頁。この他には水力が 25％、石油と木炭が 1％程度の割合であった。
2) 東洋経済新報社編『昭和産業史』第 1 巻（東京：東洋経済新報社、1950 年）、11-12 頁。大石嘉一郎編『日本帝国主義史 3　第二次大戦期』（東京：東京大学出版会、1994 年）、191 頁。
3) 陳慈玉「戦時日本対東北煤業的統制」、『中華軍史学会会刊』3（台北：中華軍史学会、1997 年 12 月）、659-688 頁。
4) 中村隆英編著『「計画化」と「民主化」』（東京：岩波書店、1989 年）、71-72 頁。
5) 中村隆英編著『「計画化」と「民主化」』、73 頁。大石嘉一郎編『日本帝国主義史 3　第二次大戦期』、400 頁。石原莞爾（1889-1949 年）は陸軍中将、1937 年 9 月に関東軍参謀副長に任じられた。日中戦争の不拡大を主張して東条英機と対立し失脚。
6) 原朗編『日本の戦時経済　計画と市場』（東京：東京大学出版会、1995 年）、45-46 頁。
7) 林銑十郎（1876-1943 年）、陸軍大学校卒。日露戦争に従事し、日本駐韓国軍司令部に奉職、1913 年ドイツ留学後、英国駐在、1923 年国際連盟の陸軍代表を務め、1927 年陸大校長に就任し、教育総監部本部長・近衛師団長・朝鮮軍司令官を歴任する。1932 年大将に昇任し、1934 年に陸軍大臣となる。1937 年、組閣後に財界人を起用したが、この内閣はわずか 4 カ月しか維持できなかった。
8) 原朗編『日本の戦時経済　計画と市場』、46 頁。
9) 中村隆英編集『「計画化」と「民主化」』、73 頁。
10) 近衛文麿（1891-1945 年）、京都帝国大学卒。貴族院議員に任じられ、1919 年西園寺公望に同行してパリ和平会議に出席、1937 年 6 月に第一次組閣。日中戦争勃発後、「国民政府を対手とせず」という声明を発表した。1939 年に内閣総辞職し、枢密院議長に就任。1940 年 7 月、日米交渉を打開するため、松岡洋右外相を更迭し、第三次内閣を組閣。10 月に米国との妥協の自信を失って辞職した。太平洋戦争勃発後は下野していたが、1945 年 12 月、戦犯に指名され、16 日に服毒自殺した。
11) 賀屋興宣（1889-1977 年）、東京帝大卒。大蔵省に入省、主計局長・理財局長、大

蔵次官・蔵相・貴族院議員を歴任。1939 年、北支那開発株式会社総裁に任ぜられ、1942 年、東条英機内閣の蔵相にふたたび就任。1945 年 9 月、A 級戦犯に指名され無期懲役の判決を受ける。1958 年に釈放され、衆議院議員に当選。池田勇人内閣の法相や自民党の外交調査会長・社会保障調査会長・政務調査会長等の職を歴任。日米安全保障条約・日中・日韓交渉などでタカ派の長老とされた。1972 年に政界から引退した。

12) 原朗編『日本の戦時経済　計画と市場』、47 頁。中村隆英編著『「計画化」と「民主化」』、73 頁。
13) 平沼騏一郎（1867-1952 年）、東京帝大卒。裁判官に任官し、東京控訴院部長・司法省民刑局長・司法次官・検事総長・大審院長・司法大臣等を歴任する。1942 年に右翼結社・国本社を結成し、日本大学総長を兼任する。翌年、枢密院副議長に就任し、1936 年には議長に昇進。1939 年 1 月に組閣し、国家総動員体制と精神面での復古主義の強化を提唱した。同年 8 月、独ソ不可侵条約締結時に、このドイツの行為を防共協定に違反した「複雑怪奇」な行動だとして内閣総辞職した。1940 年、第二次近衛内閣の国務大臣となり、太平洋戦争末期には降伏に断固として反対した。戦後、A 級戦犯として無期懲役となったが、病気のため仮釈放された。
14) 原朗編『日本の戦時経済　計画と市場』、48 頁。中村隆英編著『「計画化」と「民主化」』、78 頁。
15) 中村隆英編著『「計画化」と「民主化」』、75-77 頁。
16) 中村隆英編著『「計画化」と「民主化」』、13 頁、80-81 頁。
17) 中村隆英編著『「計画化」と「民主化」』、9-10 頁。Ortrud Kerde, "The Ideological Background of the Japanese War Economy", in Erich Pauer (ed.), *Japan's War Economy* (London & N. Y.：Routledge, 1999), pp. 23-37.
18) 楠井隆三『戦時台湾経済論』（南方人文研究所、1944 年）、85 頁。
19) 小林が東京の拓務省での記者会見時に公表した。『台湾日日新報』、1939 年 5 月 20 日参照。
20) 楠井前掲書、89 頁。
21) 安井常義『生産力拡充と経済統制』（台北：台湾商工会議所、1943 年）、9-10 頁。
22) 「台湾炭業組合」は 1933 年に設立された。採掘と石炭価格を維持し、台湾石炭業全体の競争力強化、鉱業の改善・促進、同業者の共同利益を図ることを目的とした。
23) 楠井前掲書、234 頁。
24) 台湾経済年報刊行会編、『台湾経済年報』第 1 輯（東京：国際日本協会、1941 年）、229、491 頁。
25) 「台湾石炭株式会社設立要綱」、『台湾経済年報』第 1 輯所収、230 頁。
26) 「台湾石炭株式会社設立経過」、『台湾礦業会報』第 203 輯所収、（台北：台湾礦業会、1941 年 4 月 30 日）、106 頁。
27) 前掲「台湾石炭株式会社設立経過」、106-107 頁。
28) 台湾礦業会修志委員会『台湾礦業会志』（台北：中華民国礦業協進会、1991 年）、488 頁。「台湾石炭株式会社の開業と定款及び株主名簿」、『台湾礦業会報』第 205 号（1941 年 10 月 30 日）、121 頁。今川淵は東京帝大卒、1924 年台湾総督府民生部に奉

第5章　戦時経済統制下の台湾炭鉱業1937～1945年

職し、殖産局課長・台南州知事・台北州知事と専売局局長等を歴任。1939年の退職後に台湾南方協会理事、1941年に台湾石炭株式会社社長に任ぜられる。岩崎弘重は東京帝大卒業後、三菱商事会社と日本穀産工業総務部長を務める。久間佐蔵の履歴については不明。

29) 前掲「台湾石炭株式会社設立要綱」、230頁。前掲「台湾石炭株式会社の開業と定款及び株主名簿」、121-122頁。
30) 前掲「台湾石炭株式会社設立要綱」、230頁。前掲「台湾石炭株式会社の開業と定款及び株主名簿」、121頁。
31) 台湾銀行金融研究室編『台湾之煤』（台湾銀行、1950年）、29頁。周憲文『日拠時代台湾経済史』第2冊（台北：台湾銀行、1958年）、182頁。
32) 『台湾礦業会志』、488頁。
33) 『台湾経済年報』第1輯、228-229頁。
34) 楠井前掲書、232頁。「台湾経済統制法」、『台湾経済年報』第3輯（東京：国際日本協会、1943年）、479-480頁。
35) 陳慈玉「日拠時期台湾煤礦業の発展」『日拠時期台湾史国際学術研討会論文集』所収（台北：国立台湾大学、1993年）、401頁。
36) 楠井前掲書、378頁。
37) 『台湾礦業会志』、492頁。
38) 『台湾之煤』、30頁。『台湾礦業史』下冊、1817頁。
39) 『台湾鉱業史』下冊、1817-1818頁。陳慈玉『台湾礦業史上的第一家族—基隆顔家之研究』（基隆：基隆市立文化中心、1999年）、109-110頁。
40) 『台湾経済年報』第1輯、226頁。
41) 『台湾経済年報』第1輯、228頁。
42) 大石嘉一郎前掲書、403頁。
43) 朝鮮総督府『施政三十年史』（京城：朝鮮総督府、1940年）、544頁。
44) 台湾総督府専売局塩脳課「台湾工業塩田の拡張」『部報』第18号所収（台北：台湾総督府臨時情報部、1938年3月）、2頁。
45) 前掲「台湾工業塩田の拡張」、2頁。
46) 前掲「台湾工業塩田の拡張」、3-5頁。
47) 楠井前掲書、73頁。
48) 『南日本塩業株式会社事業計画書』、1941年11月5日、中央研究院近代史研究所所蔵財政部塩務档（以下、塩務档と略称）、編号S-03-11-(1)。『台湾におけるマグネシューム及曹達、生産計画に関する件』、1939年3月2日、塩務档、編号S-03-13-(1)。
49) 前掲「台湾工業塩田の拡張」、5頁。
50) 楠井前掲書、111頁。
51) 楠井前掲書、201-209頁。
52) 楠井前掲書、133頁。
53) 『台湾経済年報』第3輯、3頁。
54) 『鐘淵曹達工業株式会社関係書類』、1944年、塩務档、編号S-03-12-(1)。

55) 畠中泰治『台湾専売事業年鑑』（台北：台湾と海外社、1939 年)、282 頁。
56) 台湾総督府専売局『熱帯産業調査書』下（台北：台湾総督府、1935 年)、61-64 頁。
57) 前掲『熱帯産業調査書』下、64-67 頁。
58) 周憲文「日拠時代台湾之専売事業」、『台湾銀行季刊』9：1（台北：台湾銀行、1947 年)、19 頁。
59) 島津秀太郎「塩積込四十年史」、台湾総督府塩脳課編『塩専売記念特輯』に所収（台湾総督府、1939 年)、128 頁。
60) 楊選堂『台湾之燃料資源』（台北：台湾銀行、1951 年)、50 頁。
61) 牟田邦基「燃料問題と無水酒精竝其将来性」、『台湾経済叢書』(7) 所収（台北：台湾経済研究会、1939 年)、30 頁。原資料の単位は石なので、1 石＝1.80391 公石で換算。以下、同じ。
62) 前掲牟田邦基論文、30-43 頁。
63) 前掲牟田邦基論文、31 頁。
64) 伊藤重郎編『台湾製糖株式会社史』（東京：台湾製糖株式会社東京出張所、1939 年)、322-323 頁。この工場では 1938 年から無水エタノールの製造を開始した。
65) 楊選堂前掲書、50 頁。
66) 楊選堂前掲書、50-51 頁。
67) 安井前掲書、5 頁。
68) 牟田前掲書、34、59 頁。顔東敏『有機溶剤発酵工業化学』（台北：復文書局、1991 年)、27 頁。
69) 魏喦寿、茅秀生『台湾之発酵工業』（台北：台湾銀行、1952 年)、19、36 頁。
70) 『台湾礦業史』下冊、2282-2283 頁。日本植民地期の製糖業とアルコール工業の発展と変遷については、稿をあらためて論じたい。
71) 台湾経済年報刊行会『台湾経済年報』第 2 輯（国際日本協会、1942 年)、377-378 頁。
72) 金成前「台湾鋁業之発展与世界鋁業之趨勢」、『台湾文献』22：4（南投：台湾省文献会、1971 年 12 月)、91 頁。『台湾経済年報』第 2 輯、182 頁。
73) 大石前掲書、188 頁。
74) 前掲『台湾経済年報』第 2 輯、206 頁。
75) 葉振輝訳『半世紀前的高雄煉油廠与湽美公司——史料選訳』、（高雄：高雄市文献委員会、1995 年)、1 頁。大石前掲書、189 頁の表 10。
76) 葉前掲書、24 頁。同工場は 1963 年になって日本植民地期の最高生産量までやっと回復した。
77) 安井前掲書、1-6 頁。
78) 台湾経済研究会調査部「本邦パルプ需給策に就て——主として台湾の使命——」、『台湾経済叢書』(7)、69-70 頁。
79) 前掲「本邦パルプ需給策に就て」、70-74 頁。
80) 前掲「本邦パルプ需給策に就て」、76-78 頁の表 6〜8。百分率は筆者の計算による。
81) 前掲「本邦パルプ需給策に就て」、79-86 頁。
82) 前掲「本邦パルプ需給策に就て」、88 頁。台湾の甘蔗カスで 35 万トンの紙パルプ

第 5 章　戦時経済統制下の台湾炭鉱業 1937〜1945 年

　を製造できると推計している
83) 高淑媛「植民地台湾における洋紙工業の成立——バガス製紙を中心として——」、『現代台湾研究』第 18 輯、105-114 頁。前掲「本邦パルプ」、83 頁。
84) 前掲高論文、115 頁の表 6。
85) 前掲「本邦パルプ」、90 頁。
86) 前掲『台湾礦業史』下冊、1061 頁。
87) 楠井前掲書、180 頁。
88) 前掲『台湾経済年報』第 1 輯、618-621 頁。

第6章　戦後の台湾における石炭業

1945～1980年

―― 斜陽産業の一例として ――

第1節　はじめに

　石炭は近代文明の原動力であり、電力と石油が大量に出現する以前の工業化の一つの指標でもあった。台湾の石炭の埋蔵量と生産量は世界の石炭エネルギーに比して多いとは言えないが、1980年代以前の経済発展の過程において最も重要な自給可能なエネルギーであり、1960年代の工業の飛躍期には初級エネルギーの供給量のおよそ50％以上を占め、工業発展へ大きく貢献した。同時に、1960年代は台湾の石炭業にとってのピークでもあった。

　台湾の石炭は、17世紀には採掘されていたが、大規模な採掘が計画されたのは1870年代になってからである。しかし、その効果は大きくはなかった。20世紀の第一次世界大戦の勃発以降は、日本の植民地政府の主導の下、日本の財閥と基隆の顔家を筆頭とする台湾本土の土着資本家が、共同で台湾の石炭業の黄金時代を作りあげた。1930年代後半、台湾の石炭業は植民地政府の全面統制期に入ったが、第二次世界大戦の終了は石炭業の統制体制の終わりを意味するものではなかった。台湾に渡った国民政府は1930年代以来、大陸で実施していた経済統制政策を継承したが、これは日本の植民地統治の残した台湾の戦時経済体制と合致し、台湾省石炭調整委員会と台湾区生産事業管理委員会を通して台湾石炭業を完全に掌握した。これ以降の台湾石炭業の復興・興隆と衰退は、政府のエネルギー政策と直接関連しており、エネルギー政策の制定と実施は世界経済――特にエネルギーの需給情勢――に影響を受けていた。

　本章では、戦後から1980年代にかけての台湾石炭業の盛衰の過程、特に

政府の実施した政策の合理性について検討したい。このため、まず石炭業政策の推移の過程を明らかにし、次いで台湾石炭業の生産・販売構造を分析して、この斜陽産業の一つである石炭業を通して歴史の連続性の一面を描きだしてみたいと考えている。

第2節　石炭業政策の推移

1　統制政策の継続

　1945年8月15日に日本は投降したが、国民政府は10月の台湾の鉱山接収以後も日本の措置を継承し、1930年代後半以降の石炭業統制政策へと継続した[1]。執行機構は経済部台湾特派員辦公処会と台湾行政長官公署工鉱処が、11月8日に設立された「石炭業監理委員会」であった。11日後（11月19日）に、同会は「台湾石炭統制株式会社」を接収し、「台湾省石炭調整委員会」（以下、石炭調整委員会）に改組された。同会は台湾省行政長官公署に隷属し、台湾石炭統制株式会社の職能を継承して、石炭購入と配給を統括し、協業者の生産に融資していた[2]。その配給・販売の流れは下図の通りである[3]。

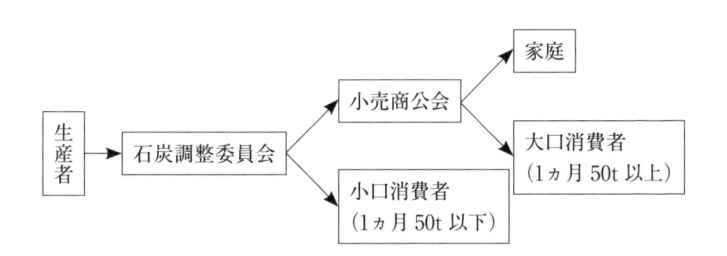

```
                              ┌─→ 家庭
              ┌─→ 小売商公会 ─┤
生産者 → 石炭調整委員会       └─→ 大口消費者
              └─→ 小口消費者      （1ヵ月50t以上）
                 （1ヵ月50t以下）
```

　実際には、第二次世界大戦中に被弾した工場も多かったので、戦争直後には燃料用石炭の需要は多くはなかった。このため、石炭調整委員会は差額を助成する方法で販売価格を購買価格より低くし、石炭の販売促進をはかり、同時にその補填のため、海外への販売につとめた[4]。
　一方では、石炭業監理委員会は、日本人の単独資本会社、日台合資の炭鉱

第6章　戦後の台湾における石炭業 1945～1980 年

会社、合計 35 社を次々と管理下においた。1946 年 3 月末、監理委員会は役割を終え、石炭業接管委員会が設立され、4 月 1 日に管理下の炭鉱の整備を始めた。そのうちの 11 鉱については払下げ、清算、返却、移譲され、残りの 24 鉱については同会が接収管理し、人員を派遣して業務を主管し、資材を確認して受け取りながら生産を維持した。24 鉱のうち、さらに 8 鉱が販売・清算され、16 鉱が公営に帰した。1946 年 6 月に設立された台湾煤鉱公司籌備処はこの 16 ヵ所の炭鉱の引き継ぎを行い、8 月末に接管委員会は接収事業を終えて解散した[5]。

　この時に整理した炭鉱の基準は、台湾省行政長官公署が制定したものだった。1946 年 5 月、台湾は長く日本の管理下にあったため行政院が公布した「収復区敵偽産業処理辦法」を全て適用できないので、台湾省行政長官公署は「台湾省接収日人財産処理準則」9 カ条を定め、台湾省日本資産処理委員会を組織した[6]。同会は 6 月に準則に照らして 3 種類の方法を実施した。(1) 台湾省の接収した日本資本企業の処理についての実施方法。(2) 台湾省が接収した日本人の不動産の処理についての実施方法。(3) 台湾省が接収した日本人の動産の処理についての実施方法[7]。このうち、交通・鉱工業・農林等に関連する日本資本企業は、迅速な業務再開を原則とし、日本資本企業をはじめに接収した機関は、主管機関と日本資産処理委員会への報告後、接収企業を公営・販売・貸出・官民共同経営の 4 種のどれかに帰し、行政長官公署に裁定処理を申請した[8]。

　台湾煤鉱公司籌備処は、接収した日本資本企業の処理実施方法に照らして、前述の 16 ヵ所の炭鉱を引き継いだ。台湾煤鉱公司籌備処は 1947 年 1 月に台湾鉱工企業股份有限公司分公司、5 月には台湾鉱工股份有限公司と改称した。煤鉱分公司は引き継いだ炭鉱を基隆・永建・七星・定福・海山・三徳の 6 炭鉱に調整合併した。1949 年末には時局の影響で石炭の売れ行きが悪かったため煤鉱分公司も縮小され、基隆と永建の 2 鉱山を合併して永基炭鉱とし、海山と三徳を合併して海三炭鉱とした[9]。

　この基隆の炭鉱はもともと基隆の顔家と日本の三井財閥が 1918 年に設立した「基隆炭鉱株式会社」であった。当時の同社の石炭の生産量は全台湾の

総生産量の半ばを占め、資本金500万円、顔家が40％の株式権利を持っていた[10]。その後継続的に増資したので、接収した時には700万円になっており、このため顔家の株式権利は35％になっていた[11]。株式の過半数は三井財閥が持っていたので、日本資本企業と見なされた。接収方法第7条の規定に「公営に帰せられた企業は、本国民がもとから株を所有していた場合、その権益を保障する。しかし、国防に関連する事業やその他の必要な情勢に鑑みて、別にこれを制限できる」により、省政府は顔家の株式権利を工鉱公司の株券で換算した[12]。

同じく顔家が関係していた別の重要企業である台陽鉱業株式会社では、またちがう扱いを受けた。同社においては顔家はわずかに6割の株しか所有せず、日本人資本が40％という高さであったので、顔家の単独経営とは言えなかった。このため、経済部駐台特派員辦事処は台湾省行政長官公署と王求定・陳百楽・林素行・呉人楷（以上は炭鉱）・袁慧灼（金鉱）らの5名を監理委員として派遣し、1945年11月9日に台陽会社を接収管理した[13]。1年余りの整理と計算を経て、「台湾省接収日資企業処理実施辦法」第16条に基づき[14]、1946年11月21日に「台陽鉱業股份有限公司籌備処」が設立され、顔欽賢と政府側代表の林素行が正副の主任となり、日本植民地期から顔家の企業を補佐してきた周碧がまた同じ役割を任され、正式に生産を再開した。1948年7月17日には日本人の株式権の価値を政府に支払って準備事業は終了し（原価は1株100日本円、支払時には200余日本円に査定）、台陽鉱業股份有限公司が設立され、顔欽賢が社長になった[15]。

1946～48年の接収と再調整の期間に、石炭業の統制という大任を担う石炭調整委員会は、販売にはほとんど成功していない。まず、島内の運輸機関が戦火の被害にあったため、北部で採掘される石炭を南部の工場の需要に応じてすぐに供給することができなかった。石炭調整委員会は各工場の損壊状況について以前に配布された資料を整理するだけで改めて調査していなかったのだ、石炭の需要量の正確な推計がむずかしかった。また、石炭調整委員会は台湾炭を台湾外に販売して、より高い利潤を得ようとつとめ、上海や香港・広州などに多く移出した。移出量は1946年の約40万トンからしだいに

第 6 章　戦後の台湾における石炭業 1945～1980 年

増え、1947 年には約 43 万トンになった（表 6-1 参照）。しかし、台湾島内の石炭を動力源とする各工場もしだいに修復され、石炭への需要は日に日に大きくなっていった。当時の石炭はほとんどが平渓宜蘭鉄道の沿線に貯蔵され、北部への輸送は容易だが、南部への輸送は十分な車両の手配方法がなかった。このため、石炭調整委員会は運輸条件の制限とより高い利潤を考えて、石炭を基隆港に輸送して台湾外へ販売していたが、対外販売に偏重しすぎているという非難を免れられなくなった。翌年、鉄道の輸送能力を増し、石炭の生産量を増加させたので、内需市場にも十分に供給することができた[16]。

中国現代史上の鍵となる 1949 年に、台湾の石炭業も重要な転換点を迎えた。国共内戦の激しさにより、国民政府は次々に大陸の各地区から撤退し、台湾の中・低品位炭の主要市場である大陸への台湾炭の輸送販売ができなくなり生産過剰現象を引き起こした。この過剰問題を解決するために、石炭調整委員会は石炭配給手続きを簡略化し、1 日の需要が 15 万トン以上の利用者は、同会に直接、申請できるようにした。また、業者が低品位炭を家庭向け燃料として炭団に加工するのを奨励し、月約 8 万トンという島内の消費量の目標を始めて達成できた。また一方では、石炭調整委員会は日本・韓国などの海外市場を開拓するため、石炭の品質を国際基準に向上させるのに努力した（当時の国際基準は発熱量 6,000 カロリー以上、灰分 20％以下）。このため、1949 年の販売量は総生産量の 95％に達した[17]。

海外市場の開拓は、煤鉱公会の大きな努力の結果とも言えよう。同会の前身は 1936 年に顔国年が大小の炭鉱をまとめて設立した台湾炭業組合であり、その趣旨は「地下資源を開発し、政府の経済建設計画に合わせ、本省の経済繁栄を促進し、鉱業の改良につとめ、同業の共同の利益を図り増進する」というものであった。1939 年、植民地政府はさらに基本規則を定め、炭鉱業を統制する同公会を名実ともに強化した。戦後、1946 年 11 月 10 日に改組して台湾煤鉱会と改称し、また後に台湾煤鉱公会と改名した。同業公会法の規定によって 1947 年には組織を改革し、台湾省煤鉱鉱業同業公会が設立された。ついで翌年には工業会法とその施行細則の規定により、しだいに組織と業務を拡大し台湾区煤鉱業同業公会と改名した[18]。同会は重要な業務推進

表 6-1 台湾炭生産販売量 (1912-2000)

(単位: t)

年	産出量 (A)	販売量							石炭残留量	C/B% ①	F/B% ②	D/C% ③	E/C% ④	G/F% ⑤
		合計 (B)	国内向け販売			国外向け販売								
			合計 (C)	台湾使用炭 (D)	汽船使用炭 (E)	合計 (F)	日本 (G)	その他 (H)						
1912	276,246	419,810	390,484	249,998	140,486	29,326	2	29,324	11,478	93.01%	6.99%	64.02%	35.98%	0.01%
1913	319,371	466,690	444,386	279,006	165,380	22,304	—	22,304	18,611	95.22%	4.78%	62.78%	37.22%	—
1914	342,787	526,856	483,679	275,235	208,444	43,177	1,614	41,563	12,634	91.80%	8.20%	56.90%	43.10%	3.74%
1915	379,368	524,837	487,453	278,038	209,415	37,384	—	37,384	17,472	92.88%	7.12%	57.04%	42.96%	—
1916	517,581	511,543	422,724	266,506	156,218	88,819	10,549	78,270	47,957	82.64%	17.36%	63.04%	36.96%	11.88%
1917	673,008	767,300	499,281	344,249	155,032	268,019	15,030	252,989	54,089	65.07%	34.93%	68.95%	31.05%	5.61%
1918	801,520	820,296	529,942	376,696	153,246	290,354	8,268	282,086	128,506	64.60%	35.40%	71.08%	28.92%	2.85%
1919	1,086,907	1,184,495	649,575	404,778	244,797	534,920	57,571	477,349	95,057	54.84%	45.16%	62.31%	37.69%	10.76%
1920	1,139,358	1,258,755	710,383	487,863	222,520	548,372	90,295	458,077	103,060	56.44%	43.56%	68.68%	31.32%	16.47%
1921	1,029,410	1,322,187	811,506	499,760	311,746	510,681	56,092	454,589	78,559	61.38%	38.62%	61.58%	38.42%	10.98%
1922	1,347,449	1,375,426	717,919	518,158	199,761	657,507	188,794	468,713	45,242	52.20%	47.80%	72.17%	27.83%	28.71%
1923	1,444,921	1,473,807	807,806	519,355	288,451	666,001	181,088	484,913	150,873	54.81%	45.19%	64.29%	35.71%	27.19%
1924	1,506,451	1,685,712	813,858	485,736	328,122	871,854	198,618	673,236	83,535	48.28%	51.72%	59.68%	40.32%	22.78%
1925	1,704,581	1,780,764	890,477	526,931	155,032	890,287	189,694	700,593	106,812	50.01%	49.99%	59.17%	40.83%	21.31%
1926	1,794,511	1,881,412	991,662	608,962	382,700	889,750	136,497	753,253	83,023	52.71%	47.29%	61.41%	38.59%	15.34%
1927	1,857,257	1,752,599	1,062,412	782,093	280,319	690,187	129,797	560,390	146,201	60.62%	39.38%	73.61%	26.39%	18.81%
1928	1,583,598	1,397,102	953,160	657,235	295,925	443,942	79,147	364,795	198,339	68.22%	31.78%	68.95%	31.05%	17.83%
1929	1,530,025	1,608,699	1,219,752	875,290	344,462	388,947	42,860	346,087	110,942	75.82%	24.18%	58.67%	41.33%	11.02%
1930	1,598,728	1,520,667	1,136,875	640,641	496,234	383,792	41,633	342,159	145,716	74.76%	25.24%	56.35%	43.65%	10.85%
1931	1,421,544	1,419,287	1,045,874	597,902	447,972	373,413	64,094	309,319	133,114	73.69%	26.31%	57.17%	42.83%	17.16%
1932	1,354,995	1,407,351	1,174,532	622,321	552,211	232,819	61,330	171,489	80,520	83.46%	16.54%	52.98%	47.02%	26.56%
1933	1,533,103	1,584,572	1,251,107	658,611	592,496	333,465	146,515	186,950	70,036	78.96%	21.04%	52.64%	47.36%	43.94%
1934	1,520,926	1,570,513	1,303,126	681,341	621,785	267,387	105,350	162,037	74,762	82.97%	17.03%	52.29%	47.71%	39.40%
1935	1,596,672	1,706,301	1,477,325	701,224	776,101	228,976	81,526	147,450	121,120	86.58%	13.42%	47.47%	52.53%	35.60%
1936	1,743,777	1,976,904	1,735,394	895,084	840,289	241,510	114,134	127,376	198,339	87.78%	12.22%	51.58%	48.42%	47.26%
1937	1,953,346	2,269,729	1,861,814	858,206	1,003,608	407,915	270,159	137,756	133,054	82.03%	17.97%	46.10%	53.90%	66.23%
1938	2,198,542	2,369,038	1,782,288	885,478	896,810	586,750	439,544	147,206	132,187	75.23%	24.77%	49.68%	50.32%	74.91%
1939	2,618,877	2,667,964	2,100,036	1,105,706	994,330	567,928	276,258	291,670	190,988	78.71%	21.29%	52.65%	47.35%	48.64%
1940	2,841,414	2,706,635	2,038,758	1,169,476	869,282	667,877	284,703	383,174	242,006	75.32%	24.68%	57.36%	42.64%	42.63%
1941	2,853,832	2,617,000	2,139,000	1,452,000	687,000	478,000	86,000	392,000	531,000	81.73%	18.27%	67.88%	32.12%	17.99%
1942	2,356,313	2,519,000	2,104,000	1,755,000	349,000	415,000	146,000	269,000	363,000	83.53%	16.47%	83.41%	16.59%	35.18%
1943	2,237,725	2,312,000	1,978,000	1,623,000	355,000	334,000	37,000	297,000	272,000	85.55%	14.45%	82.05%	17.95%	11.08%
1944	1,913,937	1,941,763	1,807,023	1,426,300	380,707	134,740	—	134,740	225,822	93.06%	6.94%	78.93%	21.07%	—
1945	794,558	745,104	705,470	675,244	30,226	39,634	—	39,634	140,663	94.68%	5.32%	95.72%	4.28%	—
1946	1,049,071	864,465	471,984	453,060	18,924	392,481	—	—	79,541	54.60%	45.40%	95.99%	4.01%	—
1947	1,307,862	1,100,766	673,028	625,936	47,092	427,733	—	—	187,411	61.14%	38.86%	93.00%	7.00%	—
1948	1,650,049	1,577,557	1,089,452	998,202	91,249	488,106	—	—	211,660	69.06%	30.94%	91.62%	8.38%	—
1949	1,614,127	1,536,986	1,144,864	973,460	171,404	392,122	—	—	237,931	74.49%	25.51%	85.03%	14.97%	—
1950	1,404,631	1,367,068	1,270,914	1,171,100	99,814	96,154	—	—	131,334	92.97%	7.03%	92.15%	7.85%	—
1951	1,656,858	1,615,587	1,573,980	1,424,370	149,610	41,607	—	—	33,983	97.42%	2.58%	90.49%	9.51%	—
1952	2,286,394	2,027,387	1,967,679	1,834,347	132,754	59,708	—	—	160,150	97.05%	2.95%	93.25%	6.75%	—
1953	2,392,704	2,058,363	1,913,635	1,788,908	124,727	144,728	—	—	261,003	92.97%	7.03%	93.48%	6.52%	—
1954	2,117,603	2,096,289	1,992,554	1,908,925	83,629	103,735	—	—	221,741	95.05%	4.95%	95.80%	4.20%	—
1955	2,359,316	2,424,411	2,370,728	2,290,111	80,617	53,683	—	—	145,395	97.79%	2.21%	96.60%	3.40%	—
1956	2,529,046	2,476,618	2,358,906	2,286,884	71,914	117,820	—	—	131,745	95.24%	4.76%	96.95%	3.05%	—
1957	2,916,084	2,844,326	2,814,090	2,739,054	75,036	30,236	—	—	182,989	98.94%	1.06%	97.33%	2.67%	—
1958	3,181,418	3,009,153	2,978,888	2,933,554	45,334	30,265	—	—	292,377	98.99%	1.01%	98.48%	1.52%	—
1959	3,563,131	3,393,495	3,303,152	3,263,713	39,439	90,343	—	—	356,026	97.34%	2.66%	98.81%	1.19%	—
1960	3,961,946	3,923,650	3,720,317	3,663,388	56,929	223,333	—	—	305,303	94.82%	5.69%	98.47%	1.53%	—

226

第 6 章　戦後の台湾における石炭業 1945〜1980 年

年	A	B	C	D	E	F		G	C/B%	F/B%	D/C%	E/C%	G/F%
1961	4,236,574	4,104,005	3,869,781	3,839,068	30,713	234,224	—	—	316,276	94.29%	5.71%	99.21%	0.79%	—
1962	4,553,581	4,375,839	4,235,497	4,215,084	20,413	140,342	—	—	365,963	96.79%	3.21%	99.52%	0.48%	—
1963	4,810,040	4,664,581	4,569,620	4,559,357	10,263	94,961	—	—	404,673	97.96%	2.04%	99.78%	0.22%	—
1964	5,027,653	5,047,926	4,955,906	4,951,603	4,303	92,020	—	—	261,390	98.18%	1.82%	99.91%	0.09%	—
1965	5,054,463	5,012,727	5,010,817	5,008,556	2,261	1,910	—	—	281,396	99.96%	0.04%	99.95%	0.05%	—
1966	5,014,533	5,022,864	5,022,864	5,020,026	2,838	—	—	—	220,950	100.00%	—	99.94%	0.06%	—
1967	5,078,403	4,974,811	4,974,811	4,971,511	3,300	—	—	—	280,763	100.00%	—	99.93%	0.07%	—
1968	5,014,928	4,982,846	4,982,846	4,981,029	1,817	—	—	—	302,885	100.00%	—	99.96%	0.04%	—
1969	4,645,364	4,708,846	4,708,588	4,707,423	1,165	—	—	—	215,663	99.99%	—	99.98%	0.02%	—
1970	4,473,467	4,490,255	4,490,255	4,490,255	—	—	—	—	190,131	100.00%	—	100.00%	—	—
1971	4,096,594	4,099,439	4,099,439	4,099,439	—	—	—	—	194,024	100.00%	—	100.00%	—	—
1972	3,913,218	3,942,632	3,942,632	3,942,632	—	—	—	—	168,876	100.00%	—	100.00%	—	—
1973	3,327,107	3,417,107	3,417,107	3,417,107	—	—	—	—	172,020	100.00%	—	100.00%	—	—
1974	2,934,427	3,204,924	3,204,924	3,204,924	—	—	—	—	250,925	100.00%	—	100.00%	—	—
1975	3,140,578	3,238,469	3,238,469	3,238,469	—	—	—	—	112,285	100.00%	—	100.00%	—	—
1976	3,235,810	3,288,734	3,288,734	3,288,734	—	—	—	—	150,138	100.00%	—	100.00%	—	—
1977	2,955,915	2,991,947	2,991,947	2,991,947	—	—	—	—	143,026	100.00%	—	100.00%	—	—
1978	2,883,904	3,041,922	3,041,922	3,041,922	—	—	—	—	85,427	100.00%	—	100.00%	—	—
1979	2,719,751	2,787,966	2,787,966	2,787,966	—	—	—	—	90,981	100.00%	—	100.00%	—	—
1980	2,573,530	2,628,000	2,628,000	2,628,000	—	—	—	—	—	100.00%	—	100.00%	—	—
1981	2,445,782	2,393,000	2,393,000	2,393,000	—	—	—	—	—	100.00%	—	100.00%	—	—
1982	2,383,579	2,340,000	2,340,000	2,340,000	—	—	—	—	—	100.00%	—	100.00%	—	—
1983	2,236,065	2,279,000	2,279,000	2,279,000	—	—	—	—	—	100.00%	—	100.00%	—	—
1984	2,010,775	2,019,000	2,019,000	2,019,000	—	—	—	—	—	100.00%	—	100.00%	—	—
1985	1,857,858	1,825,000	1,825,000	1,825,000	—	—	—	—	—	100.00%	—	100.00%	—	—
1986	1,725,024	1,707,000	1,707,000	1,707,000	—	—	—	—	—	100.00%	—	100.00%	—	—
1987	1,499,240	1,503,000	1,503,000	1,503,000	—	—	—	—	—	100.00%	—	100.00%	—	—
1988	1,225,487	1,230,000	1,230,000	1,230,000	—	—	—	—	—	100.00%	—	100.00%	—	—
1989	784,409	799,000	799,000	799,000	—	—	—	—	—	100.00%	—	100.00%	—	—
1990	472,050	473,000	473,000	473,000	—	—	—	—	—	100.00%	—	100.00%	—	—
1991	402,575	412,000	412,000	412,000	—	—	—	—	—	100.00%	—	100.00%	—	—
1992	334,821	354,000	354,000	354,000	—	—	—	—	—	100.00%	—	100.00%	—	—
1993	327,978	336,000	336,000	336,000	—	—	—	—	—	100.00%	—	100.00%	—	—
1994	285,000	286,000	286,000	286,000	—	—	—	—	—	100.00%	—	100.00%	—	—
1995	235,000	240,000	240,000	240,000	—	—	—	—	—	100.00%	—	100.00%	—	—
1996	147,000	151,000	151,000	151,000	—	—	—	—	—	100.00%	—	100.00%	—	—
1997	99,000	98,000	98,000	98,000	—	—	—	—	—	100.00%	—	100.00%	—	—
1998	79,000	79,000	79,000	79,000	—	—	—	—	—	100.00%	—	100.00%	—	—
1999	92,000	92,000	92,000	92,000	—	—	—	—	—	100.00%	—	100.00%	—	—
2000	83,000	83,000	83,000	83,000	—	—	—	—	—	100.00%	—	100.00%	—	—

出典：1. 台湾鉱業史編纂委員会『台湾鉱業史』下冊（台北：台湾省鉱業研究会、1969 年）、1262-1264 頁。
　　　2. 台湾鉱業史編纂委員会『台湾鉱業史統一』（台北：台湾省鉱業研究会、1983 年）、1420 頁。
　　　3. 陳慈玉「日拠時期台湾煤鉱業的発展」、『日拠時期台湾史国際学術検討会論文集』（台北：台湾大学歴史学系、1993 年）、392 頁。
　　　4. 中華民国鉱業協進会編『台湾地区煤鉱開発経営之総合研究報告』（台北：経済部煤業合理化基金保管運用委員会、1994 年）、78 頁、131 頁。

註：C/B％は総販売量に国内向け販売量の占める割合。
　　F/B％は総販売量に国外向け販売量の占める割合。
　　D/C％は台湾の使用量が国内向け販売量に占める割合。
　　E/C％は汽船使用量が国内向け販売量に占める割合。
　　G/F％は国外向け販売量に日本市場の占める割合。
　　「—」は資料のないことを示す。

のため各種の委員会を設置した。例えば、対外販売委員会（北京・上海・福建・広州・香港などへの石炭販売を専門に処理する）・石炭コークス生産販売委員会（下にコークス部を設け、運輸販売を統括）・技術委員会・鉱工医院董事会などであり、また『台煤半月刊』を出版し[19]、専門家に新知識について執筆してもらい、技術向上と石炭の品質改良を目指した。

　石炭の品質改善については、政府が台湾に移ってからは、始めのうち石炭調整委員会は経費不足のためか、品質の悪い石炭を生産した業者に罰を与えるのを主な手段としていた。当時の台湾の物価の推移は異常で、石炭価格も往々にして物価の暴騰で調整できず、販売価格がコストに及ばずに多くの炭鉱業者が生産を停止した。しかし、台湾炭はすでに最も重要な対外市場――中国大陸――を失い、品質を向上させて新市場の需要に適応しなければならなかった。このため、石炭調整委員会は4級以下の品質の悪い炭鉱には融資せず、その採掘した石炭を購買しないという[20]、劇薬方式で石炭の品質を向上させようと企図した。けっきょく、100社以上の業者が倒産し、石炭の産出量は前年より約21万トン減少した[21]。

　石炭調整委員会の組織は1950年にも改組された。この年の6月、台湾省政府は台湾省石炭調整委員会組織章程を公布し、石炭調整委員会は、省政府直接の管轄下にあり、主任委員1人、委員6～8人をおき、総務・業務・輔導の3組をその下に設け、基隆と高雄にそれぞれ事務所を設置し、8月に熟煤供応処を増設して[22]、業者が家庭燃料として煉炭［熟煤］を錬成するのを奨励し[23]、国内市場を広げようとした。

　中央政府の石炭業の主管機関は台湾区生産事業管理委員会（以下、生産事業管理委員会）であった。同会は1949年春に設立された。この時期大陸の情勢の変化に詳しい中央軍政機構の人員と物資が次々に台湾に移されたが、中央政府がまだ広州にあった。このため、台湾の人員と物資を直接管理できなかったので、行政院は台湾省政府に一括して指揮監督の権限を与えて、生産事業管理委員会を設立し、尹仲容を主任に任じた。同会は台湾の国営・国省共同経営・省営の各生産事業の計画・配合・指導・推進・開拓などを担当した。石炭事業に対しては生産販売を均衡させ、各事業の求める石炭の需要

に十分応え、生産を推進する[24]。生産事業管理委員会の指示のもと、台湾工鉱公司は1950年始めに組織を調整して数ヶ月の協議を経て、ついに10月11日に正式に紡織・鉄鋼機械・炭鉱・化学工業・工事〈工程〉・陶業の6支社を合併し、紡織・化学工業・鉱冶機械などの部を設けて、事務を処理した[25]。この前に炭の売れ行きが悪かったので基隆と永建の2鉱山は、合併して永基鉱山となり、海山と三徳の2鉱山も海三鉱山となり、永基・七星・定福・海三らの4鉱山には合計で約15,000人の労働者がいた[26]。

1951年から、政府は奨励金を給付し、石炭価格を調整して石炭増産奨励政策を実施し、生産量も大いに増え、振興してきた工業用炭と軍用炭の問題を解決した。しかし、石炭によって生産と販売を分配して調節する役割をうまく果たしえず、対外市場は不安定だったため、つねに生産過剰現象が存在していた[27]。こうして、石炭業統制政策の存続の可否は美援会を含む各方面に重視されることになる。

2　半管制政策の実行

1951年にアメリカは台湾への経済援助を始めた。まず、技術指導団を台湾に派遣した。そのうち、炭鉱技術指導団はP. L. Emrathを団長とし、1952年4月中旬からアメリカへ援助を申請した30カ所の炭鉱の調査と指導を始め、技術改良の指導を担当した[28]。美援会は増産のため、積極的に優良炭鉱の設備拡充や新坑開発を援助した。しかし、こうした炭鉱や新坑が増産や炭の採掘を始めた時には、1952年1月の石炭会が制定して実施した購買基数（決められた各炭鉱の納品基数）の制限を受け、十分にその生産力を発揮できなかったが、優良炭鉱を育成するという美援会の意図は達成された[29]。

石炭業統制下の石炭は石炭会が売買を統制していた。このため品質の向上は考慮せずに生産量しか考えず、利用者の要求を満足させているかどうかなどは重視しない業者の存在も免れ得なかった。利用者には石炭の品質を自由に選ぶことが難しく、配給される石炭が必ず用途に合致しているとも限らなかった[30]。

石炭価格は需要と供給の双方の市場によって決まらねばならないが、統制

政策の下では、生産事業管理委員会（後の工業委員会）が煤鉱公会の提出した前年の生産コストと、災害準備金と業者の利潤を加えて買入価格を査定したので、実施時の実情とは往々にして合わなかった[31]。このような条件のもとでは、炭鉱業者は生産効率の向上やコスト削減・技術革新等に積極的に取り組まなかった。

　もう一方では、販売と供給がかみあわずに、炭鉱が破産することを避けるために、統制の継続を主張する炭鉱業者も多かった。しかし、中央政府が招請した米国人専門家は、1954年2月に実際に統制を撤廃するべきだという意見を提出した。工業委員会は各方面の意見を鑑み、石炭販売統制の撤廃の法案を起草し、行政院経済安定委員会を経て通過した（1953年7月に行政院経済安定委員会が改組した際に、工業委員会が設立され生産事業管理委員会はなくなった）。1954年7月に省政府が公告し、9月1日から実施された。同時に石炭会は煤業調節委員会に改組され、公営事業用の石炭・石炭の需要供給の調節・生産指導などの任務を担当した。委員9名のうち、総経理制を採用して煤鉱公会が3名を推薦し、煤業調節委員会が台湾省のコークスの生産販売の調節方法を制定し実施した[32]。

　煤業調節委員会の運営のもと、公営事業機関が使う燃料は同会が買入れ、業者は余った石炭を勝手に販売でき、煤業調節委員会の買入価格は供給販売体制と市場価格によって決まった。さらに公営・私営を問わず、すべての炭鉱は煤業調節委員会に登記し、各期ごとに生産販売量・コスト・爆薬消費量などを報告しなければならなかった、必要とする爆薬の価格や配給は煤業調節委員会が管轄し、その他の器材も同会に委託するしかなかった[33]。

　こうして、石炭業の統制政策は半統制政策に変わったが、炭鉱業者と消費者はしばらくは適応できず、市場は消費者のためにコントロールされ、生産業者は一時、採掘を制限したので売り手市場ができ、供給が需要に応じきれないという状況をもたらした。台湾電力・鉄路局等の公営機構は公定価格で良質の石炭を購入することができず、全面的な統制を復活させるか、自由競争を徹底するかの議論を引き起こした。煤業調節委員会・煤鉱公会と公営の利用者の三者からの改善方法の検討だけでなく、省政府と行政院経済安定委

第 6 章　戦後の台湾における石炭業 1945～1980 年

員会工業委員会もこの苦境を解決するために対策を講じた。けっきょく、1956 年 7 月に省政府はすでに 2 年前から実施されていたコークスの生産販売調整方法の修正と、政府の買上制度に改定を公布した。要点は以下の通りである。(1) 台湾電力と鉄路局の必要とするコークス、軍用の燃料石炭、煤業調節委員会が備蓄する石炭は、煤業調節委員会と煤鉱公会が一律に各炭鉱の生産量に応じて数量を決め買い上げる。(2) その買上価格は煤業調節委員会が議定した公定価格で、経済安定委員会が裁定する。(3) 民間の利用者で 1,000 トン以上の者は、自分で購入するか、または交渉して購入し、煤業調節委員会に報告して審査を受ける。(4) 石炭の輸送には鉄道を使う際には、煤業調節委員会の計画按配を経なければならない。その他の交通手段を使うものは、煤業調節委員会に納品証明書を申請し受け取らなければならない。(5) 不可抗力を除いて、納品できないものは煤業調節委員会に送り、法的な手続きをする。(6) 煤業調節委員会はコークスの買上と処理指導のために、利用者と炭鉱業者から手数料・検定料・指導料等を徴収する[34]。

　こうした買上制度のもとで、当時買い上げられたコークスは、台湾の 1 ケ月の総生産量の 43％だった。その他の 57％は官民で価格交渉して購入したり、業者が自由に販売した。このため、買上価格・交渉購入価格・市価の 3 つの石炭価格が形成された。例えば 1957 年 1 月に省議会の調査によると、当時の石炭生産コストは 303 元だが、買上価格はわずか 189 元、交渉購入価格は 267 元、業者の販売価格は 320～340 元であった[35]。煤業調節委員会の買い上げと官民交渉購入はコスト以下だったが、しかし政府は対外販売を禁止したので、民営炭鉱の石炭は買上に従わざるを得なかったが、収支も合わず恨みの声が絶えなかった。同時に前述の買上方法は石炭運輸については一律に煤業調節委員会が統括処理していたが、鉄道局の石炭運搬車両は不足していたので、台湾電力等の公営企業に買い上げられた石炭輸送を優先したので、民営工場はたとえ割高な市価で購入した石炭でも、運輸手段がなければ燃料が運べないので操業停止の恐れがあった。また、買上価格とコストの差が大きかったので、業者は一般への販売価格を高く設定して損失を補填しようとし、民営の工場は燃料コストの高騰で経営困難に陥った。そのほか、炭

鉱業者は石炭の買上に往々にして消極的で、買上は順調には進まなかった。
　煤鉱公会は立法院と台湾省議会に何度も苦境を訴え、買上方法の廃止を陳情した。ついに1958年9月、行政院は第582回会議でコークス供給について買上方法の廃止を議決した。このほか、煤業調節委員会と生産販売の双方が長期的な石炭の供給契約制度を協議し、煤業調節委員会が利用者を代表して、石炭供給業者と個別に契約した。実際には石炭価格は煤業調節委員会が主導した[36]。1970年2月台湾省政府は鉱業行政と鉱場の安全監督の権限を統一して発揮するのを期して、省建築庁鉱務科・煤業調節委員会・台湾省工鉱検査委員会安全検査組（1951年に設立）などを合併して鉱務局とし、引き続き石炭需給市場を統制していた[37]。1980年代以降、輸入石炭の数量が増加し、台湾炭の販売に影響したので、1986年6月に、政府は輸入燃料炭は申請後に台湾炭と抱き合わせで購入するという実施要点を制定し、輸入燃料炭を申請するすべての利用者は、必ず一定の比率で台湾炭を購入しなければならないと定めた。こうして台湾の炭鉱業者を保護すると同時に、外国炭を輸入したいという利用者の需要にも応えようとした[38]。しかし、これは台湾石炭業自体の衰退を象徴していると言えよう。

第3節　台湾における石炭需給市場の構造

1 生産販売の趨勢

　台湾石炭業の衰退は1980年代に始まったのではなく、その始まりは1960年代にさかのぼれるだろう。表6-1と図6-1の台湾炭の生産販売量の表には以下の現象が見出される。

（1）生産量について。台湾炭は1950年代後半には毎年上昇し、1964〜68年には年に500万トン以上である。しかし、1969年には約465万トンに下降し、1973年には333万トン、1977年の296万トンにまで減少している。1980年の257万トンは最盛期の51.4％にすぎない。下降速度はさらに上がり、1990年の生産量はわずか47万トンで、40年前の34％弱であり、1960年の12％、1970年の11％弱にすぎず、衰退初期の

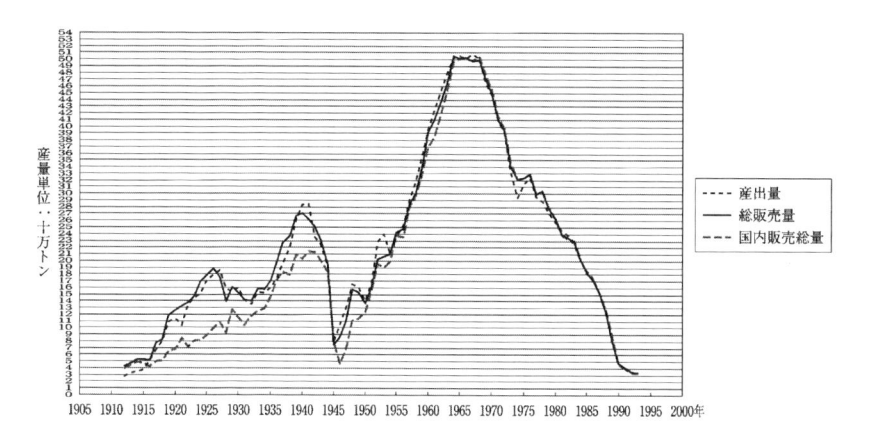

第 6 章　戦後の台湾における石炭業 1945～1980 年

図 6-1　台湾炭の産出販売量

出典：表 6-1。

1980 年の 18％でしかない。

(2) 販売量については、変化の趨勢は生産量とほとんど同じであるか、生産量よりやや早めに増減の兆候が出ていると言えるかもしれない。1951 年から毎年上昇し始め、1964 年に 505 万トンの記録を作ったが、翌年から下り坂である。

(3) 販売市場について。戦後の台湾炭は、国内販売が主であった点が特徴的である。1946～49 年には毎年約 40 万トンの石炭（1948 年には約 49 万トンに達する）が流出した。前述の通り、その目的地は中国大陸であった。1950 年に台湾と大陸の両岸の途絶すると、台湾炭の輸出量は大きく減った。統計資料に限りがあるので、われわれは対外販売先を詳しく知ることはできない。しかし、煤鉱公会の断片的な資料から、香港・韓国・日本に輸出されたことがわかる。また、1960 年には 2,000 トンの塊炭がタイに輸出され、1961 年に 79,318 トン、1963 年に 68 トンの粘結炭がベトナムに運ばれ、1962 年にはフィリピンに 1,000 トンの原料炭が販売された[39]。

(4) このため、1950 年代の台湾炭の国内販売量は総販売量の約 93％を占

めた。この後、国内販売量は最大で97〜98％前後となり、1965年以降は国内を唯一の市場とする。
(5) 汽船の使用石炭の数量は、1948〜1953年の間が比較的多い。特に1949年の17万トンという記録は、この年の国内販売量の約15％を占めた。これは同年の政治情勢との関連かと思われる。1954年以降には減少が著しく、1970年からは汽船の使用石炭の記録がないが、これは汽船が燃料を石炭から石油へと変化させたことの反映であろう。

2　台湾炭需給市場構造の変化

戦後の台湾炭が国内販売を主としていたことから、ここで国内市場の変化を少しく分析したい。台湾炭の国内市場は以下の4つに分けられる。(1)台湾電力公司 (2)軍公機関 (3)セメント業 (4)一般の民間利用者[40]。

そのうち、台湾電力公司は最大の利用者と言えよう。その火力発電に使用する石炭の多寡は台湾炭の販売量と密接に関連していた。石炭の品質が発電の機械に影響を与えるため、品質は非常に重要であった。台湾電力が使用する石炭は石炭調整委員会（後の煤業調節委員会・鉱務局）により供給され、質量の安定を確保した。表6-2からは以下のことがわかる。1948年に台湾電力が使用した石炭はわずか5万トンであるが、1950年以降は経済の再建と発展に伴って使用する石炭量も年々増加し、台湾炭の販売量と同じく1964年にピークに達して、145万トン余となり、同年の石炭の国内販売量のおよそ28.8％を占めた。翌年から台湾電力は南部の火力発電所の燃料を石油に替え始めた。その一因は国内工業用炭の需要が激増し、台湾炭が需要に供給が追いつかない状況を引き起こしたことによる。またほかの要因としては、経済部が工業用電力のコストを考えて、台湾電力に供給する石油価格を抑える政策をとったことによる。これ以降は石油の使用が便利であり環境保護にもなったので、政府は火力発電については石炭より石油を重視する政策をとった[41]。さらに1968年に台湾電力がはじめて外国炭を約12万トン輸入したが[42]、当時、輸入コストは台湾公用レートと市価より高かった。台湾炭は自然の採掘条件がよくなかったので、ほかのエネルギーとの競争の中で1968

第 6 章　戦後の台湾における石炭業 1945～1980 年

表 6-2　台湾炭国内市場需要（1945-1993）

(単位：千 t)

年	合計	台電		軍公		民営		セメント	
		量	%	量	%	量	%	量	%
1945	675	—	—	—	—	—	—	—	—
1946	453	—	—	—	—	—	—	—	—
1947	626	—	—	—	—	—	—	—	—
1948	998	50	5.01%	451.6	45.25%	320	32.06%	—	—
1949	974	78	8.01%	389.8	40.02%	—	—	—	—
1950	1,171	48	4.10%	490.4	41.88%	—	—	—	—
1951	1,424	94	6.60%	451.3	31.69%	—	—	—	—
1952	1,835	190	10.35%	493.3	26.88%	—	—	—	—
1953	1,789	121	6.76%	504.1	28.18%	—	—	—	—
1954	1,908	162	8.49%	447	23.43%	—	—	—	—
1955	2,290	288	12.58%	793	34.63%	1,209	52.79%	—	—
1956	2,287	381	16.66%	802	35.07%	1,104	48.27%	—	—
1957	2,739	477	17.42%	1,035	37.79%	1,227	44.80%	—	—
1958	2,934	674	22.97%	888	30.27%	1,372	46.76%	—	—
1959	3,264	718	22.00%	809	24.79%	1,737	53.22%	—	—
1960	3,663	841	22.96%	1,055	28.80%	1,767	48.24%	—	—
1961	3,839	951	24.77%	827	21.54%	2,061	53.69%	—	—
1962	4,214	1,117	26.51%	664	15.76%	2,433	57.74%	—	—
1963	4,559	1,325	29.06%	588	12.90%	2,646	58.04%	—	—
1964	5,048	1,452	28.76%	606	12.00%	2,424	48.02%	470	9.31%
1965	5,013	1,313	26.19%	712	14.20%	2,465	49.17%	519	10.35%
1966	5,023	1,079	21.48%	784	15.61%	2,472	49.21%	685	13.64%
1967	4,974	993	19.96%	639	12.85%	2,614	52.55%	725	14.58%
1968	4,983	525	10.54%	688	13.81%	3,043	61.07%	725	14.55%
1969	4,708	428	9.09%	583	12.38%	2,995	63.62%	701	14.89%
1970	4,490	312	6.95%	520	11.58%	3,020	67.26%	638	14.21%
1971	4,099	463	11.30%	379	9.25%	2,788	68.02%	469	11.44%
1972	3,943	421	10.68%	361	9.16%	2,697	68.40%	464	11.77%
1973	3,359	114	3.39%	327	9.74%	2,297	68.38%	621	18.49%
1974	2,822	354	12.54%	261	9.25%	1,755	62.19%	452	16.02%
1975	3,215	577	17.95%	258	8.02%	1,823	56.70%	557	17.33%
1976	3,192	565	17.70%	301	9.43%	1,764	55.26%	562	17.61%
1977	2,951	551	18.67%	224	7.59%	1,672	56.66%	504	17.08%
1978	2,917	625	21.43%	172	5.90%	1,572	53.89%	548	18.79%

1979	2,719	764	28.10%	108	3.97%	1,384	50.90%	463	17.03%
1980	2,628	797	30.33%	108	4.11%	1,265	48.14%	458	17.43%
1981	2,393	721	30.13%	77	3.22%	1,025	42.83%	570	23.82%
1982	2,340	756	32.31%	72	3.08%	922	39.40%	542	23.16%
1983	2,279	771	33.83%	46	2.02%	931	40.85%	484	21.24%
1984	2,019	784	38.83%	49	2.43%	891	44.13%	292	14.46%
1985	1,825	878	48.11%	26	1.42%	805	44.11%	116	6.36%
1986	1,707	910	53.31%	10	0.59%	697	40.83%	90	5.27%
1987	1,503	881	58.62%	4	0.27%	473	31.47%	145	9.65%
1988	1,230	768	62.44%	—	—	315	25.61%	147	11.95%
1989	799	482	60.33%	—	—	200	25.03%	117	14.64%
1990	473	303	64.06%	—	—	94	19.87%	76	16.07%
1991	412	246	59.71%	—	—	102	24.76%	64	15.53%
1992	354	217	61.30%	—	—	79	22.32%	58	16.38%
1993	336	214	63.69%	—	—	79	23.51%	43	12.80%

出典：中華民国鉱業協進会編『台湾地区煤鉱開発経営之総合研究報告』（台北：経済部煤業合理化基金保管運用委員会，1994年）、134頁、135頁、162-174頁。

註：1948-1954年の軍公資料は公営事業の数字しかなく、軍の数字は不明である。公営の数字は鉄路局・台糖公司・台肥公司・林務局・中興紙業公司・石油公司・菸酒公売局・高雄硫酸アンモニウム公司・アルミニウム公司・ソーダ業公司の供給販売数を合計したものである。

年以降は生産量が低減し、同年には台湾電力にわずか52.5万トンしか供給していない。これは国内販売量の10.5％にしかならない。1969年1月、政府は台湾電力公司に石油購入の価格優待政策をとったので、台湾電力はこれ以降は外国炭を購入しなかった[43]。

1973年に第一次オイルショックのため石油価格が暴騰し、世界各国が石炭を争って買った。国内の民間向け販売市場でも石炭価格が上がり、台湾電力が契約した石炭の引渡不能が引き起こされた[44]。同年、台湾電力は11万トン余の石炭を得ただけで、台湾炭の総販売量の3.4％を占めるのみであり、前年の27％にしかすぎなかった。政府はエネルギー多元化政策をとり、世界の石炭産出国家も積極的に炭鉱を開発した。台湾電力公司はもともと石炭を燃料としていた発電所での石炭燃焼を復活させ、新しく拡張した発電所では石炭燃焼を主とし、台湾電力の石炭使用量はふたたび増加した[45]。1979年から大量に外国石炭を輸入した。この年、台湾電力は100万トンの石炭を

第6章　戦後の台湾における石炭業 1945〜1980年

輸入し[46]、その数量は台湾産石炭の76万トン余（台湾炭の国内販売量の約28％）を超えていた。さらに、政府は台湾本土の石炭業を保護するため、台湾電力公司が台湾炭ユーザーとして、必要とあらば民間市場で売れ残っている石炭ストックを購買しなければならないと定めた。このため台湾電力は輸入石炭以外にも、台湾産石炭の購入量もだんだんと増えていった。1986年経済部は輸入燃料炭は台湾炭とセットで購買するという政策を実施した。この政策に基づき[47]、台湾電力は約550万トンの外国炭を輸入した以外に[48]、台湾炭91万トン（この年の台湾炭販売量の53.5％）を購入した。これ以降、台湾石炭業は衰退し始めたので、台湾電力が購入可能な石炭も激減した。1993年には1,251万トンの外国産炭を輸入したが[49]、台湾炭は21万トン余しか手に入らなかった。しかし、この数量は台湾炭の総販売量の65％という高い割合を占めている。台湾電力を重要な利用者とする台湾石炭業は、政府が公営企業の利潤を犠牲にした政策のもとでさえ凋落を免れえなかったが、われわれは台湾電力や国家がこのためにどれだけの代価を払ったのか知るすべがない。つまり、台湾電力は高い台湾炭購入のせいで生産コストが高いが、政府は工業育成のため、より安い価格で工業用電力を供給し、その欠損を一般の民衆に転嫁して補填している。

　台湾電力公司以外にも台湾炭の主な公共事業と軍の副食使用石炭で、それらは台湾電力と同じく石炭調整委員会・煤業調節委員会・台湾省鉱務局を通して必要とする石炭を得ていた。1973年のオイルショック後、一時25万トンの炭を急場の用に輸入したほかには、全て台湾炭を使用している。1950、60年代は毎年およそ50万トンから70万トンの台湾炭を消費していたが、環境保護の規則が厳しくなってきたので、1971年から石油を燃料とするようになってきた。1983年以降は林務局が約200トンを使用しているだけで、1987年には石炭の購入は全面的に取りやめられ、軍は1988年から石炭を使用していない[50]。

　台湾電力以外の公共事業としては、鉄道局も大口利用者である。表6-3の示す通り、1949年から1966年の18年間には、毎年25万トンの石炭を原動力として消費した（最多の年には33万トンに達した）。1966年の新ディー

ゼル機関車の運行とともに、使用する石炭量はしだいに減少し、1977年には約10万トンを消費したにすぎなかった。翌年、機関車の電化工程が完成すると石炭の消費量は激減し、1983年には石炭購入を中止した[51]。

台糖公司も比較的大口の利用者だった。小さな機関車運行に塊炭を原動力として使用するほかに製糖工場で必要とする燃料はクズ石炭で、サトウキビ搾りかすがそれに次いだ。表6-3からわかる通り、1950年代と1960年代には毎年11万～15万トンの石炭を消費し、1970年代以降は環境保護政策に則り、石炭使用量も3万～4万トンに減らし、1984年からは全面的に石油に代替した[52]。

その他の公共事業機構において、石炭の需要が比較的多いのは、中国石油公司・台湾肥料公司・台湾アルミニウム業公司・台湾省林務局・公売局・中興紙業公司・高雄硫酸アンモニウム公司・台湾ソーダ業公司などである[53]。これらの公共事業（台糖と鉄道局も含む）が台湾炭の国内市場に占める比率は、表6-2に示される通り、1958年以前には30％前後、のちに年々下降し、1970年には10％以下である。個別の石炭使用量は表6-3を参照されたい。

また一方、民間の事業も台湾炭を多く使った。そのうち、セメント業は最大の利用者であった。表6-2に示す通り、1964年以降、毎年の石炭使用量は約45万トンから60万トン（1966～70年には63万トンを超えている）であった。セメント業は1979年の第二次オイルショック以前に使っていた石炭は台湾産であったが、ほとんどは石油を燃料としていた。たとえこの業界が1970年代に拡大を続けても、台湾炭の使用量は増えなかっただろう。また、政府は極力、石油を石炭へと替えるよう指導しており、1982年には石油から石炭への代替設備が全て完成したので、翌年から石炭への需要が大幅に増加した。しかし、台湾炭の供給には限度があったので、外国産の石炭を大量に輸入し[54]、同年に使用した台湾炭はわずか約48万トンだったが、輸入した石炭は166万トンに達した。セメント業は毎年、平均して260万トン前後の石炭を必要としたが[55]、抱き合わせで公売する台湾炭は少なく、1990年代には8万トンにもならなかった（表6-2参照）。

セメント業以外で一般の民営利用者は、化学工業（繊維・プラスチック

第6章 戦後の台湾における石炭業 1945〜1980年

表6-3 主要公営事業の石炭需要（1948-1993）

(単位：千t)

	台電公司	鉄路局	台糖公司	台肥公司	林務局	中興紙業公司	石油公司	菸酒公売局	高雄硫酸ア公司	アルミ公司	更業公司	合計
1948	50	191	185	2.6	—	—	43	—	—	15	15.0	501.6
1949	78	228	110	2.9	7.8	—	4.9	22	—	5.1	9.1	467.8
1950	48	253	159	2.4	10	—	25	32	—	4.7	4.3	538.4
1951	94	231	112	19	9.5	—	30	30	—	9.8	10.0	545.3
1952	190	243	119	30	12	—	30	38	—	13	8.3	683.3
1953	121	229	150	27	8.4	—	32	35	1.8	13	7.9	625.1
1954	162	237	96	24	8.7	—	16	39	2	15	9.3	609
1955	288	248	106	26	7.5	—	22	37	3.6	16	—	754.1
1956	381	275	118	28	6.5	—	20	45	6.9	20	1.5	901.9
1957	477	321	226	61	11	—	12	44	13	19	0.6	1,184.6
1958	674	333	125	75	11	—	6.3	45	10	16	0.4	1,295.7
1959	718	313	90	99	9.8	—	2.0	43	11	15	2.2	1,303
1960	841	316	130	94	11	—	3.5	42	16	13	2.1	1,468.6
1961	951	237	77	86	8.8	—	2.0	46	14	15	2.0	1,438.8
1962	1,117	232	57	54	10	—	2.4	48	19	—	2.6	1,542
1963	1,325	215	33	71	7.1	—	1.5	44	14	—	3.6	1,714.2
1964	1,452	236	58	40	7.0	—	1.5	41	24	0.7	11.0	1,871.2
1965	1,313	254	134	31	7.4	—	1.6	41	28	33	9.5	1,852.5
1966	1,079	222	186	37	6.7	—	1.6	38	27	29	4.2	1,630.5
1967	993	176	147	14	7.9	35	1.1	44	12	23	2.1	1,455.1
1968	525	201	154	41	8.8	39	1.1	36	14	29	0.1	1,049
1969	428	179	124	39	10	38	0.1	26	11	19	0.4	874.5
1970	313	155	140	23	3	35	0.1	6.2	9	14	—	698.3
1971	463	133	68	22	5	32	0.1	1.7	5.1	0.8	—	730.7
1972	421	145	34	23	3.8	32	0.2	1.2	5.1	—	—	665.3
1973	114	139	92	14	1	27	0.2	1.4	3.3	—	—	391.9
1974	354	122	132	7	4	28	0.2	1.5	5.3	—	—	654
1975	577	112	24	13	2.6	21	0.1	1.6	2.8	—	—	754.1
1976	565	129	42	38	1.5	22	0.2	0.5	3.8	—	—	802
1977	551	106	29	18	0.6	8.7	0.1	0.1	—	—	—	713.5
1978	625	48	37	9.8	0.3	0.1	—	—	—	—	—	720.2
1979	764	5.9	49	8.8	0.2	0.1	—	0.1	—	—	—	828.2
1980	797	4.9	30	2.6	0.2	0.1	—	0.1	—	—	—	834.9
1981	721	3.9	0.2	—	0.1	0.7	—	—	—	—	—	725.9

1982	756	1.3	5	—	0.1	0.2	—	—	—	—	—	762.6
1983	771	—	0.2	—	—	0.1	—	—	—	—	—	771.3
1984	784	—	—	—	0.3	—	—	—	—	—	—	784.3
1985	878	—	—	—	0.1	—	—	—	—	—	—	878.1
1986	910	—	—	—	0.2	—	—	—	—	—	—	910.2
1987	881	—	—	—	—	—	—	—	—	—	—	881
1988	768	—	—	—	—	—	—	—	—	—	—	768
1989	482	—	—	—	—	—	—	—	—	—	—	482
1990	303	—	—	—	—	—	—	—	—	—	—	303
1991	246	—	—	—	—	—	—	—	—	—	—	246
1992	217	—	—	—	—	—	—	—	—	—	—	217
1993	214	—	—	—	—	—	—	—	—	—	—	214
合計	26,780	6,475.0	3,378.4	1,083.1	209.9	319.0	260.9	830.4	261.7	338.1	106.2	40,042.7

出典：中華民国鉱業協進会編『台湾地区煤鉱経営之綜合研究報告』（台北：経済部煤業合理化基金保管運用委員会、1994年）、134頁。

等）・製紙業・食品紡織業・煉瓦瓦業・コークス工場などである。民間利用者の1948年の石炭需要量は約32万トンであり、1950年以降は工業化に伴って燃料石炭の需要も増えていった[56]。表6-2と図6-2の通り、記録のある1955年から民間工業の台湾炭への需要量は上昇傾向を示し、1968年にピークに達する。1970年代には世界エネルギーの需給市場の改変により、民営工業の設備も石炭から石油を燃料にするものへと変わってゆき、セメント業以外の民間工業の台湾炭への需要量は1971年の279万トンから1981年には約102万トンへと激減し、1985年には80万トンになった。台湾炭の生産量もすでに激減していて（表6-1参照）、1986年には外国炭の輸入が始まり、エネルギー多元化政策に則って、多くのメーカーが石油から石炭へ燃料を転換し、1989年には民間工業の輸入した石炭は200万トンを超えたが、セット購入の台湾炭はわずかに20万トン、使用する石炭量の1％前後でしかなかった。1993年には台湾炭は民間工業（セメント業を含まない）に約8万トンを販売するだけで、その使用する石炭総量（489万トン）[57]の1.8％にすぎなかった。

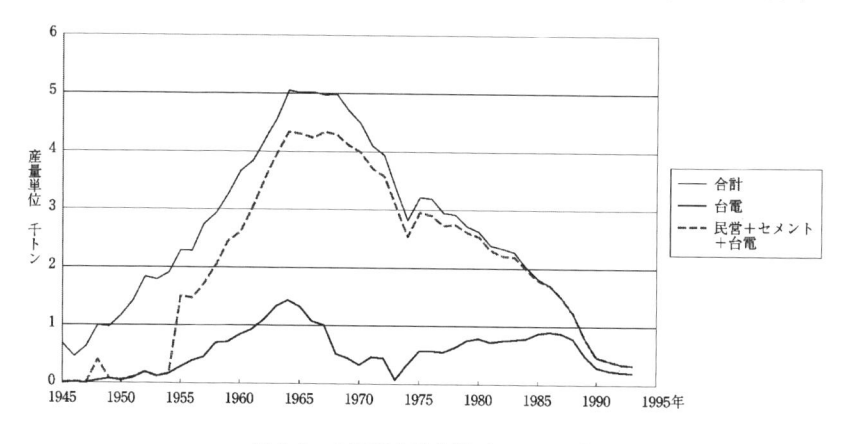

第6章　戦後の台湾における石炭業 1945〜1980 年

図 6-2　台湾炭内需市場 (1945-1993)

出典：表6-2。

3　輸入炭

　台湾炭の需給市場の縮小と輸入炭の成長には関係性がある。輸入炭の導入は第一次オイルショック発生以降であった。この前には台湾炭の生産は1967年にピークに達し、翌年から生産量はしだいに減り始め、大口利用者が燃料を石油に替えていった。1973年はじめに、台湾省鉱務局は石炭市場の需要に供給が追いつけない傾向を考慮し、緊急に煤鉱公会と協議した結果、台湾炭の短期間での増産は不可能であるとの認識に達した。鉱務局は経済部に市場の需給の安定維持のために石炭の輸入を具申した。5月に経済部のエネルギー政策審議小組委員会は鉱務局による外国炭輸入計画を提案した。会議後、軍と公的機関の大口利用者とセメント業者は鉱務局による輸入計画に同意した。中央信託局に国際炭の入札買入を委託し、8月にオーストラリア炭124,000トンの購入が決まった。ちょうど中東戦争が勃発して石油の運輸禁止が起こり、工業界が石炭へと需要を転じたため、一時、石炭価格が高騰した。11月、中央信託局は急場の用のため、オーストラリア炭75,000トンと日本炭60,000トンを購入した。第一次のオーストラリア炭は、船の遅延のため10月と11月の約74,000トンのみであったが、鉱務局は台湾電力・台湾糖業・鉄道局に回して、石油危機の引き起こした衝撃を緩和させた。こ

れが国内市場での計画的な石炭輸入の嚆矢となった[58]。

　この後、表6-4の通り輸入石炭の数量は1975–76年を除いて（この２年は台湾炭が増産した。表6-1参照）、大幅に増加する傾向を示し、逆に台湾炭の販売量は1976年以降、激減した。この傾向は1979年からはさらに顕著に現れる。同年、政府は石油価格を低くする政策に変わるが、石油価格がコストを反映して上昇し、石炭価格も調整できた[59]。第二次オイルショック発生後、当局はエネルギー多元化政策をとり、公営民間の大企業に石油から石炭への転換を指導したので、石炭の需要が急増した。しかし、表6-1と図6-1に見られる通り、台湾炭の生産は引き続き減少していたので、表6-4の示す通り、外国炭の輸入量が大幅に増加し、増加率は前年の96％になり、供給市場において台湾本土の石炭と伯仲していた。この後、石炭の総需要量は増え続け、台湾炭は生産のボトルネックの突破が困難であったので、輸入した外国炭が台湾石炭市場の需要と供給の大きな隔壁を埋めることになった。1985年には1,000万トンを超え、同年の石炭総販売量の85％弱を占めた。1986～88年の国際的な石炭価格が12～28％暴落したが[60]、台湾炭の公式販売価格は約１％下がったにすぎない[61]。このため、政府は1986年に大口利用者が燃料炭の輸入を申請する時には、必ず台湾炭をセット購入しなければならないと規定したが、その比率は年々下がってゆき（1986年の20％が1988年には10.11％、1993年には1.64％に下がった）[62]、台湾炭は市場からしだいに消えてゆき、1993年の2,490トンの販売量の中で、台湾炭はわずか1.35％を占めるのみになった。同年の石炭の需要自体は、第一次エネルギー危機発生時の５倍以上に増えているが、台湾炭はすでに身の置き所がなくなってしまった。

　さらに、表6-4からわかるように、公式販売市場での輸入炭の量は民営市場をはるかに超えたが、台湾炭の販売量の面では1985年以前に民営市場は公営市場より多かった。さらに1979年以前の民営市場の合計は公営市場より多く、1980～82年の間は民営は公営より少なく、1983年には形勢が逆転したが、1984年から民営市場の総量は大幅に公営市場より少なくなった。この点の説明として、台湾電力の役割は、表6-2と図6-2に見られる通り、

第6章　戦後の台湾における石炭業1945～1980年

表6-4　台湾炭・輸入炭販売量（1972-1998）

(単位：千t)

年	販売量合計			公売市場			民営市場		
	合計	台湾炭	輸入炭	合計	台湾炭	輸入炭	合計	台湾炭	輸入炭
1972	3,943	3,943	0	986	986	0	2,957	2,957	0
1973	3,477	3,359	118	515	441	74	2,962	2,918	44
1974	3,317	2,822	495	940	615	325	2,377	2,207	170
1975	3,278	3,215	63	875	835	40	2,403	2,380	23
1976	3,362	3,192	170	885	866	19	2,477	2,326	151
1977	3,667	2,951	716	794	775	19	2,239	2,176	63
1978	4,290	2,917	1,373	797	797	0	2,339	2,120	219
1979	5,413	2,719	2,694	1,899	872	1,027	2,126	1,847	279
1980	6,994	2,628	4,366	3,615	905	2,710	2,244	1,723	521
1981	7,140	2,393	4,747	3,526	798	2,728	2,346	1,595	751
1982	7,582	2,292	5,290	3,178	828	2,350	2,300	1,464	836
1983	8,606	2,232	6,374	2,650	817	1,833	3,298	1,415	1,883
1984	9,475	2,016	7,459	3,526	833	2,639	3,326	1,183	2,143
1985	11,901	1,825	10,076	5,618	904	4,714	3,557	921	2,636
1986	12,748	1,707	11,041	6,415	919	5,496	3,758	788	2,970
1987	15,454	1,503	13,951	7,925	885	7,040	4,166	618	3,548
1988	18,709	1,230	17,479	9,214	768	8,446	4,862	462	4,400
1989	17,556	799	16,757	8,007	482	7,525	4,631	317	4,314
1990	19,155	473	18,682	9,761	303	9,458	5,036	170	4,866
1991	18,756	412	18,344	8,707	246	8,461	5,470	166	5,304
1992	21,992	354	21,638	10,795	217	10,578	6,916	137	6,779
1993	24,901	336	24,565	12,723	214	12,509	7,379	122	7,257
1994	26,945	286	26,659	14,569	―	―	7,429	―	―
1995	28,695	240	28,455	15,390	―	―	7,831	―	―
1996	31,177	151	31,026	17,463	―	―	8,430	―	―
1997	36,102	98	36,004	20,383	―	―	8,351	―	―
1998	37,031	79	36,952	20,258	―	―	9,144	―	―
1998年と1972年の比較(+)増(-)減	(939%)(+)33,088	(-)3,864	(+)36,952	(2,055%)(+)19,272	―	―	(309%)(+)6,187	―	―

出典：中華民国鉱業協進会編『台湾地区煤鉱開発経営之総合研究報告』（台北：経済部煤業合理化基金保管運用委員会、1994年）、153頁。

表 6-5　燃料炭価格参考

(単位：新台湾元／t)

年 (会計年度)	台湾炭		輸入炭 (参考)	
	公銷	自 (参考) 銷	長期契約 (C.I.F)	民間現貨 (C & F)
1973	536	620	—	974
1974	1,300	1,437	—	1,028
1975	1,270	1,312	—	901
1976	1,270	1,312	—	1,340
1977	1,270	1,312	—	1,315
1978	1,420	1,506	—	1,220
1979	1,626	1,630	1,526	1,513
1980	2,410	2,353	1,902	2,013
1981	2,805	3,105	2,741	2,820
1982	2,805	2,690	2,938	2,566
1983	2,648	2,300	2,565	1,731
1984	2,648	2,500	2,032	1,752
1985	2,590	2,550	2,031	1,878
1986	2,565	2,525	1,960	1,560
1987	2,558	2,585	1,625	1,123
1988	2,572	2,150–2,500	1,571	1,246
1989	2,626	2,350–2,500	1,543	1,401
1990	2,810	2,350–2,600	1,610	1,435
1991	2,773	2,400–2,500	1,433	1,274
1992	2,928	2,450–2,550	1,303	1,182
1993	2,877	2,450–2,550	1,332	1,208

出典：『台湾地区煤鉱開発経営之総合研究報告』、156 頁。
註：台湾炭は屑炭で 6,200cal、輸入炭は 6,400～6,700cal を標準とする。

1985 年以前には民営企業が消費する台湾炭は台湾電力公司よりずっと多く、特に 1968～74 年の間、前者は台湾炭の総需要量の 80％前後を占め、台湾電力は 10％であった。1974 年に民営工業に不景気の影響が出始め、石炭の需要量が下降したので鉱務局は台湾炭の売れ残りを懸念して、台湾電力に購入を持ちかけた[63]。この後、台湾炭の生産力が下降したので、生産コストが高

第 6 章　戦後の台湾における石炭業 1945〜1980 年

くなり、安い価格で投売りする輸入炭との競争がむずかしくなった。民営業者は経営利益を考慮して、大量に輸入炭を使用するしかなかった。前述の通り、台湾電力は第二次エネルギー危機の後、政府の台湾炭保護政策にあわせるため、使用する石炭を大量に増やした。しかし、輸入炭がしだいに増えただけでなく、必ず台湾炭を購入しなければならなかった。このため、公的市場の総量は民営市場にはるかおよばず、後者のおよそ 1.7 倍前後になった。

　それでは、輸入炭と台湾炭の価格差はどの程度であったのだろうか。表 6-5 から、時間の経過とともに両者の差がしだいに大きくなっていることがわかるだろう。1980 年代以前には両者の価格差は比較的小さいが、1983 年以降には顕著に現れる。同年の輸入炭の長期契約価格は、台湾炭の公式価格の 97％弱であるが、自販売価格は 112％である。輸入炭の一般市場価格は公的価格の 65％、自販売価格の 75％であった。1993 年には輸入炭の長期契約価格は台湾炭の公的価格の 46％であり、民間の一般市場の輸入炭価格は公式価格の 42％であった。つまり、台湾炭と輸入炭の差が開くのと同時に輸入炭の長期契約価格と一般市場価格との差は逆にしだいに接近し、世界の石炭生産量の増加と石炭生産国の貿易競争や、インドネシアと中国大陸の石炭の供給により、台湾が安い輸入炭を得られるようになったことを示しているのかもしれない[64]。しかし、台湾の炭鉱業者の生産意欲に大きな影響ももたらした。

第 4 節　台湾における石炭採掘の生産構造

1　経営性質

　鉱業はもともと得られるものが減ってゆく産業である。日本植民地時期の台湾での石炭業には、輝いていた時期があったが、第二次世界大戦に戦火の洗礼を受けて沈み、しかし、戦後政府と民間の懸命な再編成を経て、1950 年代には復興を始め、1960 年代にはピークに達した。しかし、1970 年代に下り坂となり、1980 年代にはさらに衰退し、ついに台湾の舞台からはほとんど消えてしまった。

今までに分析した通り、戦後台湾の石炭業は政府とその関連機関の指導に頼りきり、政府が日本の残した炭鉱企業を接収した公営の炭鉱の採掘量は、1940年代末に台湾全土の総生産量の45％前後を占めた。しかし、公営の炭鉱には多くの炭鉱で包採方式で生産していた。これは鉱業法と抵触し、政府の関連部門の審議を経て、民営化政策をとることを決め、大部分の包採人は包採炭鉱へと受け継がれた。けっきょく公営炭鉱は減少し、1952年にはその生産量は総生産量の13.76％を占めるにすぎず、1958年には総生産量は300万トンの水準時には（表6-1参照）、公営の炭鉱の生産量の比率は3.57％に下がった。当時、経済部は中国煤鉱開発公司を設立し、南湖・豊林などの炭鉱を開発していたので、公営の生産量はしだいに増加した。民営の炭鉱も増加し、公営炭鉱の生産量は台湾石炭業の黄金時代において、およそ総生産量の約5％を占めるにすぎなかった。1970年代から石炭業の景気悪化とともに公営炭鉱も廃山の運命にあい、1988年には全ての公営炭鉱で生産が停止された[65]。民営の炭鉱が台湾石炭業の主軸となったと言えるだろう。

2 経営規模

地質などの自然条件の制限から、一般的に民営炭鉱の規模は決して大きくはない。1950年代、全ての炭鉱は平均して月産1,000トンに達しなかった。後にやや増えたが1,500トンには及ばなかった。表6-6は炭鉱の規模別の生産量の表である。

表6-6からは以下のことがわかるだろう。

(1) 月産5,000トン以上の大規模な炭鉱は、1950年代後半にわずか4、5鉱あるだけで少ない。1960年代には増えて、1964年と1970年が最多（18鉱）であり、それ以降はしだいに減少する。この状況は図6-1で明らかな石炭生産量の変化と同じ傾向を示している。

(2) 炭鉱の規模と石炭の生産量の関係について、大型炭鉱（月産5,000トン以上）が台湾炭総生産量に占める割合は、1960年代から30％前後になり、1972年の42.77％が最高である。

(3) 月産1,000〜3,000トンの規模の炭鉱は総炭鉱数の約25％を占め、そ

第 6 章　戦後の台湾における石炭業 1945～1980 年

の生産量は総生産量の 30～50％である。また、この規模の炭鉱は 1960 年代から減少し始め、1961 年の 101 鉱から 1971 年の 54 鉱、1980 年の 47 鉱へと減ってゆき、生産量も減少する。

(4)　台湾の炭鉱には、月産 500 トン以下の小規模な炭鉱が 1981 年まで多く存在し、総炭鉱数の 54％以上という高い割合を占めるが、生産量はわずかに総生産量の 6％ほどにすぎない。1958 年に 224 鉱、9.26％という割合の記録があるが、これは特別な例である。こうした炭鉱の炭層は劣っており、多くの炭鉱が調査と掘削を併行して行っていた。安全設備も完備しておらず、時には停止の現象も見られ[66]、台湾炭鉱全体の平均生産量の規模向上と石炭業技術の改善に深刻な影響をもたらした。

(5)　炭鉱全体の平均生産量は、1960 年代以来の炭鉱ごとの月の平均生産量は、1,100～1,500 トンである。年間の総生産量が 1967 年にピークに達したが、炭鉱数の減少により生産力の平均は比較的安定していた。これは台湾の採掘技術が大きく向上することはなくても下がってもいなかったという現象をも示している。

実際には、調査によると台湾の炭層はわずかに 0.3～1.0 メートルと比較的薄く、平均の厚さは 0.4～0.5 メートル、炭層の傾斜度が高く、褶曲・断層のため多くの炭鉱は機械掘削には適さず、人力による採掘に頼っていた。1950 年代には日本植民地時期の設備と掘削法を受け継いでいたので、作業効率の向上はむずかしかった。1960 年代には新しい機械や設備を取り入れ、トラックを台車に変えて石炭を運搬し、作業効率をしだいに向上させた。1970 年代には政府は石炭業合理化基金を設置し、各炭鉱が設備の刷新と先進技術の導入を補助したので、開採効率が大きく向上した[67]。

作業効率が具体的に現れる部分が 2 つある。総効率（炭鉱労働者 1 人あたりの 1 日の生産量）と 1 トンあたりの石炭に必要な労働者数である。前者については、台湾省鉱務局の統計によれば、1959 年の炭鉱労働者 1 人あたりの平均採掘量は 0.27～0.28 トンで日本植民地期とほぼ同じである[68]。10 年後には 0.38 トンに上昇し、1979 年には 0.45 トンになっている[69]。石炭 1 トンあたりに必要な労働者数については、1959 年には 3.76 人、1969 年には

表 6-6　台湾地区炭

年	月平均産出量		月産 5,000 噸以上			月産 3,000-5,000 噸			月産 1,000-	
	鉱数	産出量	鉱数	%	産出量	%	鉱数	%	産出量	%	鉱数	%
1956	300	210,754	4	1.33	31,476	14.93	6	2.00	21,673	10.28	69	23.00
1957	360	243,007	4	1.11	30,061	12.37	8	2.22	31,299	12.88	81	22.50
1958	382	265,118	5	1.31	35,187	13.27	8	2.09	31,013	11.70	84	21.99
1959	358	296,927	5	1.40	37,207	12.53	10	2.79	40,232	13.55	95	26.54
1960	334	330,162	7	2.10	51,672	15.65	18	5.39	67,588	20.47	92	27.54
1961	319	353,051	10	3.13	68,824	19.49	18	5.64	67,011	18.98	101	31.66
1962	315	379,465	15	4.76	99,751	26.29	17	5.40	61,936	16.32	95	30.16
1963	311	400,837	15	4.82	105,629	26.35	26	8.36	96,930	24.18	84	27.01
1964	307	418,971	18	5.86	132,624	31.65	26	8.47	98,081	23.41	80	26.06
1965	357	421,205	15	4.20	119,187	28.30	25	7.00	95,523	22.68	84	23.53
1966	394	417,878	12	3.05	101,691	24.34	27	6.85	105,807	25.32	80	20.30
1967	366	423,200	14	3.83	121,994	28.83	28	7.65	103,932	24.56	77	21.04
1968	337	417,911	15	4.45	125,286	29.98	27	8.01	104,900	25.10	68	20.18
1969	322	387,114	17	5.28	140,253	36.23	21	6.52	79,089	20.43	61	18.94
1970	284	372,789	18	6.34	151,422	40.62	20	7.04	75,831	20.34	56	19.72
1971	255	341,383	17	6.67	143,256	41.96	17	6.67	65,402	19.16	54	21.18
1972	211	326,102	16	7.58	139,464	42.77	15	7.11	57,969	17.78	51	24.17
1973	187	277,259	13	6.95	111,046	40.05	14	7.49	53,716	19.37	41	21.93
1974	189	244,536	11	5.82	85,990	35.16	11	5.82	43,844	17.93	43	22.75
1975	177	261,715	11	6.21	92,037	35.17	12	6.78	48,258	18.44	50	28.25
1976	184	269,651	10	5.43	90,073	33.40	13	7.07	51,945	19.26	51	27.72
1977	188	246,326	10	5.32	84,215	34.19	10	5.32	36,570	14.85	54	28.72
1978	179	240,325	10	5.59	85,585	35.61	9	5.03	34,439	14.33	49	27.37
1979	182	226,646	8	4.40	73,965	32.63	10	5.49	39,298	17.34	46	25.27
1980	175	214,461	10	5.71	82,325	38.39	8	4.57	26,814	12.50	47	26.86
1981	171	203,815	8	4.68	71,928	35.29	8	4.68	29,660	14.55	42	24.56
1982	157	198,632	7	4.46	61,929	31.18	10	6.37	35,005	17.62	44	28.03
1983	138	186,339	6	4.35	54,033	29.00	9	6.52	31,728	17.03	41	29.71
1984	128	167,565	6	4.69	47,384	28.28	6	4.69	21,709	12.96	42	32.81
1985	108	154,821	4	3.70	38,656	24.97	8	7.41	31,643	20.44	33	30.56
1986	94	143,752	5	5.32	42,960	29.88	9	9.57	32,350	22.50	29	30.85
1987	81	124,937	4	4.94	34,116	27.31	10	12.35	39,806	31.86	24	29.63
1988	65	102,124	2	3.08	24,602	24.09	5	7.69	19,461	19.06	28	43.08
1989	53	65,367	2	3.77	12,833	19.63	3	5.66	10,986	16.81	18	33.96
1990	43	39,338		0.00		0.00	2	4.65	8,558	21.76	15	34.88
1991	28	33,548		0.00		0.00	2	7.14	8,102	24.15	15	53.57
1992	22	27,902		0.00		0.00	1	4.55	4,342	15.56	13	59.09
1993	19	27,331		0.00		0.00	5	26.32	16,675	61.01	5	26.32

出典：『台湾地区煤鉱開発経営之総合研究報告』、82-83 頁。

第6章　戦後の台湾における石炭業 1945～1980年

鉱規模別量統計表

(単位：t)

3,000噸		月産500-1,000噸				月産500噸以下				1鉱あたり平均月	年間産出量
産出量	%	鉱数	%	産出量	%	鉱数	%	産出量	%		
105,167	49.90	47	15.67	35,692	16.94	174	58.00	16,746	7.95	702.51	2,529,046
127,452	52.45	44	12.22	32,637	13.43	223	61.94	21,558	8.87	675.02	2,916,084
130,926	49.38	61	15.97	43,453	16.39	224	58.64	24,539	9.26	694.03	3,181,418
153,862	51.82	57	15.92	42,549	14.33	191	53.35	23,077	7.77	829.41	3,563,131
154,370	46.76	42	12.57	33,787	10.23	175	52.40	22,745	6.89	988.51	3,961,946
171,989	48.72	32	10.03	23,611	6.69	158	49.53	21,616	6.12	1,106.74	4,236,574
165,299	43.56	38	12.06	27,805	7.33	150	47.62	24,674	6.50	1,204.65	4,553,581
149,039	37.18	39	12.54	30,068	7.50	147	47.27	19,177	4.78	1,417.48	4,810,040
143,253	34.19	37	12.05	26,716	6.38	146	47.56	18,297	4.37	1,364.73	5,027,653
153,182	36.37	42	11.76	30,646	7.28	191	53.50	22,667	5.38	1,179.85	5,054,463
144,977	34.69	53	13.45	40,027	9.58	222	56.35	25,376	6.07	1,060.60	5,014,533
135,838	32.10	47	12.84	35,397	8.36	200	54.64	26,089	6.16	1,156.28	5,078,403
124,589	29.81	51	15.13	37,702	9.02	176	52.23	25,434	6.09	1,240.09	5,014,928
112,804	29.14	47	14.60	33,175	8.57	176	54.66	21,793	5.63	1,202.22	4,645,364
98,038	26.30	38	13.38	27,344	7.33	152	53.52	20,154	5.41	1,312.64	4,473,467
94,775	27.76	26	10.20	18,044	5.29	141	55.29	19,906	5.83	1,338.76	4,096,594
96,521	29.60	22	10.43	15,437	4.73	107	50.71	16,711	5.12	1,545.51	3,913,218
80,035	28.87	20	10.70	16,133	5.82	99	52.94	16,329	5.89	1,482.67	3,327,107
76,816	31.41	31	16.40	22,869	9.35	93	49.21	15,017	6.14	1,293.84	2,934,427
91,158	34.83	25	14.12	18,658	7.13	79	44.63	11,604	4.43	1,478.62	3,140,578
93,086	34.52	28	15.22	22,491	8.34	82	44.57	12,056	4.47	1,465.49	3,235,810
95,134	38.62	22	11.70	16,782	6.81	92	48.94	13,625	5.53	1,310.24	2,955,915
89,497	37.24	23	12.85	16,078	6.69	88	49.16	14,726	6.13	1,342.60	2,883,904
82,258	36.29	28	15.38	19,378	8.55	90	49.45	11,747	5.18	1,245.31	2,719,751
80,437	37.51	16	9.14	10,904	5.08	94	53.71	13,981	6.52	1,225.49	2,573,530
72,223	35.44	25	14.62	17,920	8.79	88	51.46	12,084	5.93	1,191.90	2,445,782
76,123	38.32	18	11.46	12,786	6.44	78	49.68	12,789	6.44	1,265.17	2,383,579
74,456	39.96	20	14.49	15,186	8.15	62	44.93	10,936	5.87	1,350.28	2,236,065
76,310	45.54	16	12.50	12,462	7.44	58	45.31	9,700	5.79	1,309.10	2,010,775
63,853	41.24	18	16.67	13,953	9.01	45	41.67	4,716	3.05	1,433.53	1,857,858
55,527	38.63	12	12.77	8,559	5.95	39	41.49	4,356	3.03	1,529.28	1,725,024
44,926	35.96	8	9.88	5,249	4.20	35	43.21	3,840	3.07	1,542.43	1,499,240
51,427	50.36	5	7.69	4,082	4.00	24	36.92	2,552	2.50	1,571.14	1,225,487
30,543	46.73	14	26.42	9,023	13.80	16	30.19	1,982	3.03	1,233.35	784,409
24,623	62.59	7	16.28	4,554	11.58	19	44.19	1,603	4.07	914.84	472,050
23,946	71.38	2	7.14	1,524	4.54	9	32.14	976	2.91	1,198.14	402,575
21,343	76.49	2	9.09	1,743	6.25	6	27.27	474	1.70	1,268.27	334,821
6,555	23.98	3	15.79	3,197	11.70	6	31.57	1,739	6.36	1,438.47	327,978

2.59人、1979年には2.24人のみと減少している[70]。この平均の作業効率が向上した原因は、技術導入と設備改良のほかに、前述の小規模炭鉱の整理と関連があり、大規模炭鉱が相当に重要な役割を演じていた。

労働者の福利厚生については、1973年には正式に台湾省鉱工福利委員会(1951年設立)が正式に改組され、労使双方から人員が参加して財団法人台湾区煤鉱鉱工福利委員会が設立された。同会の設立以降の主な成果は以下の通りである[71]。

(1) 鉱区医療網を作り、八堵鉱工医院を設立した。前後して瑞芳・三峡・十分寮・大渓・南港・景美・頭份らの診療所7ヶ所と、樹林・中福の診療所支所と木柵の外来診療部を設置し、瑪陵・深澳・友蚋などの特約診療所を設置した。

(2) 1954年から、美援相対基金を使って炭鉱労働者住宅を建築した。

(3) 炭鉱労働者教育を推進し、子女の就学を奨励。

(4) 炭鉱労働者の塵肺などの職業病の予防と、事故の際の労働者の救助。

また一方では、1970年代に表6-6の通り、小規模の炭鉱が淘汰されてゆき、中大型の炭鉱が占める比率が増加した。重大事故について言うと、1960年以前には発生件数が毎年100件以下だったが、1960年代から生産量と労働者数の増加により100件を超えるようになり、1968年には139件という件数に達した。このため鉱務局の設立以降は安全管理を強化した。1973年に経済部は石炭業合理化基金を用いて、炭鉱の保安設備の改善を補助したので、規模の大きな事故はしだいに減少して、1977年には50件以下、1983年には22件になった[72]。しかし、事故の減少は炭鉱と炭鉱労働者の減少のせいでもある。石炭100万トンあたりの死亡人数を推計すると、1946～56年は約35～50人、1957～71年は約30～40人、1972～83年は15～30人の間である。減少傾向にはあるが、落盤やガスなどの事故は依然として存在した[73]。石炭業には多くの危険が増え、終日真っ暗な地底に身をおく労働者は事故以外にも塵肺などの職業病の罹患をも心配しなければならず、「無言のヤマ」に向かって首をさすって言葉もないだろう。さらに環境保護問題を考えるなら、台湾の炭鉱業が国内外のエネルギー需給市場の変化によって衰退

第 6 章　戦後の台湾における石炭業 1945～1980 年

したという事実は、一般の民衆にとっては幸運だったと言えるのではないだろうか。

第 5 節　結論

　石油とガスの出現・普及以前には、石炭は最も重要なエネルギーであった。戦後初期にも石炭は台湾の最も重要な工業燃料であり、交通運輸手段の原動力であった。総合エネルギーとしての石油・天然ガス・水力発電・輸入炭・原子力は台湾で石炭の販売ルートと密接に関連し、輸入エネルギーは直接、台湾炭の生産販売や炭鉱の開発と経営に影響を与えた。台湾炭の生産と販売の均衡した時期、売手市場であった時期は石炭業の発展に有利であった。逆に台湾炭が買手市場になってしまってから、石炭業はしだいに衰退していった。戦後の台湾石炭業の復興、発展を経て、衰退していく過程は、世界の経済体制下において、ある資源が、相対的に貧しい国家で描く斜陽産業の肖像だと言えよう。

　戦後の台湾石炭業の盛衰の過程の中で、国家の危機は終始主導的な役割を果たした。1960年代前半までは工業が発展していなかったため、エネルギーの需要の増加がゆるやかだった。政府がエネルギー統制政策をとっていたので、自国で調達できるエネルギーを主な供給源とした。1965年のエネルギー供給構造において、輸入エネルギーは33.06％を占める原油の一項目だけで、自国で調達可能なエネルギーが66.94％、そのうち石炭は50.51％という高い割合を占め、水力発電が11.63％、原油と天然ガスが4.80％という比率であった[74]。この時期の台湾の鉄道・火力発電・工業・生活用に必要な石炭は、自国で調達可能な台湾産の供給に頼り、煤業調節委員会が生産販売を調節し、炭鉱の開発と増産を奨励した。当時の業者は政府による保護の色彩が濃厚な政策のもと、生産力の増加のために積極的に新鉱開発と規模拡大に投資し、台湾炭の生産量は戦後初期の年産80万トンから1965年の505万トンにまで増加した（表6-1と図6-1参照）。

　1960年代後半から、台湾電力公司は、台湾炭需要に十分に応じきれない

ので、政府の許可を得て輸入石油で不足分を補った。この後、政府は発電用の石油を優待価格にし[75]、鉄道の電化政策をとるなど台湾のエネルギー供給機構をしだいに変えてゆき、輸入エネルギー（燃料石油）の比重がしだいに大きくなっていった。台湾電力に供給した台湾炭は、1966年の108万トンから1980年の80万トン未満へと激減し（表6-2・図6-2参照）、台湾炭市場は輸入石油の増加でしだいに縮小し、炭鉱業者も石炭業に再投資する自信をなくし、いくつかの炭鉱は倒産や閉山の運命に遭遇した。1979年の第二次エネルギー危機の発生後、政府は安定のために、エネルギー供給多元化計画をとり、石油を石炭へと替えることを奨励して、輸入炭の量を増加させた。台湾の石炭市場において、1980年の輸入炭は323万トンで、台湾炭の263万トンを上回っている（表6-4参照）。すべてのエネルギーの供給機構の中で、自国で自給可能なエネルギーはわずか13.62％、そのうち石炭はたったの5.17％の割合を占めるにすぎない[76]。つまり、石炭の大量輸入はすでにぐらついていた台湾炭の生産基盤をさらに腐食させたと言えよう。世界の石炭の可採埋蔵量は石油とガスの何倍もあり、将来のエネルギーの需給の大部分を引き受けられると考える論者もいる。これは、未来のエネルギーの橋へとつながっている[77]。しかしこれは、アメリカ・旧ソ連・中華人民共和国・オーストラリア・ドイツ・インドネシアなどの国の石炭が演じる役割のようである。台湾炭はすでにこうした立場からは遠く離れてしまったのだ。

●註
1）日本植民地期の石炭業統制については、陳慈玉「日拠時期台湾煤鉱業的発展」、『日拠時期台湾史国際学術研討会論文集』（台北：国立台湾大学歴史系、1993年）、396-397頁を参照。
2）台湾鉱業史編纂委員会『台湾鉱業史』上冊（台北：台湾省鉱業研究会、1969年）、583-584頁。
3）台湾銀行金融研究室編『台湾之煤』（台北：台湾銀行、1950年）、30頁。
4）『台湾之煤』30頁。
5）『台湾之煤』33頁。
6）「台湾省行政長官公署電呈行政院該省接収日人財産準則」（辰篠（35）署産字第4993号、民国35年5月17日）、薛月順編『台湾省政府檔案史料彙編：台湾省行政

第 6 章　戦後の台湾における石炭業 1945～1980 年

長官公署時期（一）』（以下、『省政府档案』、台北：国史館、1996 年）、8 頁。
7）「台湾省行政長官公署電呈行政院該省接収日資企業房地産及動産処理実施辦法三種」（署産（35）処字第 1154 号、民国 35 年 6 月 29 日）、『省政府档案』、11 頁。
8）「台湾省接収日資企業処理実施辦法」、民国 35 年 9 月 12 日、『省政府档案』、32 頁。
9）『台湾之煤』、33 頁。
10）陳慈玉「日本植民時代的基隆顔家与台湾鉱業」、『近世家族与政治比較歴史論文集』（台北：中央研究院近代史研究所、1992 年）、633 頁、641-642 頁。
11）「台湾省行政長官公署呈行政院撥帰公営企業清冊」、民国 36 年 4 月 30 日、『省政府档案』、187 頁。台陽股份有限公司六十週年慶典籌備委員会編輯組編、『台陽公司六十年誌』（以下、『六十年誌』、台陽公司、1978 年）、53 頁。
12）『六十年誌』、53 頁。
13）『六十年誌』、53 頁。
14）第 16 条の規定は以下の通り。官民共同経営の企業はその主管機関会が日産処理委員会とその財産または株式権利の価値を確定した後、公司法の規定に照らして民間を召集して共同経営する。「台湾省接収日資企業処理実施辦法」参照。『省政府档案』、32 頁。
15）『六十年誌』、53 頁。
16）『台湾之煤』、30-31 頁。
17）『台湾之煤』、31 頁。
18）『六十年誌』、50 頁。顔国年の甥で顔雲年の息子である顔欽賢は、1952 年に理事長に選ばれた。同書 153 頁参照。
19）中華民国鉱業協進会編『台湾地区煤鉱開発経営之総合研究報告』以下、『総合研究報告』と略称（台北：経済部煤業合理化基金保管運用委員会、1994 年）、32-33 頁。経済部中央地質調査所の簡芳欽所長が、同書を下さったことに感謝の念を記したい。
20）『台湾鉱業史』上冊、584 頁。
21）林興仁主修、盛清沂総纂『台北県志』巻 21。林朝啓編『鉱業志』（板橋：台北県文献委員会、1960 年）、17 頁。『台湾鉱業史』上冊、584 頁。
22）『総合研究報告』、31 頁。
23）『台湾鉱業史』上冊、585 頁。
24）『総合研究報告』、26-27 頁。
25）「工鉱・農林公司機構調整」中央研究院近代史研究所収蔵『台湾区生産事業管理委員会档案』（以下、『生管会档案』と略称）、編号 002-012-41712-1、民国 39 年 1-10 月。
26）『台湾之煤』33-34 頁。このほか、同社は 1948 年 10 月に開南煤鉱籌備処を設立し、新竹南庄の炭田開発を計画していた。台湾工鉱公司器材分公司は 1947 年 9 月に廃止され、所属する第一廠（炭坑用爆薬を製造）は煤鉱分公司に帰属し、南勢角工廠と改称された。
27）「煤鉱公司業務検討」『生管会档案』、編号 014-025-211-1、民国 39 年 5 月。「国民党改造委員会建議扶植煤鉱業」『生管会档案』、編号 024-090-91-1、民国 40 年 5 月。「生産事業管理委員会煤業小組会議記録」、『生管会档案』、編号 011-019-7-1-02、民

国 41 年 8 月。
28)「台湾省政府令生産事業管理委員会」、『生管会档案』、編号 011-019-7-1-02、民国 41 年 9 月。
29)『総合研究報告』、44 頁。
30)『総合研究報告』、44 頁。
31)「煤炭価格調整」、『生管会档案』、編号 171-523-341-3、民国 40 年 8-12 月。10 月の煤鉱業同業公会の計算によれば、一級のクズ石炭は 1 トンのコストが 120.4 元、購買価格は災害準備金（コストの 3％）と業者の利益（コストの 10％）が加わり、136 元で、1952 年 1 月から実施する。
32)『総合研究報告』、26-27 頁。44-45 頁。
33)『総合研究報告』、45 頁。
34)『総合研究報告』、45-46 頁。『鉱業史』、18 頁。この買上方法の法的根拠は国家総動員法の第 5 条と第 7 条であった。
35)『総合研究報告』、46 頁。
36)『総合研究報告』、46-47 頁。『台湾鉱業史』上冊、586 頁。
37)『総合研究報告』、31-32 頁。
38)『総合研究報告』、47 頁。
39)『台湾鉱業史』下冊、1300 頁、原資料は煤鉱公会である。
40)『総合研究報告』、125 頁。
41)『総合研究報告』、128 頁。
42)『総合研究報告』、169 頁、表 1-5-22。翌年の輸入は 8.4 万トン。
43)『総合研究報告』、155 頁。
44)『総合研究報告』、128 頁。
45)『総合研究報告』、128 頁。
46)『総合研究報告』、173 頁、表 1-5-24。
47)『総合研究報告』、128 頁。
48)『総合研究報告』、174 頁、表 1-5-25。
49)『総合研究報告』、174 頁、表 1-5-25。
50)『総合研究報告』、128 頁、134 頁の表 1-5-7。
51)『総合研究報告』、133-134 頁。
52)『総合研究報告』、133-134 頁。
53)『総合研究報告』、133-134 頁。
54)『総合研究報告』、133 頁。
55)『総合研究報告』、173-174 頁、表 1-5-24、1-5-25。
56)『総合研究報告』、135 頁。
57)『総合研究報告』、174 頁、表 1-5-25。
58)『総合研究報告』140 頁、151 頁。台湾鉱業史編纂委員会『台湾鉱業史統一』（台北：台湾省鉱業研究会、1983 年）、99 頁。
59) 1978 年 7 月 1 日に台湾炭は発送駅の公定価格は購入価格の 1 トン 1,420 元、販売価格 1,453.1 元、到達駅の購入価格は 1,463 元、販売価格 1,496.1 元に決められた。翌

第 6 章　戦後の台湾における石炭業 1945〜1980 年

年の 7 月 1 日からそれぞれ、1,592 元、1,629 元、1,640 元、1,677 元に調整された。調整の幅は約 12％ である。12 月 1 日には再度、1,995 元、2,042 元、2,055 元、2,102 元に調整された。上昇の幅は約 25.3％ である。『総合研究報告』149 頁、表 1-5-10-B 参照。

60)『総合研究報告』151 頁。
61)『総合研究報告』149 頁、表 1-5-10-B によって計算。
62)『総合研究報告』151 頁。
63)『総合研究報告』、170 頁。
64)『総合研究報告』154 頁、表 1-5-13 による、民営企業輸入燃料石炭は 1983 年以前には主にオーストラリア・南アフリカ・アメリカから来ていた。1983 年からオーストラリアと南アメリカに頼るようになったが、1989 年以降インドネシアと中華人民共和国も多くの石炭を台湾に供給するようになった。
65)『総合研究報告』80-81 頁。
66)『総合研究報告』84 頁。
67)『総合研究報告』104 頁。
68)『台湾鉱業史』上冊、616 頁。『台湾鉱業史統一』1256 頁。そのうち採炭工は 0.65 トン、坑内工の平均は 0.37 トンである。
69)『台湾鉱業史統一』1256 頁。
70)『台湾鉱業史統一』1256 頁。
71)『総合研究報告』35 頁。
72)『総合研究報告』118 頁。
73)『総合研究報告』118-119 頁。ガス・爆発・ガス窒息・ガス突出は合計で事故の総数の 38.8％、落盤が 37.3％、坑内運搬 19.1％ を占める。台湾の炭鉱労働者問題は稿を改めて論じたい。
74)『総合研究報告』277-279 頁。
75)『総合研究報告』276 頁。一般の 1 キロリットル（1kl）あたりの石油価格は 1,265 元、発電用の石油は 634-677 元で、ほとんど半額であった。
76)『総合研究報告』、278-279 頁。輸入エネルギーは 86.38％ を占め、そのうち輸入炭は 10.04％、原油は 70.39％ を占める。
77) Carroll L. Wilson ed., *Coal-Bridge to the Future : Report of the World Coal Study*, 林丕旭訳『煤炭-銜接未来能源之橋』（台北：経済部能源委員会、1980 年）、7 頁。

第7章
日本植民地時代の基隆炭鉱株式会社
―― 台湾土着資本家と日本財閥の事例研究 ――

第1節　はじめに

　1918年3月21日の『台湾日日新報』には基隆炭鉱株式会社成立に関する次のような記載がある[1]。

　四脚亭炭鉱。三井、顔雲年氏の共同経営に。妥協なる。両者は本契約を締結し同時に株式組織に変更した。一切の協議、各項の準備、また各々整う。23日に基隆にて創立総会を開く予定である。名称は基隆炭鉱株式会社となる。その内容すでに知られているように、賀田金三郎氏から譲り受けた四脚亭鉱区の評価額250万円で、全額払い込んで5万株とし、三井に3万株を割り当て、三井鉱山及び三井物産が半分ずつ引受け、顔雲年に2万株を割り当てる。

　すなわち、三井財閥と顔雲年とが共同出資して基隆炭鉱株式会社を設立し、それぞれ六割と四割の株式とを保有した。注意すべき点は記事の中の「妥協なる」という文言の内容である。少なくともこの会社は双方が妥協した状況で設立されたことを示している。それではなぜこの会社が妥協の産物なのであろうか。この問題が本章の検討対象である。
　顔雲年は台湾北部一大家族である顔家の代表的人物である。日本植民地期（1895～1945）に台湾には「五大家族」（基隆の顔家、板橋の林家、霧峯の林家、鹿港の辜家、高雄の陳家）が存在した。顔家は、他の四大家族が全て大地主から発展したのと異なり、企業家として歴史の舞台に登場した。その勃

興は台湾鉱業の発展と密接な関係がある。基隆炭鉱株式会社の創立は顔家の事業の里程碑であるばかりでなく、また台湾鉱業史上の一大転換点でもあった。なぜなら、この時から、三井財閥が台湾の石炭業を掌握したからである。

植民地統治下の台湾土着資本家の適応、発展そしてその限界を理解するために、本章では先ずこの会社の成立した背景を検討し、ついで台湾石炭業発展において三井財閥の果たした重要な役割（生産を支配したり市場需要をコントロールした役割も含む）を分析する。最後に顔家が日本の財閥と提携して得た経済上の利益と政治上の地位を検討して植民体制下の台湾人がやむなく高い社会的地位をめざした一面を浮き彫りにしたい。

第2節　基隆炭鉱株式会社の設立経緯

1918年、顔家は基隆炭鉱株式会社と台北炭鉱株式会社を同時に設立した。前者は三井財閥と後者は藤田組と提携した会社で資金系統は各々独立していた。しかし、顔家のこの二大財閥に対する評価は異なっていた。顔雲年の孫の顔恵霖は次のように言っている。「藤田組は我が一族の恩人であるが、三井は我々の資産を奪ったのだ[2]」。現存する資料や著作によると三井財閥が台湾で投資した最大の事業は基隆炭鉱だったことは明らかである[3]。では、当時の顔家と三井財閥との提携関係とはいったいどのようなものだったのか。またこの種の関係に現れた時代の意義とは何か。

1　基隆炭鉱株式会社の設立

顔雲年の没後、同氏の親友が組織した友声会の編纂した『顔雲年翁小伝』第十一～十二章に基隆炭鉱株式会社の創立経過が記されている。この本及び『台湾日日新報』の記事によると、この会社の創立は四脚亭炭鉱の採掘権と関係がある[4]。この炭鉱の石炭の品質と埋蔵量は台湾随一で、領台初期、一般住民の採掘は禁止され、海軍所轄の炭鉱となり、面積は約200万余坪であった。1908年になってようやく部分的に採掘権が開放され、荒井泰治が約87万坪の採掘権を取得し、荒井自身で一、二坑を経営した。顔雲年は四脚

第7章　日本植民地時代の基隆炭鉱株式会社

亭三坑付近の掘削工事を請け負い（四坑は王振東が請け負った）、産出した石炭は全て三井物産に委託して販売させた。但し、その生産量は当局によって年間5万トン以下に制限された。荒井は収益が多くなかったので、1911年、その採掘権を賀田金三郎に転売した。賀田は経費節減に努め、経営を拡大した。海軍所轄の炭田は1914年末に鉄道部に移管され、翌年の4月に年間の生産量の制限を廃止したが、その時、四脚亭炭鉱にもともとある四坑道の他に二本の坑道を掘削した。だが、直営の坑道の収益は依然として悪く、1917年2月28日、顔雲年は顔家が6年間93万円の条件で全鉱区の採掘権を貸借する契約を台湾で結んだ。金鉱採掘で巨利を得ていた顔家はただちに21万円を賀田に支払い、さらに大資本を投入して経営を拡大し、毎月3万円以上の利益が上がることをめざした。

　数日後（3月3日）、石炭販売を担当していた三井物産の派遣した関係企業の三井鉱山会社の技師富田太郎が四脚亭炭田の調査に来た。この時、すでに借用契約は締結済で、顔雲年の諒解の下、富田太郎が数日調査し帰国した。しばらくして、三井物産石炭部の退職職員芳川寛治が突然、東京で賀田と192万円の価格で四脚亭炭鉱の貸借契約を結び、契約金15万円と部分款金55万円を支払った。これにより、芳川は該当する鉱区の管理権を三井物産に移すことを顔雲年に要求した。顔はこれを拒否したので、芳川は賀田に問い合わせた。賀田は自分に理がないことを知っていたので、芳川に顔家との共同経営を提案した。顔家は鉱山の実権を争っても利益がないことを承知していたし、芳川も顔家を排除することが不当であると了解していた。そこで、三井物産の石炭部長小林正直の斡旋で250万円を共同で出資して（芳川が150万円出資、60％を占める）基隆炭鉱を買収し、顔家は12年契約で1万斤の石炭あたり16円の代価で掘削を請け負うことに同意した。顔雲年のそれまでに出資した権利はすでに30万円に達していた。但し、正式に契約する前夜（10月16日が契約予定日）、芳川は突然、前言を取消し、日本の鉱業法には鉱業権の租借事項は認められておらず、関係する契約は全て無効となると主張した。このため、四脚亭共同経営契約の締結は不可能になった。

　顔雲年は人生最大の挫折の後、一時意気消沈したが、すぐに芳川を牽制す

る良策を思いついた。芳川は同時に台湾炭鉱株式会社の社長であり、同社の総株数2万株（資本金100万円）中、8,973株を保有していた。そのため顔雲年は同社の株の買収を始め、8,275株を取得し同社の大株主となり、株式買収で芳川と激烈な競争を展開した。その勝負の鍵は1,430株を擁する後宮信太郎にあった。後宮は41万円で売却する（台湾炭鉱の株以外に彼が独力で経営していた五堵にある北港口炭鉱の株も含み、実際に全額の半ばに価する）とした。顔家が承諾しようとした時、全局を静観していた賀田は、もし顔家が株の過半を取得すれば以後、四脚亭一帯で必ず紛争が多発するであろうと考え、小林と再度中に立って調停し、また台湾総督府の下村宏民政長官の斡施もあって、芳川、顔雲年、後宮ら五人を取締役、顔国年を監察役とすることによって「台湾炭鉱」問題を解決し、さらに四脚亭炭鉱問題も芳川の全部の権利を三井家が継承することによって「円満」に解決した。この結果、日台双方の関係者は1918年2月28日、東京で仮契約を調印し、3月12日に正式に契約した。契約の要旨は以下の通りである。

(1) 四脚亭炭鉱は1917年9月以降、三井家の権利を150万円、顔家の権利を100万円として、資本金250万円で組合を組織する。
(2) 1918年3月資本金250万円（全額払込）の基隆炭鉱株式会社を組織し、組合より之を譲渡する。
(3) この会社は株式の総数を5万株とし、三井鉱山と三井物産とは3万株を保有、顔氏は2万株を保有するものとする。
(4) 重役は双方より半数ずつ選出し任命する。

同年9月、顔家は所有する59個の鉱区を基隆炭鉱株式会社に提供し、資本金を500万円に増額した。翌年7月に至り、木村鉱業株式会社を買収し、8月には台湾炭鉱株式会社を合併し、資本金は1,000万円になった。三井と顔家の持ち株の比率は依然として六対四の割合であった。三井鉱山の牧田環が取締役会長に、顔雲年は取締役になっただけで、顔国年は常務取締役となった（他の三人の常務取締役は日本人で、その中の一人は顔家を代表していた）、賀田は顔家を代表する監察役となった。ここに顔家と三井財閥との協力関係を象徴する企業が誕生した。

2 台湾総督府専制下の家族企業

　基隆炭鉱株式会社の成立過程に日本の財閥に屈服せざるを得ない顔家の状況が見え隠れする。三井財閥はどのように介入したか。これまでの記述では、三井が芳川の株式を継承したことが僅かに知られるだけである。では、この株式の移転はどのように行われたのだろうか。またその動機はどのようなものか。三井は四脚亭炭鉱の販売権を掌握してから、本土における鉱業経営に成功した経験をもって[5]、台湾の石炭業の拡大を企図した。そこで、1914年の年末、鉄道部に海軍所有の予備炭田が移管された時、台湾総督府に翌年から封鎖されている四脚亭炭鉱と金包里の鉱区とを開放するように働きかけ、ついに1917年台湾炭鉱株式会社を創設することによって、正式に炭鉱を開発し、三井の退職職員の芳川を初代社長とした。しかし、炭鉱の資源調査で、金包里崁脚地区（面積約400万坪）は開発する価値の乏しいことがわかった。そこで、開発の目標を三井鉱山技師が豊富な埋蔵量と経済的価値があると報告した四脚亭炭鉱におき、賀田に顔家との約定を強引に取り消させ、鉱業権を譲渡させた。それゆえ、芳川は傀儡的な役割を果たしたのにすぎなかった。

　賀田については既述のように、基隆炭鉱株式会社創立時に顔家を代表する監察役に就任した。さらに1920年、台陽鉱業株式会社創設時に、初代社長に就任した[6]。換言すれば、顔家の資本によって組織された会社の代表は第三者だった。その原因は会社人事が植民地の政治状況の産物だったからである。賀田と顔家との長期にわたる協力関係についてはしばらくおくとして、「四脚亭炭鉱事件」について言えば、賀田は背信者だったが、顔家はそれでも彼を重用せざるを得なかった。何故ならば、当時の石炭業と金鉱業はどちらも重要産業だったので、日本当局は台湾の一家族による経営権の掌握を容認しなかったのである。一方で、顔家について言えば、当局の政策の支持と財閥の完備された販売網とに依存することで、すでに所有している事業を維持したまま継続発展することがはじめて可能となるのである。この傾向は時代が下るにつれて顕著になり、後に当局が金鉱や石炭の採掘を奨励し、台湾の工業発展をはかると、顔家はこれにより、台湾産業界で先頭に立ち、多角的経営を行い、台湾総督府評議会員に就任し、当局から重視された[7]。その

ため、「台湾炭業組合」の中で指導的地位を占めたことは言うまでもない。

　事実はこれだけに止まらず、当初当局が四脚亭鉱区を部分的に開放した時、荒井泰治が採掘権を取得したにもかかわらず、事実上賀田は荒井と共同経営し、顔雲年が採掘を請け負った。だから賀田と顔家との関係は事業主と請負人との関係で、接触がひとたび長期化すると、意気投合し、徐々に提携の機運が醸成された。1911年荒川が採掘権を転売しようと考えた時、該当する鉱区が海軍軍備の炭田で、被統治側の台湾人が採掘権を獲得するのは非常に困難であったので、賀田の名義でこの権利を買収することにしたが、顔雲年が荒井への報酬や買収後の投資のための全ての資金を負担した。その後、軍部が四脚亭鉱区の規制を解除してから、顔家は1917年2月義昌公司（資本金24万円、そのうち、賀田の経理である波多野次郎が2万円を出資し、もう一人の請負人王振東は2万円を投資）を組織し、賀田と全鉱区の採掘を請け負う契約を締結し、この鉱区の採掘権の移転に備えた[8]。このことから明らかなように、植民地の専制政治の状況下、顔家は日本人の名義を借りることで事業を経営し、しかも代価（93万円）を払って、はじめて自己の鉱区の採掘請負権を取得し、さらに大財閥によって60％の鉱業所有権と将来の実際の経営権とを奪い取られた。しかし、これは顔雲年個人が英知と努力で勝ち取った最も素晴らしい成果であり、さもなくば、全てを失うところだった。当時、彼は詩句に自分の鬱鬱とした気持ちを詠んでいる。そこには被植民の一家族企業の経営者の心情が表れている[9]。

```
三年九度上神京　辛苦不辞鉱務争
莫笑少時多失策　老来作事幾分精
家事還如国事争　救韓囲趙計分明
牛刀却把鶏兔割　不顧旁人笑失声
横来勢力重如山　成竹胸中趙壁還
畢竟強権無所用　仍留公理在人間
炭層濃厚金包里　声価喧伝四脚亭
得隴癡心還望蜀　山猫柱自羨魚腥
```

賀田は顔家と芳川および三井財閥（三井鉱山株式会社社史の記載によると、芳川は、台湾炭鉱株式会社の株式と四脚亭鉱区の採掘権とを代価として融資を受けたため、三井は芳川の権益を継承した）との紛争の際に、調停人となった理由は何か。長期にわたる顔家との友情か、それとも台湾総督府あるいは日本の政治人物の意向を受けてのことか。結局、植民地政府は少数の傑出した台湾土着の企業人を長期的かつ計画的に鉱業開発や商工業の発展に利用し続け、植民地からの利益をいっそう増進しようとした。まして、当時、実権を掌握していた日本人が僅かな利益を台湾人に供与して民情を安撫しようとしたのは当然のことである[10]。

第3節　台湾炭の生産販売構造と日本の財閥

　50年の植民地統治期間、日本は植民地利益を確保するために、財閥が台湾の石炭業の生産と販売を支配することを奨励したのは言うまでもないが、顔雲年のような土着企業経営者も多くの場合「合資」方式で財閥のネットワークに組み込まれることになった。

1　石炭会社の経営形態

　日本植民地期の初期、石炭会社は大部分が個人資本による経営方式で、台湾当局が鉱区を設定したので、原則的には最初に採掘許可を申請した者に対して優先的に鉱区権を許可した。台湾の石炭産業の草創期、日本から来た冒険商人はしばしば採掘権を取得したが、小規模な鉱区が林立したため炭鉱の機械化が阻害された。石炭産業の成長期に入ると、会社組織の炭鉱が次々とできた。これらの炭鉱会社は大半が日本本土の財閥が投資した会社だったが、少数ながら台湾出身者もある。表7-1はその中で資本金百万円以上の会社である。

　表7-1にあるように当時の大規模な経営は全て日本資本の会社で、ただ基隆の顔家は台陽鉱業株式会社（以下、台陽会社と略称）と雲泉商会を中心に経営範囲を台北県の鶯歌地区まで拡大し、その生産量と基隆炭鉱株式会社の

表 7-1　日本植民地期の石炭会社（資本金 100 万円以上）

設立年	会社名	資本額（万円）	代表者	地点	備考
1917	木村鉱業株式会社	100	木村久太郎	基隆	大倉財閥が8分5を投資、1919年基隆炭鉱に合併。
1917	台湾炭鉱株式会社	100	荒村寛治	基隆	1919年8月基隆炭鉱株式会社に経営を委託。
1918	株式会社雲泉商会	150	顔雲年 顔国年	基隆	1903年に成立。この年に会社組織に改める。
1918	基隆炭鉱株式会社	250	牧田環	基隆	三井財閥の株は60％、顔家は40％。
1918	赤司鉱業株式会社	200	赤司初太郎	士林,五堵	士林・友蚋両炭坑、但し1923年士林炭坑独立して会社を組織。
1918	台北鉱業株式会社	100	高木與太郎 顔国年	台北,のち基隆	藤田組の株は60％、顔家は40％、1920年藤田組は顔家に売却、台陽鉱業株式会社と改称、500万円に増資。
1918	展南拓殖株式会社	100	黄維生	新竹州	別株主渡邊発蔵など。
1918	南投炭鉱株式会社	100	辛西准	台中	専務森寅吉、経営不良。
1920	台湾炭業株式会社	600	小松吉久	台北	鈴木商店と台湾の各日資製糖会社投資。
1920	日東鉱業株式会社	100	持木壮造	台北	台湾人の松山、南港の炭坑を買収して成立。
1920	新高炭鉱株式会社	250	吉田長次郎 津田毅一	新竹州	桃園一帯の台湾人の炭坑を買収して成立。
1920	大和炭鉱株式会社	100	矢野猪之八	台北	
1921	頂雙溪炭鉱株式会社	100	小松仁三郎	基隆	日本資本のみ。
1921	七堵炭鉱株式会社	100	仁田利助	基隆	〃
1923	士林炭鉱株式会社	100	赤司初太郎	士林	赤司鉱業から独立して成立。
1924	鶯山炭鉱株式会社	100	徐紅番 蕭参	鶯歌	日本資本のみ。
1925	海山炭鉱株式会社	100	周碧	鶯歌	雲泉商会周碧、高文孝らが投資、台湾資本のみ。

出典：1. 台湾銀行金融研究室編『台湾之煤』（台北：台湾銀行、1950年）、21頁。
　　　2. 藤田喜市編『台湾炭鉱誌』（台北：三井物産株式会社台北石炭支部、1925年）、44-59頁。

生産量とを合わせると台湾全体の石炭生産量の三分の二を占めた[11]。但し、基隆炭鉱株式会社の株式の60％は三井財閥によって所有されており、基隆炭鉱株式会社が木村鉱業と台湾炭鉱株式会社を合併した後、1,000万円の増資が行われたが、三井と顔家との持株比率は依然として六対四であった[12]ことを軽視してはならない。その上、1920年代になると、生産を統制するために、台陽会社は一時、平溪郷石底の各炭坑の経営を基隆炭鉱に委託し、その販売は三井物産に委託した[13]。したがって、三井財閥が顔家の鉱業の生産と販売に対する全権限を掌握し、またこれによって台湾の鉱業を支配し、その実力は鈴木商店と大倉財閥とをはるかに超えるものだったといえよう。

会社組織の炭鉱の他に個人経営の炭鉱も少なくなかった。表7-2は会社組織の炭鉱と個人経営の炭鉱との石炭生産量の比較である。

表7-2より発展の停滞期（1928～35年）、会社組織の炭鉱の生産量は総生産量の約80％を占め、変革期（1936～45年）になると統制の強化と外需の増加とに伴い総生産量は激増し、個人経営の炭鉱の生産増加率は会社組織の炭鉱のそれをはるかに上回り、1939年に至って総生産量の34％を占めた。換言すれば、個人経営の炭鉱の生産量は会社組織の生産量の52％に達したのである。さらに言えば、統制経済に完全に組み込まれて、市場機能がすでに喪失した中で、当局主導の石炭生産販売組合と台湾石炭株式会社とが需要供給を調整して石炭価格を決定した。安定した価格と利潤とによって、資金力に余裕のない個人経営者ははじめて増産に全力を注ぐことができたのである。

2　台湾炭の需要市場

日本植民地時代の台湾炭の需要市場は三方面あった。(1) 内需：製糖工場およびその他の工場の燃料源、汽車の動力源、コークスの原料、家庭燃料。(2) 船舶燃料：外国船籍船と国内船舶。(3) 台湾島外向輸出：主に上海、福建、広東、香港、日本および東南アジア。島外向け輸出量の増減は当時の国際政治情勢と密接な関係があり、島内市場もまた国際経済や国際政治の変化の影響を受けた[14]。換言すれば、日本植民地としての台湾経済は当時すでに

表 7-2　会社組織炭鉱と個人経営炭鉱の生産量比較（1928-1939）

年次	会社炭鉱（千公噸）	個人炭鉱（千公噸）	比例
1928	1,289	294	81：19
1929	1,202	328	79：21
1930	1,201	271	82：18
1931	1,185	255	81：19
1932	1,112	242	82：18
1933	1,452	381	79：21
1934	1,185	334	78：22
1935	—	—	—
1936	1,314	428	75：25
1937	1,464	489	75：25
1938	1,557	640	71：29
1939	1,720	898	66：34

出典：『台湾之煤』10 頁。

世界経済体制の一環となり、その経済発展は日本の主導を受けたばかりでなく、世界経済とも関係があった。

このような条件の下で、表 6-1 からうかがえる事情は以下の通りである。

(1) 生産量と販売量（島外向け輸出を含む）とについて言えば、だいたい前者が後者より少なく、大部分の時期、供給が需要に応じきれない状態だった。そこで、不足分を日本炭と撫順産の石炭の輸入に頼っていたが、1930 年以後は日本炭を輸入することはなかった[15]。残留石炭量の比率は総生産量の 10％を超えることはほとんどなく（1918、1923、1928 年と戦争後期を除く）、需給状況はほぼバランスがとれていた。

(2) 成長期（1916〜27 年）の生産と流通との増加率について言えば、前者が 27.87％に対して、後者は 29.19％であったが、島外向け輸出量と比較すれば、輸出量は激増現象を示しており、とりわけ日本以外の地域への輸出量の増加率が大きい。これは植民地当局と民間鉱業の有力者が増産に努めただけでなく、海外市場の開発にも尽力したことを意味している。

第 7 章　日本植民地時代の基隆炭鉱株式会社

(3) 台湾での石炭使用量の増加は台湾が工業化の途上にしだいに入っていったことを表しており、またこれにより蒸気船用の石炭使用量も相対的に増加していて、この点も当時の輸出貿易の成長と密接な関係がある[16]。
(4) 台湾島外向けの輸出台湾炭における日本の占める割合は一貫して低く（1937と38年を除く）、1930年代以前の割合は20％を超える（1922～25年を除く）ことさえなかった。これは日本当局が日本炭に比較して質の劣る台湾炭を燃料資源と見なすよりは、むしろ早期には台湾の工業燃料が自給自足できることを望み、中期には台湾産石炭を華南や東南アジア地区に輸出し、「日本石炭業帝国」の不足分を補うことを望み、後期には日本と台湾の軍需工業の発展と日本が東南アジアを侵略する際の軍艦の燃料補給需要のバランスをとることを望んでいたことを意味するのである。

このような政策のもとで、台湾炭の島内での販売手段と島外への輸出手段とは異なっていた。1940年以前、島内販売は各炭鉱の自由競争に任されたが、島外輸出の権限は財閥が掌握していた。とりわけ三井物産が重要な位置にあった。三井物産は、日本植民地初期に日本炭を台湾に輸入していたが、日露戦争以後、台湾炭の輸出事業に力を入れ始めた。但し、当時台湾から中国大陸への輸出は依然としてジャンクを使用する台湾人に掌握されていた。また基隆燃料商関係の秋山義一、明比実平、木村組が組織し連合会は大阪商船会社と日本郵船会社への石炭供給を独占していた。1911年になって、三井はようやく三店連合会の独占状態を打破し、両商船会社への石炭販売を開始し、同時に台湾縦貫鉄道、専売事業、各大製糖会社（台湾製糖、塩水港製糖、大日本製糖など）へ燃料を供給し、さらに香港、広東方面への輸出を拡大した。三井が販売する石炭は主に四脚亭炭鉱産の石炭で、1918年基隆炭鉱株式会社の成立の後も三井はその経営権と販売権とを掌握したばかりでなく、2年後には台陽鉱業の生産する石炭の販売流通網も独占した。換言すれば、三井は顔家との石炭業合弁によって台湾炭販売業界に確固たる地位を占めるようになり、1920年には販売する石炭量は83万トンに達し[17]、その年の総生産量の約72％を占めた。その後、大倉財閥、鈴木商店との競争が続

267

いたが、三井は終始台湾全島の70％以上の石炭を掌握し、島内の工場、鉄道、汽船に供給したり、海外へ輸出した。その勢力に三菱商事（1917年から台湾炭取引に参入）やその他の商社はまったく及ばなかった[18]。

第4節　顔家の事業網の拡大

　顔家の歴史舞台への登場のきっかけは金鉱経営にあるが、金鉱経営の急速な発展には日本財閥との協力や台湾総督府・日本内地の政府の政策との密接な関係があった。

　日本が台湾を占領した当初、抗日者が台北州基隆郡にある九份鉱山に紛れ込んだので、総督府は捜索や投降の呼びかけにも効果がないので、そこで九份鉱山を強制的に閉山し、採掘を禁止した。1896年9月に「台湾鉱業規則」が施行され、一般炭鉱業者による採掘が許可された。但し、金鉱については多数の人々が金鉱を争奪し紛争が発生する恐れがあり、またもし一時しのぎの策として、金鉱の鉱区を多くの小規模な鉱区に分割すると、鉱脈の保全に影響を及ぼす可能性があり、大規模採掘による現代化の障害となりかねない事態が憂慮された。そこで鶏篭山を境界として西側の九份鉱区を鉱一号とし、東側の金瓜石を鉱二号とし、申請者の中から最適任者を選んで、採掘権を許可し、金鉱採掘を請け負わせた。申請者は日本国籍を有する者に限られた。当時台湾人の大半は国籍が未確定だった（2年以内に日本籍あるいは清国籍のいずれかを自由に選択できた）ため、台湾人による金鉱採掘請負の申請はすべて却下された。10月8日、「藤田合名会社」（社長藤田伝三郎）が九份鉱一号の採掘権を獲得した。同月26日田中長兵衛は金瓜石鉱二号の採掘権を獲得した。2人は日本軍の台湾征服戦争時期の「御用商人[19]」で、日本軍の軍需物資を補給した功績に台湾総督府が（あるいは日本政府が）報いたと言える。また日本人商人と軍政当局との微妙な関係もうかがえる。

　藤田組は採掘権を取得し翌年4月に採掘を開始すると同時に総督府経由で台湾銀行の融資を受けた。この資金で日本本土から大量の技術者を台湾に招聘して鉱脈を調査させ、爆薬を使用して金鉱を採掘し、林英芳のような清末

第7章　日本植民地時代の基隆炭鉱株式会社

の採金人に見られた生産ネック（限界）を突破し、金鉱の本脈を探しあて、山の各所から新たに坑道を掘削した。このようにして九份金鉱業は近代化された。当時採用された技術者は全て日本人だった。台湾人は坑道穿鑿、岩石爆破、鉱脈調査、支柱などの技術を知らず、砂金の採取、鉱坑の内外で鉱石の運搬や雑役に従事するだけだった。1899年の段階で、日本人工員は54名、台湾人工員約200人だった[20]。

調査によると、瑞芳九份金山は面積約189万余坪で、金瓜石、武丹坑の二つの金山と合わせて台湾の三大金山と呼ばれ、1903～4年の際に、三金山の年間生産量は日本全国の生産量に匹敵するほどだった。当時、藤田組は鉱山の採掘に直接従事する他に、鉱区の渓谷を九份の住民に開放して砂金の採取を行わせ、1人あたり毎日20銭の鑑札費を徴収し、彼らの採取した金を買い取り、19世紀末から20世紀初めの時期には、毎日450枚の鑑札を発給し[21]、そのため九份地方は繁栄した。

1899年秋、抗日民衆が九份鉱山の小粗坑に逃げ込み、毎夜銃声が止まず、人心は不穏だった。藤田組瑞芳鉱山所長代理近江時五郎は警察署を訪問し、署長の永田綱明に日本語ができて金鉱採掘工程を請け負うことのできる人物の推薦を希望した。署長は署内の「巡査補」兼守備隊の通訳だった顔雲年を推薦した。そこで顔雲年は永田署長の了解の下、在職したままで地元の有力者と「金裕豊号」を組織し、小粗坑の採掘を請け負い、砂金の採収を開始した。同時に「調進所」を開設し、藤田組の物資と労働者との調達や供給の責任を負い、地元の住民の人心を和らげることに力を注ぎ、台湾人と日本人との橋渡しの役割を演じ、両者の信任を得た。翌年、「金盈豊号」を組織し、大粗坑と大竿林一帯の鉱区の採掘を請け負った。また瑞芳産の砂金の流失を防ぐために「金盈利号」（後に金裕利号と改称）を設立して、個々に採集した砂金を買い取った。この後鉱区の請負地域を徐々に拡大し、1906年「金興利号」を設立し、「金裕豊号」と「金盈豊号」とをこれに合併し、さらに砂金採収事業から新たに開坑採掘事業への転換をはかり、1909年には顔雲年の経営する鉱区は九份金山の総面積の90％に達した[22]。

5年後（1914年）、瑞芳金鉱の坑道の入口がばらばらで、鉱脈も不揃いで

管理が困難な上、鉱石に含まれる金の品位が低下し、既存の設備では収支を償還できないことから、「藤田組」は全ての鉱山を顔雲年に貸すことにした。顔氏は30万円を7年間で分割払いする条件で、金鉱業を始めてから15年でついに管理の全権を一手に掌握することになった。顔雲年は「金興利号」鉱区を直営するほかに、残りの鉱区を七家に別々に又貸し、入念に経営し、シアン化精錬法によって藤田組時代には廃棄していた坑道外の金含有量の乏しい鉱石を精錬し遺利を得て、衆知を集め力を合わせた結果、表7-3に示したように、金の産出量は意外にも翌年に藤田組が経営していた時期の最高紀録の539.13キログラム（1904年）を超え、650.64キログラムに達し、1917年にはさらに789.13キログラムにまで増加し[23]、九份金鉱地域の最盛期を生み出した。

一方、顔家は早くも1903年に蘇源泉などの人々と雲泉商会を組織した。雲泉商会はいままでの「調進所」の鉱山へ物資と労働力とを提供するような役割を引き継ぎ、業務はしだいに発展、さらに1907年と1910年に木村久太郎経営の武丹坑鉱山（1901年頃発見）と田中長兵衛経営の金瓜石鉱山とに全ての物資と労働者とを提供した[24]。このように、顔家は20世紀初めに当時の台湾金鉱業の必要とする労働力と器材とを掌握することで、資本を蓄積し、1914年にようやく藤田組所有の金鉱を借りることができたのである。

1918年3月、雲泉商会は株式会社組織に改組され、顔雲年の弟国年が社長を担当、資本金は20万円だった。同年10月30万円で瑞芳にある藤田組の全採掘権を買収、「金興利号」、「金裕利号」などの行号と九份焿子寮の土地、軽便鉄道事業を一括経営し、資本金は150万円に増額、顔雲年が社長に就任した。2年後、中国山東に関心を移した藤田組は、台湾における事業を手放し、所有した台北炭鉱株式会社の株式を全部顔雲年に転売した。瑞芳金山は台陽鉱業株式会社の管理下に移し[25]、この結果、台陽鉱業株式会社は金鉱と炭鉱とを掌握する大企業になり、植民地期における台湾人の鉱業経営の新紀元を開いた。また台陽鉱業株式会社は「台湾五大家族」の一つである顔家の象徴的企業となり、日本人経営の金瓜石鉱業株式会社（すなわち金瓜石と武丹坑二鉱山合併後、1925年に田中鉱山株式会社から移転して、後に日

第 7 章　日本植民地時代の基隆炭鉱株式会社

表 7-3　瑞芳金鉱産出量（1898-1939）

年代	産出量 （キログラム）	指数 1898＝100	年代	産出量 （キログラム）	指数 1898＝100
1898	9.25	100	1919	237.49	2,567
1899	38.78	419	1920	199.20	2,154
1900	40.50	438	1921	381.55	4,125
1901	42.24	457	1922	252.44	2,729
1902	85.76	927	1923	91.82	993
1903	150.70	1,629	1924	59.43	642
1904	539.13	5,828	1925	40.02	433
1905	504.71	5,456	1926	68.62	742
1906	365.05	3,946	1927	248.96	2,691
1907	330.81	3,576	1928	129.91	1,404
1908	280.06	3,028	1929	248.08	2,682
1909	250.45	2,708	1930	248.36	2,685
1910	347.85	3,761	1931	315.52	3,411
1911	337.06	3,644	1932	578.66	6,278
1912	355.42	3,842	1933	580.72	6,081
1913	230.55	2,492	1934	1,012.18	10,942
1914	352.45	3,810	1935	1,131.90	12,237
1915	650.64	7,034	1936	1,240.94	13,416
1916	693.77	7,500	1937	1,359.30	14,695
1917	789.13	8,531	1938	1,700.31	18,381
1918	246.74	2,992	1939	1,274.86	13,782

出典：1. 吉永勘一郎編『瑞芳鉱山概況』（台北：台湾鉱業株式会社瑞芳坑場、1933 年）、7～9 頁。
　　　2. 台湾銀行金融研究室編『台湾之金』（台北：台湾銀行、1950 年）、49～51 頁。
註：原資料 1 の単位は日本貫、日本の 1 貫＝3.75 キログラムで換算する。

本鉱業株式会社が買収、1933 年に台湾鉱業株式会社と改称[26]）と台湾金鉱界を二分する存在ともなった。

　顔雲年が 1923 年に死去した後、顔国年が兄の遺志を継いで全力で鉱区を開発し、また新しい技術を導入し、新型の浮遊選鉱工場と機械選鉱工場とを建設（1926 年）した。坑道の開鑿には鋼鉄を支柱に用いたり、坑道内に電

動鉄道レールを敷設し鉱石を運搬するなどの坑道の現代化をはかり（1933年と1936年）、さらに産出した粗金を日本の造幣局へ送って精錬し品位を統一した。1937年、顔国年が死去すると、顔雲年の長男である顔欽賢が後を継いだ。同じころ、日本政府は軍備急増のために産金法を施行したが、この法令は金増産を奨励する基本法令だった。

産金奨励政策の下、金鉱の調査や採掘、搗砕、精錬などの新工程の設備には巨額の補助金を受けることができた。翌年、戦争の進展に伴い、総督府は産金奨励政策を改訂し、毎年補助金を増額することにした。また金の自由売買を禁止し台湾銀行が金買上げの全権を負い、公両（100グラム）あたり52円を補助（公定価格142.31円の36.5％に相当）した。瑞芳の機械選鉱工場の第一、二、三期工程もそれぞれ1937～40年に完成し、産金量はピークに達した。日本政府は同時期台湾で金を買取り続け、その額は70トンに及び、台湾総督はこの成果によって天皇から褒称を受けた。

この時、主な鉱脈はすでにほとんど採掘しつくされ、九份の産金量は減少し始め、請負工は次第に散り散りに去ってゆき、体力のある工具は当局から徴用され労役に服したため、深刻な労働力不足となった。1941年末の太平洋戦争以後、国際貿易は中断し、金は交易手段にはならず、植民地政府は1943年2月台湾電力会社に瑞芳鉱業所のシアン化工場と高架ケーブルを買収させ、海軍にその設備を使用させるように指示した。そのため瑞芳金鉱の生産は全面的に停止した。1944年、さらに「台湾決戦非常措置要綱」によって、近代的な選鉱設備の徴用を強行し[27]、50年の歴史を有する一大金山は戦時政治体制の下で廃墟となった。

その一方、事業の成功[28]と公共事業や慈善団体への熱心な寄付とにより、台湾北部での顔家の声望はきわめて高かった。なかでも1920年に財団法人基隆博愛団の創立は注目される。設立の目的は基隆の住宅不足を緩和するためで、労働者（当時基隆一帯は商工業が発達し、他地域から来た人が非常に多かった）を収容し、治安と衛生の改善をはかった。当時、台北庁長梅谷光貞は顔雲年に20万円、辜顕栄に10万円、林熊徴に5万円を寄付するように求め、庁長以下の関係する官吏が設立する慈善団体の理事となることにした。

寄付の要求が急なものだったので、顔雲年が先ず10万円を、林熊徴は2万円を寄付した。顔雲年はまた所有する邸宅、土地、建築物を無償の担保として提供し、台湾銀行から45万円を借り、博愛団の土地取得と施設建築の費用にあてた。1922年に施設が完成し、218戸の家族を受け入れることができた。博愛団は慈善団体で家賃は安かったが、銀行への返済利率が高かった（年率6.5％）ので、収支は均衡せず、当初予定していた寄付金の額も、おりからの不景気で全額集まらなかった。ただ、顔国年だけは経営困難を目の当たりにしながらも500円を寄付したので、寄付金の総額は120,500円になったが、建築費等合計165,000円を支出した。顔家提供の担保によって借り入れた45万円は収入と寄付が足りなかったので、借入金の償還ができず、抵当権もまた解除できなかった。顔国年の折衝により、1935年に「逓信省簡易保険積立金」から低利で資金を借り入れて、銀行からの借金を返済し、顔家の邸宅などの抵当権をやっと解除した。同時に、顔家はまた15,000円を寄付し、辜顕栄と林熊徴もそれぞれ1万円と5千円を寄付した[29]。つまり基隆博愛団の設立は完全に顔家の功労によるものであると言える。公益事業の重視と家族企業の成功とによって、顔家は植民地政府と土着の民間社会との揺るぎない架け橋となり、台湾総督府評議会会員、臨時産業調査会委員、熱帯産業調査会委員に選出され、台湾総督府評議会の中で台湾の公共建設や産業発展、教育問題などについて臆せず談じた。彼らの建議は総督府専制のもと、常に採用されたわけではないが、総督府の政策決定に多少の影響力はあった。

第5節　結論

基隆炭鉱株式会社の成立過程から、日本財閥の植民地における強大な影響力が認識される。財閥は顔家に対して経済的に優位であり、その上、政治力を利用して顔家を屈伏させた。しかし顔家はこれによって経済的に頭角を現し、当局の助成対象となった。一家族の事業の発展と政府の政策との関係は相互補完的なものであるということは古今東西同様であるが、とりわけ顔家

には特別な政治状況の下で植民地当局に協力せざるを得ないという苦衷があった。例えば、産出した金は全て台湾銀行を通じて造幣局に納められた。当時台湾島内では民間の金は自由に取引できたが、台湾銀行への金の売却価格は1910年代で1公両あたり時価より3～6円安かったので、おそらく顔家は顔雲年の時代、当局の貨幣鋳造需要を満足させるために30余万円の利益を犠牲にしたと考えられる[30]。一面、すでに述べたように、1930年代後期には日本政府の産金奨励政策により巨額の補助金を得た。石炭業も同様で、一貫して日本政府の戦略的工業であり、政治的軍事的状況の変化によって、工業の発展や海運量の増大で石炭価格は上昇し、顔家は第二次大戦中も企業を発展させた。その上、顔雲年と顔国年とは台湾総督府評議会会員に任命されたが、これによって台湾人に発言の機会ができた。顔国年はさらに臨時産業調査会と熱帯産業調査会とに参加し、積極的に発言し(これに対して辜氏と林氏とは欠席した)、また当局に安価な電力の必要性と電力事業の発展とを認識させるなどして、台湾の工業化の基礎固めに貢献した。もとより鉱業について言えば、電力化は必然的状況で、燃料としての電力は石炭よりはるかに安価で、電力が普及すれば石炭は必ず市場を失うことになる。顔氏はこのことを知らないはずはなく、大局的見地からの発言とも言えるが、石炭は火力発電のエネルギーでもあったことは言うまでもない。

　さらに、1930年代初期、台湾鉱工業界の必要とする各種の鋳鋼製の機械類およびその部品の供給は全て日本に頼っていた。その理由は、台湾の電力料金が高すぎ、機械類の需要は少なく大量生産はできず、原料の鉄鋼は海外から輸入せねばならず、熟練工や技術者も乏しく、その結果、島内で製造するよりも日本から購入したほうが経済的であったからである。このような事情に鑑み、顔家関係企業の一つである基隆船渠株式会社は1935年、鋳鋼業を始めたが[31]、安価な電力は当時の生産を拡大しコストダウンをはかり、日本製品と競争にたえ海外に輸出するための必要な条件の一つだった。したがって、顔家が当局に電力開発を提言したのは台湾工業化の基礎条件の整備のためでもあり、また一族の事業の全体的発展をはかるためでもあったといえる。石炭業の発展は財閥の多地域多産戦略(財閥経営の石炭業の重心は日本

第7章　日本植民地時代の基隆炭鉱株式会社

本土と中国東北にあった）によって制約されていた。ただ台湾が工業化すれば島内の石炭需要は増加し、石炭生産を拡大することができた。

　顔雲年と顔国年は亡くなる前に天皇から従六位に叙され[32]、植民地統治下の人間として到達できる最高のランクにまでのぼった。また彼らの葬式に参列した人や弔電の送り主には当時の日本と台湾との政界あるいは経済界の重要人物がほとんど含まれていた[33]ことからも顔家の交遊の広さと影響力とをうかがうことができる。もとより、植民地統治下の顔家と台湾当局との関係は日本の財閥一族と政府とほど密接な関係にあったわけではない。双方を比較すると、顔家は日本の財閥ほど政府から「愛顧」を蒙っていないが、台湾総督府と財閥とを経由して必然的に日本本土の政界と交流し、彼らに時局の見方を伝えた。この関係を図示すれば以下の通りである。

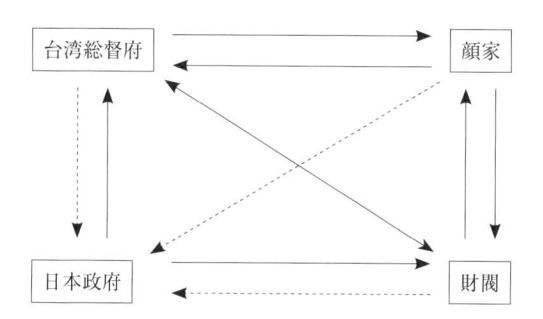

```
    台湾総督府  ←――→  顔家
       ↑↓  ╲    ╱    ↑↓
           ╲ ╱
           ╱ ╲
       ↓  ╱    ╲   
    日本政府  ←――→  財閥
```

　換言すれば、顔家の立場から見れば、顔家は台湾総督府と財閥との指示を受けたが、このような指示の大半は日本政府からのものであった。顔家はまた総督府と財閥とに建言する機会があったが、この建言が日本政府に伝達される場合もあった。後には、顔家は日本政界の人物と直接交流することによって、日本当局に意見を表示するチャンネルを持ったのである。一面では、台湾総督府と日本財閥の台湾政策と実際行動方面での補完関係にあったのである。

●註
1）「基隆炭鉱創立」、『台湾日日新報』、第6372号、1918年3月21日、5頁。
2）顔恵霖は顔雲年の次男顔徳潤（欽賢の弟）の長男である。顔徳潤は「中台商事」所属の基隆八堵炭鉱を経営したが、顔恵霖も鉱業界に入り父の業務拡大を助け、戦後「中華民国鉱業協進会」を主宰し、鉱業界の交流と鉱冶技術の向上とを促進した。筆者は1991年3月13日と19日とに聞き取り調査を行ったが、この話は3月19日の顔恵霖氏の感想による。
3）例えば、高村直助「独占資本主義の確立と中小企業」、『講座日本歴史』第18巻（東京：岩波書店、1975年）、64頁の表の中で、基隆炭鉱、台湾製糖、台湾拓殖などを三井財閥の「外地」会社として並べている。また、惜遣「日本財閥之台湾投資」、『台湾経済史第二集』（台北：台湾銀行経済研究室編、1955年）の129～139頁の三井財閥の投資表の中では基隆炭鉱への投資額は700万円で三井物産と三井鉱山株式会社との共同投資となっている。
4）以下の経過の詳細は、友声会編『顔雲年翁小伝』（基隆：友声会、1924年）39-52頁、長浜実編『顔国年小伝』（基隆：尚友会、1939年）8-16頁、顔恵霖「基隆炭鉱株式会社創立真相」『台煤』第563期（台北：中華民国鉱業協進会、1989年6月）29-35頁、「四脚亭炭鉱借区」『台湾日日新報』第5988号（1917年3月2日）5頁、「四脚亭炭鉱の争奪」『台湾日日新報』第6242号（1917年11月11日）5頁、「四脚亭炭鉱問題」『台湾日日新報』第6311号（1918年1月19日）5頁、「四脚亭炭鉱」『台湾日日新報』第6357号（1918年3月6日）5頁、「台湾炭鉱役員」『台湾日日新報』第6357号5頁、「基隆炭鉱創立」『台湾日日新報』第6372号（1918年3月21日）5頁を参照。
5）鉱山、物産、銀行は三井体制の三大支柱で、1888年明治政府が官営の三池炭鉱を民間に払い下げる時に、三井は激しい競争の末、三菱に勝って、経営権を獲得し鉱山業を始めた。詳しくは石井寛治『日本経済史』（東京：東京大学出版会、1982年）、81-84頁、196-197頁を参照。
6）『顔雲年翁小伝』57頁。この他に二人の日本人が常務取締役となり、顔雲年は取締役に就任しただけで、金融方面を助けた。
7）1921年6月、台湾総督府評議会が成立し、顔雲年は会員に選ばれ、顔国年は1927年に評議会会員になった。『顔雲年翁小伝』81頁、『顔国年君小伝』52頁、「評議会及び委員」『台湾日日新報』第7450号（1921年6月1日）6頁、「総督府評議会員任命」『台湾日日新報』第9838号（1927年9月16日）4頁を参照。国年はまた鉱業界を代表して1929年に台湾総督府臨時産業調査委員会に入った。二人の死後、その葬儀には当時の台湾総督と各州の知事が全員列参した。
8）顔恵霖、前掲文、33頁。また1991年3月19日のインタビュー。藤田喜市編『台湾炭鉱誌』（台北：三井物産株式会社台北石炭部、1925年）、46-47頁。
9）『顔雲年翁小伝』44-45頁。「詩壇、炭鉱諸事々々と解決し、ここに賦して親友に告慰する」『台湾日日新報』第6573号（1918年10月8日）6頁。
10）顔恵霖、前掲文、31頁。藤田組の役割について第四節を参照。
11）『顔雲年翁小伝』51-52頁。台陽股份有限公司六十週年慶典籌備委員会編輯組編

第 7 章　日本植民地時代の基隆炭鉱株式会社

　『台陽公司六十年誌』（台北：同公司、1978 年）48 頁。
12)　『台湾炭鉱誌』50-51 頁。
13)　『顔国年君小伝』21-22 頁。但し、基隆炭鉱の委託経営権は 3 年間維持されただけ
　　だが、三井の販売権は一貫して存続した。
14)　陳慈玉「日拠時期台湾煤礦業的発展」、『日拠時期台湾史国際学術研討会論文集』
　　（台北：台湾大学歴史系、1993 年）、386-397 頁。
15)　台湾銀行金融研究室編『台湾之煤』（台湾銀行、1950 年）39 頁。
16)　1897 年から 1944 年まで台湾の輸出総額は急増し、1944 年の総額は 1897 年のそれ
　　の 20.95 倍だった。また 1939 年の輸出総額が最高で、1897 年の 39.91 倍だった。周
　　憲文「日拠時代台湾之対外貿易」『台湾銀行季刊』9：1（台北：台湾銀行経済研究室、
　　1957 年）、33-40 頁を参照。
17)　『台湾炭鉱誌』282-295 頁。
18)　同上、295-306 頁。
19)　司馬嘯青『桜花、武士刀――日本政要與台湾五大家族』（台北：自立晩報、1988
　　年）、79-84 頁を参照。また、同氏『台湾五大家族』（台北：自立晩報、1987 年）の
　　中の「基隆顔家篇」11-80 頁でその勃興、専門事業の規模、子孫に伝える哲学、顔
　　家の優秀な人材について述べている。さらに台湾鉱業会志修志委員会（編纂唐羽）
　　『台湾鉱業会志』（台北：中華民国鉱業協進会、1991 年）、750～753 頁に藤田伝三郎
　　と田中長兵衛についての簡単な紹介がある。
20)　『台陽公司六十年誌』36 頁。齊藤譲『瑞芳及金瓜石鉱山視察報文』（台北：台湾総
　　督府民政部殖産課、1900 年）、40-42 頁。
21)　『顔雲年翁小伝』26 頁、齊藤譲、前掲書、46-47 頁。
22)　『顔雲年翁小伝』25-29 頁、顔雲年は 1898 年に瑞芳守備隊の通訳となる。同書 15-
　　17 頁を見よ。
23)　同上、29-31 頁。また、顔氏は藤田組の鉱山を競争のうえ請け負ったが、その経
　　緯から顔雲年の人脈を見いだすことができる。詳しくは同書 33-35 頁、吉永勘一郎
　　編『瑞芳鉱山概況』（台北：台陽鉱業株式会社瑞芳坑場、1933 年）、2 頁、7-8 頁を
　　見よ。
24)　『顔雲年翁小伝』52-53 頁。
25)　同上、53-54 頁。『瑞芳鉱山概況』2 頁。
26)　島田利吉「金瓜石鉱山の概況」『科学の台湾』4：6（1936 年 12 月）、2 頁。台湾銀
　　行金融研究室編『台湾之金』（台北：台湾銀行、1950 年）、30-36 頁、39 頁。
27)　『台陽公司六十年誌』38-39 頁。『台湾之金』38-40 頁、42-43 頁。
28)　顔家関係企業には二つの鉱業会社以外に、日本植民地期に以下のような会社があ
　　った。基隆軽鉄株式会社、海山軽鉄株式会社、台湾興業信託株式会社、基隆商工信
　　用組合、瑞芳営林株式会社、株式会社雲泉商会、株式会社中日銀行、基隆船渠株式
　　会社、南洋倉庫株式会社、台湾水産株式会社、台湾電化株式会社、大成火災海上保
　　険株式会社、瑞芳軽鉄株式会社、礼和商行、義和商行など 15 の会社。
29)　「基隆博愛団許可」『台湾日日新報』第 7038 号（1920 年 1 月 16 日）6 頁、「顔雲年
　　氏の美挙」『台湾日日新報』第 7439 号（1921 年 2 月 20 日）5 頁、「公共長屋落成」

『台湾日日新報』第 8045 号（1922 年 10 月 19 日）6 頁。『顔雲年翁小伝』63-66 頁。『顔国年君小伝』45-51 頁。この他に顔家が援助した団体や学校は以下の通り。日本赤十字会、瑞芳公学校、基隆公学校、基隆高等女学校、基隆中学校、並びに家郷付近の軽便鉄道の敷設と道路の整備。
30）『顔雲年翁小伝』60-61 頁。
31）『台湾における新興産業』（台北：台湾銀行、1935 年）、81-84 頁。もう一つの製造所は松山電気鋳鋼所で、『顔国年君小伝』56 頁の記載によると、顔は 1923 年 4 月にこの会社の取締役となった。
32）『顔雲年翁小伝』119 頁、143 頁。『顔国年君小伝』54 頁、顔雲年は従六位勲五等に敍される。
33）『顔雲年翁小伝』125 頁-194 頁。『顔国年君小伝』123-223 頁。

結　論

　20世紀は人類史における非常に活発な時代であり、東アジア地域では、1905年の日露戦争の終結に伴い、日本は次第に領域を広げていった。1911年辛亥革命によって、東アジア最初の民主共和国が創設されたが、中国の内部情勢は依然として動揺し不安定であった。1914年の第一次世界大戦の勃発は、イギリスを中心とするヨーロッパ列強のアジアでの影響力を衰微させた。日露戦争後に国際舞台で頭角を現した日本は、明治維新以来の経済発展を続け、次第に対外資本輸出を行うようになった。日本は財閥で構成する国際商業ネットワークによって、分裂した中国と植民地台湾で投資するだけでなく、台湾の優秀な企業家をも利用し、「華僑」としての身分で排日風潮の強い中国の内陸部へ視察に行かせた。近代外交体制のもとにいる外交官たちも、民間の経済交流に協力していた。

　植民地として、国際貿易が発展したことで、日本統治期に台湾と日本は産業の垂直分業の関係となったが、台湾は両岸の経済発展においても積極的な役割を果たし、日本も20世紀初めから中国の石炭業や綿紡織業を主とした工業に投資し始めた。当時の中国は反日気運が高まっていたので、東北アジア地域の経済発展において、台湾は重要な仲介役となり、大企業家も常に糸を引いて貿易の成長を促し、台湾の関連する産業も発展を遂げたのであった。

　当時大陸に渡って投資をし、あるいは直接両岸貿易に従事していた台湾商人は決して少なくなく、彼らの中には中国の政界人と交流していた者もいた[1]。例えば、『辜顯榮翁伝』によると、名声のあった辜顯榮は日本政府の意を授かって、1925～37年の間に日中友好と経済協力を促進させるために、三度にわたって中国を訪問していた。はじめて中国を訪問した際（1925年は顏国年が華北を視察した翌年）には、北洋政府の段祺瑞執政や林長民、熊

希齢、馮玉祥らと会い、日本大使館で北洋政府から「勲二等大綬嘉禾賞」を贈られた。

しかも注目すべきなのは、黄郛の紹介によって北京の企業家（名前は伏せられている）と協定を結び、共同出資で「大同公司」を設立し、「西山鉱業」事業に着手していたことである。

2回目は1934年12月から翌年1月までで、蒋委員長や汪精衛院長、何応欽、楊永泰秘書長、陳紹寛司法院長等の中華民国政府の要人と会い、積極的に日中親善について話し合っていた。さらに4月には福州で陳儀にも会っている（1934年には福州で台湾籍民を巡る事件が起きていた）。

3回目となる2年後の1937年2月、西安事件が起きて間もない時に、上海にて国民党三中全会の前に張嘯林、杜月笙、陳儀と会い、華北主権回復と連ソ抗日案の提出を阻止しようとしていた。しかも、三中全会が終了する際には南京へ行き、蒋作賓や汪精衛、張郡、馮玉祥らに会った。そして再び上海へ戻って孔祥熙や虞洽卿らの浙江財閥と面会した。この訪問中に彼は上述の人物に対し何度も日中関税の改定や航空協定の締結、共同防共等の当時最も重要な課題に言及し[2]、盧溝橋事件発生の前に彼が中国大陸に渡っていたのは政治的要素が強いものであった。

それと比べて、日本統治期の有名な「五大家族」（基隆顔家、板橋林家、霧峰林家、鹿港辜家、高雄陳家）中の顔家は、三井財閥の斡旋で、1924年4月24日から台陽鉱業会社瑞芳鉱山事務所長の翁山英（基隆暖暖の出身で、雲年が生前に最も信頼していた）の付添いの下、76日（7月8日まで）かけて華北と東北、そしてもう一つの植民地である朝鮮を調査した。ここでは鉄道で9省を回り、開灤や撫順、淄川、中興、山西等の石炭と鞍山の鉄鉱を視察した。さらに、北洋政府と山西政府、三井財閥の要人にも会い、山西石炭業の可能性を模索していたのである[3]。

顔国年の華北調査は、日中台共同で石炭業に投資する構想を実現させるためであり、経済的要素が強く、しかもそれは民間の交流であった。それは三井財閥で、また国営企業ではなかったが、日中台の企業界が経済交流をはかっていた典型だったと言える。同じく板橋の林熊徴も、家の管理人である林

済川(日本に留学し、神岡出身)を漢冶萍公司へ派遣し、林氏の株主代表を務めさせた[4]。中国の石炭鉄鉱への投資は、当時力のある台湾本土の資本家が行っていたことがわかる。しかも漢冶萍公司は日本資本も多く投資をしており、日中台が中国で協力して経営していた代表的な企業の一つであった。そして、顔国年の山西鉱業投資計画の裏には三井財閥があり、そのメンツを潰すことはできなかったのである。これからも、台湾本土の資本家が特殊な政治環境の下で、なんとかして自ら活躍する場を開拓するために気力を絞り、代価を払っていたことを身にしみて感じることができよう。

さらに、顔国年の華北調査は三井財閥が中国炭を支配しようとしていた野心を象徴しており、三井が台湾炭を掌握しようとしていたのと同じである。当時、1918年の第6回支店長会議で台北支店長の飯沼剛が示した見解とは以下のようなものであった。それはつまり、顔雲年と共同で基隆炭鉱会社を経営し、これまでは三井物産会社が四脚亭炭を独占販売し、その坑主が賀田金三郎であった。しかし、坑主が利益を得て資金にも余裕ができ、販売契約をするのは非常に危険な状態にあり、賀田氏には三井を仲介して利益を得させる必要はない。三井で直接販売すれば利益も多く得られるので、契約満期と同時に通告を以て一手販売を解除すれば、三井物産と鉱山会社の幹部はこの炭山を三井の勢力範囲の中に入れ、安心して商売ができる[5]、というものであった。このため、石炭埋蔵量が豊富で国際競争もさらに激しい中国で、三井は競争相手と国際販売協定を結んだ外、さらに投資も増額しようとしていたので、反日感情が高まる中で顔国年に「先鋒」的役割を担わせたのである。

進んでいえば、日本統治時代の顔氏の華北訪問は、時代背景の下で台湾企業家の大志と無力をも示している。彼は当時本土の発展のために、植民地当局との協調及び協力する企業家の典型である。彼と中国政府、日本政府、台湾総督府、三井財閥との関係については、次の図が示すように理解できよう。

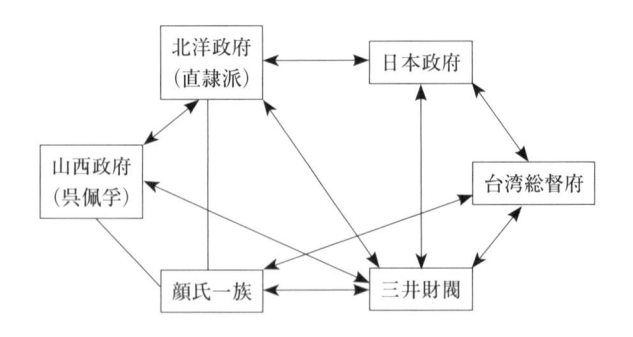

```
        北洋政府 ←――→ 日本政府
       (直隷派)
          ↑↓          ↓
       ↓  ↓           ↓
    山西政府            台湾総督府
    (呉佩孚)             ↑↓
          ↓    ↘      ↓
        顔氏一族 ――→ 三井財閥
```

　この図を見てわかるように、顔氏一族は山西政府と関係を持つが、それが三井財閥を通してしか成り立たない（そのため、顔氏一族が山西政府及び北洋政府との間に矢印がない）。彼は日本政府とのパイプも三井財閥を通さなければならない。台湾総督府との間だけ直接指示を受けるか、あるいは意見を表明できる。三井財閥は多面的に活動しており、その商業融資能力と産業投資によって柔軟な経済外交活動を展開し、中国と台湾の民間企業の命脈を握るだけでなく、日本政府と台湾総督府の政策決定にも影響を与えており、さらに直接日本の対中国債権整理の重責を担っている。この過程において、北洋政府や山西政府と接触することによって、顔国年の山西炭砿視察を促し、中日台間の活発な経済交流を象徴している。

　その後、時代要請に適応するため、顔国年は経営の重心を台湾炭砿施設の改善と技術力の向上に置いた。彼は前後して台湾総督府の評議会員、臨時産業調査会委員と熱帯産業調査会民間委員に選ばれて、自分の意見を述べる機会を得て、植民地当局に台湾の交通、教育、電力などのインフラ整備を重視するようと呼びかけた。この意見は完全に採用されるわけではないが、植民地当局が無視するほどではない。彼は地方で非常に影響力を持つ人物で、多少は当局の制定した政策にその意見が反映される。それに三井財閥との関係を通じて、その提言は日本政府に伝達する可能性も否めない。

　当時の大家族は生き残りと発展をかけて、多少なりとも自身が置かれた環

境に対応せざるを得ず、政治的関係が良好な産業界の巨頭として、台湾と中国、日本の官僚と企業界の間を奔走し、また台湾島内では統治者と民間人の間の折衝を担い、植民地支配を受ける台湾人がより広い生存空間と、より大きい権益を得られるよう求めたのであった。彼らの努力は各パイプを通じて台湾「当局」や日本政府へと伝達しなければならず、つまり彼らは東北アジア地域の産業と貿易ネットワークを構築することによって、当時の台湾の経済と政治社会における要人の地位にまで登りつめたのであった。

●註
1) 林満紅「日拠時期的台商與兩岸経貿関係——台商拓展外貿経験之一重要篇章」、『第一屆台湾経験研討会』（嘉義：国立中正大学歴史研究所、1992年4月）。この論文を提供して下さった林満紅教授には謝意を表する。
2) 辜顯榮翁伝記編纂会『辜顯榮翁伝』（台北：辜顯榮翁伝記編纂会、1939年）、146-266頁。また本書中で、上述の中国の政治要人が辜氏に送った写真を掲載している。
3) 詳細に関しては、陳慈玉「顔国年與中日台煤礦業合作的構想、1924-1930」、『近代中国歴史人物論文集』（台北：中央研究院近代史研究所、1993年）、833-871頁を参照されたい。
4) 故台湾師範大学歴史系・王啟宗教授の御指導に謝意を表する。
5)『第6回支店長会議議事録』（三井文庫所蔵史料、コード：物産198-6、1918年）、36頁。
　「一九一〇年代における三井鉱山の展開」、『三井文庫論叢』12号（東京：財団法人三井文庫、1978年）、146頁。

あとがき

　1970年代初めに東京大学の田中正俊先生に師事して、経済史という分野に足を踏み入れて以来、私の関心はずっと中国と世界経済との関連性にあり、近代の重要な国際貿易商品（茶・生糸）の研究に打ち込むようになった。

　1991年頃からは、20世紀の中国石炭業の発展と日本の投資関係についての研究を始めた。当時研究対象は、台湾の基隆顔家が経営していた炭鉱と金鉱であった。台湾に現存する檔案を読み込んでいくうちに、日本資本が果した重要性が浮かび上がってきた。そのため、中央研究院近代史研究所張玉法所長の推薦を経て、行政院国家科学委員会の助成も受け、1993年8月から日本で資料収集を行った。

　一年に亘る東京滞在中、大倉と三井両財閥の檔案、及び外務省外交史料館に所蔵されている資料を閲覧し、当時の日本の投資対象で台湾と朝鮮は重要視されていなく、最も関心が向けられていたのは石炭埋蔵量が豊富な中国東北と華北であることに気付いた。そこで、台湾に帰国した後、研究テーマを戦前日本の対中国石炭投資の歴史的意義に設定した。その中で、日本がアジアの石炭生産を支配することによって、燃料資源を掌握しようと企図した時、競争状態にあった各商社が協力できる仕組みを生み出し、政府と財閥、そして軍が三位一体の活動主体となったモデルを構築した。北洋政府と軍閥はその利益獲得の協力者となり、彼らの支援の下で、日本の政府・商社・軍の三者は華北石炭に対する資本輸出を行った。このような投資はその後、日中戦争期になると統制がかけられるようになった。この統制経済体制の中で、財閥は資金提供を続けていたが、従来の「先鋒」的な役割ではなく、また国の資本輸出の仲介者でもない、単なる動かされる駒にしか過ぎなくなった。

　10年間の研究を通じて以下のことが窺い知れる。つまり、百年に亘る台湾と中国の鉱業発展過程において、国家という機構は常に主導的な役目を果

たし、関連する政策の制定には必ず世界情勢に対応した背景があり、戦前の日本政府と財閥は、対台湾政策と実際の動きの間で相互輔完の関係にあった。財閥もまた、日本政府の中国石炭投資に協力したのであった。言うなれば、この政府と財閥の密接な関係は、現在のアジアにおいても、ある意味歴史的な連続性を備えているのである。

それと同時に、台湾国際貿易と重要産業の発展が高い関連性を有していることにも注目するようになった。日本政府が1895～1945年の間に台湾で行った強力且つ有効な科学的植民地政策が、台湾の政治と社会及び経済、そして文化の各方面で空前の変化を生じさせたことは疑う余地がなかろう。この変化は、ひいては戦後台湾の社会経済の発展にも影響を及ぼしたのである。歴史的に振り返ると、今日の台湾が達成した「経済の奇跡」は、清末と日本統治期にその基礎があるが、時代の流れに応じて各時期政府が実施した政策は一貫しておらず、それぞれの時代における主要産業もまた異なるのである。その中でも、日本統治期に興った産業は、戦後になってなお健在しているものもあるが、ある産業は構造の変化や戦火を経たため、そこには連続性と断絶性が生じることとなった。

本書の各章は以下の既発表論文をもとにして大幅に改訂したものである。
1.「近代台湾の塩業とソーダ業——技術革新と産業転換の一例として——」、立命館大学社会システム研究所『社会システム研究』12号（2006年3月）、139～172頁。
2.「『計画経済』体制下の台湾アルミニウム産業」、立命館大学社会システム研究所『社会システム研究』15号（2007年9月）、109～130頁。
3.「戦後の台湾における石炭業1945-1980年：斜陽産業の一例として」、立命館大学経済学会『立命館経済学』第56巻第4号（2007年11月）、1～24頁。
4.「戦時統制下の台湾炭鉱業：1937-1945」、金丸裕一編『近代中国と企業・文化・国家』（東京：ゆまに書房、2009年3月）、307～342頁。
5.「日本植民地時代の基隆炭鉱株式会社——台湾土着資本家と日本財閥の

あとがき

事例研究」、西嶋定生博士追悼論文集編集委員会編『東アジア史の展開と日本』（東京：山川出版社、2000 年 3 月）、517〜540 頁。
6.「台湾バナナ産業と対日貿易：1912-1972 年」、立命館大学経済学会『立命館経済学』第 59 巻第 2 号（2010 年 7 月）、28〜48 頁。
7.「日本統治期における台湾輸出産業の発展と変遷（上）」、立命館大学経済学会『立命館経済学』第 60 巻第 5 号（2012 年 1 月）、17〜49 頁。
8.「日本統治期における台湾輸出産業の発展と変遷（下）」、立命館大学経済学会『立命館経済学』第 61 巻第 1 号（2012 年 5 月）、108〜130 頁。

1970 年代の日本での留学生活は、今でもはっきりと脳裏に焼き付いており、当時は裕福ではなく、冬は「悴める手で論文を書きにけり」という日々もあったものの、意欲に満ち溢れ、人生で最も楽しかった時である。帰国後は、金丸裕一先生と星野多佳子夫人に出会う機会にも恵まれ、彼らと張士陽らの好意を受け、各論文を日本語に訳していただき、この度ようやく一冊の本となって出版できることとなった。心より感謝の意を表したい。

今この 20 年間の努力が報われ、感慨無量である。研究を始めて以降、内外多数の研究者、研究機関、文書館・図書館の方々に御指導と御援助をいただきました。あまりにその数が多いため、個々のお名前をあげることは控えさせていただきます。ただ、当時、張玉法先生の推薦を受けて東京に行く機会が無かったならば、恐らく三井文庫と東京経済大学に三井と大倉両財閥の檔案が所蔵されていることも知らなかったことであろう。また研究視点も台湾のみに向けていたと思う。張先生の御厚意には心より謝意を表したい。また、中央研究院近代史研究所は静かな研究環境と豊富な檔案、整った設備を提供していただき、さらにはアメリカや日本、中国での資料収集も援助して下さったことに感謝したい。行政院国家科学委員会には長期に亘って私の研究を支援していただいたおかげで、このテーマを完成させることができた。

本書の刊行に際しては、東京大学田島俊雄先生にお世話になった。深謝申しあげる。そして、国立台湾大学の蕭明禮博士，国立政治大学の侯嘉星博士候補人、立命館大学の岡﨑滋樹（博士課程在籍）君には資料整理や校正に協

力していただいた。御茶の水書房の小堺章夫氏には丁寧に文書校正等出版に関わる諸事をお世話していただいた。心からお礼を申し述べたい。さらに、本書のカバーの古い写真は、中央研究院台湾史研究所の謝国興所長の御許可により使用することができた。謝意を申し上げる。

　この30年間の研究生活を振り返ると、言葉に表せない感慨が思わずこみあげてくる。亡き両親は、これまでずっと私の物質的と精神的な支えであり、彼らの学術に対する真摯な姿勢と新たな知識を追求する努力は、私がこの道を選んだきっかけでもあった。また、夫がこれまで私を全力で支援し続けてくれたおかげで、両親が亡くなってからも私に更に前進する勇気を与え、厳しい現実に対しても勇敢に立ち向かわせてくれた。戦前に日本の高等教育を受け、戦後も環境の変化に順応しようと努力を続けた両親の身を以て鑑とし、自分の故郷を愛する心を育てた、その心身から伝えられた教えは私の心にずっと残っている。特に母の詠んでくれた「優雅なるセンスの匂い泫の胸に史学研究の炎燃へつつ」という短歌はいつも私を励ます。ここに、小著を両親に捧げ、彼らに対する追慕敬愛の気持ちを表したい。

陳慈玉謹識

台北南港

2013年11月6日

先巌四十周年忌日

参考文献一覧

A，档案・政府刊行物

行政院国際経済合作発展委員会部門計画処編『煉鋁及鋁加工工業』、台北：行政院国際経済合作発展委員会部門計画処、1973年。

経済部国営事業委員会編『経済部所屬事業発展事略』、台北：経済部国営事業委員会、1996年。

国史館台湾文献館藏『台湾総督府公文類纂』。

国史館台湾文献館藏『台湾総督府専売局公文類纂』。

国史館台湾文献館藏『台湾総督府府報』。

齊藤讓『瑞芳及金瓜石鉱山視察報文』、台北：台湾総督府民政部殖産課、1900年。

朱匯森主編『中華民国史事紀要 民国34年10月到12月』、台北：国史舘、1990年。

薛月順編『資源委員会档案史料彙編』、台北：国史館、1993年。

薛月順編『台湾省政府档案史料彙編：台湾省行政長官公署時期』、台北：国史館、1996年。

台湾合同鳳梨株式会社「営業報告書」。

台湾省接収委員会日産処理委員会『台湾省接収委員会日産処理委員会結束総報告』、台北：台湾省接収委員会、1947年。

台湾省政府主計處『台湾貿易五十三年表』、台北：台湾省政府主計處、1954年。

台湾省文献会編『台湾省通志』、南投：台湾省文献会、1970年。

台湾総督府『台湾総督府事務成績提要』、台北：成文出版社、1985年。

台湾総督府官房調査課編『施政四十年の台湾』、台北：成文出版社據1935年本影印、1985年。

台湾総督府財務局税務課『台湾外国貿易二十年對照表：自明治二十九年至大正四年』、台北：台湾総督府財務局税務課、1916年。

台湾総督府財務局税務課『台湾貿易年表』大正四年至昭和十七年、台北：台湾総督府財務局税務課、1916 ― 1943年。

台湾総督府殖産局商工課編『熱帯産業調書』、台北：台湾総督府殖産局商工課、1935年。

台湾総督府殖産局『工廠名簿（昭和5年）』、台北：台湾総督府、1932年。

台湾総督府殖産局『台湾工業統計』、台北：台湾総督府殖産局、1943年。

台湾総督府殖産局『台湾茶業調査書』、台北：台湾総督府、1930 年。
台湾総督府殖産局『台湾農業年報』、台北：台湾総督府殖産局、1941 年。
台湾総督府殖産局『鳳梨産業調査書』、台北：台湾総督府殖産局、1930 年。
台湾総督府殖産局特産課『台湾の茶業』、台北：台湾総督府、1935 年。
台湾総督府殖産局特産課『茶業ニ関スル調査書』、台北：台湾総督府、1935 年。
台湾総督府殖産局特産課『主要青果物統計（昭和 13 年）』、台北：台湾総督府殖産局特産課、1939 年。
台湾総督府殖産局農務課『主要青果物統計（昭和 16 年）』、台北：台湾総督府殖産局農務課、1943 年。
台湾総督府専売局『専売事業』、台北：台湾総督府専売局、1924 年。
台湾省総督府専売局『台湾鹽専売志』、台北：台湾総督府専売局、1925 年。
台湾省総督府専売局『専売事業年報』第 34 期、台北：台湾総督府専売局、1936 年。
台湾省総督府専売局『専売事業年報』第 35 期、台北：台湾総督府専売局、1937 年。
台湾省総督府専売局『専売事業年報』第 36 期、台北：台湾総督府専売局、1938 年。
台湾省総督府専売局『専売事業年報』第 37 期、台北：台湾総督府専売局、1939 年。
台湾省総督府専売局『専売事業年報』第 38 期、台北：台湾総督府専売局、1940 年。
台湾総督府専売局『専売事業第三十七年報』別冊食塩、台北：台湾総督府専売局、1939 年。
台湾総督府専売局『台湾専売誌概要』、台北：台湾日日新報社、1915 年。
台湾総督府専売局『台湾専売法規』、台北：台湾総督府専売局、1924 年。
台湾総督府専売局『台湾総督府専売事業』、台北：台湾総督府専売局、1928 年
台湾総督府専売局『布袋食塩専売史』、台北：台湾総督府専売局、1942 年。
台湾総督府専売局塩脳課「台湾工業塩田の拡張」『部報』18、台北：台湾総督府臨時情報部、1938 年 3 月。
台湾総督府専売局塩脳課『塩専売記念特輯』、台北：台湾総督府専売局、1939 年。
台湾鳳梨罐詰株式会社「決算報告書」。
中華民国鉱業協進会編『台湾地区煤鉱開発経営之総合研究報告』、台北：経済部煤業合理化基金保管運用委員会、1994 年。
中央研究院近代史研究所蔵『実業部档案』。
中央研究院近代史研究所蔵『台湾区生産事業管理委員会档案』。
中央研究院近代史研究所蔵『行政院外匯貿易審議委員会檔案』。
中央研究院近代史研究所蔵『財政部塩務档案』。
中央研究院近代史研究所蔵『資源委員会台湾鋁業股份有限公司檔案』。

朝鮮総督府『施政三十年史』、京城：朝鮮総督府、1940年。
陳華洲『光復一年半来台湾省公営生産事業之総検討』、台北：法務部調査局共党研究中心典蔵資料、1947年。
日本三井史料館蔵『第6回支店長会議議事録』。
日本三菱史料館蔵『定款日本アルミニウム（株）』。
日本三菱史料館蔵『日本アルミニウム株式会社取締役会議議事録』。
葉振輝訳『半世紀前的高雄煉油廠與台鋁公司——史料選譯』、高雄：高雄市文献委員会、1995年。
林興仁主修・盛清沂総纂・林朝啓編『台北県志・巻21・鉱業志』、板橋：台北県文献委員会、1960年。
China, Imperial Maritime Custom, *Annual Trade Reports and the Trade Returns of the Various Treaty Ports, 1864-1920*, 1881, 淡水。

B，新聞

『新生報』。
『台湾日日新報』。
『台湾協会会報』。
『台湾時報』。
『中央日報』。
『聯合報』。

C，著書

『台湾における新興産業』、台北：台湾銀行、1935年。
GHP/SCAP編・長谷川信訳『GHQ占領史　第48巻重工業』、東京：日本図書センター、1999年。
伊藤重郎編『台湾製糖株式会社史』、東京：台湾製糖株式会社東京出張所、1939年。
石井寛治『日本経済史』、東京：東京大学出版会、1982年。
于宗先・劉克智主編『台湾的工業発展』、台北：中央研究院経済研究所、1984年。
袁穎生『光復前後的台湾経済』、台北：稲郷出版社、1996年。
王永慶『生根・深耕』、台北：宇晨企業有限公司、1993年。
翁嘉禧『台湾光復初期敵経済転型与政策（1945-47）』、高雄：復文図書出版社、1998年。
小澤利雄『近代日本塩業史——専売制度下の日本塩業』、東京：大明堂、2000年。

大河内曉男『発明行為と技術構想』、東京：東京大学出版会、1992年。
大石嘉一郎編『日本帝国主義史3 第二次大戦期』、東京：東京大学出版会、1994年。
郭泰『王永慶奮闘史——立志成功者最好的一面鏡子』、台北：遠流出版社、1994年。
顔東敏『有機溶剤発酵工業化学』、台北：復文書局、1991年。
魏喦壽・茅秀生『台湾之発酵工業』、台北：台湾銀行、1952年。
楠井隆三『戰時台湾経済論』、台北：南方人文研究所、1944年。
黃清連『黑金與黃金——基隆河上中游地區礦業的發展與具落的變遷』、板橋：台北縣立文化中心、1995年。
黃松源・黃朝陽編『台湾省青果運銷合作社十週年誌』、台北：台湾省青果運銷合作社、1985年。
工政会『台湾産業大觀』、東京：工政会発行、1933年。
高淑媛『經濟政策與產業發展——以日治時期台湾鳳梨罐頭業為例』、台北：稲香出版社、2007年。
近藤正己『総力戦と台湾——日本植民地崩壊の研究』、東京：刀水書房、1996年。
櫻井芳次郎『パインアップル』、台北：南洋協会台湾支部、1925年。
財団法人東亜経済調査局編『本邦を中心とせる石炭需給』、東京：東亜経済調査局、1933年。
周憲文『日拠時代台湾経済史』第2冊、台北：台湾銀行、1958年。
司馬嘯青『櫻花、武士刀——日本政要與台湾五大家族』、台北：自立晚報、1988年。
司馬嘯青『台湾五大家族』、台北：自立晚報、1987年。
秦孝儀主編『中華民國名人傳』第1冊、台北：近代中國出版社、1984年。
秦孝儀主編『中華民國名人傳』第5冊、台北：近代中國出版社、1986年。
曾汪洋『台湾之鹽』、台北：台湾銀行経済研究室、1953年。
高木一也『バナナ輸入沿革史』、東京：日本バナナ輸入組合、1967年。
台陽股份有限公司六十週年慶典籌備委員会編輯組編『台陽公司六十年誌』、台北：台陽公司、1978年。
台湾省工業研究所編『臺湾省経済調査初稿』、台湾：台湾省工業研究所、1946年。
台湾銀行『資料調査蒐録』、台北：台湾銀行調査課、1936年。
台湾銀行金融研究室編『台湾之金』、台北：台湾銀行、1950年。
台湾銀行金融研究室編『台湾之煤』、台北：台湾銀行、1950年。
台湾銀行金融研究室編『台湾之造紙工業』、台北：台湾銀行金融研究室、1951年。
台湾銀行経済研究室編、『台湾之香蕉』、台北：台湾銀行経済研究室、1949年。
台湾経済研究所編『鳳梨合同の真相』、台北：台湾経済研究所、1936年。

台湾経済研究会調査部『台湾経済叢書』、台北：台湾経済研究会、1935-1942年。
台湾経済年報刊行会編『台湾経済年報』第1輯、東京：国際日本協会、1941年。
台湾経済年報刊行会編『台湾経済年報』第2輯、東京：国際日本協会、1942年。
台湾経済年報刊行会編『台湾経済年報』第3輯、東京：国際日本協会、1943年。
台湾區茶輸出業同業公会『台茶輸出百年簡史』、台北：台湾區茶輸出業同業公会、1965年。
台湾鉱業史編纂委員会『台湾鉱業史』、台北：台湾省鉱業研究会、1969年。
台湾鉱業史編纂委員会『台湾鉱業史続一』、台北：台湾省鉱業研究会、1983年。
竹越與三郎『台湾統治志』（二）、台北：成文出版社據1905年本影印、1985年。
竹本篁處編『台湾炭業論』、台北：南方経済研究会、1921年。
中国工程師学会編『台湾工業復興史』、台北：中国工程師学会、1960年。
張繡文『台湾塩業史』、台北：台湾銀行経済研究室、1955年。
張宗漢『光復前台湾之工業化』、台北：聯経出版事業公司、1980年。
陳大川『台湾紙業發展史』、台北：台湾區造紙工業同業公會、2004年。
陳慈玉『近代中国茶業的発展與世界市場』、台北：中央研究院経済研究所、1982年。
陳慈玉『台湾鑛業史上的第一家族——基隆顔家研究』、基隆：基隆市立文化中心、1999年。
唐羽編纂『台湾鉱業会志』、台北：中華民国鉱業協進会、1991年。
東洋経済新報社編『昭和産業史』第1巻、東京：東洋経済新報社、1950年。
中岡哲郎・鈴木淳・堤一郎・宮地正人編『産業技術史』、東京：山川出版社、2001年。
中村隆英・尾髙煌之助編『二重構造』、東京：岩波書店、1989年。
中村隆英編著『「計画化」と「民主化」』、東京：岩波書店、1989年。
長浜実編『顔国年小伝』、基隆：尚友会、1939年。
日本アルミニウム株式会社創立事務所『日本アルミニウム株式会社設立趣意書』、東京：日本アルミニウム株式会社創立事務所、1935年。
日本軽金属二十年史編纂委員会『日本軽金属二十年史』、東京：日本軽金属株式会社、1959年。
畠中泰治『台湾専売事業年鑑』、台北：台湾と海外社、1939年。
原朗編『日本の戦時経済——計画と市場』、東京：東京大学出版会、1995年。
福田要『台湾の資源と其の経済的價値』、台北：新高堂書店、1921年。
藤田喜市編『台湾炭鉱誌』、台北：三井物産株式会社台北石炭支部、1925年。
牧野文夫『招かれたプロメテウス——近代日本の技術発展』、東京：風行社、1996

年。
三浦鶴治『日本食塩回送史』、東京：日本食塩回送株式会社、1929年。
安井常義『生産力擴充と経済統制』、台北：台北商工会議所、1943年。
安場保吉・猪木武徳編『高度成長』、東京：岩波書店、1989年。
友声会編『顔雲年翁小伝』、基隆：友声会、1924年。
吉永勘一郎編『瑞芳鉱山概況』、台北：台陽鉱業株式会社瑞芳坑場、1933年。
楊選堂『台湾之燃料資源』、台北：台湾銀行、1951年。
葉万安『二十年来之台湾経済』、台北：台湾銀行、1967年。
頼建誠『近代中国的合作経済運動』、台北：正中書局、1990年。
李鏡清『台湾青果産銷合作事業発展與演進』、台北：仁仁出版社、1982年。
劉士永『光復初期台湾経済政策的検討』、台北：稲郷出版社、1996年。
劉紹唐主編『民国人物小伝』第7冊、台北：伝記文学出版社、1985年。
劉天賜『台湾最近的経済界』、台北：台湾経済界社、1933年
林継文『日本拠台末期（1930—45）戦争動員体系之研究』、台北：稲郷出版社、1996年。
林明德・陳慈玉・許慶雄『日本歴史與文化』、台北：国立空中大学、1992年。
林炳炎『保衛大台湾的美援（1949-1957）』、台北：台湾電力株式会社資料中心、2004年。
Carroll L. Wilson ed., *Coal-Bridge to the Future : Report of the World Coal Study,* 林丕旭訳『煤炭——銜接未来能源之橋』、台北：経済部能源委員会、1980年。
George W. Stocking & Myron W. Watkins, *Cartels in Action : Case Studies in International Business Diplomacy,* New York：The Twentieth Century Fund, 1946.
Overseas Consultant Inc., *Strike Report on Industrial Reparations Survey of Japan to the United States of America,* 東京：日本タイムス社、1948年。
Schumpeter, Joseph A., tr. by Opie, R., *The Theory of Economic Development*：*An Inquiry into Profits, Capital, Credit, Interest and the Business Cycle,* Cambridge：Havard University Press, 1934.

D，雑誌・学位論文

「一九一〇年代における三井鉱山の展開」『三井文庫論叢』12（東京：財団法人三井文庫、1978年）。
「日本財閥之台湾投資」『台湾経済史第二集』（台北：台湾銀行経済研究室、1955

年)、129-139 頁。
「台湾石炭株式会社の開業と定款及株主名簿」『台湾鉱業会報』205(台北:台湾砿業会、1941 年 10 月 30 日)。
「台湾石炭株式会社設立経過」『台湾鉱業会報』203(台北:台湾砿業会、1941 年 4 月 30 日)。
于宗先「台湾対外貿易与経済発展」于宗先・孫震編『台湾対外貿易論文集』(台北:聯経出版公司、1975 年)、104-106 頁。
王信智「日治時代安平港口機能的變遷」、台東:国立台東大学教育研究所碩士論文、2005 年。
顏恵霖「基隆炭鉱株式会社創立真相」『台煤』563(台北:中華民国鉱業協進会、1989 年 6 月)、29-35 頁。
邱志仁「從「海賊窟」到「小上海」:布袋沿海地區経済活動之變遷(約 1560-1950)」、南投:国立曁南国際大学歴史学研究所碩士論文、2004 年。
許賢瑤「台湾茶在中国東北的發展」『台湾商業傳統論文集』(台北:中央研究院台湾史研究所籌備處、1999)、269-296 頁。
許世融「関税與兩岸貿易 1895-1945」、台北:国立台湾師範大学歴史学研究所博士論文、2004 年。
金成前「台湾鋁業之発展与世界鋁業之趨勢」『台湾文献』22:4(南投:台湾省文献会、1971 年 12 月)、91-100 頁。
黃登興・徐茂炫「殖民関係與貿易形態在台湾日治時期的驗證」『経済論文叢刊』25:3(台北:国立台湾大学経済系、1997 年 9 月)、369-399 頁。
黃富三・陳慈玉「第六章 商業的発展」『台湾近代史 経済篇』(南投:台湾省文献委員会、1995 年)。
胡長準「台湾香蕉之検験与運銷」『台湾之水果続集』(台北:台湾銀行経済研究室、1965)。
洪麗雯「殖民主義與産業形塑:日治時期台湾藺草産業的発展」、台南:国立台南大学台湾文化研究所碩士論文、2006 年。
甲本正信「台湾鳳梨罐詰事業の発達」『熱帯園藝』6:3(1936 年 9 月)。
高国平「1622-1945 年台湾対外貿易地理變遷之研究」、台北:私立中国文化大学地学研究所博士論文、1999 年。
高淑媛「植民地台湾における洋紙工業の成立——バガス製紙を中心として——」『現代台湾研究』18(大阪:台湾史研究会、1999 年 12 月)、105-114 頁。
吳雅芳「打狗港與旗後的発展(1624-1920)」、台南:台南師範学院郷土文化研究所

碩士論文、2000年。

吳子政「日治時期台湾倉儲與米出口運輸體系之探討」、台北：国立政治大学台湾史研究所碩士論文、2007年。

辜顯榮翁伝記編纂会『辜顯榮翁伝』、台北：辜顯榮翁伝記編纂会、1939年。

蔡采秀「日本的海上経略與台湾的対外貿易（1874-1945）」『台湾商業傳統論文集』（台北：中央研究院台湾史研究所籌備處、1999年）、187-232頁。

蔡昇璋「日治時期台湾「特別輸出入港」之研究」、桃園：国立中央大学歴史研究所碩士論文、2007年。

戴寶村「近代台湾港口市鎮之発展——清末至日治時期」、台北：国立台湾師範大学歴史研究所博士論文、1987年。

櫻井芳次郎「台湾のパインアップル罐詰事業の創業」『熱帯園藝』6：3（1936年9月）。

周憲文「日治時代台湾之農業経済」『台湾銀行季刊』8：4（台北：台湾銀行経済研究室、1956年12月）。

周憲文「日拠時代台湾之対外貿易」『台湾銀行季刊』9：1（台北：台湾銀行、1957年6月）。

周国雄「台湾之工業」『台湾之工業論集 巻三』（台北：台湾銀行、1965年）。

島田利吉「金瓜石鉱山の概況」『科学の台湾』4：6（1936年12月）。

徐伯申「台湾鳳梨罐頭外銷之研究」『中國経済』14（台北：中國経済月刊社、1951年11月）。

徐榕鴻「兩岸貿易一百五十年：1860-2002」、台北：私立輔仁大学経済学研究所碩士論文、2002年。

曾立維「日治時期台湾柑橘産業的開啓與発展」、台北：国立政治大学歴史学研究所碩士論文、2005年。

曾立維「日治時期台湾的藺草産業——以新竹地區為探討中心」『政大史粹』7（台北：国立政治大学歴史系、2004年12月）、91-157頁。

莊維藩「台湾之農産運銷」『台湾銀行季刊』12：2（台北：台湾銀行、1961年6月）、212-213頁。

孫景華「台湾的鋁業」中國新聞出版公司編『台湾経済年報1953年』（台北：中國新聞出版公司、1953年）。

高村直助「独佔資本主義の確立と中小企業」『講座日本歴史』18（東京：岩波書店、1975年）。

台湾碱業有限公司「台湾碱業有限公司概況」『台湾銀行季刊』1：4（台北：台湾銀

行、1948年3月)。

台湾鋁業有限公司籌備処「資源委員会台湾鋁業有限公司籌備処概況」『台湾銀行季刊』1:4 (台北:台湾銀行、1948年3月)。

武石勝「鳳梨罐詰検査方法的概要」『熱帯園藝』6:3 (1936年9月)。

張権「台湾之鹼氯工業」『台湾之工業論集巻四』(台北:台湾銀行、1968年)。

陳玟瑾「日治初期台湾糖業與交通運輸関係探究 (1896-1918年)」、台南:国立成功大学歴史学研究所碩士論文、1999年。

陳慈玉・李秉璋「日治時期台塩的流通結構」『東呉歴史学報』10 (台北:東呉大学歴史系、2003年12月)、209-262頁。

陳慈玉「一九四〇年代台湾的軍需工業」『中華軍史学会会刊』9 (台北:中華軍史学会、2004年4月)、145-189頁。

陳慈玉「近代台湾の塩業とソーダ業――技術革新と産業転換の一例として――」『社会システム研究』12 (京都:立命館大学社会システム研究所、2006年3月)、139-172頁。

陳慈玉「戦時統制下の台湾炭鉱業:1937-1945」金丸裕一編『近代中国と企業文化国家』所収 (東京:ゆまに書房、2009年)、307-342頁。

陳慈玉「戦時日本対東北炭鉱業的統制」『中華軍史学会会刊』3 (台北:中華軍史学会、1997年12月)、659-688頁。

陳慈玉「台湾バナナ産業と対日貿易:1912-1972年」『立命館経済学』、59:2 (京都:立命館大学人文学研究所、2010年7月)、28-48頁。

陳慈玉「日拠時期台湾炭鉱業的発展」『日拠時期台湾史国際学術研討会論文集』(台北:国立台湾大学、1993年)、397-420頁。

陳慈玉「日本植民時代的基隆顔家与台湾鉱業」『近世家族与政治比較歴史論文集』(台北:中央研究院近代史研究所、1992年)、625-656頁。

陳慈玉「顔国年與中日台煤礦業合作的構想、1924-1930」『近代中国歴史人物論文集』(台北:中央研究院近代史研究所、1993年)、833-871頁。

陳炳嘉「四百年台湾貿易:以金銀價格為基準」、南投:国立暨南国際大学経済学研究所碩士論文、2008年。

姚文林「台湾的工業」中国新聞出版公司編『台湾経済年報1953年』(台北:中国新聞出版公司、1953年)。

牟田邦基「燃料問題と無水酒精竝其将来性」『台湾経済叢書』7 (台北:台湾経済研究会、1939年)。

俞可信「日治時代台湾移出入物價指數的估計與分析」台北:国立台湾大学経済学

研究所碩士論文、1996年。

湯德正夫『台湾鳳梨産業の経済的研究』、台北：台北帝国大学理農学部卒業論文、1940年。

游棋竹「台湾対外貿易與産業之研究（1897-1942）」、嘉義：国立中正大学歴史研究所碩士論文、2003年。

葉淑貞・劉素芬「工業的発展」『台湾近代史経済編』（南投：台湾省文献委員会、1995年）。

葉淑貞・俞可倩「日治時代台湾対日進出口物價指數之估計與分析」『経済論文叢刊』35：3（台北：国立台湾大学経済系、2007年9月）、337-377頁。

葉仲伯「台湾之造紙工業」『台湾銀行季刊』16：3（台北：台湾銀行、1965年7月）。

劉瑞華・葉明憲「全球化與本土化的交織——台湾茶産業的長期變遷」『思與言』41：1（台北：思與言雑誌社、2003年3月）、19-38頁。

劉素芬「日治初期台湾的海運政策與対外貿易」『第七屆中国海洋発展史会議論文集』（台北：中央研究院中山人文社会科学研究所、1999年）、637-694頁。

李宛凌「台湾咖啡産業的歴史考察」、台北：国立台北教育大学社会科教育学研究所碩士論文、2007年。

李秉璋『日拠時期台湾総督府的塩業政策』、台北：国立政治大学史研究所碩士論文、1992年。

林鐘雄「台湾之鋁工業」台湾銀行経済研究室編『台湾之工業論集　巻四』（台北：台湾銀行、1968年）。

林満紅「『大中華経済圏』概念之一省思——日治時期台商之島外経貿経驗」『中央研究院近代史研究所集刊』29（台北：中央研究院近代史研究所、1998年6月）、47-101頁。

林満紅「印尼華商、台商與日本政府之間：日治初期台茶東南亞経貿網路的拓展（1895-1919）」『第七屆中国海洋発展史会議論文集』（台北：中央研究院中山人文社会科学研究所、1999年）、585-636頁。

林満紅「光復以前台湾対外貿易之演變」『台湾文献』36：3-4（南投：台湾省文献会、1985年12月）。

林満紅「台湾與東北間的貿易（1932-1941）」『中央研究院近代史研究所集刊』24（台北：中央研究院近代史研究所、1995年6月）、653-696頁。

林満紅「中日関係之一糾結：1932至1941年間台湾與東北貿易加強的社会意涵」『第三屆「近百年中日関係」学術研討会会議論文集』（台北：中央研究院近代史研究所、1996年）。

林満紅「日本殖民時期台湾與香港経済関係的變化――亞洲與世界関係調動中之一発展」『中央研究院近代史研究所集刊』36（台北：中央研究院近代史研究所、2001年12月）、45-115頁。

林満紅「日拠時期的台商與兩岸経貿関係――台商拓展外貿経験之一重要篇章」『第一届台湾経験研討会』（嘉義：国立中正大学歴史研究所、1992年4月）。

林満紅「経貿與政治文化認同――日本領台為兩岸長程関係投下的變數」『「中国歴史上的分與合」学術研討会論文集』（台北：聯経出版、1995年）。

Ortrud Kerde, "The Ideological Background of the Japanese War Economy", in Erich Pauer (ed.), *Japan's War Economy*, London & N. Y.：Routledge, 1999, pp. 23-37.

索引

アルファベット

Alcoa（Aluminium Company of America） 179
Aluminium Limited 168
Aluminium Union Limited 180
Carlowitz 会社 142, 144
ECAFE 177
GHQ（General Headquarters） 106, 178
J. G. White Engineering Corporation 141
Kaiser Aluminium & Chemical Corporation 179
Mission to China 174
Monsanto 化学会社 147
MSA 174
Raynolds Metal Co. 168
The United Nations Economic Commission for Asian and the Far East 177

あ行

旭電化工業株式会社 138
後宮信太郎 260
荒井泰治 258
アルミニウム会社（Aluminium Limited） 168
アルミニウム業 119
アルミニウム業連合有限会社（Aluminium Union Limited） 180
尹仲容 146, 173, 185
烏龍茶 42
液体燃料 207
エネルギー危機 242
エネルギー多元化政策 236, 237
塩水港製糖株式会社 61
オイルショック 238
王永慶 147
汪精衛 280
近江時五郎 195, 269
大倉財閥 265
大阪商船会社 267

か行

カイザーアルミニウム化学会社（Kaiser Aluminium & Chemical Corporation） 179
苛性ナトリウム（ソーダ） 209
賀田金三郎 257, 258
鐘淵曹達工業株式会社 138
鐘淵紡績株式会社 61
顔雲年 71
顔欽賢 224
顔家 221, 257

顔国年　71
含水アルコール　66
漢冶萍公司　281
木村久太郎　270
木村組　267
木村鉱業株式会社　260
九份地区　71
極東経済委員会（ECAFE, The United Nations Economic Commission for Asian and the Far East）　177
基隆　36
基隆炭鉱株式会社（基隆炭鉱）　257, 259
金瓜石　72
金瓜石鉱山株式会社（台湾鉱業株式会社）　71
近主遠従主義　203
グローバル化　5
軍需工業　3
軍需品製造工業5年計画要綱　191
計画式自由経済　4
経済安定委員会（経安会）　146
工業委員会　146
工業塩　59
紅茶　42
公売局　238
穀米増産計画　89
国連アジア極東経済委員会　177
辜顕栄　52
「五対五」輸出制　111, 112

児玉源太郎　127

さ行

日月潭水力発電プロジェクト（日月潭水力発電所）　50
産金奨励政策　272
資源委員会　3
重要産業5年計画要綱　191
重要産業生産力拡充4年計画　193
昭和恐慌　7
昭和製糖株式会社　61
新日本砂糖工業株式会社（塩水港紙漿工業株式会社）　61
鈴木商店　265
青果運銷合作社　109
生産力拡充4年計画　192
生産力拡充計画要綱（1938–1941）　189, 192
製紙業　60
世界経済大恐慌（世界恐慌）　7
石炭業監理委員会　222
石炭業合理化基金　247
石炭統制会社　198
石油危機（エネルギー危機）　242
浙江財閥　280
セメント業、セメント工業　133, 234
ソーダ塩素工業（ソーダ業）　4, 119
ソ連第一次5年計画　193

た行

台南州青果同業組合　102

台南製糖株式会社　61
大日本塩業株式会社　51
大日本製糖株式会社　61
台北炭鉱株式会社　258
太平洋戦争　7
台陽鉱業株式会社（台陽鉱業股份有限公司、台陽鉱業）　71, 261, 267
台湾アルミニウム業株式有限会社（台湾鋁業股份有限公司 , 台湾アルミ）　140, 164, 174, 238
台湾鋁業公司　140, 238
台湾塩　27
台湾銀行　74
台湾区生産事業管理委員会（生産事業管理委員会）　221
台湾区煤鉱鉱工福利委員会　250
台湾決戦非常措置要綱　272
台湾碱業有限公司（台碱）　119, 139, 142, 149
台湾五大家族　270
台湾産金株式会社　74
台湾紙業公司　140
台湾重要物産同業組合　54
台湾省行政長官公署（行政長官公署）　4, 222
台湾省鉱工福利委員会　250
台湾省鉱務局（鉱務局）　237
台湾省青果運銷合作社（青果運銷合作社）　107, 109
台湾省石炭調整委員会（石炭調整委員会）　222

台湾製塩株式会社、台湾製塩会社　50, 126, 134
台湾青果株式会社、台湾青果統制株式会社（青果会社）　36, 102, 103, 105
台湾青果生産販売聯営委員会　109
台湾石炭株式会社（台湾石炭統制株式会社、石炭統制会社）　195, 197, 198, 222
台湾総督府（総督府）　21
台湾塑膠股份有限公司（台塑）　140, 146, 148
台湾拓殖株式会社　51
台湾炭業組合　195, 225
台湾炭鉱株式会社　260
台湾電力株式会社（台湾電力公司）、台湾電力　62, 230, 237
台湾煤鉱会（台湾煤鉱公会）　225
台湾煤鉱公司籌備処（台湾鉱工股份有限公司 , 台湾工鉱公司）　223
台湾肥料公司　238
台湾プラスチック工業株式会社（台湾塑膠工業股份有限公司 , 台塑）　140, 146, 148
高雄　122, 164
高雄州青果同業組合　102
高雄硫酸アンモニウム公司　238
中興紙業公司　238
中国石油化学開発公司（中国石油）　119
中国炭　76

303

中国茶　41
朝鮮戦争　109
青島塩　129
陳中和　52
鉄路局　230
東京海上火災保険株式会社　62

な行

内外地塩務緊急協議会　137
日本アルミニウム株式会社　62
日本軽金属株式会社　63, 176, 177, 180
日本鉱業株式会社　71
日本産業賠償調査団（Industrial Reparation's Survey of Japan）　176
日本石炭株式会社　193, 195
日本曹達株式会社　137
日本炭　6
日本炭業帝国　3
日本茶　23
日本郵船会社　267
熱帯産業調査会　273

は行

芭蕉〈バナナ〉荷受販売組合（荷受組合）　100
パルプ業　59
日之出食品合資会社　57
藤田合名社（藤田組）　258, 268, 269
藤田伝三郎　268
撫順炭　76

プラスチック業　5
古河電気工業株式会社　62
米援（アメリカ援助）　5
米国アルミニウム産業会社（Alcoa, Aluminium Company of America）　179
米国安全総署（MSA, Mission to China）　174
包種茶　7
ホワイト工程公司（J. G. White Engineering Corporation）　141

ま行

満洲産業開発5年計画　191
満洲事変　189
三井財閥　41
三井物産株式会社（三井物産）　47
三菱財閥（三菱商会）　62
南日本塩業株式会社　51
南日本化学工業株式会社　51
無水アルコール　59

や行

大和鳳梨缶詰会社　56
芳川寛治　259

ら行

緑茶　7
臨時産業調査会　273
臨時台湾経済審議会　137
林熊徴　272

ルイス・レイノルズ（Louis Reynold） 178
レイノルズ金属会社（Raynolds Metal Co.）、レイノルズ社 168, 170, 171, 174
盧溝橋事件 189, 207

著者紹介

陳慈玉（Tsu-yu Chen）
1971年国立台湾大学歴史系卒業、1980年東京大学人文科学研究科博士課程修了(文学博士)、専門は近代中国経済史。1980年淡江大学文学院歴史系副教授。1981年中央研究院経済研究所副研究員、1987年研究員、1988年近代史研究所研究員、台湾経済史を研究し始める。2004年台湾史研究所籌備處研究員、当所成立後兼任副所長。2007年より中央研究院近代史研究所研究員。

主要業績：
『近代中國茶業的發展與世界市場』台北：中央研究院經濟研究所、1982年。
『近代中國的機械繅絲工業』台北：中央研究院近代史研究所、1989年。
『台北縣茶業發展史』台北：台北縣立文化中心、1994年。
『清代糧食畝產量研究』（共著）北京：中國農業出版社、1995年。
『臺灣礦業史上的第一家族──基隆顏家研究』基隆：基隆市立文化中心、1999年。
『日本在華煤業投資四十年』台北：稻鄉出版社、2004年。
『生津解渴──中國茶葉的全球化』台北：三民書局、2008年。
『近代中国茶业之发展』北京：中國人民大學出版社、2013年。
ほか学術論文106篇。

近代台湾における貿易と産業──連続と断絶──
きんだいたいわん　　　　　　ほうえき　さんぎょう　　れんぞく　だんぜつ

2014年2月22日　第1版第1刷発行

著　者　陳　　　慈　　　玉
発行者　橋　本　盛　作
発行所　株式会社　御茶の水書房
〒113-0033　東京都文京区本郷5-30-20
電話　03-5684-0751

Printed in Japan
ⓒTsu-yu Chen 2014　　　　　印刷・製本：シナノ印刷㈱

ISBN 978-4-275-01059-9　C3033

中国セメント産業の発展
――産業組織と構造変化
田島俊雄・
朱蔭貴・加島潤 編著
価格 A5判・三五四頁 六八〇〇円

中国農業の構造と変動
田島俊雄 著
価格 A5判・四二二頁 七四〇〇円

中国農村経済と社会の変動
中兼和津次 編著
価格 A5判・三五六頁 六五〇〇円

大恐慌期日本の通商問題
白木沢旭児 著
価格 A5判・四〇四頁 七三〇〇円

中国に継承された「満洲国」の産業
――化学工業を中心にみた継承の実態
峰毅 著
価格 A5判・二八四頁 五六〇〇円

近代台湾の電力産業
――植民地工業化と資本市場
湊照宏 著
価格 A5判・二五四頁 五〇〇〇円

台湾造船公司の研究
洪紹洋 著
価格 A5判・三〇〇頁 八〇〇〇円

近代上海と公衆衛生
――防疫の都市社会史
福士由紀 著
価格 A5判・三三四頁 六八〇〇円

近代中国における農家経営と土地所有
――植民地工業化と技術移転(一九一九～一九七七)
柳澤和也 著
価格 A5判・二八四頁 四八〇〇円

植民地台湾における青年団と地域の変容
宮崎聖子 著
価格 A5判・五一二頁 七六〇〇円

御茶の水書房
(価格は消費税抜き)